L'AVENTURE
LOUIS HÉMON

VIES CANADIENNES

L'AVENTURE
LOUIS HÉMON

par

ALFRED AYOTTE

et

VICTOR TREMBLAY

FIDES
245 est, boulevard Dorchester, Montréal

Le présent ouvrage a été publié grâce à une subvention accordée par le Conseil des Arts du Canada.

ISBN-0-7755-0491-2

Cet ouvrage est le 28e de la série des « Publications de la Société historique du Saguenay ».

I. PRÉSENTATION

« Après tant d'années, croyez-vous qu'on s'intéresse encore chez vous à Maria Chapdelaine et à son auteur ? »[1] écrivait à M. Alfred Ayotte un correspondant de France en janvier 1963. Vingt ans auparavant Henry Deschamps[2] avait écrit : « Fera-t-on jamais la lumière sur l'œuvre de Louis Hémon. . . ? »

L'année 1963 marquait le cinquantenaire de la composition de *Maria Chapdelaine* et de la mort de Louis Hémon. Il s'est écoulé dix années depuis et la réponse aux deux questions n'a pas été donnée expressément. Nous croyons l'apporter de façon affirmative par la publication du présent ouvrage.

Si elle arrive tardivement c'est que, à part le temps et les démarches qu'exige l'étude d'un tel sujet, qui en a découragé plusieurs, deux événements dramatiques ont temporairement interrompu le travail d'achèvement de nos recherches.

Le premier a été la mort tragique de l'auteur du présent volume, M. Alfred Ayotte, tué dans un accident le 19 mai 1964, au moment où il revenait de Québec. Il y avait obtenu l'aide nécessaire pour faire un voyage en Europe dans le but d'acquérir les derniers renseignements désirés.

J'entrepris alors de recueillir ce qui pouvait manquer et de publier l'ouvrage déjà rédigé par M. Ayotte et auquel j'avais participé pendant trente ans. Le travail avançait lentement, en raison

---

1. Marie Hémon 10 janvier 1963.
2. Rédacteur de *L'Autorité*, Montréal, juillet 1943.

du peu de temps que je pouvais y consacrer, mais il était en bonne voie quand un accident m'arrêta soudainement à mon tour,
me condamnant à un séjour de plusieurs mois à l'hôpital et à un
lent rétablissement. J'ai regardé comme un devoir de le reprendre
et j'ai enfin la satisfaction de livrer au public les précieux résultats
de l'effort méthodique et tenace que s'est imposé le regretté et
méritant Alfred Ayotte pour faire la lumière sur ce que j'appelle,
de façon plus ou moins heureuse « l'aventure Louis Hémon » [3].

Pour apporter une solution complète au problème tel qu'il se
pose dans les circonstances qui en font le contexte, j'ai cru qu'une
notice biographique de l'auteur s'imposait, qu'il fallait exposer
brièvement comment il a procédé dans son travail, et ensuite publier aussi intégralement que possible son texte en le distribuant
en chapitres et en l'accompagnant de notes là où il me paraissait
nécessaire ou opportun d'ajouter des éclaircissements complémentaires.

Victor Tremblay, p.d.

---

3.   M. Ayotte n'avait pas indiqué le titre de son ouvrage.

II. L'AUTEUR : ALFRED AYOTTE

L'auteur du texte publié ici sur Louis Hémon, monsieur Alfred Ayotte, est un journaliste canadien-français malheureusement fauché par la mort au moment où il allait achever de mettre au point un ouvrage auquel il travaillait depuis plus de trente ans.

Né à Sainte-Flore, dans le comté de Saint-Maurice, le 12 juillet 1905, Alfred Ayotte fit ses études classiques chez les Sulpiciens et chez les Jésuites, au Collège Sainte-Marie, à Montréal, d'où il sortit avec le titre de Bachelier ès Arts. À la fin de ses études il entra aussitôt dans le journalisme, en octobre 1927. Il fit ses débuts au *Nouvelliste* de Trois-Rivières, passa au *Canada* en 1928, puis au *Devoir* en novembre 1930, pour y demeurer pendant près de quatorze ans. Il était alors chroniqueur des nouvelles religieuses et en même temps chroniqueur de l'Université de Montréal et de la navigation et chroniqueur à la radio. En 1934 il devint le premier rédacteur de Radio-Journal [1].

En 1944 il entrait à *La Presse*, où il fut promu éditorialiste à la fin d'août 1954 et directeur du Supplément illustré de ce journal.

En septembre 1940 naissait une « revue illustrée, politique et littéraire », *L'Oeil*, publiée deux fois par mois. Dès le deuxième numéro Alfred Ayotte y participait par deux articles, dont l'un

---

1. Cf. *La Presse*, 9 déc. 1933 (Photo de groupe).
Le Devoir, 19 mai 1933, « La rédaction du *Devoir*. »

était une étude intéressante et documentée sur « L'industrie la plus ancienne du Canada : celle du canot d'écorce ». Il dirigea cette revue jusqu'à 1952, tout en accomplissant son travail régulier au *Devoir* ou à *La Presse*.

Il publia de nombreux reportages, qui plus d'une fois furent reproduits par d'autres périodiques et lui attirèrent de fervents éloges. Grâce à son talent exceptionnel, il fut souvent chargé de voyages d'observation dans nombre de lieux au Canada et dans divers pays. Voici ce qu'écrivait de lui le rédacteur du journal *Le Travailleur* au lendemain d'une de ses visites en Nouvelle-Angleterre, où il avait accompagné les voyageurs de la Survivance française. « M. Ayotte est sans contredit le prototype du reporter de journal. Ses gestes, comme ses mots, sont directs et précis. . . Il se transporte avec l'agilité du vent. Il s'intéresse à tout et ses grands yeux éblouis lui donnent l'aspect d'un faon qui en est encore à ses premiers émerveillements. . . Excellent compagnon de voyage, il est de la partie, comme tout le monde, et l'on ne se doute pas qu'il remarque tout, note tout. . . Il est avant tout un journaliste accompli et un spécialiste des grands reportages. »

Il aimait le voyage « à la folie » (le mot est de lui) et acceptait volontiers les missions d'étude que le grand journal lui proposait. Une lettre qu'il écrivait à un ami en février 1956 donne une idée de sa manière de voyager.

« En deux années, nous avons visité, en sortant des sentiers battus, cinq pays de l'Amérique Latine : Mexique et Guatemala, ensuite Equateur, Pérou, Bolivie. Soit l'Empire maya, soit l'Empire inca respectivement. Dans les deux cas, nous avons été particulièrement attirés par les vestiges archéologiques de ces deux grandes civilisations précolombiennes. . .

« Au Mexique, après une excursion au cœur de la forêt yucatèque au cours de laquelle nous avons passé une nuit dans un temple de mille ans, à Sayil, couchés dans des hamacs comme les Indiens, nous sommes allés à Palenque. Là, par une permission spéciale, nous avons pu descendre dans la crypte nouvellement découverte sous une pyramide, et prendre photos en noir et blanc et en couleur à notre gré. Aucun autre Canadien n'a jamais eu pareil privilège [2].

---

2. C'est à la fin de l'année 1953 qu'il commençait, au Yucatan, cette série de visites.

« Au Guatemala, pays pittoresque à souhait, avec ses trente-trois volcans et son lac Atitlan bordé de quinze villages indiens aux coutumes et costumes différents, nous avons aussi entrepris une excursion de quatre jours par avion, par autobus, par bateau, par train, etc., qui nous a conduits de la capitale à l'Atlantique. Faune et flore sont merveilleuses. De ce premier voyage nous avons rapporté environ 1,200 photos en noir et blanc et en couleur.

« L'Empire inca englobait autrefois l'Equateur, le Pérou, la Bolivie. Nous avons largement parcouru ces trois pays, par avion, par auto, par train. Nous sommes allés chez les Indiens Otavalos, Colorados, Yaguas...

« Nous avons ensuite navigué sur une distance de 700 milles sur l'Amazone dans un bateau de 25 pieds de long... C'est ainsi que nous avons visité les missions franciscaines de ce territoire, missions dont les Pères et Frères sont des Canadiens français. Il y a aussi des religieuses acadiennes, qui nous ont accueillis avec joie, à la léproserie de San-Pablo. Nous sommes allés ensuite où peu de touristes vont : à Cajamarca, ville péruvienne où Pizarre s'empara de l'empereur Atahualpa, le fit emprisonner, puis exécuter. Cuzco nous a retenus cinq jours. De là, nous avons fait des excursions à Pisac, à Saccayhuaman, à Machu-Pichu, etc.

« En Bolivie, après avoir navigué sur le lac Titicaca, avoir visité les ruines de Tiahuanaco — très anciennes —, après avoir séjourné à La Paz, nous sommes allés à Catavi, où les Oblats ont d'importantes missions chez les mineurs de l'étain.

« Partout, au cours de ces deux voyages, nous avons pris de nombreuses photographies. Si nous en avons rapporté 1,200 du premier périple, nous en avons pris 2,400 au deuxième, dont 800 en couleur de plusieurs formats... » [3]

Alfred Ayotte visita également le Portugal, l'Espagne, la France et la Grande-Bretagne ; plus tard, en 1962, il parcourait l'Egypte, le Liban, la Grèce, l'Italie. Les reportages de ces voyages, publiés dans *La Presse* (journal et supplément) et splendidement illustrés, sont très instructifs et d'un puissant intérêt. Il y ajoutait nombre d'articles sur d'autres pays, résultats de ses études

---

3. Lettre à M. Louis-Philippe Beaudin, directeur de « Pays et Merveilles » à Radio-Canada, 23 février 1956.

et de son talent de collectionneur. Signalons à ce propos une série d'articles sur les 13 villes du nom de Montréal, en divers pays[4].

En mars 1956 il recevait le prix de journalisme (un parchemin et un chèque appréciable) attribué par la Société Saint-Jean-Baptiste de Montréal pour ses « notes de voyage en Amérique latine ». Il était le deuxième récipiendaire de ce prix Olivar-Asselin.

Alfred Ayotte était aussi un conférencier recherché. Les sujets ne manquaient pas et il savait les exposer. Il fut très souvent appelé à présenter des conférenciers de marque ; il le faisait toujours avec une délicatesse et un art que son érudition lui permettait de mettre à point, ce qui pouvait bien situer l'orateur.

Membre de plusieurs sociétés, entre autres la Commission Jacques Viger, la Société Historique de Montréal, la Société des Ecrivains canadiens, le Syndicat des Journalistes de Montréal, la Société Saint-Jean-Baptiste section Olivar-Asselin, la Société Japon-Canada, l'Association des Latins d'Amérique, etc., il était actif en chacune, et tout spécialement dans la première, où il apporta une ardeur enthousiaste et communicative à la préservation du Vieux Montréal.

Il a surtout écrit, et à cette fin il a acquis une culture personnelle et une documentation exceptionnellement riches. On pourra s'en faire une idée par ce que nous dirons plus loin de ses recherches et de ce qu'il a accumulé pour réaliser l'ouvrage qu'il s'apprêtait à publier sur Louis Hémon.

La mort a brusquement coupé sa vie en pleine activité et privé notre pays de ce travailleur infatigable qui semait à pleines pages, au bénéfice de tous, les connaissances qu'il ne cessait d'acquérir.

Son volume sur Louis Hémon était terminé et il revenait de Québec, où il avait obtenu un subside lui permettant d'aller en Angleterre et en France faire des cueillettes complémentaires qu'il jugeait dignes d'intérêt, quand, le 18 mai 1964, se produisit l'accident mortel.

Seul dans sa voiture, il allait quitter le Boulevard Taschereau au carrefour de Saint-Hubert et prendre la route de Saint-Lambert pour se rendre chez lui, lorsque se produisit une collision avec une voiture qui venait en sens contraire. La mort fut instantanée.

---

4. Nous avons l'avantage de posséder tous les articles d'Alfred Ayotte, dans *Le Devoir*, *La Presse*, *L'Oeil* et diverses revues, collectionnés par lui-même.

Deux jours auparavant il avait publié dans *La Presse* un éditorial invitant à la prudence « sur nos routes et dans nos rues ». Il laissait dans le deuil sa femme, Irène Morissette, qu'il avait épousée le 15 octobre 1932.

Sa disparition dramatique suscita des vifs regrets dans le monde du journalisme, dans la province et dans beaucoup de milieux extérieurs.

Le lendemain de l'accident un rédacteur de *Montréal-Matin* écrivait : « Nous aimions bien Alfred Ayotte, ce doux, ce journaliste au style mesuré, cet homme de bon jugement. Sa mort nous endeuille plus que nous ne saurions le dire... Il s'intéressait à l'histoire, à sa ville. C'était un sage. Il n'avait rien d'un révolutionnaire, mais il aura réveillé quelques endormis et suscité des initiatives fécondes. Il était universellement estimé... »

La *Montreal Gazette* écrivait en éditorial (nous condensons) : « M. Ayotte est une perte pour la profession. Peu de journalistes ont abordé leur tâche avec une pareille somme de moyens. Il était historien par instinct et quelqu'un dont les recherches dans le passé étaient menées avec un zèle marqué de plénitude et de précision. Archéologue il a visité plusieurs pays de l'Amérique ancienne où il a étudié les civilisations précolombiennes. Il considérait la photographie comme outil essentiel pour l'historien et il a accumulé une documentation immense sous cette forme. Comme éditorialiste il avait un style parfait, facile, précis et riche d'information. Il était réputé pour ses manières amicales, sa belle humeur et sa courtoisie. »

De son côté *Le Devoir*, dans la nouvelle du décès d'Ayotte, écrivait : « De son passage au Devoir ses anciens confrères ont conservé le meilleur souvenir. C'était un excellent reporter, qui avait le sens de l'actualité et de la nouvelle, qui prenait beaucoup de soin à la précision des détails et savait donner à ses informations et ses comptes rendus un tour vivant et pittoresque... Il a eu chez nous à travailler dans les diverses rubriques. C'était un camarade affable et toujours disposé à rendre service. »

Dans *Le Carnet* du 19 mai *(La Presse)* le journaliste Raymond Guérin rendait hommage à son influence dans la commission Jacques Viger. « Le vieux Montréal ne sera plus le même maintenant qu'est disparu l'un de ses plus ardents défenseurs, notre ami et camarade Alfred Ayotte... C'est un peu comme si le vieux Montréal perdait son médecin de famille. Peu d'hommes connaissaient comme lui les antécédents, la petite histoire de chaque maison vénérable ; peu d'hommes manifestaient autant de sollicitude à vouloir la soigner, la préserver... Le vieux Montréal a perdu un ami intime. Et le journalisme québécois a perdu l'un de ses professionnels les plus authentiques. »

Citons encore un autre collègue de *La Presse*, Roger Champoux, qui écrivait à la même date : « Voilà que, victime d'un accident de la route, Alfred Ayotte disparaît à 58 ans. Homme affable, possesseur d'une vaste culture dont il avait la délicate discrétion de ne jamais faire étalage sans motif sérieux, Alfred Ayotte ne comptait que des amis. Ils sont légion les gens auxquels il a rendu service ; étiez-vous en panne... il était là, prêt à tenter l'impossible pour vous venir en aide. Studieux et méticuleux, il était un perfectionniste et ses récits de voyage se révélaient des modèles du genre... Très estimé dans les milieux latino-américains et du monde consulaire, il laissera un profond souvenir parmi tous les membres de la profession. Il était gentilhomme et son tempérament d'artiste, ses patientes recherches en histoire, la colossale documentation accumulée par ses soins, son autorité sur maints sujets, faisaient de lui un collaborateur éminent. »

Ayant eu l'avantage de le rencontrer et de travailler avec lui, bien que souvent à distance, je l'ai connu personnellement assez pour pouvoir confirmer l'exactitude de ce qu'on a dit de lui et c'est avec conviction que j'endosse tous les témoignages que j'ai cru bon de citer touchant les divers aspects de sa personnalité. On pourra facilement juger de la valeur de son travail par ce que révèle celui qu'il a fait, avec une longue et inaltérable ténacité, au sujet de Louis Hémon.

Victor Tremblay, p.d.

III. LA LONGUE ENQUÊTE

Je mets sous ce titre un relevé des faits valables qui, sous diverses formes, ont permis avec le temps de pénétrer et d'éclaircir le mystère de l'aventure Louis Hémon. J'ai tâché de rappeler les plus révélateurs (succès du livre, hommages à l'auteur) et de mentionner les efforts multiples et prolongés qui ont été accomplis dans ce but.

Première publication

Le 24 juin 1913 Louis Hémon expédiait au journal de Paris *Le Temps* son manuscrit de *Maria Chapdelaine*. Le journal en commença la publication le 27 janvier 1914 et la termina le 19 février.

Ce fut d'abord le silence. « Aucun critique n'en dit un mot, dit Louvigny de Montigny. C'est ce feuilleton du *Temps* qui par hasard nous tomba dans les mains ». [1] Le roman, remarqué dans *Le Temps*, fut signalé à L.-P. Geoffrion par Joseph Simard, alors employé au musée provincial, et de même par Georges Pelletier, du *Devoir*, à Louvigny de Montigny. De son côté, Alexandre Gérin-Lajoie, étudiant à Oxford, le vit dans le journal au French Club, en fut vivement ému et adressa ses impressions au journal étudiant de l'Université de Montréal. Le Montréalais De Montigny fut le premier à éveiller l'attention du public sur l'ouvrage.

---

1. Conférence à Ottawa le 10 mars 1937. *Le Droit,* 11 mars.

Les premières réactions en furent de surprise et d'embarras quant à la personne de l'auteur, un inconnu, que d'aucuns supposaient être un Français caché sous un pseudonyme et étrangement renseigné sur les détails de la vie canadienne en un milieu à peu près inconnu d'eux-mêmes, tandis que d'autres, pour cette raison, auraient voulu le reconnaître pour un Canadien, sans pouvoir l'identifier [2].

Odyssée du livre

À la date du 9 avril 1916 le journal *Le Nationaliste* suggérait la publication en volume de « cette œuvre, peinture excellente des mœurs du colon canadien, dans la région du Lac Saint-Jean ».

Encouragé par Edouard Montpetit, Louvigny de Montigny entreprit de publier *Maria Chapdelaine* en volume au Canada. Le 14 janvier 1916 il écrivait au père de l'auteur, Félix Hémon, pour lui demander l'autorisation de le faire ; après exposé de conditions [3], elle lui fut accordée par un câblogramme le 11 mai et par une lettre qui suivit. Le contrat d'édition fut accordé le 6 juin suivant à J.-Alphonse LeFebvre, de Montréal, directeur de *La Revue Franco-Américaine* [4], lequel s'assura des droits exclusifs de publication au Canada et aux Etats-Unis. Le volume, illustré par Suzor Côté, avec une préface canadienne de Louvigny de Montigny (17 juin) et une française d'Emile Boutroux (12 juillet) et tiré à 2,300 exemplaires [5], parut en fin de novembre 1916 [6].

En décembre 1917 la famille Hémon, alors représentée par madame Félix Hémon et sa fille Marie — Félix était décédé le 10 novembre 1916 —, demanda l'autorisation de faire une publication de l'ouvrage en France [7] ; n'ayant pas pu l'obtenir, malgré l'intervention pressante de Montigny, elle décida de passer outre

2. Louvigny de Montigny, dans la revue *France-Amérique,* article daté du 17 juin 1916.
3. Lettre de Montigny, 22 avril 1916.
4. Cf. Lettre de Montigny, 22 avril 1916.
5. Lettre de Montigny à LeFebvre, 8 août 1916. L'état de compte donne le même chiffre mais il est sujet à caution ; plus tard Montigny écrit « 1200 exemplaires ». *La Revanche de Maria Chapdelaine,* 1937, page 18.
6. Le premier envoi est du 2 décembre 1916. Etat des comptes re: *Maria Chapdelaine.* The Commercial Agency of Montreal, pour droits de publication aux Etats-Unis, 4 décembre 1916.
7. Montigny à LeFebvre, 4 janvier 1918.

et, après consultation légale lui donnant l'assurance de la plénitude de ses droits à cet effet, elle accorda à la maison Bernard Grasset, de Paris, le droit d'en faire une édition. Le 3 mars 1921, elle fit défense formelle à J.-A. LeFebvre « de continuer à tirer cet ouvrage » [8].

D'autres litiges suivirent, qui conduisirent l'éditeur canadien devant les tribunaux, triste jeu qui se prolongea pendant dix ans. Tout cela contribua à tenir l'attention en éveil sur le volume en cause tandis que sur un terrain moins litigieux (encore que prêtant à la controverse), le monde des lettres, les appréciations de l'ouvrage se faisaient de plus en plus favorables et la qualification de « chef-d'œuvre » apparaissait de plus en plus fréquemment [9].

Le poète et romancier breton Charles Le Goffic est celui qui le premier en France signala le mérite de l'ouvrage de Louis Hémon *Maria Chapdelaine* [10]. Il ne connaissait pas son auteur, qui était un compatriote ; c'est un exemplaire de l'édition canadienne, tombé entre ses mains, qui le lui révéla et qui lui fit découvrir le charme et l'intérêt du récit. Enthousiasmé, il fit part de son appréciation à l'éditeur Bernard Grasset et le décida à publier l'ouvrage en volume, ce qui amena en 1921, la première édition en France [11].

D'autres [12] attribuent cette initiative à madame Daniel Halévy, épouse du directeur de la maison Bernard Grasset, qui s'apprêtait à lancer la série de ses *Cahiers Verts ;* elle réussit à faire choisir *Maria Chapdelaine* (qui l'avait tellement frappée qu'elle l'avait découpé du *Temps*) comme premier ouvrage publié dans cette série. Un ensemble de circonstances favorables, mais surtout l'intérêt exceptionnel qu'il suscitait, lui valurent un prompt succès.

« Vinrent alors les études de M. René Bazin dans la *Revue des Deux Mondes,* de M. Henry Bordeaux dans la *Revue de France,* d'autres dans la *Revue Universelle,* la *Revue Hebdomadaire,* etc. Le milieu littéraire et politique qui gravite autour des *Cahiers Verts* a

---

8.   Lettre de Marie Hémon à LeFebvre, 3 mars 1921.

9.   « On a prononcé à son sujet le mot de chef-d'œuvre et, pour une fois, ce mot est à sa place ». Edmond Jaloux, cité par Louvigny de Montigny. *La Revanche de Maria Chapdelaine,* page 29.

10.   Une intéressante notice de la carrière de Charles Le Goffic a été publiée dans *Larousse Mensuel,* numéro 301, mars 1932, page 63.

11.   Selon Damase Potvin, « Charles Le Goffic et Louis Hémon ».

12.   Gabriel Louis-Jaray, « L'histoire du roman *Maria Chapdelaine,* » dans la revue *France-Amérique,* mars 1924, page 53.

donné avec ensemble en faveur de *Maria Chapelaine*. Le livre était lancé » [13].

La première édition de Grasset fut suivie de nombre d'autres ; un volume de 1936 porte l'indication : « 1043e mille » [14] ; combien depuis ? Deux traductions différentes en anglais (Blake et Macphail) étaient publiées à Toronto et à New York en cette année 1921. MacMillan de Toronto donne une liste de 12 tirages de 1921 à 1928 et ça continue ; il publiait même une édition française en 1935. Les éditeurs Cobb Clark de Toronto firent de même en 1948. Au Canada la maison Fides a publié au moins trois éditions différentes, dont certaines à plusieurs tirages. En France, à part Grasset, les éditeurs Arthème Fayard, Hachette, Nelson, Piazza, Athéna, Polygone, Renaissance du Livre, Rombaldi, Livre de Poche, Mornay, et d'autres, publièrent *Maria Chapelaine* sous diverses formes ; Mornay édita en 1933 un volume de luxe illustré en couleurs par notre célèbre peintre Clarence Gagnon. Au moins deux éditions françaises ont été publiées en Suisse (Lausanne et Genève), deux en Belgique. Nous avons des éditions en allemand, en hollandais, en hongrois, en tchécoslovaque, en espagnol, en portugais, en japonais, etc. Dès 1935 le tirage de *Maria Chapelaine* est qualifié de « plus fort tirage du roman au monde » [15]. On a signalé, il y a déjà plusieurs années, que cet ouvrage était publié en 45 langues, et le nombre d'éditions en ces diverses langues ne se compte pas. On peut s'en faire une idée par celles qui sont signalées plus haut en langue française. Quant aux traductions anglaises, en plus de celles qui furent publiées au Canada et en Angleterre, la maison d'édition Doubleday de New York en énumérait 23 pour sa part en 1956.

La glorification de l'auteur

Quand on découvrit, en France, la personnalité de Louis Hémon et sa mort tragique, on s'occupa de relever ses autres écrits et de publier ceux qui n'étaient pas déjà imprimés. On commença

---

13. M. Payronnet, directeur de la maison d'édition Bernard Grasset, cité par Gabriel Louis-Jaray dans « L'histoire du roman *Maria Chapelaine* ». Revue *France-Amérique*, mars 1924, page 56.

14. *La Revanche de Maria Chapelaine*, page 106. Ce serait donc plus d'un million d'exemplaires, déjà à cette date, s'il fallait accepter sans réserve ces chiffres à but commercial.

15. Pierre Chaloult, *Maria Chapelaine et ses éditeurs. L'Événement-Journal* 11 août 1939.

en même temps à s'informer sur sa carrière et plus spécialement sur son aventure au Canada.

En France Charles Le Goffic fut un précurseur. Il publia une première esquisse biographique de Louis Hémon ayant forcément des lacunes, des incertitudes et des erreurs. Il fut suivi à distance par plusieurs chercheurs curieux de connaître les détails de cette aventure, entre autres : Henry Bordeaux (dans *Portraits d'hommes*), Léon Daudet (dans *Le roman et les nouveaux écrivains),* René Bazin [16], Georges Montorgueil [17], Charles Chassé [18], Louis de Montadon [19], Gaillard de Champris [20], Firmin Roz [21], Marie Le Franc, etc. En 1925, le 5 août, on posa une plaque commémorative sur sa maison natale, à Brest [22].

Au Canada, à côté de Louvigny de Montigny, le saguenéen Damase Potvin fut un des premiers à susciter de l'intérêt au sujet de Louis Hémon. Dans l'été de 1917 il fit une visite au Lac Saint-Jean dans le but de se renseigner sur le personnage et ses sources d'inspiration ; il en publia le compte rendu dans le premier numéro de la revue *Le Terroir* (septembre 1918) qu'il lançait.

En 1919 il suggéra à la Société des Arts, Sciences et Lettres, dont il était alors secrétaire, de prendre l'initiative d'une souscription pour les fins suivantes :

« Localiser la tombe de Louis Hémon, à Chapleau, Ontario... ;

« Poser à l'endroit où repose ce jeune Français une pierre tombale portant une inscription appropriée ;

« Elever à Péribonka, Lac Saint-Jean..., un modeste mausolée portant également une inscription funéraire appropriée... ;

« Inaugurer ce petit monument par une toute simple manifestation littéraire par les membres de la Société... et tous les amis

---

16. *Revue Des Deux Mondes,* 1er octobre 1921, page 529.
17. « L'auteur de *Maria Chapdelaine* au Temps », *Le Temps,* 6 août 1925.
18. « Louis Hémon, précurseur de la littérature sportive », *Bretagne,* avril 1935, page 109.
19. « Le Canada peint par un Français — Maria Chapdelaine », *Les Études,* 5 juillet 1921.
20. « Au pays de Maria Chapdelaine », *L'Illustration,* Paris, 25 février 1922.
21. « Louis Hémon, auteur de *Maria Chapdelaine* », conférence à Saint-Brieuc le 24 février 1923, éditée en 1924.
22. Cf. *La Presse,* 27 juin 1925, Photo — *Le Temps,* 6 août 1925.

des lettres canadiennes-françaises qui voudront se joindre au mouvement. » [23]

La Société souscrivit séance tenante une contribution de $10 et le secrétaire recueillit $25 des membres présents. La stèle, qui avait coûté $800, fut installée le 16 septembre 1919 à l'endroit où Hémon avait vécu à Péribonka. Le consul général de la France au Canada, Henri Ponsot, y assistait.

La Société des Arts, Sciences et Lettres entreprit aussitôt une enquête sur tout ce qui concernait l'auteur de *Maria Chapdelaine*. Damase Potvin en était l'animateur. « Assailli de demandes de renseignements », il alimenta le Goffic, Bazin, le juge Fabre-Surveyer, Allan McAndrew, L.-J. Dalbis, un professeur de l'Université de Prague pour une traduction en tchèque de *Maria Chapdelaine*... ; et maints autres [24]. En plus de nombreux articles, dont pas moins de 13 ont paru dès les premiers mois de la revue LE TERROIR, il a publié en 1950, sous le titre *Le roman d'un roman*, un volume qui résume les connaissances acquises sur Louis Hémon.

Au mois d'août 1918 Léon-Mercier Gouin visitait à son tour Péribonka, consultait longuement Samuel Bédard et faisait « une cueillette de notes très typiques sur Louis Hémon », selon sa propre expression [25]. Il publia le rapport de cet entretien dans la revue *Le Petit Canadien* en octobre 1918. Sous le titre « En lisant Maria Chapdelaine », dans son volume *Le Bouclier canadien-français*, édité en 1925, Louis-Janvier Dalbis donnait 177 pages de texte concernant Hémon et son œuvre.

En 1920 la Société Saint-Jean-Baptiste de Montréal fit ériger sur la tombe de l'écrivain, à Chapleau, une stèle de marbre blanc portant l'inscription suivante : « Ici repose Louis Hémon, homme de lettres né à Brest (France) le 12 oct. 1880, décédé à Chapleau le 8 juillet 1913. » On y ajouta un petit enclos.

Un projet de monument fut étudié. Le sculpteur Alfred Laliberté fit une maquette et un comité fut formé à cette fin.

« Vers 1925, écrit Damase Potvin (11 septembre 1939), nous avons fait lancer sur le marché, par une maison de confiserie québécoise, le « chocolat Maria Chapdelaine », qui se vendait dans

---

23. Procès-verbal de la réunion du 15 mars 1919, cité par Damase Potvin, dans *Le roman d'un roman*, page 134.

24. *Le Progrès du Saguenay*, 18 septembre 1919.

25. *Le roman d'un roman*, page 139.

de jolies boîtes ornées de dessins représentant les principales scènes du roman. »

En mars 1929 Marie Le Franc, une Bretonne, qui alors enseignait le français à l'Université McGill, publiait dans *La Revue Moderne*, sous le titre « Visite à Maria Chapdelaine, institutrice », ce qu'elle avait recueilli et observé à Péribonka ; article remarqué. On le retrouve dans son volume *Au pays canadien-français* (pages 171-196).

En 1937 paraissait le volume de Louvigny *La Revanche de Maria Chapdelaine*, qui ajoutait au déjà connu tout ce qu'il avait appris au cours de ses patientes investigations.

En 1938, M. Alfred Ayotte commençait son enquête à fond. Il écrivait [26] : « À cette date, M. Allan McAndrew est l'homme qui a projeté le plus de lumière sur Louis Hémon. Il a utilisé abondamment tout ce que ses prédécesseurs ont versé au dossier hémoniste, puis il a ajouté de nombreuses pièces à son tour. Il a eu le privilège de puiser aux sources vives de l'information sur Hémon : sa famille à Paris, les écrits de Hémon dans les journaux de la capitale française. Il n'a pas craint d'aller à Londres poursuivre ses recherches sur le séjour de son personnage en Angleterre. » McAndrew a publié tout cela dans un volume sous le titre : *Louis Hémon, sa vie et son œuvre*, en 1936 [27].

De son côté, mademoiselle Eva Bouchard, à qui on avait imposé le rôle de « Maria Chapdelaine », a accepté de le remplir de la meilleure façon. Elle a établi sur les lieux où Louis Hémon a demeuré un poste de relai sous le nom de « Foyer Maria Chapdelaine » ; elle a mis en sa forme de l'époque la maison qu'il a habité, elle y a ajouté un « Musée Louis Hémon » pour exposer ce qu'elle recueillait d'intéressant à son sujet [28], et elle s'est astreinte à recevoir les visiteurs et à donner même des conférences ou causeries, sur place et en divers endroits, jusqu'à Paris. Elle a rempli ce rôle jusqu'à son décès, le 24 décembre 1949. Un de ses neveux, Gérard Bouchard, a pris la relève.

La société des Amis de Maria Chapdelaine, née en 1935, eut son centre d'abord à Montréal ; il passa à Sherbrooke en 1948 et

---

26. Alfred Ayotte, dans un texte proposé comme chapitre préliminaire ou préface à l'ouvrage que nous publions.

27. Ecossais de naissance, Allan McAndrew avait étudié la langue française à Paris et la possédait parfaitement. Son livre est d'une lecture agréable et facile.

28. L'inauguration officielle de ce musée eut lieu le 6 juillet 1938.

finalement à Chicoutimi en 1962. M. Louis-C. O'Neil, journaliste de Sherbrooke, fut un animateur particulièrement actif de cette société ; il recueillit une documentation considérable et réalisa une propagande effective au moyen du journal *La Tribune* et de l'activité de la société, qui amena plus d'une fois à Péribonka des délégations de France.

L'année 1938 fut marquée par la visite des demoiselles Hémon : Marie, sœur de l'écrivain, et Lydia, fille du même. Elles se rendirent à Chapleau et à Péribonka, les deux lieux les plus parlants du passage de Louis Hémon au Canada, où elles assistèrent à des manifestations en son honneur, et partout, à Montréal, Ottawa, Trois-Rivières, Québec, Roberval, Chicoutimi, elles furent reçues magnifiquement.

Les Amis de Maria Chapdelaine voulurent souligner avec éclat le vingt-cinquième anniversaire de la composition de Maria Chapdelaine et de la mort de son auteur. En France ce fut le 6 juin, à Paris, sous l'égide de la Société des Gens de Lettres. Au Canada, ils le firent par une floraison d'articles dans les journaux et les revues, par une imposante manifestation à Chapleau le 12 juin, par l'inauguration d'un « musée Louis Hémon » à Péribonka le 6 juillet et par la frappe d'une médaille à l'effigie de l'écrivain, en or et en bronze.

À Chapleau, la population de langue anglaise s'associa à celle de langue française ; Mgr Olivier Maurault, recteur de l'Université de Montréal, proclama Louis Hémon docteur ès lettres *honoris causa post mortem* de l'Université. Une inscription bilingue en bronze sur une stèle de granit érigée près de la gare par les Amis conjointement avec la Compagnie du Pacifique Canadien fut dévoilée par Mlle Lydia ; il y eut banquet et discours, visite au cimetière, où les demoiselles Hémon versèrent de la terre de Bretagne sur la tombe du héros.

À la fête du 6 juillet à Péribonka assistaient le cardinal J.-M.-Rodrigue Villeneuve, primat de l'Eglise Catholique au Canada, M. H. Bonnafous, consul de France à Québec, et de nombreuses personnalités ; la section de France des Amis s'était associée à la célébration et plus de mille personnes de la région et de diverses parties du Canada étaient présentes. M. Jean Bruchési y représentait le gouvernement de la Province de Québec et il offrit une plaque commémorative dont l'inscription rappelait qu'« un grand écrivain était passé dans ce décor romantique, sur les bords de la rivière Péribonka ». Mlle Lydia Hémon reçut la clé et fit l'ouverture officielle du musée.

Le 23 août 1939, en présence de la Mission Maria Chapdelaine de France, composée de plusieurs délégués, parmi lesquels le duc de Lévis-Mirepoix, président des Amis de France, le comte de Dampierre, représentant du gouvernement français, M. Victor Bucaille, représentant de la ville de Paris, M. Jacques Lacretelle, délégué de l'Académie française, le comte de Montcalm, eut lieu le dévoilement d'une plaque sur pivot érigée par la Commission des Monuments historiques du Canada.

L'enquête proprement dite

Quant à moi, après avoir lu *Maria Chapdelaine,* en 1922, j'ai d'abord porté peu d'intérêt à l'auteur. Je ne l'ai pas connu ; un de mes frères, Raoul, l'a rencontré à l'hôtel de Saint-Gédéon, mais je n'ai su la chose que beaucoup plus tard. Cependant j'ai commencé vers 1924 à recueillir des renseignements à son sujet, et davantage après la fondation de la Société historique du Saguenay, en 1934. J'ai déployé plus d'activité en collaborant avec M. Alfred Ayotte. J'ai entrepris en 1946 une enquête méthodique sur le personnage, qui avait droit à sa place dans notre histoire régionale. J'ai ensuite laissé poursuivre la tâche par M. Ayotte en lui apportant occasionnellement ce que je pouvais récupérer. Par ailleurs j'ai apporté une attention et un concours constants à ce qui pouvait contribuer au prestige de Louis Hémon chez nous et ailleurs.

L'entreprise d'Alfred Ayotte

En dépit de tout cela il restait encore des lacunes à combler. « La *vie canadienne* de Louis Hémon est restée en bonne partie inconnue, avait écrit Alfred Ayotte. On l'a généralement résumée en quelques lignes, ces quelques lignes sont entachées de fausses dates, de faux déplacements... Dans le tableau de son séjour « au pays de Québec » les ombres dominent. Les mois qu'il a passés au Canada sont enveloppés de brumes, comme notre fleuve Saint-Laurent certains matins d'automne. »

Ces mots sont de 1938. Il convient de céder la parole à leur auteur pour décrire ce qu'il appelle « une petite enquête » menée par lui sur Louis Hémon au Canada.

« J'ai fait la pêche ou la chasse aux témoins de Hémon au pays de Québec et j'en ai trouvé une bonne branchée. Au cours de ces semaines, j'ai connu bien des joies mais aussi quelques tribulations... J'ai désormais en mains des renseignements uniques sur Louis Hémon, notamment sur trois périodes de sa vie canadienne restées presque complètement ignorées : son premier séjour à Montréal, de fin octobre 1911 aux premiers jours de juin 1912 ; ses mois dans les bois et sous la tente au Lac Saint-Jean à l'automne de 1912, son court passage à Chapleau.

« M. Louvigny de Montigny, grand artisan de la diffusion du roman, a publié un livre sur le roman lui-même. Le 12 février dernier il a soutenu, à l'Université de Montréal, une thèse de doctorat ès lettres sur cet ouvrage. Le titre en est *La Revanche de Maria Chapdelaine*. C'est un peu la revanche des premiers partisans de *Maria Chapdelaine,* la démonstration de leur clairvoyance.

« Quant à moi, mon propos est différent. Je m'en tiens à l'auteur du roman, à Louis Hémon seul. Je le prends à son débarquement sur les quais bruyants de Québec et je l'accompagne jusqu'au paisible petit cimetière de Chapleau. Comme on voit, les deux études ne font que se compléter au lieu de se combattre.

« J'ai posé la question : *Avez-vous connu Louis Hémon ?* à nombre de gens, tellement qu'elle était devenue machinale sur mes lèvres. Je n'ai voulu oublier personne si possible. J'ai pris un plaisir presque coupable à dialoguer avec tous ceux chez qui il semblait vraisemblable qu'ils l'aient connu.

« À force de démarches, j'ai eu la bonne fortune de découvrir de nombreux compagnons de Louis Hémon : j'ai eu avec plusieurs d'entre eux des entretiens d'homme à homme ; j'ai recueilli tout chauds de leurs lèvres des renseignements non pareils. Avec d'autres, j'ai dû recourir à la correspondance. Cette enfilade de témoignages éclate de réalité et de vérité ; ils permettent de corriger des erreurs, de rétablir des faits.

« Toutefois, qu'on ne cherche pas dans ces articles querelle ou chicane. Il n'y en a pas. Je ne m'attarde pas à relever l'erreur commise précédemment ou le fait mal rapporté. Je vais mon chemin avec mon escorte de témoins, admirables collaborateurs que vous allez voir défiler. »

Ces paroles sont encore plus vraies vingt-cinq ans plus tard, quand leur auteur aura ajouté ce que cette période lui a apporté de vérifications et d'additions.

Un relevé des démarches qu'a exigées, jusqu'à 1964, l'enquête menée par Alfred Ayotte donne les chiffres que voici : (Note d'A.A.) : « 1500 appels téléphoniques ; 300 personnes interrogées ; 50 témoignages recueillis ; 100 lettres. »[29] M. Ayotte a de plus amassé tout ce qui a été publié en rapport avec Louis Hémon et son œuvre. Il pourra écrire en 1964 : « J'avais accumulé trop de documentation pour la garder pour moi seul. Je la livre au public. *Je lui en fais volontiers le don. Ce sera ma petite part à l'histoire des lettres de mon pays* ».

Nous avons souligné ces derniers mots, qui prennent une note singulièrement émouvante quand on sait que l'auteur de cette documentation l'a donnée sans avoir la satisfaction de la voir publiée.

Le cinquantenaire

Ajoutons, pour finir, qu'en 1963, à l'occasion du cinquantenaire de la composition de *Maria Chapdelaine* et de la mort de son auteur, j'ai moi-même pris l'initiative, avec l'approbation et l'appui des Amis de Maria Chapdelaine, de composer et de faire frapper une médaille et d'ériger un monument plus digne de l'auteur et de son œuvre.

Les deux sont de même inspiration. Louis Hémon en première place ; à sa droite, près de son cerveau créateur, une authentique figure de Maria Chapdelaine, personnage à la fois réel et fictif. La médaille est en bronze et en argent. Le monument est en trois blocs de granit régional : celui de la base est gris ; celui du milieu, portant le médaillon de Louis Hémon et l'inscription, est de granit noir de Péribonka ; celui du sommet, portant l'effigie de Maria Chapdelaine, est rose et provient d'Hébertville, lieu du début de la colonisation du Lac Saint-Jean. Les médaillons sont d'aluminium produit dans la région et sont faits d'après des modèles sculptés par des artistes du Lac Saint-Jean, les Jumelles Ouellet.

La municipalité de Péribonka a assumé le coût du monument. Celui-ci a été dévoilé le 28 juillet 1963 en présence du consul général de France à Québec, M. Jacques Longuet, et de M. Alfred Ayotte, le dévoué et fidèle champion de la cause.

---

29. Ce dernier chiffre est inexact ; les dossiers contiennent, pour la seule correspondance d'Alfred Ayotte, 445 lettres écrites et 372 reçues, soit un total de 817 lettres.

Le successeur d'Eva Bouchard a créé des installations pour accommoder les visiteurs.

Les photographies qui suivent donnent une idée de ces réalisations.

Victor Tremblay, p.d.

L'AVENTURE LOUIS HÉMON

EN GUISE DE PRÉFACE

Le texte qui suit peut surprendre le lecteur, qui normalement ne s'attend pas à la manière employée par l'auteur.

Nous rappelons qu'il est le résultat, et dans sa forme le compte rendu, d'une enquête visant à découvrir ce que fut réellement l'aventure Louis Hémon, à dépister enfin les allées et venues du mystérieux écrivain, son comportement véritable, les conditions dans lesquelles il a vécu et comment il a opéré le travail d'observations et d'expériences qui l'a fait produire Maria Chapdelaine.

Cette enquête, M. Alfred Ayotte l'a menée avec le souci d'exactitude qui le caractérise, mettant à la recherche le maximum d'ingéniosité, d'énergie et de persévérance, parce qu'il entreprenait de tirer au clair les éléments d'un cas jusque-là insoluble.

Et pour donner toute sa valeur au résultat de cette enquête, pour en rendre l'effet décisif, il a compris que la meilleure méthode était de citer exactement tous les renseignements et tous les témoignages qu'il avait recueillis. Il s'ensuit nécessairement, dans son texte, des répétitions et des détails qui à première vue paraissent de surcharge. Mais précisément la multiplicité des témoignages concordants établit plus fortement la certitude sur ce qu'ils affirment et leur variété ajoute nombre d'aspects éclairants sur ces faits et leurs relations. Quant à certains détails apparemment hors de cause, ils aident à situer les témoignages mêmes et à juger de leur valeur respective et de leur opportunité, en plus d'apporter une diversion à la monotonie des citations en série.

Ainsi la composition du livre, une fois comprise et admise sous cette forme, n'apparaît pas avec l'inconvénient de ce qui serait un défaut dans un ouvrage de caractère ordinaire. On en saura gré à l'auteur ; il a pris la formule qui convient le mieux à la solution du « cas » de Louis Hémon, dans les circonstances.

Il nous a fallu cependant, en raison de l'abondance de matière qui aurait fait un trop gros volume, alléger certains textes et énumérer seulement certains témoignages.

Quant au style, il faut tenir compte du fait que ce texte est une rédaction de premier jet, écrite immédiatement après l'enquête, en 1939, et que la mort soudaine de l'auteur nous a laissée telle quelle. La seule manière convenable pour nous est de le donner aussi fidèlement que possible, nous contentant d'y ajouter (en italiques) quelques précisions complémentaires ou explicatives à l'aide de nos connaissances personnelles et surtout des notes très nombreuses de l'auteur lui-même conservées dans ses dossiers.

Je crois que cet ouvrage fait réellement le point sur ce que nous avons appelé l'aventure Louis Hémon.

V.T.

CHAPITRE PREMIER

LA FAMILLE

Louis Hémon est un authentique Breton, d'origine et de naissance. Il appartient à la grande famille Hémon de Quimper, illustrée par plusieurs de ses membres. Au titre d'écrivain, il rejoint de distingués hommes de lettres de Bretagne comme Chateaubriand, Villiers de l'Isle-Adam, Anatole Le Braz, Charles Le Goffic, André Chevrillon et combien d'autres.

Il naît en 1880, le 12 octobre, jour anniversaire de la découverte de l'Amérique par Christophe Colomb. C'est à Brest, face à cette Amérique où il atterrira, qu'il voit le jour. À ce moment-là son père, Félix Hémon, futur inspecteur général de l'Instruction publique en France, y enseigne, et Brest, grand port de guerre et de commerce, sur l'une des plus belles rades du monde, est alors prospère. Plus tard, largement détruit au cours d'un siège d'un mois et demi en 1944, il sera reconstruit et toujours considéré comme une forteresse. La ville de Quimper est le berceau de la famille Hémon, qui est de lointaine ascendance bretonne.

a) Ascendants

Le généalogiste pourrait remonter fort loin dans la double ascendance de Louis Hémon. Limitons-nous à quelques figures.

Nicolas-Marie Hémon

Le grand-père paternel de Louis Hémon, Nicolas-Marie, naquit en 1801 et mourut en 1884. Il fut longtemps professeur au collège de Quimper. Sa femme, née Tilly (Marie), en 1821, vécut elle aussi très longtemps. Elle décéda à 91 ans, en 1912, l'année où son petit-fils était sur les bords de la rivière Péribonka, au Canada. Il est assez curieux de noter qu'il y a du sang irlandais chez les Tilly. Parmi les ancêtres, on relève le nom O'Kelly, celui-là même de la mère de Lydia-Kathleen, la fille de Louis Hémon, née en Angleterre en 1909. Voilà un enrichissement celtique de premier ordre.

Nicolas-Marie Hémon eut quatre fils : Louis, Prosper, Félix et Charles, et deux filles : Maria et Louise, tous nés à Quimper.

L'aîné, *Louis,* sera l'homme politique de la famille. Né le 25 février 1844, il fonde, au lendemain de la guerre de 1870, un journal, *Le Finistère,* dans lequel il propage les idées républicaines. Pendant trente-deux ans il sera député de Quimper et pendant deux ans sénateur. De plus, il occupera la fonction de conseiller général de Fouesnant depuis 1886 jusqu'à sa mort, survenue le 5 mars 1914, peu de temps après la publication de *Maria Chapdelaine* en feuilleton dans *Le Temps* de Paris. Son collègue de la Chambre Corentin Guyho a dit de lui : « En Louis Hémon, tout était breton : naissance, goûts et habitudes. » De son côté, Charles Le Goffic lui a rendu hommage en ces termes : « Louis Hémon était une des voix les plus éloquentes du Parlement, une des consciences les plus scrupuleuses aussi. »

Le poète Max Jacob, natif de Quimper, converti au catholicisme en 1915, interrogé sur Louis Hémon, par lettre en 1939, au moment où il habitait à Saint-Benoît-sur-Loire, m'a adressé la réponse suivante :

« Quant à moi, je n'ai jamais connu Louis Hémon, le romancier. J'apercevais jadis sa famille ; son oncle (Louis l'aîné) député robuste, célèbre orateur, grand honnête homme, un des fondateurs de l'idée républicaine (modèle 1875) dans le Finistère. Il avait des réponses virulentes. Comme un rival légitimiste lui lançait : « Vous êtes sorti d'une petite épicerie ! », il répondit : « Vous n'en seriez pas sorti ! »

« Je me souviens de ses grasses épaules, d'une cravate Lavallière d'artiste, de binocles d'écaille, d'une barbiche blonde à deux

Alfred Ayotte

Mgr Victor Tremblay

Avec la comtesse de Saint-Exupéry, en 1946

Avec sa documentation photographique au retour de ses voyages, en 1955

Avec Eva Bouchard, en 1946

pointes et d'une serviette de maroquin bourrée. Il prononçait des discours aux distributions de prix du collège dont il avait été l'élève. Je le revois avec un chapeau canotier de paille, fort peu luxueux. C'était un homme humble mais tonnant... »

Comme on en voit, l'oncle Louis était un esprit d'élite, une nature élevée, un caractère énergique. La Bretagne lui est reconnaissante : elle lui a élevé un monument à Quimper et dans d'autres villes de la Cornouaille et du Finistère.

Le second fils, *Prosper,* né en 1846, a laissé la réputation d'un historien breton de grande valeur. Conseiller de Préfecture à Saint-Brieux, il consacrait tous ses loisirs aux recherches sur la Révolution en Bretagne. Son fils le docteur Hervé Hémon écrit : « Papa était imbattable sur ce sujet, de nombreux historiens de toutes les régions s'adressaient fort souvent à lui pour avoir quelques renseignements qui leur faisaient défaut. » [1]

Ses œuvres sont nombreuses. À sa mort, survenue en 1918, les documents qu'il avait accumulés furent déposés aux Archives de Quimper où ils constituent le Fonds Hémon. Prosper Hémon avait épousé Joséphine Le Hars, sœur du sénateur-maire de Quimper. Cette femme intelligente et distinguée réunissait l'élite de Quimper. Pendant un quart de siècle le foyer de Prosper Hémon fut un centre d'activité artistique et intellectuelle.

Charles, le quatrième fils, naquit en 1857. Il était le plus jeune et mourut aussi le premier, en 1907. Il fit sa carrière aux Colonies, dans les finances, passant du Tonkin à l'Algérie. Il a laissé un récit inédit de ses chasses aux fauves.

Félix Hémon

Enfin, venons-en à Félix, le père du futur auteur de *Maria Chapdelaine.* Il est né le 30 septembre 1848, l'année de la révolution qui amena la république, le suffrage universel et une Assemblée législative. Poète précoce, lui qui devait analyser avec tant de soin les œuvres de Corneille, de Rotrou et d'autres, il n'était pas encore élève de l'École Normale Supérieure qu'il était entré en correspondance avec le secrétaire de Victor Hugo et avec Hugo lui-même. Il adressait à l'auteur des *Châtiments,* dont il faisait circuler des exemplaires sous le manteau en France, des strophes

---

1. Lettre à sa cousine Marie Hémon, citée par Allan McAndrew dans *Louis Hémon, sa vie, et son œuvre,* page 111.

pleines d'allant. La correspondance faisait un détour par l'Angleterre pour échapper à la surveillance impériale. Il n'avait que 19 ans lorsqu'il reçut, à l'été de 1867, une lettre du célèbre poète exilé, dont voici un passage :

« Vous avez la *mens divinior* de la poésie et la *mens excelsior* de la jeunesse.

« Vous me comprenez et vous me le dites en strophes ardentes. Je viens de faire pleurer le vieux groupe de proscrits indomptables en lui lisant vos vers superbes.

« Oui, comptez sur moi, jeunesse ! Comptez sur moi, combattants de la justice, de la liberté, de l'idéal.

« Vous, jeune homme, vous, poète, vous êtes une âme haute et tendre. Vous avez la fière douceur des prêtres du vrai et des soldats du beau. Je suis heureux d'être et de rester en exil pour des hommes tels que vous. Je vous aime. »

De tels encouragements de la part d'un homme aussi éminent que l'auteur de la *Légende des Siècles* ne pouvaient qu'ancrer Félix Hémon et tout son entourage dans les idées républicaines.

Viennent les années d'étude à l'École Normale Supérieure. Félix Hémon trouve le temps d'écrire de nombreuses lettres à ses amis. Fécond versificateur, il s'amuse à leur adresser des alexandrins. Le général Boëlle avait conservé ceux qu'il avait reçus et Mlle Odile Ducharme (fille de Paul-Édouard Ducharme, ami de jeunesse du grand-père), qui en avait hérité, les a remis à la petite-fille de l'auteur, Lydia-Kathleen Hémon, qu'elle avait connue sur les bancs de la Sorbonne et qui est devenue son amie.

Sorti de l'École Normale Supérieure en 1873, Félix Hémon entreprend une existence nomade pendant près de dix ans. Il enseigne tout d'abord à Bourges, puis à Rennes. L'étape de Brest prend une importance plus grande que toute autre à nos yeux, puisque c'est là que naîtra l'auteur de *Maria Chapdelaine*. De l'Armorique, le professeur Hémon viendra à Paris où il se fixera pour toujours. Nous sommes en 1882. Il commence par enseigner au lycée Charlemagne ; quelques années après il passe au lycée Louis-le-Grand où il occupe la chaire de « rhétorique supérieure ». En 1889, le ministre de l'Instruction publique, M. Fallières, le choisit comme chef de cabinet.

Entre-temps, son éloge de Buffon (1878) a été couronné par l'Académie française et il publie différents ouvrages, tels que le *Cours de littérature à l'usage des divers examens* (cinq volumes in-

18), que couronne également l'Académie, et de nombreuses éditions d'œuvres classiques (Corneille, Buffon, Bersot, Rotrou, etc.).
Charles Le Goffic dit de l'œuvre de Félix Hémon : « La justesse
de l'expression, la finesse du tour, la sûreté des aperçus, la mesure
et l'équilibre des jugements, tout conspire à nous replacer dans le
courant le plus traditionnel de la langue » (*Chronique de la Société des Gens de Lettres de France,* août-septembre 1925, p. 635). Là,
ne s'arrête pas l'activité littéraire de Félix Hémon ; il collabore régulièrement à la *Nouvelle Revue,* à la *Revue Bleue,* à la *Revue Critique* et à d'autres.

En 1895, nouvelle promotion : il est nommé inspecteur de
l'Académie à Paris. En 1903, il assumera le poste élevé d'inspecteur général de l'Instruction publique, équivalent à celui de sous-
ministre, qu'il conservera jusqu'à sa mort, survenue le 10 novembre 1916, quelques jours seulement avant qu'arrive à Paris un
exemplaire de l'édition canadienne de *Maria Chapdelaine.* Il n'aura pas eu la consolation de voir le roman de Péribonka sous forme de volume.

Mr. Hémon n'était apparemment pas de haute taille. Deux
contemporains y font allusion :

— M. Félix Hémon, petit homme tout blanc, dit Maurice Ge-
nevoix, m'a fait passer mon concours.

— J'ai bien connu le père de Louis Hémon, le petit Félix Hémon, qui fut de longues années professeur de rhétorique au Lycée
Henri IV, écrit M. A. Salles, dans *Les Normands de Paris,* juin
1935.

Georges Goyau, ancien secrétaire perpétuel de l'Académie
française et l'auteur des *Origines religieuses du Canada français,* a
répondu, en mars 1939, à l'invitation du *Figaro Littéraire :* « Par-
lez-nous du temps où vous étiez un élève studieux du lycée Louis-
le-Grand». Voici quelques bribes de ses souvenirs à propos de Félix Hémon :

« J'ai eu la bonne fortune, à Louis-Le-Grand, de connaître les
professeurs des trois rhétoriques et de bénéficier de leur enseignement... Félix Hémon, éditeur de Corneille, ne prévoyait pas à cette date qu'il deviendrait le grand-père de *Maria Chapdelaine :* ce
jeune Hémon qui, au Canada, aura le temps, avant de mourir
écrasé, d'écrire un chef-d'œuvre, était son fils ».

Le 24 juin suivant, M. Goyau avait l'obligeance de compléter,
dans une lettre personnelle, son témoignage sur le savant profes-

seur : M. Félix Hémon fut mon professeur de rhétorique au Lycée Louis-le-Grand. Il publia, en quatre volumes, une excellente
édition du Théâtre de Corneille. Frère d'un député républicain du
Finistère, il fut un instant chef de cabinet de M. Fallières lorsque
celui-ci était Ministre de l'Instruction publique (vers 1890).

« M. Félix Hémon était un grand lettré. Il possédait admira-
blement les littératures classiques, et l'érudition, chez lui, n'étouffait jamais la finesse du goût. »

Combien de Canadiens ont poursuivi des études à Paris au
début du siècle ? Le nombre en était alors fort mince. L'abbé
Adélard Desrosiers, ancien principal de l'École Normale Jacques-
Cartier à Montréal, fut de ceux-là. Quelques années avant sa
mort, il m'a révélé qu'il a assidûment consulté les ouvrages de M.
Félix Hémon pendant ses études à Paris. D'autres Canadiens ont
également compulsé les œuvres de l'ancien universitaire français,
mais sans se douter peut-être que leur auteur était le père de l'excellent observateur et conteur Louis Hémon.

b) Ascendance maternelle

Nous avons étudié les ascendants paternels de Louis Hémon.
Qui sont ses ascendants maternels ?

Charles-Louis Le Breton est le grand-père de notre héros. Il
naquit en 1807 à Ploërmel, dans le Morbihan. Les Le Breton sont
originaires des environs de Nantes et leur nom était autrefois Brétigny. Cependant, un Brétigny étant allé en Bretagne sous Louis
XIV comme intendant des biens du marquis de Bizien, on l'appela Brétigny Le Breton, puis tout simplement Le Breton.

Médecin auxiliaire de la Marine, Charles-Louis Le Breton as-
sista à la prise d'Alger (1830). Après avoir terminé ses études mé-
dicales, il revient en Bretagne exercer sa profession. Élu membre
de l'Assemblée législative de 1848, étroitement surveillé sous Na-
poléon III en raison de ses idées républicaines, il fut également
élu membre de l'Assemblée nationale en juillet 1871. Il mourut à
Ploërmel en 1896.

René Bazin a fait du député Le Breton et du sénateur Louis
Hémon l'éloge suivant : « L'un et l'autre, hommes cultivés et d'u-
ne sincérité grande, ils ont aimé, ils ont souhaité de faire descendre du monde des rêves en terre de France une république où aucune sorte d'injustice ne serait jamais commise. » *(Revue des
Deux Mondes).*

On connaît l'épouse de Charles-Louis Le Breton par la note suivante d'une lettre de Mlle Marie Hémon à M. Alfred Ayotte (9 août 1963) :

« Nous n'avons pas connu notre grand-mère maternelle, morte pendant la guerre de 1870 d'une épidémie de grippe infectieuse. Elle était née dans le Finistère et portait un nom très répandu encore actuellement. Elle appartenait à une famille Bernard mais son prénom était si rare que je n'ai jamais rencontré personne le portant ; elle était la 13e d'une famille de 14 enfants, et on l'avait prénommée *Amaranthe,* ce qui fait trop penser aux rimes de Molière. »

Louise Le Breton

Fille du Dr Charles-Louis Le Breton, la mère de notre écrivain, Louise Le Breton, naquit à Pleyben, dans le Finistère, le 28 octobre 1851. Le professeur Félix Hémon l'épousa en 1874. Leur fils aîné, né à Bourges, en 1875, portera le prénom de son père, Félix. Naîtra ensuite, Marie, à Rennes en 1877, puis Louis, à Brest, en 1880.

Comme plusieurs autres membres de la famille, Mme Félix Hémon vécut jusqu'à un âge avancé. Elle mourut à la fin de la deuxième grande guerre, soit à l'été de 1945, à 94 ans moins trois mois. Contrairement à son mari, elle fut témoin du succès de *Maria Chapdelaine* et de la gloire de son fils. Au cours de sa longue existence, cependant, si elle connut de réelles joies, elle éprouva aussi de profonds chagrins : la perte de son aîné en 1902 ; la mort de son benjamin en 1913 ; le décès de son mari en 1916 ; les difficultés de toutes sortes provenant des droits d'auteurs, etc.

Sa fille Marie nous disait en 1938, lors de sa visite au Canada : « Nous avons perdu une forte partie de notre fortune, celle de ma nièce Lydia en droits d'auteur des ouvrages de son père, en raison des dévaluations successives du franc. Le premier éditeur, Lefebvre, à lui seul, ne nous a jamais donné un sou. Il nous revenait au moins 50,000 francs. Quant aux éditions en France, les 1,000 exemplaires annoncés ne sont souvent que 500 et même 250 seulement. »

Mlle Hémon nous faisait part de ces déboires en 1938. Depuis cette date, nombre d'autres maisons d'éditions — des canadiennes entre autres — se sont permis de publier *Maria Chapdelaine* dans diverses collections sans faire parvenir de redevances aux demoiselles Hémon.

Mlle Lydia a fait l'acquisition d'une ferme, il y a environ trente ans, en Bretagne. « Cette ferme, dit Mlle Marie, n'a rien donné depuis qu'elle l'a en mains. Au contraire, elle n'a apporté que des impôts et des tracas d'avoués. »

Suivent ici des détails sur les allées et venues des demoiselles Hémon, de Quimper à Paris, et leurs difficultés en conséquence de la guerre.

c) Famille de Félix Hémon

Mme Hémon perdit ses deux fils encore jeunes. On sait que Louis mourut accidentellement à moins de 33 ans. Félix (né à Bourges en 1875) n'avait que 27 ans. Ses études terminées, comme tout bon Breton, il éprouve le goût des voyages lointains. En 1900, il part pour la guerre en Chine à titre de commissaire de la Marine. Malheureusement, cette expédition prend une tournure tragique. Le jeune homme doit rentrer en France, en 1902, atteint d'une entérite tenace. Hospitalisé à Brest, il contracte une typhoïde foudroyante et meurt sans que sa famille ait le temps de le revoir. Seul son oncle Prosper peut accourir de Quimper à son chevet et recueillir ses dernières paroles avec son dernier soupir. En hommage à sa mémoire, son père s'empresse de faire paraître ses lettres sous le titre *Sur le Yang-Tsé*.

Mademoiselle Marie était appelée, comme sa mère, à une remarquable longévité. Elle pouvait écrire : « Mon cœur, malgré ses 87 ans et ses grands chagrins, a gardé sa sensibilité d'autrefois » (Lettre au juge Fabre-Surveyer en 1938.) Elle est décédée le 12 février 1964.

Vie de dévouement : voilà bien comment se résume l'existence de Mlle Marie Hémon. Secrétaire de son père pendant plusieurs années, elle s'est ensuite occupée de sa mère ainsi que de sa nièce Lydia-Kathleen. En outre, elle devait s'occuper de toute la correspondance suscitée par la publication, puis par le succès de *Maria Chapdelaine*. Et tous ceux qui ont voulu écrire non pas seulement sur le roman mais sur son auteur ont eu recours à elle pour obtenir des renseignements. On imagine le nombre de visiteurs qu'elle a dû accueillir, l'avalanche de lettres qu'elle a dû recevoir. À son tour, la nièce a pu jouer le rôle de secrétaire à l'endroit de sa tante comme celle-ci l'avait fait pour son grand-père.

En 1938, Mlle Marie et Mlle Lydia-Kathleen sont venues au Canada, à l'invitation de la Société des amis de Maria Chapdelaine, assister aux fêtes du 25e anniversaire de la mort de Louis Hémon. Les deux voyageuses ont séjourné à Montréal, à Chapleau, à Ottawa, à Québec, à Péribonka, récoltant partout des témoignages d'estime et de sympathie des Canadiens. Elles sont retournées en France réconfortées par cette visite, dont elles ont fait un récit détaillé à la mère de l'écrivain mort en terre canadienne. Peu après, c'était la guerre 1940-1945. Les trois femmes ont passé cette rude période en Bretagne, à Quimper, en espérant toujours en la victoire.

Cette victoire est enfin venue et Mme Félix Hémon a pu mourir en paix. Mlle Marie Hémon, m'a alors écrit : « Ma mère nous a quittées le 25 mai dernier (1945). Ses forces physiques déclinaient depuis bien des semaines et elle souhaitait la mort qui la délivrerait d'une foule de misères. Son état s'est aggravé juste au moment de la défaite de l'Allemagne qu'elle avait si ardemment désiré voir. Elle l'a connue, car elle a conservé jusqu'au bout toutes ses facultés, mais elle n'avait plus la force de s'en réjouir comme elle l'eût fait plusieurs mois auparavant. »

Le 13 février 1964 un câblogramme de Paris adressé à M. Alfred Ayotte annonçait le décès de Marie Hémon, sœur du romancier. Née à Rennes en 1877, elle comptait alors 87 ans d'âge.

Très affaiblie depuis quelques mois, elle avait écrit dans sa dernière lettre (10 janvier 1963) : « Je promène péniblement mes infirmités dans la maison. » Elle était entrée peu avant sa mort à l'hôpital du Val-de-Grâce, dans le quartier latin, « tout près de la rue Vauquelin où elle avait passé la majeure partie de son existence ».

Dès lors il ne restait donc de Louis Hémon que sa fille mademoiselle Lydia-Kathleen, et quelques membres de sa parenté immédiate :

le cousin Jean, fils du sénateur Louis Hémon ;
le cousin Hervé Hémon, médecin, fils de Prosper Hémon ;
l'oncle Charles Le Breton, frère de Mme Félix Hémon, médecin
    de la Marine d'abord, ensuite sous-préfet de Châteaulin (Finistère) ;

le petit-cousin Le Bourdon, qui fut préfet dans divers départements et qui finit sa carrière comme ministre de la Principauté de Monaco.

Nous croyons devoir omettre quelques pages de l'auteur concernant les homonymes et contemporains de Louis Hémon.

Cette revue des parents, des professeurs, des amis et connaissances de la famille Félix Hémon nous éclaire sur le milieu dans lequel a grandi le futur auteur de *Maria Chapdelaine*. Elle nous aidera également à mieux comprendre la vraie nature de notre héros et à déceler plus facilement les influences héréditaires...

CHAPITRE DEUXIÈME

ENFANCE ET JEUNESSE

Enfance

Les prénoms du romancier sont Louis, Prosper et Félix : les deux premiers en l'honneur de ses oncles et le dernier, de son père. Il ne portera que le prénom Louis, qui, au reste, fera sa gloire.

Après ses séjours à Bruges et à Rennes, Félix Hémon est nommé professeur à Brest en 1880. C'est là que naît son troisième enfant, « juste en face de la rade », selon la savoureuse expression de sa sœur Marie. Louis Hémon aura beau écrire plus tard que sa naissance n'a été « accompagnée d'aucun phénomène météorologique », il n'en reste pas moins qu'il est Breton d'origine et qu'il naît au bord de la mer, à « l'extrême pointe armoricaine, où règne toujours cette douce mélancolie qui fait le charme et la poésie de la côte et des landes bretonnes ». Même s'il ne fait qu'esquisser ses premiers pas à Brest, il gardera comme tout bon Breton le goût de l'eau, il entendra l'appel du large et il nourrira la passion de l'aventure. Dans ses contes, ses nouvelles et ses romans on lira toujours des descriptions de rivières, de fleuves et d'océans.

Dès 1882, la famille Hémon se transporte à Paris où M. Félix Hémon a été désigné comme professeur au Lycée Charlemagne. L'enfant Louis croît en âge et en dissipation sous le toit familial.

Dans les notes biographiques, rédigées sur un ton humoristique à l'intention du « Livre d'Or » du *Vélo,* et envoyées sous le titre « Peint par lui-même », mai 1904, Louis Hémon écrit : « Donne dès l'enfance des signes de combativité athlétique, assaillant à coups de pied dans les jambes les adversaires dont la taille, le poids et l'allonge m'interdisaient un jeu plus classique. » Le sportif perce dans ces lignes. Son esprit est en éveil, ses questions sont innombrables.

Les grands-parents ont souvent un faible pour leurs petits-enfants. Ils se penchent volontiers sur eux, causent avec eux et assistent avec plaisir à l'éveil de leur intelligence. Grand-père Le Breton adorait son petit Louis et l'amenait avec lui dans ses promenades des environs de la rue Vauquelin. Celles-ci devaient se révéler fructueuses pour l'enfant. Voici ce que nous en écrit Mlle Marie Hémon :

« Vers 1885, ma mère a placé Louis dans une petite pension particulière du quartier, où deux vieilles demoiselles lui ont appris à écrire et ont achevé de lui apprendre à lire, ce qu'il savait déjà

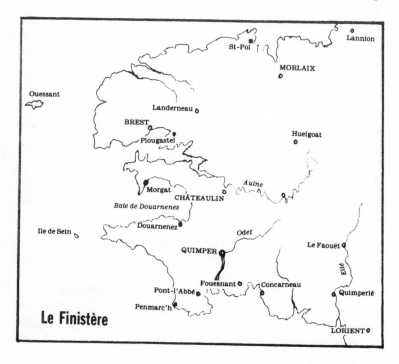

Le Finistère

à peu près. Quand il se promenait avec son grand-père maternel, celui-ci lui indiquait ce que les affiches rencontrées signifiaient. Grâce à une mémoire exceptionnelle il le retenait et on s'est aperçu un jour qu'il comprenait ce qu'il avait sous les yeux, sans avoir pris de leçons régulières. Il est resté un an ou deux chez ces institutrices et a dû entrer au lycée Montaigne à l'âge de sept ans, vers 1887. »

Le petit Louis est sujet aux maladies de son âge et il fut victime, vers cette époque, de la scarlatine, mal qui lui laissa l'oreille paresseuse. « Il faut voir sans doute dans ce commencement de surdité la cause de l'accident qui devait, plus tard, enlever un maître écrivain à la France » (McAndrew, p. 15).

À l'automne de 1887, Louis Hémon entre au lycée Montaigne. Il a sept ans. Il est encore frêle et délicat, mais il n'est tout de même plus le bambin aux longs cheveux bouclés, compagnon de promenade de son grand-père.

Le biographe Allan McAndrew, qui a préparé à Paris même sa thèse sur l'œuvre de Louis Hémon et qui a eu l'avantage de causer fréquemment avec la mère, la sœur et la fille de l'écrivain et de rédiger son livre en quelque sorte sous leurs yeux, dit du jeune lycéen : « C'était un enfant turbulent en qui on retrouvait l'impétuosité de sa mère. Très nerveux, il était, au fond, aussi timide que son père, à qui, avec l'âge, il ressembla de plus en plus. C'est de lui que lui vint le sens de l'observation dont devaient, un jour, s'étonner les critiques de ses œuvres londoniennes. Tous deux faisaient preuve d'un entêtement bien breton. Par son caractère indépendant, Louis échappait à toute autorité et on peut dire qu'il n'a jamais fait ce qu'il ne voulait pas faire. C'est par une tranquille obstination qu'il étouffait la volonté d'autrui. Sans se fâcher jamais, il a toujours su arranger les choses à son gré. »

Une petite photo d'enfance nous fait voir le jeune Louis tête ronde, cheveux courts, l'œil vif, l'air éveillé. Claude Barjac, son condisciple, dit : « Dès son enfance, Louis Hémon témoignait d'un esprit étonnamment brillant. » Sa sœur Marie ajoute : « Dans son enfance en effet, mon frère était plutôt exubérant. » Nous sommes donc en face d'un garçon plein de vie, plein de talent, plein de succès aussi.

À preuve l'incident que nous relate Mlle Marie Hémon :

« Louis avait à traiter un sujet de sciences naturelles (le blé, transformation en pain). Il a remis, paraît-il, une copie sans une faute de français et rédigée dans un style si pur que le professeur

(M. Ozenfant) en a donné lecture à haute voix, en le classant premier. Dix ans après, un de nos cousins, passant par la même classe, s'est vu « infliger », disait mon frère, la même lecture comme modèle du genre. Je crois que ce brave professeur a continué jusqu'à sa retraite cette édifiante lecture. La famille n'a jamais vu le texte. Louis devait avoir 8 ans, pas plus de 9. »

Et Mlle Hémon enchaîne : « Lorsqu'il était en Cinquième, son professeur, qui avait été un collègue de mon père à Brest et le connaissait depuis sa naissance, disait devant moi à mes parents : « Le petit animal a une mémoire scandaleuse et n'apprend pas ses leçons. Quand un de ses camarades récite un texte une fois devant lui, il le sait par cœur. Aussi désormais je l'interroge le premier, au commencement de la classe, pour voir s'il a jeté un coup d'œil dans ses livres. »

Au seuil de l'adolescence, Louis Hémon incarnait le « bon petit diable de Mme de Ségur ». *Les Nouvelles Littéraires* du 29 mars 1924 ont publié l'écho suivant :

« Le père de Louis Hémon, qui appartenait à l'Université et qui fut nommé à Paris en 1882, avait eu, à l'École Normale où il était entré en 1869, le père de M. Emile Darsy comme cacique. M. Darsy nous raconte qu'un jour sa mère l'emmena en visite chez Mme Hémon. Louis Hémon, nous dit-il, était le vrai bon petit diable de Madame de Ségur. Les enfants d'alors lisaient plus que ceux d'aujourd'hui. Les sports et les jeux n'étaient pas en faveur et, après les parties de barres au Luxembourg, le futur auteur de *Maria Chapdelaine* et de *Colin Maillard* lisait les romans de Jules Verne, de Cooper. Il n'y avait pas encore de romans policiers mais des journaux de voyage passionnaient les enfants. Dickens, plus tard, devait l'intéresser plus particulièrement et son influence se manifeste dans ses œuvres. »

Etudes

Louis Hémon était destiné à entrer au lycée Louis-le-Grand. Son père y avait enseigné pendant plusieurs années et y avait laissé la réputation d'un professeur érudit, brillant et consciencieux.

De plus, ce collège — dont le quatrième centenaire a été célébré en mai 1963 — était à la fin du siècle dernier comme aujourd'hui encore « le plus prestigieux des établissements d'enseignement secondaire » de France. Fondé sous le nom de Collège de Clermont et dirigé par les Jésuites pendant 200 ans, il changea au cours de ses quatre siècles d'existence treize fois de nom, selon les variations de l'histoire, pour garder finalement celui qu'il porta au temps de Louis XIV. Sous la porte de la rue Saint-Jacques des générations et des générations de jeunes Français et de jeunes étrangers ont défilé. De cette maison sont sortis des personnages célèbres comme saint François de Sales, Molière, Voltaire, Robespierre, Victor Hugo, Baudelaire, Paul Bourget, Poincaré, Jaurès, Maurice Donnay (l'un de ses historiens), Péguy, Raoul Blanchard, André Chevrillon, André Bellessort, Paul Claudel, Georges Goyau, Edouard Herriot, Léon Daudet, le marchal Weygand, Jérôme Tharaud, Abel Bonnard, Maurice Garçon, René Clair, le président Senghor (Senégal) et combien d'autres ! Le nom de Louis Hémon figure lui aussi dans la longue liste des milliers d'élèves de Louis-le-Grand, glorieux palmarès de la France.

Quand Louis Hémon arrive à Louis-le-Grand, en 1893, il trouve un lycée renouvelé.

C'est à l'automne de 1893 que le lycéen de Montaigne devient le lycéen de Louis-le-Grand. Le théâtre change, les acteurs aussi. Félix Hémon n'y enseigne plus. Il est passé à l'Inspection. Le fils Louis fait connaissance avec la cour et les salles de l'institution de la rue St-Jacques, face à la Sorbonne, et tombe au milieu de nombreux camarades, dont quelques-uns deviendront de fidèles amis, pendant ses années de lycée Louis-le-Grand et plus tard. En octobre de cette année-là, Louis Hémon atteint ses treize ans. Ce n'est plus un enfant, mais ce n'est pas encore un homme. Il est sensible ; tout l'impressionne. Il n'a pas coutume d'exhaler de plaintes. Pourtant, il brosse un sombre tableau de ses années d'études :

« Jeunesse terne — dix ans d'externat dans un lycée noir — études sans éclat — toute combativité disparaît devant la lente oppression du thème grec. Baccalauréat. »

Jeunesse terne ? Louis Hémon n'a-t-il pas raison d'être heureux ? Il possède d'excellents parents, est le dernier de trois enfants. Il grandit dans une atmosphère privilégiée, un milieu intellectuel, universitaire. Il participe aux distractions courantes de l'époque : jeux, promenades, visites. Paris s'étale sous ses yeux ; la Bretagne lui assure des vacances agréables et réconfortantes.

Maurice Donnay le décrit ainsi : « Par les larges baies vitrées donnant sur la rue St-Jacques, on pouvait apercevoir une sorte de vestibule et, de l'autre côté, des verdures. L'ancienne première cour était devenue la cour d'honneur, bien plantée d'arbres et ornée d'une fontaine et d'un bassin. Des anciens bâtiments, on n'avait conservé, classées comme historiques, que la tour du cadran astronomique et la tour de l'horloge. Les quatre grandes cours étaient plantées de platanes, entourées d'arcades sous lesquelles les jours de pluie, les élèves pourraient se promener à couvert. Dans les classes, dans les études, la lumière du jour entrait par de hautes et larges fenêtres. Le soir, tout était éclairé à l'électricité. Murailles blanches, fenêtres sans grillages, couloirs et escaliers sans humidité, ce n'était plus la jeunesse au milieu des ruines mais la jeunesse dans le confort moderne. »

Comment donc Louis Hémon peut-il parler de lycée noir ? Lui qui devait manifester des goûts si simples et accepter une vie si primitive à Péribonka ? Comment expliquer ses exigences de la fin du siècle dernier ? C'est sans doute là une sorte de boutade, comme c'en est une autre quand il parle d'études sans éclat.

Études sans éclat ? Sur ce point, nous avons le précieux témoignage de sa sœur :

« À Louis-le-Grand, mon frère a fait des études fantaisistes. Tantôt à la tête, tantôt à la queue (ou presque) de la classe, il proclamait en famille «Qu'est-ce qu'une place de composition comparée à l'éternité ? La vanité des parents est chose bien ridicule, surtout quand ils savent qu'on peut être premier en travaillant. »

« Alors il travaillait, prenait la tête de la classe et disait : « Ça n'est pas plus difficile que cela... » Après quoi, il se reposait un bon bout de temps. Les bulletins portaient, en général « Très doué, mais amateur. Fait du grec quand on fait du latin, ou du français quand on fait du grec ». Et sa sœur ajoute : « Si un sujet cessait de l'intéresser il prenait un livre ou regardait voler les mouches. » Mais il n'a jamais redoublé une classe et il a dû obtenir une dispense de trois mois pour se présenter à son premier baccalauréat. Ce devait être en juin ou juillet 1896, l'âge étant, je crois, 16 ans. Les copies de latin et de français étaient les meilleures de sa série, disait le correcteur. Second baccalauréat en 1897. »

Ancien élève de Louis-le-Grand, Abel Bonnard, de l'Académie française, de trois ans le cadet de Louis Hémon, peint le tableau d'une classe de ce brillant lycée qu'il n'hésite pas à placer « à la pointe d'une pyramide qui a sa base dans tous les modestes collèges de province... »

« Ce qui faisait son prestige, c'était l'idée latente que les vainqueurs du collège ne sont pas toujours ceux de la vie, et ainsi il était sourdement admis par tous, quoique cela ne fût exprimé par personne, que celui qui n'était rien parmi nous serait peut-être un jour quelque chose. »

Louis Hémon s'est payé le luxe de parcourir la gamme des places et de tenir ainsi ses camarades dans le doute sur son avenir...

Malgré l'immensité de l'Atlantique, du Canada, j'ai réussi à découvrir en France quelques condisciples de Louis Hémon à Louis-le-Grand. Ils ont eu l'obligeance de m'adresser quelques souvenirs. Voici le précis et précieux témoignage de M. Paul Riban, directeur des Mines de Champagne (20 juin 1939) :

« J'ai été au Lycée Louis-le-Grand, à Paris, le condisciple de l'auteur de *Maria Chapdelaine* pendant quatre années ; d'octobre 1893 à juillet 1897 nous avons fait ensemble nos études dans les classes de troisième (1893-94), de seconde (1894-95), de rhétorique (1895-96) et de philosophie (1896-97). Mais pendant les deux premières années je l'ai peu fréquenté, car si nous étions dans la même classe nous n'étions pas dans la même division, le nombre très élevé des élèves obligeant à avoir plusieurs divisions dans une même classe.

« Je connaissais toutefois Louis Hémon, d'abord parce qu'il était le fils d'un inspecteur général de l'Instruction publique, dont nous étudiions tous les livres classiques, ensuite parce qu'il était un brillant élève, qui représentait au Concours général entre les Lycées de Paris la division C de la seconde de Louis-le-Grand pour la version latine et pour le français, et que sa réputation s'étendait à la division B à laquelle j'appartenais.

« À partir de la rhétorique et de la philosophie nous avons été dans la même division, et je me souviens parfaitement de l'excellent camarade qu'il fut pour moi. Ses aptitudes le portaient surtout vers la composition française et l'histoire, où il excellait ; les études grecques le rebutaient, au contraire, de même que les mathématiques, alors que moi-même je me sentais attiré du côté des études scientifiques, ce qui nous séparait un peu dans nos conversations au milieu d'une classe de plus de cinquante élèves qui ne pouvaient tous travailler dans la même voie.

« En philosophie il a très largement subi l'influence d'un professeur à idées libérales et fort larges, qui laissait se développer notre jugement et notre esprit de libre discussion. C'est dans cette ambiance que s'est formé définitivement son caractère et qu'a commencé à s'affirmer sa personnalité.

« Mais c'est précisément après notre baccalauréat de philosophie, en juillet 1897, que se sont séparées les voies dans lesquelles nous nous engagions, lui vers les lettres, moi-même vers les sciences et l'École Polytechnique.

« Nous nous sommes perdus de vue et je ne devais plus entendre parler de lui jusqu'à la publication dans le journal *Le Temps* de *Maria Chapdelaine,* à la veille de la grande tourmente européenne. »

Curieux, j'ai voulu connaître le nom de ce professeur de philosophie, qui a exercé une forte influence sur le jeune lycéen. M. Riban a bien voulu m'adresser la réponse suivante :

« Le nom du professeur de philosophie qui nous a formés, je n'ai pas eu besoin de grands efforts pour le retrouver, car il est resté très présent à ma mémoire. Il s'appelait Thomas-Victor Charpentier et professait à Louis-le-Grand depuis de nombreuses années quand nous sommes arrivés dans sa classe. C'était un homme ayant dépassé cinquante ans : c'est vous dire qu'il doit être mort depuis longtemps. Je ne crois pas qu'il ait laissé aucun ouvrage où vous puissiez retrouver les directives de son enseignement. C'était d'ailleurs un éclectique, qui exposait avec une grande impartialité et largeur de vues les idées des grands philosophes de toutes les écoles, et laissait à nos esprits le soin de choisir et d'adopter les théories qui nous séduisaient le plus. »

Dans la même lettre, j'avais demandé à M. Riban quelle était l'attitude de Félix et de Louis Hémon vis-à-vis de la religion. La question était délicate. Mon bienveillant correspondant a fourni une réponse prudente et nuancée (19 août 1939) :

« Sur la position de Hémon père et fils vis-à-vis du catholicisme, j'ai bien cherché à me souvenir et à me renseigner, mais il m'est vraiment impossible de vous donner un renseignement basé sur quelque fait précis. Nous étions à cette époque en pleine crise en France à cause de l'Affaire Dreyfus et, dans notre sagesse d'écoliers, pour ne pas nuire à la bonne camaraderie, nous évitions de parler des questions politiques et religieuses qui divisaient à ce moment les meilleurs amis et parfois même les membres d'une même famille. C'est vous dire que je ne me souviens aucunement de ce que Louis Hémon et son père étaient au point de vue religieux. En tout cas, je crois pouvoir affirmer que s'ils étaient indifférents en ces matières ils n'étaient pas des sectaires, car alors j'aurais le souvenir de discussions soulevées par leur manière d'agir ou de parler. »

Sportif

Un autre très précieux témoin est M. Maurice Schmit. Ancien secrétaire de l'Association des Anciens élèves du Lycée Louis-le-Grand, M. Schmit, aujourd'hui octogénaire, nous annonce tout d'abord : « J'ai connu et fréquenté Louis Hémon au lycée Louis-le-Grand, au Racing-Club de France, à Chartres au temps de notre service militaire et plus tard à Londres. »

Voilà qui est complet. Grâce à M. Schmit les voiles qui enveloppent de mystère la jeune vie de Louis Hémon vont s'écarter et laisser entrevoir le vrai visage du futur auteur de *Maria Chapdelaine.*

M. Riban nous a parlé de Louis Hémon étudiant ; M. Schmit va surtout nous entretenir, du moins, dans la première partie de son témoignage, de Louis Hémon sportif. C'est la première fenêtre qui s'ouvre sur cet aspect de la vie de notre héros. Le sport, comme on s'en rendra compte, aura été la passion du jeune Français et il aura imprégné la moitié de son existence.

Hémon devient un fervent adepte du sport dès les premières années du lycée Louis-le-Grand. Dans sa classe il s'en fait l'ardent propagandiste. On peut même le considérer comme l'un des précurseurs de la renaissance sportive qui s'est manifestée en France à compter de 1895, selon M. Georges Rozet, auteur des *Fêtes du Muscle.* Comme va le souligner M. Schmit, Hémon ne recherche pas tant les championnats, dans la pratique des sports, que la discipline qui en découle. Il admire et cherche « l'équilibre parfait et cet état de force harmonieuse qui rend semblables aux dieux ». (*L'Auto,* 3-2-1906.)

Cédons maintenant la parole à M. Schmit : « Au lycée Louis-le-Grand, où, un peu plus âgé que moi, Louis Hémon était deux classes avant moi, nous n'avions pas l'occasion d'être ensemble pendant les études, mais le sport nous réunissait. Dans ce temps-là, trois sports principaux accaparaient l'activité des élèves des divers lycées : la bicyclette, le rugby et la course à pied. Je les cite dans l'ordre de leur importance, d'après le nombre de leurs adeptes. Le hockey et le tennis ne venaient qu'après et ce dernier était même considéré, dans ce temps, plus comme une distraction que comme un sport : je vous parle de 1895 à 1905 environ.

« C'était la bicyclette qui, de loin, avait le plus d'adeptes. Nous lisions avec avidité *Le Vélo,* dirigé par Pierre Giffard et précurseur de *L'Auto,* qui nous tenait au courant de la forme, de l'entraînement et des performances des coureurs cyclistes ; nous nous passionnions pour leurs exploits et, chaque dimanche, au vélodrome, Hémon, comme moi, nous allions les voir courir. Le cyclisme professionnel, tout au moins sur piste, avait alors une vogue extraordinaire. Et c'est pourquoi Hémon cite des noms, pour vous inconnus, (vous êtes jeune !), qui brillèrent au firmament du cyclisme mondial. »

... Le sport était donc entré à Louis-le-Grand. Du moins certains élèves de ce lycée étaient-ils gagnés aux exercices physiques et prenaient-ils la peine de fréquenter des gymnases, comme Louis Hémon et ses confrères Schmit et Iché. C'était là un événement presque révolutionnaire...

En effet, vingt ans plus tôt, au temps de Maurice Donnay, le sport était tristement négligé. « Nous n'étions pas sportifs ; écrit le savoureux académicien ; nous allions à la gymnastique deux fois par semaine et nous remarquions que les meilleurs à la barre fixe n'étaient pas en général parmi les meilleurs de la classe. Tel George San Marin, beau comme un jeune dieu, Roumain fort comme un jeune Turc et qui, environ 1895, lutteur masqué, fera courir aux Folies-Bergère toutes les jolies dégrafées et toutes les belles horizontales, comme on disait en ces temps verticaux. En récréation, nous regardions avec pitié ceux de nos camarades qui éprouvaient le besoin de remuer, de sauter, de courir, d'exercer leurs muscles. Par deux ou par trois, la plupart des élèves marchaient en causant : amour et littérature étaient les principaux sujets de nos conversations. »

Vers la même époque Léon Daudet était également élève de Louis-le-Grand. Le fameux journaliste, rappelant des souvenirs dans *L'Action française,* en 1939, écrivait : « Nous ne pratiquions aucun sport et passions les récréations à tourner en rond autour de la cour spacieuse, en conversant de femmes, de littérature et de philosophie. »

Louis-le-Grand ne faisait pas exception. Dans la plupart des lycées français le sport était méprisé. Raoul Blanchard, déjà cité, élève du lycée d'Orléans vers 1890-1895, relate que le sport connut un moment de faveur grâce à Péguy. Il était devenu depuis quelque temps son ami, tous deux étant Orléanais.

« Mon admiration grandit encore en cette fin d'année scolaire, écrit l'éminent géographe, lorsque Péguy révolutionna le lycée en y introduisant la pratique assidue des jeux physiques. Sans doute on jouait beaucoup dans les cours des petits et des moyens, mais dans celles des grands les élèves passaient leurs récréations à tourner en rond par rangées de trois ou quatre, toujours en sens inverse des aiguilles d'une montre... Péguy voulut réagir contre ces promenades de notaires et obtint l'assentiment du proviseur pour fonder une association sportive habilitée à promouvoir les jeux physiques. »

Péguy quitte Orléans pour Paris en 1891. M. Blanchard ajoute : « Le vigoureux animateur n'était plus là, et dans la cour des grands on se reprit à tourner en rond comme des notaires. »

On tournait donc en rond dans les lycées, du moins chez les grands, et la conversation portait sur les sujets éternels des étudiants : amour, femmes, littérature, philosophie.

Louis Hémon, cependant, ne l'entendait pas de cette oreille et il fut l'un des premiers à réagir contre ces promenades de péripatéticiens. « C'est alors qu'il se trouvait à Louis-le-Grand, écrit McAndrew, que naquit en lui cet intérêt pour le sport où il faut voir un événement des plus importants dans la vie de Louis Hémon. C'est la base de sa conception d'une vie harmonieuse et complète. »

Même après son départ du lycée de la rue Saint-Jacques, le sport demeurera populaire. Le mouvement était lancé. Dans les institutions anglaises et américaines, d'ailleurs, le sport occupait une place de plus en plus grande au programme de l'éducation des étudiants. La France devait suivre cette innovation.

Louis-le-Grand voulut être en ce domaine comme en celui des lettres et des sciences à la tête des lycées de France. En 1909, Maurice Donnay y préside la distribution des prix. Dans sa monographie de Louis-le-Grand, il fait la réflexion suivante : « Le Concours général était supprimé ; mais, par les succès sportifs dans les championnats scolaires, *mens sana in corpore sano*, Louis-le-Grand tenait un rang plus qu'honorable. » À ce sujet, il ajoute : « Dans les sports et athlétisme, challenge Jules Ferry, rugby, basket-ball, cross, tir, pelote basque, tennis, etc., chaque année Louis-le-Grand obtient de nombreuses nominations. Les temps sont révolus où le mépris du fort en thème pour le premier en gymnastique n'avait d'égal que le mépris du gymnaste pour le latiniste, où le dédain des scientifiques pour les littéraires n'avait d'égal que la pitié des littéraires pour les scientifiques. Aujourd'hui : Sciences, Lettres et Sports vivent dans la plus moderne harmonie. »

En préconisant le sport Louis Hémon avait vu juste.

Aux hautes études

Si Louis Hémon exerce quotidiennement ses muscles pendant ses années de Louis-le-Grand, il n'en fait pas moins travailler ses méninges. Il a beau parler d'études sans éclat — on a vu qu'il a représenté Louis-le-Grand au Concours général — il n'en est pas moins l'un des plus brillants élèves de sa classe.

Outre les matières régulières, qu'il assimile facilement, outre l'allemand qu'il apprend comme langue seconde, il décide d'aborder l'anglais. Toutefois, cette langue, il ne l'étudie pas au lycée, mais à l'extérieur, avec un professeur particulier.

Ainsi arrive-t-il au printemps de 1896 prêt à passer son premier baccalauréat. Mais il n'a que 15 ans et il en faut 16. Démarches faites, il obtient la dispense nécessaire. L'année suivante, second baccalauréat. Conséquemment, avant même d'avoir 17 ans révolus, Louis Hémon sort, à l'été de 1897, bachelier de Louis-le-Grand. Son nom s'ajoute à ceux de milliers d'autres diplômés de cette célèbre maison.

Au début de l'automne suivant, le grand adolescent Louis Hémon traverse la rue Saint-Jacques. Du prestigieux lycée Louis-le-Grand il passe à l'imposante Sorbonne. De lycéen il est promu étudiant à la Faculté de droit de l'Université de Paris. Il est jeune : il peut consacrer trois ans à étudier le code civil, le code pénal, la procédure, la jurisprudence.

S'il écrit dans son autobiographie de quelque 25 lignes : « Faculté de droit, jours meilleurs », c'est en songeant à l'ensemble de son activité pendant cette période, car il semble bien que le futur écrivain n'ait pas mis tout son cœur à l'étude du droit. Sa sœur nous dit à ce sujet : « Droit pendant trois ans, mais cela l'ennuyait et je crois me souvenir qu'il a parfois raté des examens en été, pour les repasser en novembre. » Dans le Larousse illustré du mois d'août 1921, Charles Le Goffic, ami de la famille Hémon, écrit : « Pour ne pas désobliger son père, il (Louis) consentait à préparer sa licence en droit. » De son côté, selon son ami d'enfance Darsy, « ses études secondaires terminées, Louis Hémon s'inscrivit à la Faculté de Droit, mais sans aucune intention d'utiliser ses diplômes ».

C'est donc sans enthousiasme que Louis Hémon se dirige chaque jour vers la Sorbonne.

À l'arc du Droit, il ne tarde pas à ajouter plusieurs flèches ; poursuite de l'étude de l'anglais, préparation de la licence ès lettres, inscription à l'École des Langues orientales vivantes, section de l'annamite, préparation du concours d'entrée à l'École Coloniale, étude de la sténographie et de la dactylographie ainsi que de la comptabilité à l'école Pigier, à Paris, enfin, pratique sérieuse de différents sports.

Il ne manque pas de diplômes :
Bachelier de l'enseignement secondaire classique (avec la note « passable »), 15 juillet 1897 ;
Bachelier en droit, 8 janvier 1901 ;
Licencié en droit maritime, 31 août 1901 ;
Breveté pour la langue annamite, 16 décembre 1901 ;
Le 10 juin 1938, l'Université de Montréal lui décernera un doctorat d'honneur (In memoriam).

L'idée des voyages lointains a hanté Louis Hémon dès son enfance, au dire de sa sœur Marie. D'autre part, à l'époque où il lit avec avidité les œuvres de divers écrivains anglais, comme Dickens et Kipling, il prend goût à la langue de Shakespeare et arrivera à la parler convenablement. Il semble bien que Louis Hémon se forge, par l'étude de langues étrangères, des armes pour « céder aux grandes voix tentatrices du large », comme s'exprime Charles Le Goffic après Marie Hémon.

Louis n'est pas Breton pour rien ; il n'est pas né à Brest sans qu'il ait hérité le goût de la mer. Depuis son enfance, en réalité, il songe aux voyages. L'anglais lui permettra de partir vers les continents où se parle cette langue. Par ailleurs, la connaissance de l'annamite facilitera un séjour dans les terres asiatiques. Il importe d'être prêt. Si jamais sonne l'heure du départ, Hémon pourra répondre : présent ! En attendant cette heure encore lointaine et imprécise, le futur écrivain songe à une licence ès lettres.

Claude Barjac est le seul de ses contemporains à nous révéler que Louis Hémon a voulu prendre sa licence ès lettres. Dans une lettre qu'il m'adressait en 1939, il explique aussi pour quelle raison Hémon y a renoncé :

« Il est vrai que j'ai connu Louis Hémon. Son père et le mien étaient camarades de Normale, et nous nous rencontrions assez souvent. Mais il avait deux ou trois ans de plus que moi, et nous ne nous trouvions point par suite dans la même classe, à Louis-le-

Grand. Ce que je me rappelle très bien, c'est la fantaisie de son esprit, extrêmement divertissante par son originalité, fantaisie d'abord un peu exubérante, puis de plus en plus contractée aux limites de l'humour anglais. À sa sortie du lycée, il commença par préparer sa licence ès lettres : ce fut peut-être cette fantaisie qui l'empêcha d'y parvenir. Je crois d'ailleurs qu'il en fut assez froissé ; et je me suis demandé si cet insuccès ne l'avait pas rejeté définitivement vers cette existence imprévue à l'étranger, qui avait dû d'ailleurs être toujours dans ses goûts secrets. »

C'est en vue de son entrée à l'École Coloniale que Louis Hémon s'inscrit à l'École des Langues Orientales vivantes. Qu'il choisisse la section de l'annamite plutôt qu'une autre, cela peut paraître de prime abord assez mystérieux. Mais si l'on se reporte à la fin du siècle dernier on se rappellera qu'à cette époque la Cochinchine, le Cambodge, l'Annam, le Tonkin, le Laos et d'autres territoires se sont rangés sous le protectorat de la France. Le traité négocié et signé à Paris et à Pékin entra en vigueur en juin 1895. C'était pendant les études de Louis Hémon à Louis-le-Grand. Journaux, revues et livres décrivaient abondamment ces pays tropicaux sous des couleurs chatoyantes. De quoi enflammer l'imagination d'un adolescent curieux de lectures et impatient d'expéditions. À l'Université même, Louis rencontrait des étudiants venus d'Annam et d'autres contrées indochinoises. Ces jeunes gens apportaient dans la capitale française un élément nouveau et exotique.

D'autre part, Félix Hémon, frère aîné de Louis, se préparait alors à une carrière en Extrême-Orient. Il devait devenir, en effet, commissaire de Marine en Chine. Louis rêvait à son tour de prendre la direction de l'Asie, d'aller visiter les protectorats de l'Indochine française. Il jeta donc son dévolu sur l'annamite comme étant la langue qui lui serait là-bas la plus utile. Pendant des mois, à travers le reste, il s'applique à maîtriser cette langue si différente des langues d'origine latine.

Ici se place un incident intéressant. Au lendemain de l'obtention de son diplôme en annamite, ses condisciples, intrigués par son étude insolite, décidèrent de mettre à l'épreuve l'annamitomane Louis Hémon. Voici comment Mlle Marie Hémon raconte le tour raté qu'ils ont voulu jouer à son frère :

« Les camarades le taquinaient à propos de ses études d'annamite et lui demandaient ce qu'il en pouvait bien savoir au bout de deux ans. Mon frère leur répondait : « Ayez donc le respect

des diplômes ! Suis-je ou non un diplômé ? Vous devez par conséquent admettre que je sais l'annamite ! »

« Pour lui jouer un tour, ses amis amenèrent un jour au Jardin du Luxembourg (où se réunissaient souvent les étudiants du
quartier latin) un Annamite authentique, et ils dirent à mon frère
ironiquement : « Maintenant, cause avec lui. » Sans se démonter,
mon frère après l'avoir salué, lui récita bout à bout les petites
phrases faciles qu'il était capable de construire : « Le temps est
beau... la maison de mon père est plus grande que l'ombrelle de
ma sœur... etc. » Cet Asiatique, qui était fort spirituel et se rendait
compte de ce qu'on peut savoir d'annamite après de si courtes
études, inclinait gravement la tête et lui répondait des choses qui
pouvaient être profondes, mais que mon frère ne comprenait pas.
Lorsqu'il se taisait, mon frère, imperturbable, recommençait à lui
débiter quelques petites phrases sans suite. Le dialogue se prolongea ainsi un certain temps, et ses amis qui étaient venus pour
jouir de sa confusion étaient confondus eux-mêmes et disaient :
« Il a vraiment l'air de parler couramment l'annamite. » Je crois
bien qu'il ne leur a jamais avoué qu'il n'avait presque rien compris de ce que lui contait son interlocuteur. Mais cette histoire l'a-
vait amusé et il nous l'avait narrée avec verve. »

Dans son esquisse autobiographique, publiée dans le *Vélo* du
8 mai 1904, Hémon dit : « Suis annamitologue (diplômé langues
orientales), n'en tire aucun bénéfice, mais un immense orgueil. »

Non moins étrange que l'étude de l'annamite est celle de la
sténographie et de la dactylographie. Louis Hémon, en réalité, se
prépare à toutes sortes de besognes. Il ajoute même à ces deux
exercices la comptabilité. Au moment où il consacre des heures à
ces cours, à l'école Pigier, il ne se doute pas que ce sont précisément ces trois branches qui lui seront le plus utiles plus tard pour
subvenir à ses besoins. Sa sœur nous dit : « Peut-être a-t-il suivi
des cours analogues en Angleterre ensuite ; je n'en suis pas certaine. » Il y a tout lieu de le croire, car à Londres comme à Montréal il jouera le rôle de secrétaire, prendra la dictée en sténo, pro-
cédera à la traduction de l'anglais au français ou vice versa et ta-
pera lettres, rapports, factures à la machine à écrire. En Angleterre particulièrement, il s'occupera de comptabilité.

À l'approche de ses vingt ans, Louis Hémon est plein d'entrain, d'ardeur et aussi de talent. Voilà pourquoi il réussit à apprendre langues, sténo, dactylo et à jongler avec les chiffres sans
cesser son Droit, ajoutant à tout cela la pratique du sport. Ses car-

tes d'étudiant de 1898 et de 1900 le représentent tête dressée, longs cheveux d'abord séparés sur le côté (1898), puis divisés par le milieu (1900). Il porte faux col relevé avec cravate lavallière, selon la mode du temps. Il donne l'impression qu'il a confiance en lui, qu'il a le goût de l'action. Naturellement, il fait partie de l'Association générale des étudiants de la Sorbonne, dont le siège est au no 43, rue des Écoles.

Exploits sportifs

Sa journée est fort remplie. Dans son autobiographie, rédigée en style télégraphique, on lit : « Faculté de Droit, jours meilleurs — Bicyclette tous les jours de 5 à 7 heures du matin dans le Bois derrière tandem — Vélodrome — Bouhours, Michaël, Morin, Jacquelin — Initiation au sport, puis football et course à pied au Racing — Genou foulé onze fois — Précautions — Escrime — Salle Césari-Vinet — Atmosphère athlétique — MM. Strehly, Bally, Doyen, etc. — Poids et haltères — Aviron — Société nautique — Basse-Seine... »

Voilà une imposante liste d'exercices physiques propres à assurer la santé, la souplesse et l'harmonie des mouvements.

Jours meilleurs, écrit-il. En effet, Hémon a maintenant franchi le cap de l'adolescence. C'est un jeune homme dans toute la force du mot. Il se sent en possession de tous ses dons, de toutes ses ressources. La lente obsession du thème grec s'estompe dans la nuit du lycée Louis-le-Grand. Désormais, c'est la Sorbonne, ce sont les cours spéciaux, c'est le sport. Sa personnalité trouve à s'épanouir plus librement. Pour lui, ce sont vraiment des jours meilleurs.

Comme il nous en prévient il se lève tôt. C'est le secret de journées fructueuses. Il n'y avait pas à ce moment-là la radio et la télévision pour faire veiller les gens. Dès 5 heures du matin il enfourche sa bicyclette et se dirige vers le Bois de Boulogne. Cette promenade matinale l'enivre ; elle lui gonfle les poumons d'air sain, éveille son appétit de sorte qu'il se rend à ses cours frais et dispos.

Dans un article qu'il a publié dans le *Journal de l'Automobile* le 22 février 1905, Hémon décrit le gymnase de la salle Césari-Vinet qu'il a assidûment fréquenté pendant quelque temps. En voici quelques extraits :

« Vous le trouverez au cœur du pays latin, en une rue étroite qui descend vers la Sorbonne. Un lavoir et une librairie l'encadrent, et cette association est symbolique car, dirait M. Prudhomme, la culture du corps, la culture de l'esprit et leur propreté sont les plus essentielles des vertus... Vous tournez le bouton, un timbre sonne, et quelqu'un s'avance vers vous.

« Ce peut être le patron, ce peut être la patronne, ce peut être encore, si les dieux vous sont propices, la fille de la maison qui est brune et non sans beauté. Elle a, dès sa plus tendre enfance, contemplé quotidiennement la folie d'hommes de tous âges et de toutes statures qui, lassés sans doute par la monotonie de la vie, se réunissent en ce gymnase pour prendre ensemble ou séparément des positions anormales...

« D'autres fois, vous serez accueilli, en ouvrant la porte, par la descente soudaine d'une massue sur votre chapeau. C'est un instinct inné chez le manieur de massues de se placer le plus près possible de l'entrée : il est sans haine et incapable d'une mauvaise plaisanterie ; mais il faut qu'il fasse voltiger ses massues devant la porte ; c'est plus fort que lui, et rien ne pourra l'en empêcher...

« Si c'est le soir, vous trouverez là des Roumains. On ne peut se faire une idée du nombre de Roumains (nous sommes en 1900) qu'il y a sur la rive gauche, quand on ne fréquente pas mon gymnase ; ils sont tous étudiants en droit, moustachus et musclés...

« Mais si vous m'en croyez, vous irez de préférence le matin : on y est en famille. Il n'y a là que quelques habitués qui travaillent posément, sans hâte ; et le seul bruit qui vienne troubler le silence est le froissement éraillé des fleurets ou le heurt clair des épées, qui descend de la salle d'armes...

« En bas, de dix heures à midi, règne le professeur. Avant dix heures, il enseigne le latin, la grammaire et plusieurs autres choses dans un lycée du voisinage ; mais après dix heures, il revêt une culotte de toile, les souliers blancs traditionnels et le maillot collant, et prend des équilibres... Il passe, je crois, une partie de son existence à chercher de malheureux petits garçons qu'il veut tenir en son pouvoir, afin de leur enseigner conjointement la gymnastique et les déclinaisons latines...

« Mais je suis maintenant hors de portée de ses calembours et je me sens la force de pardonner. Même quelque jour je retournerai vers mon gymnase ; je ferai sept coups de bouton avec le maître d'armes, j'enseignerai à quelque éphèbe innocent et débonnaire les secrets de la vraie boxe anglaise ; puis je m'assoirai sur une banquette et j'écouterai le professeur discourir sur les acrobates des temps passés. Et je revivrai mes très jeunes années » (Cf. McAndrew, pp. 19 et 20).

En cette salle Césari-Vinet, Hémon pratiquait une grande variété de sports. Il vient de mentionner la « boxe anglaise » en plus de l'escrime, des poids et haltères et d'autres exercices. On verra plus loin, quelle importance il accordait à la boxe, qu'il pratiquait avec vigueur et qu'il a soigneusement décrite dans ses romans. En effet, Louis Hémon ne fut pas l'auteur d'un livre unique : *Maria Chapdelaine*, mais celui de plusieurs autres ouvrages, presque tous inspirés du sport, ce qui lui a valu le titre de « premier littérateur français qui fût en même temps un sportif, au sens véritable du mot » (McAndrew, p. 97). Mr. Charles Chassé a de son côté, qualifié Hémon « précurseur de la littérature sportive ».

C'est aussi le moment de mentionner un autre sport que Louis Hémon a pratiqué, mais qu'il ne nomme pas dans sa brève biographie : l'équitation. Nous avons sur ce point un témoignage de première main, celui de Mlle Marie 'Hémon : « Oui, mon frère montait à cheval. Jeune étudiant, il avait demandé à ses parents de lui offrir des leçons d'équitation, ce qu'on s'était empressé de faire. Il fréquentait régulièrement un manège du quartier latin. Je crois me souvenir qu'il nous disait un jour à peu près ceci : « On recommande aux jeunes cavaliers d'apprendre à bien tomber, mais jusqu'ici, je ne parviens pas à tomber du tout. » Il se sentait solide en selle. » (27 novembre 1938).

Vive l'eau

Autant Louis Hémon aimait les sports terrestres, autant il adorait les jeux aquatiques. Ainsi le canotage l'enchantait. Voici les souvenirs qu'il en a gardés et qu'il décrivit de Londres quelques années plus tard :

« Partir dans le clair matin, et s'en aller joyeusement entre les berges connues mais que huit jours d'absence et la lumière nouvelle semblent avoir miraculeusement changées ; s'emplir les poumons du bon air frais qui a dormi sur la rivière et tirer sur l'aviron de tout son cœur en écoutant les autres avirons, derrière soi, battre dans l'eau la même chanson nette et courageuse ; s'attabler au bord de l'eau, sous les feuillages gris de banlieue, à des repas souvent bizarres mais dévorés avec un appétit et une gaieté également sauvages ; enfin rentrer lentement parmi la descente de l'ombre, vers un horizon aux couleurs tendres, que les trois arches d'un pont découpent en un surprenant tryptique. — O Rivière, que ma prose est pâle quand j'essaie de te célébrer !» (Les Canotiers, *Le Vélo*, 12 mai 1904).

Au printemps et à l'automne, Hémon dirige ses excursions vers Bas-Meudon, Saint-Cloud et Ville d'Avray. Ce sont des banlieues situées au sud-est de Paris, qu'il ne trouve pas assez « campagne », mais qui lui plaisent tout de même. Il en dit quelques mots dans le rappel de ses courses d'obstacles à travers champs :

« Je n'ai jamais couru que deux ou trois courses en France et je n'en ai pas gardé un bien bon souvenir. D'abord, j'étais très jeune — ce siècle avait deux ans... ou à peu près — et j'ai essayé d'aller vite, avec des résultats désastreux. Et puis les bois de Saint-Cloud et de Ville d'Avray, encore que pittoresques, sont vraiment un peu trop près de Paris, trop banlieue, pas assez campagne. Enfin, le sol y est souvent dur et l'on émerge parfois d'une première tentative les pieds « chamarrés de postules », ce qui n'est poétique que dans les pièces de M. Rostand » (Le Cross anglais, *L'Auto*, 30 avril 1910).

Hémon avait aussi un faible pour les grands bois. Dans la lettre qu'il nous adressait en 1939, Claude Barjac, relate une promenade faite avec son condisciple dans la région de Fontainebleau. Il écrit :

« Je me souviens d'un déjeuner que nous fîmes, un jour gris de semaine sainte, à Marlotte, dans la forêt de Fontainebleau, mais il m'est impossible d'en situer la date exacte (ce devait être en 1901, 1902 ou 1903) et par conséquent, de me rappeler si c'était avant son départ ou après.

« Je me rappelle seulement qu'après une promenade en forêt, revenus à l'hôtel pour le thé, il lui prit la fantaisie d'écrire une carte postale ouverte par laquelle nous aviserions un inconnu que nous avions découvert un cadavre au pied d'un arbre. Je ne sais plus si la carte fut mise à la poste — en tout cas elle n'eut pas de suite. »

M. Barjac a bien raison de parler de fantaisie chez Louis Hémon. Quant à la date, ce devait être en 1901, car en 1902 Louis faisait son service militaire et en 1903 il était à Londres.

Apparemment, Louis Hémon préfère l'eau. À travers ses diverses études, il participe fréquemment à des randonnées, parfois épuisantes, mais excitantes, sur la Seine. Il nous parlera d'abord de quatre rameurs, qui doivent se contenter d'être canotiers.

« Chaque dimanche, dit-il, les voyait donc partir pour la classique balade, mais ils n'avaient pas encore renoncé à la gloire, et, lorsqu'ils passaient un autre bateau, ils « tiraient » leur yole de sapin d'un tel style que les cafouilleux se sentaient pleins de respect.

« Or, un jour qu'ils étaient partis par un temps douteux, la pluie survint vers midi ; ils avaient été fort loin, et il leur avait fallu remonter le courant trois heures durant, sous l'averse battante, pour retrouver enfin le garage protecteur.

« Je ramais au « quatre » de cette yole-là, et j'eus pendant ces trois heures le spectacle monotone des trois hommes qui se penchaient ensemble, se redressaient du même effort, et se penchaient de nouveau, allongeant suivant un seul rythme leurs corps trempés par la pluie. Nous étions tous quatre en piteux état, humides, raides et fatigués ; mais je me souviens qu'il m'est venu à la longue, en les voyant peiner devant moi, résignés et blagueurs, une sorte d'exaltation fraternelle, une impression forte de camaraderie d'armée, montée lente de la rude affection qui doit unir les hommes qui ont connu le même désir et souffert à la même tâche.

« Je ne les reverrai peut-être jamais, mais je ne suis pas près de les oublier » (*Les Canotiers*).

Hémon nous entretient d'une autre course non moins pittoresque :

« Mon second souvenir est encore un souvenir de pluie. C'était à l'automne : un jour gris, froid et venteux, coupé de rafales tristes qui mettaient de petites lames sur l'eau grise. J'étais remonté avec un ami au delà de Suresnes et je vous assure que par cette après-midi d'octobre les berges du fleuve n'évoquaient guère la gaieté des fêtes de banlieue. Nous nous arrêtâmes pour déjeuner au Bas-Meudon, humide et désert, et j'ouvris la porte d'une salle dont les fenêtres donnaient sur l'eau. J'ai ouvert cette porte et ne suis pas allé plus loin. Il y avait un piano contre le mur, et une femme, assise au piano, détournant la tête pour regarder par la fenêtre les nuages blancs qui passaient ; elle jouait un air quelconque, un air de romance, alangui et traînard, et il y avait, dans un fauteuil, près de la fenêtre, un petit homme maigre et chétif, la tête dans ses mains, qui pleurait...

« Nous avons déjeuné ailleurs, loin de l'eau, et parlé d'autre chose ; mais toutes les fois qu'il fait un temps semblable, je ne puis m'empêcher de penser aux étranges choses qu'on voit parfois, à l'automne, dans les guinguettes du Bas-Meudon.

« Mais tous les jours ne sont pas des jours de pluie, poursuit notre conteur, et pour un souvenir mélancolique je retrouve vingt souvenirs de gaieté. Je ne les rappellerai pas, mais je songe à tel de mes camarades qui lira ces lignes et s'en souviendra comme moi. En vérité, je crois bien que certaines de ces heures passées sur l'eau comptent parmi les meilleures que j'aie jamais connues, parmi celles où j'ai joui le plus pleinement de ma jeunesse et de la douceur des choses envisagées avec simplicité.

« C'est pourquoi je me plais parfois à penser que s'il m'arrivait de vivre vieux, très vieux, impotent et rabougri, j'aimerais passer mes dimanches d'été quelque part, au bord de la rivière, où je pourrais chauffer au soleil mes membres raides, et réchauffer mon vieux cœur à regarder passer les canotiers. »

Hémon ne devait goûter, une dizaine d'années plus tard, que le soleil du lac Saint-Jean et, assis sous un bouleau et les pieds dans l'eau, ne voir passer que les bateliers de la Péribonka.

Normalement, Louis Hémon aurait dû terminer ses études de droit et obtenir son troisième certificat au printemps de 1900. En effet, les cours sont de trois ans. Entré à la faculté de Droit de la Sorbonne à l'automne de 1897, il aurait dû en sortir en 1900 avec son diplôme.

Croyant au premier abord qu'il n'avait mis que les trois années régulières à son Droit, je me demandais à quoi il avait employé l'année 1900-1901 puisqu'il ne commencera son service militaire qu'à l'automne de 1901. Je m'en suis ouvert à sa sœur, qui m'a immédiatement répondu :

« Oui, la licence en droit demandait trois années et trois certificats ; mais j'ai un vague souvenir que mon frère a raté un de ces certificats, faute d'avoir suivi les cours, qui l'ennuyaient fort. Il est donc probable, si mes souvenirs sont exacts, qu'il ait pu mettre quatre ans pour finir sa licence, au lieu de trois, tout en faisant de l'annamite, de l'anglais, de la comptabilité, etc. »

Nous avons là l'explication de ce vide de 1900-1901. En réalité, il n'y a pas eu de véritable vide. L'étudiant s'était ménagé du pain sur la planche. L'examen de droit raté au printemps de 1900, il le préparera de longue haleine et s'y présentera à un autre moment. (En 1901 – Voir plus haut.) En même temps, il poursuivra ses études particulières de sténographie et de dactylographie, d'anglais et de comptabilité. De quoi s'occuper fort honnêtement. Les jours de congé, il prendra la clé des champs.

Des vacances

Au Canada, les vacances commencent dès la fin de juin, après la fête nationale des Canadiens français, la Saint-Jean-Baptiste. En France, les examens ne se terminent qu'à la mi-juillet, et ce sont les mois d'août et de septembre que les familles passent généralement à la campagne.

Le jeune Louis Hémon aspirait aux vacances en Bretagne avec une impatience facile à deviner. « Nul n'aime la campagne comme le Parisien, a écrit Maurice Brillant, et il l'aime d'autant mieux qu'il ne la visite que pendant quelques semaines au plus, sans fatigue et tracas, étant au repos, n'en prenant que la fleur et sachant qu'il va retrouver sa bonne ville. »

En Bretagne, Louis Hémon retombait dans son pays natal, dans le milieu de sa double ascendance.

Amours de nos foyers, quelle est votre puissance !
Quels lieux sont préférés aux lieux de la naissance ?

(Le cardinal de Bernis)

Le professeur de rhétorique supérieure à Louis-le-Grand, plus tard inspecteur de l'Académie, amenait sa petite famille dans la région de Quimper. Mlle Marie Hémon situe exactement l'endroit ·

« Quant à la maison de campagne de notre oncle Louis Hémon, c'est par erreur qu'il a été dit que mon frère y passait ses vacances ; mon oncle avait une nombreuse famille et une petite maison où mon frère n'a jamais séjourné. Mais, tout près de là, au sud de Quimper, une sœur de mon père, habitait un vieux manoir breton où nous passions tous les étés quelques semaines ; mon frère y chassait le merle et la grive et allait tous les jours se baigner dans l'océan, situé à deux kilomètres ; c'est alors qu'il a appris à nager. »

Cette tante de Louis Hémon était Madame Arthur Buzaré, née Hémon (Louise). La propriété des Buzaré se nommait Le Bréhoulou. Elle s'étendait entre Beg-Meil et Fouesnant, mais plus près de Fouesnant, presque en face de Concarneau (Voir la carte). En 1920, M. Buzaré, ancien receveur de l'enregistrement, légua manoir et terrain au département du Finistère pour qu'il y soit créé une école d'agriculture. À ce sujet, Mlle Hémon ajoute : « On a abattu des arbres sur le domaine et construit de grandes bâtisses neuves ; mon frère ne reconnaîtrait plus ce coin qu'il a aimé et le fuirait plutôt. »

En 1963, le domaine de l'École d'Agriculture du Bréhoulou existe toujours. Par suite de la disparition de la vieille école du Lézardeau, près de Quimperlé, et de celle de Plouguernével, dans les Côtes-du-Nord, elle est la seule école d'agriculture pratique de quatre départements bretons. Son domaine, orienté du nord au sud, s'étend vers la mer. Le climat y est très doux. Dès janvier les camélias y fleurissent comme sur la Côte d'Azur.

Quant au vieux manoir, il est également toujours debout et sert de résidence au directeur de l'école, M. Jean Kienlen, ingénieur agricole, au moment de ma correspondance avec Le Bréhoulou.

Nous sommes donc soigneusement renseignés sur le lieu des vacances de Louis Hémon. Nous sommes au cœur de la Bretagne, dans le sanctuaire du monde celtique. L'imagination du lycéen pourra s'en donner à son aise. Les coutumes bretonnes sont encore vivantes. Il y a près de trois quarts de siècle le modernisme et le tourisme n'avaient pas encore envahi l'Armorique. Traditions et régionalisme étaient vivaces. Aujourd'hui les lits clos sont partis chez l'antiquaire et une certaine part du pittoresque est disparue. Il n'en reste pas moins que la Cornouaille demeure l'une des plus attrayantes régions de la Bretagne.

... Voilà le cadre magnifique dans lequel le jeune Louis Hémon évolue pendant ses vacances. Heureux enfant qui chaque été bénéficie des avantages d'une nature variée et peut librement prendre ses ébats à la montagne proche ou à la mer voisine.

Dès son jeune âge Louis Hémon a manifesté un rare sens de l'observation et une vive mémoire. La Bretagne constitue un terrain fertile. Les Bretons de même. Il n'a pas d'ailleurs à aller bien loin pour trouver des personnages originaux. Sa propre tante Louise, qui lui ouvre sa maison ainsi que son parc, est elle-même une femme pittoresque et originale. Mlle Lydia Louis-Hémon nous a raconté le trait suivant :

« Madame Buzaré était la femme la plus politique de la famille. Elle partageait les idées nouvelles — celles de la fin du siècle dernier — et appuyait à fond son frère Louis, député. Le dimanche, à la messe, monsieur le Curé faisait parfois des sermons con-

tre tel ou tel courant d'idées. Si le prédicateur heurtait ses opinions, tante Buzaré se levait et quittait l'église. Pour ne pas lui dé-
plaire, vu qu'elle était la grande dame de l'endroit, les gens sor-
taient derrière elle et l'église se vidait.

On imagine bien que dans la vie quotidienne, tante Louise
laissait percer les diverses facettes de son caractère et de sa personnalité.

Pendant les vacances, Louis Hémon ne se limite pas à chasser
le merle et la grive, il aime la mer et s'y rend tous les jours.
« C'est à Beg-Meil, qui forme une petite pointe au sud du Finistère, et sur les plages de la baie de la Forêt que mon frère se baignait », nous écrit Mlle Marie Hémon. Il consacrait souvent plusieurs heures à pratiquer divers modes de natation. L'eau de la
baie de la Forêt était salée comme la mer elle-même, mais moins
agitée, de sorte que le nageur y était plus à l'aise. Ces plages ont
quelque chose de sauvage et de rustique, et elles plaisaient particulièrement au jeune Hémon pour leur isolement, leur solitude.

Ferveur poétique

Son bain terminé, il s'asseyait parfois dans un creux de rocher
et rêvait pendant des heures. Que n'inventait pas l'imagination du
futur romancier ? Le plus souvent, l'étudiant apportait deux ou
trois livres avec lui. Avait-il le goût de lire ? il ouvrait un recueil
de contes, parcourait un roman breton, feuilletait un volume de
poèmes. Ah ! les poèmes, il adorait en apprendre par cœur. Sa
vive mémoire lui permettait de retenir et d'enchaîner les vers en
cadence. Souventes fois, on l'a surpris, enfermé dans sa chambre
de la rue Vauquelin, à réciter des vers. En Bretagne, il se livrait
encore plus volontiers à ce penchant. Au bruit harmonieux de la
vague, il se répétait des alexandrins de Brizeux :

L'aube sur l'herbe tendre avait semé ses perles.
Et je courais les prés à la piste des merles.
Ecolier en vacances : et l'air frais du matin.
L'espoir de rapporter un glorieux butin.
Ce bonheur d'être loin des livres et des thèmes.
Enivrait mes quinze ans tout enivrés d'eux-mêmes...

Un autre jour, ce sont les strophes d'*Amour breton* de Le Goffic, qui lui reviennent à la mémoire et qui traduisent ses premières inquiétudes devant la vie :

Plaque historique sur la maison natale

Maison natale de Louis Hémon

Manoir de Buzaré

Manoir de Bréhoulou

J'ai senti que mon mal n'était pas à moi seul,
Et que la lande avec ses peurs crépusculaires,
Et qu'avec ses sanglots profonds et ses colères
La mer, et que la nuit et la brume et le vent,
Tout cela s'agitait, souffrait, était vivant,
Et roulait sous la nue immobile et sans flamme.
Une peine pareille à la vôtre, mon âme.

Louis Hémon a plusieurs fois remonté l'Odet, surnommée « la plus jolie rivière de France », et contemplé dans un décor de verdure et d'eau les flèches de la cathédrale de Quimper. Plus encore qu'aujourd'hui, cette ville portait en elle tous les charmes de la vieille Bretagne. Anatole Le Braz, qui l'a longtemps habitée, lui était fort attaché :

Ce qui me plaît en toi, Quimper de Cornouaille,
C'est qu'une âme rustique imprègne ta cité.

Félix Hémon, comme on l'a vu, avait nourri une grande affection pour Victor Hugo. Son fils se délectait à son tour des innombrables poèmes de l'ancien exilé. Il lui arrivait de rentrer au manoir, après une excursion de chasse ou après le bain, de s'étendre sur la pelouse ou de se jeter sur un fauteuil du parterre où brodent et causent les femmes de la maison, et de déclamer le *Booz endormi* de l'auteur des *Contemplations* :

Booz s'était couché de fatigue accablé :
Il avait tout le jour travaillé dans son aire,
Puis avait fait son lit à la place ordinaire ;
Booz dormait auprès des boisseaux pleins de blé.

Et la grande sœur Marie, qui tant de fois avait entendu les harmonieux vers de cette pièce favorite, pouvait alterner avec son jeune frère et appuyer sur certains mots pour le taquiner :

Le vieillard, qui revient vers la source première,
Entre aux jours éternels et sort des jours changeants ;
Et l'on voit de la flamme aux yeux des jeunes gens,
Mais dans l'œil du vieillard on voit de la lumière...

Voilà comment les semaines de vacances s'écoulaient avant 1900 dans la bienheureuse Bretagne. Vie au grand air, taquineries, bonne humeur.

L'inspecteur de l'Académie prenait plutôt, lui, la direction des champs et de la montagne. Après avoir lu et pris des notes pendant des heures, il se penchait longuement sur les plantes, observait les insectes, les oiseaux, même les batraciens. Ces manières

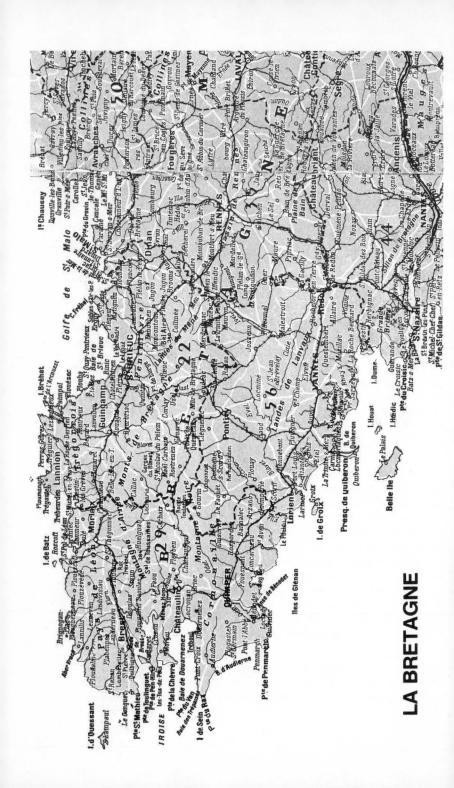

LA BRETAGNE

intriguaient fort les paysans. Voyant revenir M. Hémon vers le manoir, ils disaient entre eux : « Voilà encore le père Hémon avec ses «chapeaux de crapauds !» Moins de vingt ans plus tard, les habitants canadiens trouveront également étrange que le fils aille s'asseoir au bord de la rivière Péribonka et y prenne des notes sur des bouts de papier. Quelle folie, à leurs yeux !

Des voyages

Louis Hémon est encore lycéen lorsqu'un été il sollicite de ses parents la faveur d'une excursion en mer. Depuis longtemps, il est hanté par le mystère des îles d'Ouessant et de Sein. Ce sont des voyages mouvementés sinon périlleux. Ses lectures l'avaient renseigné sur ces rochers hérissés et il était prêt à affronter ennuis et dangers. Il décide de s'embarquer pour Ouessant.

Tout d'abord il se rend par terre à Brest, sa ville natale. Il en profite pour la visiter avec soin. Les souvenirs de lecture lui remontent à la mémoire. « Brest, le grand port militaire, la pensée de Richelieu, la main de Louis XIV... Rien de sinistre et formidable comme cette côte de Brest ; c'est la limite extrême, la pointe, la proue de l'ancien monde. Là, les deux ennemis sont en face : la terre et la mer, l'homme et la nature. » (Michelet, *Le Tableau de la France*, pp. 10 et 11).

Le jeune Hémon ne se laisse pas effrayer. D'un pied ferme il monte à bord du bateau et guette le moment du départ. Son regard scrute hardiment l'horizon. Bientôt le navire est en route vers l'île de l'Épouvante. Sa mère lui a souhaité « un bon mal de mer qui l'aurait dégoûté des longues traversées ». Tout d'abord, le passage du Goulet est un enchantement. Mais au delà de la Pointe de Saint-Mathieu, le ballottement commence. L'adolescent se demande à certains moments si le souhait de sa mère ne se réalisera pas. Le temps se gâte et la traversée est pénible pour nombre de voyageurs. Le bateau franchit tant bien que mal le chenal du Four, l'écueil des Pierres Noires, double les îles Béniquet et Molène et atteint enfin la baie de Porspaul. Louis Hémon a tenu bon ; il a supporté victorieusement les secousses.

Le jeune touriste découvre à Ouessant une Bretagne vraiment ancienne, aux coutumes bien particulières. Les femmes, vêtues de drap noir, cheveux sur les épaules, travaillent la terre rare entre les rochers pendant que les hommes restent assis aux bateaux ou font la pêche aux langoustes. Les rues sont étroites et tortueuses, les maisons bâties de pierre solide. À l'église un catafalque est dressé en permanence. Si souvent périssent en mer les fils d'Ouessant.

Le voyageur erre dans Lampaul, « capitale » de l'île, et se hazarde sur les routes en direction de la Baie du Stiff ou de la Pointe de Créac'h. Levant les yeux, il contemple la mer toujours furieuse même par temps calme et se rappelle qu'il y a à peine plus d'un siècle, Chateaubriand, revenant d'Amérique, faillit périr dans les eaux toutes proches avec le navire qui le portait. Tout autour de l'île, d'ailleurs, combien de bateaux se sont brisés sur les rochers déchiquetés et redoutables.

Sur son chemin, Hémon croise des marins, des fervents de la solitude comme lui, des Ouessantines revenant de la Poste en lisant une lettre du fiancé. Un vieil usage accorde aux filles l'initiative de la demande en mariage. Dans les champs minuscules, des moutons de petite taille broutent une herbe maigre et salée.

La tête pleine de toutes ces images, fier de sa jeune indépendance de touriste, Louis Hémon remonte dans le bateau où flotte une odeur de caque et de goémon. Il débarque à Brest sans avoir été incommodé. De son voyage à Ouessant il gardera un si bon souvenir que plus tard, une fois au Canada, il tiendra à lire *Les Filles de la Pluie*, roman qui valut à André Savignon le prix Goncourt de 1912.

À l'été de 1897, année de son second baccalauréat, Louis Hémon accomplit un nouveau voyage. Cette fois, c'est dans un pays montagneux : la Suisse. Dans sa lettre du 10 janvier 1963, Mlle Marie Hémon a bien voulu me relater les fantaisies de son frère Louis :

« Nous avons passé un mois au bord du lac des Quatre-Cantons. L'hôtel était plein d'enfants qui se demandaient :

— Quel est ton nom ?

— Cela n'a aucun intérêt pour vous et ne vous regarde pas, répondait mon frère.

Comme ils insistent pour le connaître, mon frère s'en tire par une facétie :

« Je m'appelle Polycarpe Citrouillard !»

Sa joie fut grande quand il entendit un enfant dire à sa mère :

« Ce type-là a un drôle de nom : il s'appelle Polycarpe Citrouillard.

— C'est déjà bien assez désagréable pour lui, fit remarquer la mère, sans qu'on fasse des réflexions là-dessus. »

« Certains, poursuit notre vénérable correspondante, savaient tout de même son vrai nom. Louis faisait de grandes marches dans la campagne avec deux frères (les Tassel), ses contemporains. Un soir, ils dirent à leur mère :

« Promenade épatante ; beau site, et Hémon, particulièrement en verve aujourd'hui, a déclamé des vers presque tout le temps. Quelle mémoire !»

« C'est cette dame qui nous l'a raconté, ajoute Mlle Hémon. Mon frère s'en est bien gardé. »

Voilà l'un des traits les plus intéressants et les plus significatifs de la jeunesse du futur conteur. Claude Barjac a mentionné le goût de Louis Hémon pour la fantaisie. Les deux incidents suisses en fournissent la démonstration.

Les étés suivants, l'étudiant parisien reprend la direction de la Bretagne. Avec sa famille il fait quelques arrêts dans les Côtes-du-Nord avant de rejoindre Quimper, puis Fouesnant, enfin le Bréhoulou et l'accueillant manoir de l'oncle et de la tante Buzaré.

À Saint-Brieuc demeure l'oncle Prosper, passionné d'histoire. M. E. Chrétien, vice-président de la Société d'Émulation, a prononcé une conférence publique, plus tard mise en brochure, sur l'auteur de *Maria Chapdelaine*. Voici ce qu'il raconte au sujet de M. Prosper Hémon et de son neveu Louis :

« Prosper Hémon fut une personnalité éminente de Saint-Brieuc. Il avait épousé Mademoiselle Joséphine Le Hars, sœur du sénateur-maire de Quimper. Cette femme distinguée, intelligente et spirituelle, pleine de charmes et de bienveillance, réunissait dans sa belle demeure de la rue des Promenades l'élite de notre société et pendant plus d'un quart de siècle le foyer de Prosper Hémon fut un centre d'attraction, d'activité artistique et intellectuelle qui n'a pas été remplacé.

« C'est dans cette maison amie que j'ai connu tous les frères Hémon, leur mère vénérable qui eut le bonheur de jouir du succès de ses fils, certains de leurs enfants et en particulier Louis Hémon, et sa sœur, Mlle Marie Hémon. »

Et M. Chrétien ajoute : « Pour nous, habitants de Saint-Brieuc, il a fréquenté notre ville et plus d'un d'entre nous a pu le croiser dans nos rues, sans soupçonner sa destinée à la fois glorieuse et tragique. »

À cette date-là Louis était sur la ligne de démarcation entre l'adolescence et la jeunesse. On savait que c'était un esprit brillant, qu'il aimait les lettres, mais il n'avait pas encore fourni de preuves de ses réelles capacités littéraires. On éprouvait beaucoup d'estime pour lui et on commençait à se douter qu'il ferait honneur à tous ceux qui avaient tenu une plume dans la famille.

Breton de cœur

Pendant les haltes à Quimper, le jeune Louis aime déambuler dans les rues de cette ville au charme vieillot. Avec ravissement il suit la rue Kéréon, dominée par les flèches de la cathédrale moyennâgeuse. Depuis longtemps il connaît le chemin du Musée archéologique, riche en mobiliers et en costumes bretons. Là s'alignent aussi les faïences quimpéroises, les broderies cornouaillaises. Ses flâneries le long de l'Odet, par la rue du Parc, sous les grands arbres, à l'ombre des remparts, se terminent rue du Guéodet. Là, une maison en pierre de taille, avec une grande fenêtre au linteau cintré et aux petits carreaux de mode ancienne, l'attire. C'est une crêperie. Dans la salle assez obscure flotte une odeur de cidre et de pâte de froment. En Bretagne, il n'y a pas de villes ou de villages sans crêperies. Les crêpes de blé noir sont très appréciées des Bretons en cette fin de siècle. Elles le sont encore à l'heure actuelle. À Montréal, à Sainte-Adèle et ailleurs des Bretons de France ont établi des crêperies fort populaires auprès des Canadiens. Dans une lettre du 9 avril 1940, Mlle Hémon nous dit à ce sujet : « Les crêpes de blé noir étonnent les palais parisiens qui préfèrent la crêpe de froment sucrée. »

Au manoir de tante Buzaré, à Fouesnant, les vacances de chaque année se ressemblent, mais sont toujours agréables et reposantes. Louis retrouve son paysage familier, entreprend de nouvelles excursions. Il lit, fume et tire sur les merles, se perche sur un promontoire « où se rompent avec des clameurs monotones et funèbres les houles de l'océan » ou bien il s'allonge sur l'ourlet de sable des plages.

L'étudiant en vacances aime cependant trop la mer pour ne pas y prendre ses ébats. D'un pas allègre il s'avance dans les vagues de Beg-Meil et d'autres endroits de la baie de la Forêt. Il s'y rafraîchit le corps et l'esprit, pratique différentes sortes de nage, s'attarde dans la douceur de l'eau salée, puis ressort rasséréné et reprend sur les dunes et sous les chênes ses méditations de futur romancier.

Le soir, le repas de tante Louise est salué avec joie, joie que rehausse l'excellent cidre de Fouesnant.

Fouesnant, en effet, est situé au milieu d'une campagne verdoyante. Ce n'est pas sans raison que le gouvernement a accepté l'offre Buzaré d'établir là une école d'agriculture. Les villages environnants sont perdus au milieu de vergers de cerisiers et de pommiers. On y récolte le meilleur cidre breton. « Si la Touraine est le jardin de la France, écrit Charles Le Goffic, ce pays-ci, de Quimperlé à Landerneau, peut être dit vraiment, avec Gustave Geffroy, le jardin de la Bretagne, un jardin très vieux et très doux, un peu mystique. La mer qui le baigne n'a que des sourires ; elle rentre ses griffes et n'est plus qu'une sirène voluptueuse... Qu'un tel pays, odorante corbeille de feuillage et de fruits posés au bord des eaux marines, apparaît différent de l'image qu'on se fait ordinairement de la Bretagne ! La Cornouaille du sud n'est pas toute la Bretagne sans doute ; ce n'est qu'une des faces, et la plus riante, de cette contrée qui a tant de visages. »

Encore une fois, Louis Hémon n'est-il pas privilégié ? Passer ses vacances dans un tel cadre, dans une telle nature ! Chaque séjour lui apporte des révélations. Sa famille tient à lui faire connaître le pays ancestral sous toutes ses couleurs : Bretagne celtique et mythologique ; Bretagne des dolmens et des menhirs ; Bretagne des cornemuses, des fifres et des binious ; Bretagne des paysages rocailleux, des mers démontées ; Bretagne des pêcheurs rudes, des marins intrépides, des veuves inconsolées ; Bretagne des campagnes verdoyantes, des jardins fertiles. Connaît-il aussi la Bretagne des Calvaires et des Pardons ? Nous avons posé la question à Mlle Marie Hémon.

Les pardons

« Si mon frère a vu des Pardons bretons ? Mais des collections ! L'été il y a un pardon tous les dimanches et nous passions août et septembre en Bretagne. Les touristes se précipitent à ces fêtes pour voir des costumes. Nous, qui avons vu ces costumes dès notre jeune âge, nous étions un peu blasés. Néanmoins Louis enfourchait sa bicyclette pour s'y rendre quand le site était spécialement beau. Après les cérémonies religieuses, il y a des luttes entre citoyens de paroisses diverses, et cela intéressait mon frère, très amateur de sports dès sa jeunesse. »

C'est ainsi que le jeune Breton, sentant bouillir en ses veines le sang de ses ancêtres, s'empresse de se rendre aux Pardons de Pont-L'Abbé, de Pont-Aven, de Plougastel-Daoulos, de Ste-Annela-Palud et à d'autres, selon les jours et les fêtes. Il ne manque pas d'examiner avec soin les Calvaires ; il y en a dans tous les pays, mais seule la Bretagne en possède d'aussi magistrales proportions et d'une aussi grande variété de personnages.

« Bien connus des touristes, qu'émoustille la gaillardise des inévitables diableries sculptées sur leurs entablements, écrit Le Goffic, ils ont l'avantage de n'être point dispersés aux quatre coins de la péninsule armoricaine... L'âme bretonne y palpite. »

Louis Hémon court les Pardons. Il en est deux qui l'intéressent particulièrement : celui de Sainte-Anne de Fouesnant et celui de Scaër.

Le premier parce qu'il se déroule à peu de distance du manoir du Bréhoulou et parce qu'il consiste en une procession sur l'eau. Des connaissances y prennent part : les « Fouesnantaises aux longs cheveux veloutés », vêtues de robes blanches et de jolies coiffes. Ce Pardon a lieu le 26 juillet. Hémon se doute-t-il du lieu où il sera une douzaine d'années plus tard ? À Péribonka, occupé à cueillir des bleuets. Quel changement de décor !

Le second, celui de Scaër, à l'est de Quimper, parce qu'il est célèbre par ses « luttes » bretonnes. Le goût du sport conduit Hémon de ce côté. Voici ce que dit de ce genre de « lutte » Auguste Dupouy, dans sa « Cornouaille » :

« Les dimanches et les jours de fête, après vêpres, les lutteurs vont dans une prairie, ôtent leurs souliers et leur veste, et là, sous l'œil des belles, des vétérans, des « espoirs » qui forment autour d'eux le cercle, ils exécutent avec entrain les ceintures, les prises de volée et aussi les crocs-en-jambe que le code breton autorise. Un mouton, au temps où les moutons étaient moins rares, récompensait le vainqueur, qui le portait ensuite à bras tendu en faisant le tour de l'assistance, en manière de défi. »

Quand Louis Hémon, les vacances terminées, dit adieu à Fouesnant et à Quimper, il se rend compte de son attachement à la « Terre du Passé ». Il rentre à Paris plus breton que jamais.

Vacances à Oxford

Les vacances de 1901 vont trancher sur les autres. Louis Hémon a déjà passé plusieurs semaines de l'été de 1897 hors de France, en Suisse, mais cette fois il ira plus loin. Enfin muni de son troisième certificat en droit, il franchira la Manche et séjournera quelque temps en Angleterre. Il y a longtemps qu'il s'exerce à l'anglais. Rien ne vaut les leçons sur place. C'est donc à Oxford qu'il se rendra faire l'épreuve de ses connaissances de la langue de Shakespeare.

Sa famille le laisse derrière elle à Paris et gagne Quimper et Le Bréhoulou. À ce moment-là, il n'a pas encore passé ses examens d'entrée à l'École Coloniale, mais, comme il y sera candidat, on enquête sur son compte. Dans une lettre de Paris à ses parents, Louis Hémon relate la visite dont il a été l'objet :

« Il est venu, ce matin, un vieux bonze du ministère des Colonies pour prendre des renseignements sur ma vie, mes mœurs et mon domicile. Je les lui ai donnés excellents... À partir de jeudi, adresse : Oxford !»...

Il y a dans ces derniers mots : « Adresse, Oxford !» une sorte de cri de triomphe. Le jeune Louis a conquis sa liberté. Il va partir seul à l'étranger. C'est la première évasion. Ce n'est pas encore la grande aventure, mais le frais disciple de Thémis va essayer de voler de ses propres ailes.

Dans la maison de la rue Vauquelin, il va et vient, range dans sa valise les vêtements et objets personnels qu'il décide d'apporter. Il s'en tient au minimum, selon une coutume qu'il conservera tout le reste de sa vie. D'un pas allègre il se dirige vers la gare du nord et prend le train pour le Pas-de-Calais. Le bateau le dépose bientôt à Douvres. C'est l'été et la traversée de la Manche n'a pas été rude. De nouveau le train, puis c'est l'arrivée à Londres.

Dans la capitale anglaise, l'escale est brève. Le jeune voyageur français se doute-t-il alors qu'il aura amplement le temps de faire connaissance avec cette immense ville ? À la gare de Paddington, il monte dans le train de la compagnie Great Western et en descend moins de deux heures plus tard à Oxford même, lieu de sa destination.

Une lettre à sa sœur Marie nous renseigne sur son logement : « J'habite depuis huit jours, écrit-il, un cottage au milieu d'un faubourg d'Oxford. Il y a un jardin autour et deux vieilles dames dedans. Les deux vénérables duègnes — ne ris pas, leur thé est exquis — abritent sous leur toit, outre moi, deux jeunes Suédoises que j'initie aux beautés de la nouvelle langue française. » (Lettre d'Oxford, sans date précise, mais fin juillet 1901.)

Excellent marcheur et curieux d'esprit, Louis Hémon ne tarde pas à errer par les rues d'Oxford et à se familiariser avec les institutions moyenâgeuses de cette célèbre ville anglaise. On sait que celle-ci doit sa célébrité à son université, la première de l'Angleterre, comme Paris l'est pour la France, Salamanque pour l'Espagne, Coïmbre pour le Portugal.

Hémon longe les rivières Isis et Cherwell qui se rejoignent au pied de la ville. Il arpente les rues High et Broad ornées de constructions anciennes : collèges, églises, magasins. Il note le nombre et la variété des flèches, des dômes et des masses architecturales. L'Université forme un groupe de bâtiments majestueux. Une vingtaine de collèges s'y rattachent tout autour, des bibliothèques, des théâtres, des musées. En outre, il s'arrête devant la cathédrale, l'hôtel de ville, la salle des concerts (déjà !). Enfin, il s'intéresse à l'histoire de cette ville fameuse où Guillaume le Conquérant a construit un château, où est né Richard Cœur-de-Lion, où six conciles se sont déroulés.

À une soixantaine d'années de distance, Hémon se plairait encore dans le vieil Oxford, mais il déplorerait sans doute l'invasion de l'automobile et de l'industrie. Aujourd'hui la population déborde au-delà des rivières Isis et Cherwell. La fabrication d'automobiles emploie des milliers de personnes. Les rues sont encombrées, les usines et les cheminées forment un contraste frappant avec l'ancienne ville. Le calme d'autrefois est disparu.

Au début du siècle, cependant, Oxford plaît à l'étudiant français. Le cachet ancien est soigneusement conservé, la verdure est abondante en cette mi-été. L'Université elle-même vient de reconquérir son ancienne indépendance : elle est en quelque sorte à son apogée.

Louis Hémon n'a qu'à circuler, à lire les écriteaux, les panneaux-réclame, à flâner dans les magasins ou dans les rues, à fréquenter les bibliothèques Bodley ou Radcliffe, à lire des journaux ou revues pour se rendre compte qu'il emmagasine chaque jour un bon bagage de mots. De plus en plus il se hasarde à converser et se tire de mieux en mieux d'affaire. Sa crainte, sa timidité diminuent graduellement. Son séjour à Oxford lui plaît nettement. Son visage plutôt allongé, son calme flegmatique lui permettent de passer pour un fils d'Albion. McAndrew raconte qu'un professeur français d'Oxford se trouvant dans une réunion où l'on avait invité Hémon fut extrêmement étonné, le prenant pour un Oxfordien de pure race, de l'entendre, vers la fin de la soirée, parler un français on ne peut plus idiomatique. Se précipitant pour lui faire les louanges d'un professeur ravi, il apprit qu'il s'adressait à un compatriote (McAndrew, p. 38).

Le plaisir qu'éprouve Hémon à vivre à Oxford se traduit dans ses lettres par un ton assuré, enjoué, même quelque peu ironique. Décidément, ce gaillard de vingt ans manifeste de plus en plus d'indépendance et de fierté, même lorsqu'il s'adresse à son père.

En effet, il avertit l'inspecteur général de l'Académie que s'il a l'espérance de voir éclore en son fils « le jeune homme rangé, pondéré et tranquille, propre à devenir avec l'âge un parfait monsieur Prudhomme ou le modèle des fonctionnaires », il risque d'être déçu. Il ajoute, toujours taquin et blagueur à la fois : « Tu me souhaites dans ta lettre un tas d'horribles événements, comme de changer de caractère, ou de mûrir, ou de me transformer moralement, et autres aventures. J'imagine que ce doit être très pénible quand on a passé 19 ans à s'habituer à un caractère, d'en changer brusquement pour un autre qu'on ne connaît pas, au moment où l'on commençait à se faire au premier. J'imagine encore que si tu entends par « mûrissement » le progrès qui consiste à se couler dans le moule de la majorité de ses concitoyens, à faire toute chose avec poids, raison et mesure, à éviter ce qui « ne se fait pas » et à rechercher au contraire les faits, gestes et paroles qui ont servi avant vous à un grand nombre d'êtres à peu près humains, pour en faire soi-même le même usage soigneusement déterminé par la raison, ce doit être également une chose très désagréable de sentir en soi une transformation de ce genre. »

Sous cette réplique légèrement malicieuse, on devine la critique maligne de l'éducation traditionaliste du temps et le sursaut d'émancipation du jeune homme. Louis Hémon commence à laisser comprendre qu'il entend se dégager de l'autorité de ses parents et faire ce qui lui plaît. Sa personnalité s'affirme, les lignes de son caractère permanent se dessinent. Bientôt il voudra assumer la responsabilité de sa vie, vivre par lui-même.

En attendant, Louis Hémon démontre qu'il ne sait pas encore assumer la pleine « responsabilité » de ses bagages. D'Oxford à Paris, il perd une malle précieuse, celle qui renferme « des documents utiles pour le concours » d'entrée à l'Ecole Coloniale. Cet

incident ne l'empêchera cependant pas de se présenter aux examens et d'y être reçu « en bon rang ». Pourquoi donne-t-il sa démission peu après ?

On a expliqué son geste de diverses façons. René Bazin écrit :
« Preuves de bonne volonté ; tentatives sans lendemain ; jeux sur
la grève ; il est né pour autre chose, pour voyager et pour écrire... Il sait bien déjà d'où le vent souffle. »

M. Rivoallan, dans un article du *Dublin Magazine* (oct.-déc.
1930), donne comme raison de cette démission la mort de son frère Félix : « Et le jeune homme (Louis) dut promettre à contre
cœur qu'il ne songerait plus aux colonies... car, sans doute, la
carrière ne l'attirait qu'en tant que moyen de satisfaire son goût
des rivages lointains... » Or, l'on sait que Félix est mort le 20
avril 1902. Et nous ne sommes qu'à l'automne de 1901.

Les choses sont bien plus simples. Louis Hémon, au concours
de l'École Coloniale, au lieu d'être admis dans la section d'Asie,
l'est dans la section d'Afrique. Cela change tout pour lui. Il était
désireux d'aller en Asie, mais il ne lui plaît pas de partir pour l'A-
frique. Conséquence : adieu, frères jaunes !

Service militaire

« Sers la patrie — Un an — Chartres — Peloton très sportif —
Hamond — Cagninacci — Chautemps — Schmidt — Drevet. »

En style télégraphique, voilà comment Louis Hémon mentionne son service militaire dans son autobiographie fantaisiste
envoyée de Londres à un journal de Paris.

À l'automne de 1901, Hémon est en quelque sorte en disponi-
bilité. Examens de droit, études de langues, tout cela est liquidé.
Il va se chercher quelque travail pour mettre en pratique ses connaissances diverses, quand sonne l'heure du service militaire.
L'appel à la caserne ne pouvait tomber à un moment plus opportun.

Le matin du 14 novembre, le conscrit Louis Hémon se dirige
vers Chartres. Dès le lendemain, sur un ton badin et piquant à la
fois, il communique à sa famille ses premières impressions. « Je
suis arrivé hier vers 11 heures. On m'a en partie habillé, et combien somptueusement ! J'épluche déjà les pommes de terre comme un général et je fais mon lit carré à ravir. Tout va bien. Retrouvé au bataillon pas mal de connaissances. »

Quelques jours plus tard, une autre lettre : « La présente est pour vous dire que ma santé est bonne, que je suis toujours à Chartres, 102e de ligne, 9e compagnie, 4e section, 13e escouade, et que je continue à croître en force et en sagesse devant l'éternel, représenté en l'occasion par l'autorité militaire... Mes impressions peuvent se ramener à ceci : je ne rengagerai certainement pas ; mais il se peut également que je ne déserte point et que je me résigne à observer momentanément les règles principales de la discipline. »

Le fantassin Hémon ne cache pas son peu d'enthousiasme pour le service militaire, mais son sens du devoir et son amour du sport lui feront accepter avec courage et même entrain « les règles principales de la discipline ».

Nous avons la bonne fortune de pouvoir jeter quelque lumière sur l'année de service militaire de Louis Hémon grâce à l'excellent témoin que fut M. Schmidt, cité précédemment à propos des années au lycée Louis-le-Grand. « Maurice Schmidt fut pour mon frère un ami fidèle, nous écrit à son sujet Mlle Marie Hémon. Après le lycée, ils se sont retrouvés à Chartres où ils ont fait ensemble leur service militaire ; ils se sont donc vus de près dans leur jeunesse. »

Voici sans plus tarder ce que nous dit M. Schmidt :

« Nous vécumes, Hémon et moi, une vie plus rapprochée en nous retrouvant à Chartres, au 102e Régiment d'Infanterie où nous fîmes ensemble une année de service militaire, au peloton des dispensés, qui était réservé à ceux qui, grâce aux diplômes obtenus par suite d'études, ne faisaient qu'un an de service militaire, au lieu de trois ans. Avec nous se trouvaient ceux que vous citez, et d'autres : Hamond, membre aussi du Racing et qui, l'année précédente, avait été champion de France de 100 mètres en course à pied et dont le prénom bucolique, Tibule, nous faisait sourire ; Maurice Chautemps, frère de l'ancien Président du Conseil, brillant joueur de l'équipe première de rugby du Racing comme trois quarts aile et comme demi, camarade charmant, tué au début de la guerre de 1914 ; Cagninacci, de l'équipe première de rugby du stade Français ; Henri Bauche, qui, devenu par la suite écrivain et auteur dramatique, fit des pièces à grand frisson pour le Grand Guignol ; Drevet qui mettait son amour propre à se faire passer pour un détraqué et un indocile.

« Nous étions d'ailleurs un certain nombre qui supportions très difficilement, non pas la discipline militaire si elle avait été intelligente, mais les multiples tracasseries journalières d'officiers et de sous-officiers, dont la culture intellectuelle était, pour la plupart, très inférieure à la nôtre. Nous regardions cela comme des brimades, on nous considérait comme de mauvais soldats et, parmi ces mauvais soldats, il y avait notamment Hémon, Schmidt, Drevet, Bauche. Ils étaient pourtant animés de l'esprit de devoir tout comme les autres.

« La vie de caserne s'est passée avec des alternatives de lassitude et de gaîté. »

Hémon était, par nature, un observateur, un rêveur, un taciturne, qui se repliait sur lui-même. Mais, placé dans une ambiance de gaîté, il se mettait à l'unisson, devenait exubérant et quand un chahut était organisé, il en était un des acteurs les plus actifs. Ensuite, il reprenait son calme parlant peu, fumant avec satisfaction sa pipe, amie fidèle qui ne le quittait pas. »

C'est un précieux éclairage de côté que projettent sur Hémon et son année à Chartres les souvenirs de M. Schmidt.

Il y a maintenant lieu de citer Louis Hémon lui-même. Dans un article intitulé « Marches d'Armée » et adressé plus tard au *Vélo* (25 juin 1904) il décrit à la fois certains épisodes militaires et sportifs. Après avoir rappelé les mauvais tours que les troupiers se jouent habituellement les uns aux autres dans les casernes, après avoir évoqué « le championnat de course à quatre pattes, que je remportai dans une allure assurément plaisante, car elle eut le don de provoquer l'hilarité et même les propos discourtois de spectateurs insuffisamment initiés », il décrit avec humour le « fait d'armes » suivant :

Je terminerai en relatant ici un fait d'armes qui, sans moi, resterait fort probablement dans les marais de l'oubli. C'est la charge exécutée, en l'an de grâce 1902, par une compagnie que je ne nommerai pas contre un village dont j'ai oublié le nom.

Les réservistes qui formaient le plus clair de l'effectif avaient été amenés au degré d'excitation convenable par le mystérieux appareil d'une marche de nuit et, quand nous arrivâmes, une heure avant l'aube, devant les murs blancs qui abritaient la quiétude d'une troupe ennemie, ils étaient prêts à tous les héroïsmes. Un coup de feu très hâtif donna l'alarme et il nous fallut couvrir à une allure rapide les huit cents mètres de la fin.

Au commandement de « En avant ! » tous les réservistes, efflanqués ou bedonnants, partirent en bondissant, assoiffés de gloire et de carnage. Leur enthousiasme les emporta à travers deux cents mètres de gazon et un champ de betteraves ; au delà s'étendait une large bande de terre arable, détrempée par la pluie, qui aggloméra en quelques secondes aux brodequins réglementaires des masses glaiseuses de plusieurs kilos. Ils luttèrent désespérément, mais les années passées derrière le comptoir ou le bureau leur furent un handicap trop lourd et la plupart d'entre eux n'allèrent pas plus loin... Les survivants arrivèrent épuisés dans un autre champ de betteraves, qui fut leur tombeau. Congestionnés et râlants, ils butèrent l'un après l'autre, et restèrent étalés, incapables de se relever — larges taches bleu et rouge dans le vert tendre des feuilles écrasées.

Il ne sortit de ce champ redoutable que trois héros : le lieutenant, votre serviteur et un autre que je crois suffisamment désigner en disant qu'il est presque mon homonyme. (Hamond) et, sur deux cents mètres plats, le meilleur homme que nous ayons jamais eu. Je dois avouer que j'étais bien prêt d'être « fini », et songeais avec envie au sort de ceux qui, derrière nous, reprenaient lentement leur souffle au milieu des betteraves, lorsque le cri connu de « Allez racing » me rendit un peu d'ardeur. Je répondis par un cri semblable — dépense de souffle qui me fut douloureux — et, nous encourageant l'un l'autre derrière le lieutenant étonné, nous arrivâmes enfin sur l'ennemi qui sortait du village en se frottant les yeux.

Une fois là, nous esquissâmes vaguement une menaçante attaque à la baïonnette, et, la conviction nous manquant, nous nous assîmes par terre pour nous reposer. Heureusement que les manœuvres ne sont qu'une image lointaine de la guerre, et l'arbitre prononça que le village était pris.

Et voilà comment un régiment — à qui je ne veux pas faire honte en le nommant — fut amèrement défait par un officier suivi de deux hommes, qui chargeaient au cri de « *Racing Racing tap, tap, tap,* » importé directement de la Croix-Catelan.

Pendant ses campagnes de Beauce, Louis Hémon ne connaît pas que des marches sur des routes interminables, des épaules meurtries, des sueurs héroïques. Il récolte aussi certaines satisfactions venues de ses propres initiatives. C'est plus fort que lui : il prêche le sport. Oh ! habilement. Il organise des concours, des joutes. Résultat : « les mêmes hommes qui se traînaient au long des grand'routes en invoquant le jour bienheureux de la libération sont susceptibles de fournir joyeusement un effort bien plus grand dès que le sport intervient ».

« Dans le corps où j'ai eu l'honneur de servir, écrit-il, je dois avouer que les sports athlétiques n'étaient pratiqués que par une infime minorité et que les encouragements d'en haut faisaient absolument défaut. Et pourtant, il suffisait d'une après-midi de liberté pour faire organiser sans plus de formes des épreuves pas très classiques, mais disputées âprement. » Enfin, après avoir souligné qu'« il est de nombreux moments dans la vie militaire où les avantages d'un entraînement préalable sont vivement ressentis », il ajoute : « Le sage bénira les années de sports variés qui lui ont fait de bonnes jambes, les reins forts et le souffle long, et étendra sa large compassion à tous les bons jeunes gens très convaincus et peu préparés qui brûlent du désir de reprendre les provinces perdues mais ne savent point courir dans la terre molle. »

À Chartres, la famille Hémon comptait quelques amis, entre autres les Fringuet et les Nouvel. Louis est allé leur rendre souvent visite. Il a même joué avec le bébé du temps, plus tard Mlle Nouvel et aujourd'hui Mme Renard. M. Nouvel a fini sa carrière au Collège Sainte-Barbe, très ancienne maison puisqu'elle remonte à 500 ans. Les frères Tharaud la décrivent dans « Notre cher Péguy ».

Louis Gillet, de l'Académie française, a raconté, à Montréal, dans une conférence sur les cathédrales de France, qu'il a fait son service militaire à Chartres comme Louis Hémon. « On faisait, dit-il, des marches dans la campagne d'où l'on voyait toujours la fameuse cathédrale. Chartres, Notre-Dame de Chartres, c'est le secret de France, plus que Versailles. C'est quelque chose de plus profond, de plus sérieux. Il n'y a pas dans l'architecture de forme plus précise, plus belle. C'est la France de la Croisade » *(L'Echo des Marmites)*. Louis Hémon, sagace observateur, éprouvait sans doute les mêmes sentiments.

Retour à la vie civile

À l'automne de 1902, Louis Hémon n'est pas fâché de quitter Chartres et la caserne et de regagner Paris et la rue Vauquelin. Le temps est encore beau et la campagne agréable. Il se joint à sa mère et à sa sœur Marie et visite en leur compagnie le célèbre Mont Saint-Michel. On sait que ce rocher, situé à la limite de la Bretagne et de la Normandie est sillonné de rues en escaliers, bordées à leur tour de vieilles maisons à toits pointus, de boutiques et de restaurants, où les touristes aiment s'attarder et manger la célèbre omelette de la Mère Poulard.

Les trois voyageurs étaient précisément entrés dans l'une des boutiques quand Louis y fut pris pour un Anglais par une marchande de cartes postales. Voici ce qu'en a raconté Mlle Marie Hémon : « Louis qui s'était éloigné un peu des siens, demanda le prix d'un objet. La marchande lui dit d'un ton clair : « un demi-franc ». Alors se tournant vers les dames elle expliqua : Je leur dis ça aux étrangers, parce qu'ils le comprennent mieux que cinquante centimes. »

Le futur auteur de *Battling Malone* dut en être flatté, car s'il mijotait déjà dans sa tête d'aller séjourner à Londres, après avoir passé quelques semaines à Oxford où l'hospitalité anglaise l'avait charmé, il put se dire qu'il pourrait se fondre facilement dans la tourbe londonienne et y passer inaperçu. Il y a une Cornouailles en Angleterre et une Cornouaille en France. Il y a des descendants des Celtes des deux côtés de la Manche. Pas étonnant qu'un Breton soit parfois pris pour un Anglais.

L'homme

Au moment où Louis Hémon est sur le point de prendre une grave décision, celle de quitter la France pour un temps indéfini, il convient de camper le personnage et de nous demander ce qu'est vraiment ce jeune homme, à la fin de l'année 1902.

Louis Hémon est alors âgé de 22 ans. Né dans le sanctuaire du monde celtique, il appartient à une famille foncièrement bretonne et hautement cultivée. Il a fait des études solides et il a grandi dans le quartier essentiellement universitaire de la Sorbonne et du Panthéon. Son avenir est « tout dessiné », il est assuré, s'il veut marcher sur les traces de son père, inspecteur général de l'Instruction publique en France. Le jeune Hémon, au contraire, veut sortir des sentiers battus ; il veut échapper à la vie de fonctionnaire. « Jamais homme, en effet, écrira René Bazin, ne sentit moins de disposition pour la vie de fonctionnaire que ce fils d'un des plus hauts dignitaires de l'Université. » Sa sœur dira : « Mon frère était l'être le plus indépendant qu'on pût rencontrer et le plus respectueux de l'indépendance d'esprit des autres. »

Son ami Jacques de Marsillac écrira de son côté : « Il n'a qu'un désir et qu'un idéal : s'en aller par la vie aussi libre que l'oiseau dans le ciel. »

Autrefois nerveux et exubérant, Louis Hémon est maintenant calme, froid, britannique. Au dire de Claude Barjac, « il distille son esprit goutte à goutte à la manière anglaise, au lieu d'en faire profusion, à la manière française ».

Que lui réserve la vie ? Tout le premier, il l'ignore, mais il est prêt à faire face à une existence modeste, incertaine, plutôt que de se couler dans le moule du commun des hommes. Son goût de liberté, d'indépendance, sa détermination d'arriver par lui-même lui font envisager avec courage les années futures. Bientôt il volera de ses propres ailes, même s'il n'ambitionne pas de s'élever bien haut.

Le jeune homme de la rue Vauquelin a eu la bonne pensée de nous laisser quelques précisions sur sa taille. Il pèse alors 62 kilos (136 livres), il mesure 1 m. 68 (5 pieds et demi). Son tour de poitrine est de 1 m. 02 (3 pieds et 4 pouces) et son extension de biceps, de .35 (un peu moins de 14 pouces).

Un de ses proches en a fait à M. Chrétien, auteur d'une brochure sur l'auteur de *Maria Chapdelaine,* le portrait suivant : « Il était de taille moyenne, très bien prise ; il avait le cou long et les épaules tombantes, très développées. Ayant un type anglais qu'il recherchait, il se rasait entièrement et pouvait passer pour un insulaire. D'ailleurs, lisant et parlant anglais, il avait la passion de l'Angleterre.

« Assez gai et vif quand on le connaissait, il était d'un abord immobile et froid, même cassant pour les inconnus. Au reste, si on le contrariait, même sur une simple question qu'il jugeait indiscrète, il reprenait facilement avec ses amis cet air fermé.

« Ses deux passions ont été le sport et le silence, allant jusqu'au mystère. « Il pratiquait tous les sports dans lesquels il excellait : rugby, natation, boxe, etc. Tous ses mouvements donnaient l'impression de la souplesse, de la netteté, de la vigueur. Il avait une vie intérieure, fuyait le monde, aimait la solitude et la méditation. »

De son côté, M. René Bazin, auteur d'un article qui a fait sensation dans la *Revue des Deux Mondes* du 1er octobre 1921, sur Louis Hémon et sur son roman de Péribonka, apporte d'autres touches à ce portrait :

« J'ai sous les yeux une photographie de Louis Hémon... (Elle représente un jeune homme d'environ vingt-cinq ans.) Il avait le visage allongé et plein, tout rasé, les lèvres assez fortes à la courbure — signe de volonté — et des yeux d'un gris bleu, où transparaissait une âme grave et songeuse, maîtresse de son enveloppe, à ce point qu'on le pouvait prendre et qu'on le prît souvent pour un Anglais flegmatique. »

Charles Le Goffic scrute à son tour les rares images de Louis Hémon. « Sur les photographies qu'on a de lui à cette époque, écrit-il, il se présente avec une physionomie longue, aiguë et glabre d'Anglo-Saxon... facies un peu sec de jeune bachelor, corrigé par la mélancolie voilée d'un beau regard de Celte. »

Voici une observation plus reculée encore dans le temps, que l'on trouve dans le livre de M. McAndrew (p. 38) : « Le docteur Hervé Hémon, cousin germain de Louis Hémon et le seul cousin qui, d'après Mlle Marie Hémon, ressemble beaucoup à son frère, raconte que l'un de ses professeurs, qui s'occupait d'ethnologie et de morphologie, lui dit un jour que sa conformation était irlandaise pour ce qui était du crâne et du massif facial. »

Non seulement Louis Hémon est bel et bien Breton, mais il est Celte par ses lointaines origines armoricaines. Dans la fixité calme et profonde de ses yeux, ne lit-on pas l'obstination, la douceur et l'espoir particuliers à la fois aux Bretons et aux Celtes ?

Jacques de Marsillac, qui l'a intimement connu, a parlé de son compatriote avec beaucoup d'estime et d'affection. Tout d'abord, l'aspect extérieur :

« Le teint clair, les yeux bleus, les cheveux blonds comme l'était la petite moustache qui cachait ses dents un peu jaunies par le tabac, Hémon avait dans sa minceur musclée et sa démarche souple une allure de lévrier. »

Ce physique net et pur trahissait de hautes qualités morales :

« Hémon avait, dit Marsillac, une des natures les plus nobles et les plus droites qu'on puisse imaginer... Il était affligé d'une confiance dans l'honnêteté d'autrui, dure comme le granit de son pays... Comme il aimait la vie et le vaste monde avec tous ceux qui le peuplent !... Il avait les sentiments les plus délicats, la noblesse de pensée, la droiture dont on rêve pour ceux qu'on aime... »

Et encore, dans une lettre qu'il m'adressait le 12 mai 1959 :

« Hémon était, je vous l'ai dit, un homme selon mon cœur, ce que nos amis anglais appellent *a white man*, un de ceux-là, rares, avec lesquels on peut parfois « chasser le tigre » avec la certitude qu'ils ne vous lâcheront pas dans le danger. »

Charles Le Goffic souligne de son côté chez notre héros une qualité qu'il n'est pas coutume de signaler chez un homme. « Ce qui m'a surtout frappé dans cette famille Hémon, lit-on dans la Chronique de la Société des Gens de Lettres de France (1925), c'est, avec cette intégrité de caractère, la prédominance d'un sentiment non moins antique et beaucoup plus breton encore, dont on a fait ou, si vous voulez, dont on faisait autrefois, bien à tort, l'attribut exclusif du sexe faible : la pudeur, pour l'appeler par son nom.

« Qu'elle était particulièrement sensible, cette pudeur, chez l'auteur de *Maria Chapdelaine,* sur ce glabre, long, pur et fin visage d'adolescent aux yeux clairs, qui ne s'était donné, semble-t-il, un léger hâle anglais que pour mieux se défendre contre la curiosité des hommes. »

Ces derniers mots sont à retenir ; en effet, Louis Hémon semble avoir toute sa vie cherché à se défendre contre la curiosité publique. De là, son effacement, son silence, son apparente froideur.

Dans la première lettre qu'elle m'écrivit, le 27 février 1938, Mlle Marie Hémon me disait : « Mon frère était très discret. Il parlait de lui le moins possible et détestait qu'on le questionnât. Il déclarait qu'il lui était « physiquement impossible de faire des confidences, » même à ceux qu'il aimait le plus, et avouait que c'était chez lui une sorte d'infirmité. »

Dans une lettre suivante (26 mai 1938) Mlle Hémon ajoutait sur ce sujet : « Mon frère était renfermé, silencieux, peu expansif ; il détestait parler de lui et n'aimait pas qu'on s'occupât de sa personne. Il avait l'art de se soustraire aux obligations mondaines et leur préférait la solitude ou la société des gens humbles et simples. »

En juin de la même année, au cours d'un entretien à Montréal, Mlle Hémon, venue ici à l'occasion du 25e anniversaire de la mort de son frère, me confiait : « Mon frère était un véritable Breton. Il se faisait même prier pour aller saluer les dames dans les salons. Il n'aimait pas qu'on s'occupât de lui et n'aurait certainement pas aimé qu'on fît, de son vivant, une manifestation quelconque en son honneur. »

En outre, Mlle Hémon avait écrit 18 ans plus tôt à M. Damase Potvin, à Québec, à propos de Louis : « C'était un caractère renfermé, calme, indépendant, « original », disaient ses amis. Il l'était, en effet, de caractère et d'esprit. Il adorait la nature, la solitude et la méditation. Pendant les vacances, il passait souvent des heures entières dans le creux d'un rocher, les yeux fixés sur une vague. »

En 1921, Mlle Hémon avait écrit à Charles Le Goffic : « Louis mettait son orgueil à arriver par lui-même, sans un mot de recommandation ni d'introduction. Quand il a publié quelque chose, c'est toujours à notre insu et en cachette. »

Enfin, plus récemment, Mlle Hémon me reparlait de son frère dans les termes suivants (lettre du 10 janvier 1963) : « Il est difficile de parler d'un être aussi silencieux, fermé et secret, qui détestait se mettre en avant et eût été très probablement peu sympathique aux journalistes s'il avait vécu au moment de la publication de *Maria Chapdelaine*. Je suis certaine qu'il aurait répondu à leurs questions : « Dites ce que vous voudrez de mon œuvre, et laissez ma personne tranquille. »

Louis Hémon était donc, en 1902, ce qu'il est convenu d'appeler un jeune homme sérieux. Sérieux, en ce sens qu'il était intelligent, équilibré, respectueux des sentiments des autres, « de l'indépendance d'esprit des autres », suivant le mot de sa sœur. Tout indique qu'il était demeuré un garçon sobre et rangé. Dès ses 22 ans il possédait une qualité qui allait éclater plus tard dans ses contes, romans et nouvelles : la grandeur morale, « signe qui est proprement celui de la supériorité », écrit René Bazin.

Dans une lettre qu'elle nous adressait en 1945, Mlle Marie Hémon reproche à certains critiques de répéter avec trop d'insistance que son frère était « incroyant ». « N'être pas catholique pratiquant ne signifie pas forcément être incroyant. Mon frère n'était certainement pas athée et matérialiste, mais au contraire spiritualiste, et l'importance qu'il attachait aux questions religieuses est apparente dans toute son œuvre. »

L'auteur des *Oberlé* affirme de son côté : « Il avait un respect profond et certainement même un attrait pour les choses religieuses. Il n'en faut pas plus pour qu'un artiste sorte de la troupe des amuseurs, joueurs de viole ou montreurs de lanterne magique, et acquière, sans vaine recherche, par la simple bonne foi, un pouvoir d'émotion auquel ne saurait atteindre aucune habileté. *Maria Chapdelaine* en sera bientôt l'éclatante démonstration. »

En effet, que l'on compulse ses écrits et l'on sera frappé du ton de déférence avec lequel il aborde ou relate les questions de foi, de religion. Cela est particulièrement vrai dans les nouvelles publiées en recueil sous le titre *La Belle que voilà*, dans *Colin-Maillard* et dans *Maria Chapdelaine*. C'est, en conséquence, l'âme franche et neuve que Louis Hémon va courir sa chance dans la carrière des lettres.

CHAPITRE TROISIÈME

EN ANGLETERRE

C'est décembre ; les Fêtes approchent. Louis Hémon serait prêt à partir pour l'Angleterre, mais il préfère laisser passer ces journées de réjouissances familiales et reporter son départ à janvier. Dans l'entre-temps, il vaque sans bruit à ses préparatifs. S'il avait vécu à l'époque de l'avion, il aurait été à l'aise pour voyager, car il n'est pas homme à s'encombrer de bagages.

Ses adieux à son père, à sa mère et à sa sœur sont discrets et brefs.

« Ne vous inquiétez pas de moi, leur dit-il. Londres n'est pas tellement loin. Il est facile de traverser la Manche et de revenir à Paris. Je vous écrirai fréquemment. »

Le train l'emporte vers Le Havre, le bateau vers Douvres, puis un autre train vers Londres.

Le jeune voyageur français avait fait connaissance avec la capitale anglaise un an et demi plus tôt. À ce moment-là, c'était l'été, et même si la pluie est fréquente sur les bords de la Tamise pendant le mois de juillet, le temps y est doux et agréable. Quant à Oxford, il en était resté sous le charme.

Il y arrive au début de janvier 1902. C'est alors grand changement de décor. Louis Hémon sort de la gare Waterloo et scrute le temps. Il fait froid et humide, le vent souffle et les nuages sont

bas. Tout d'abord, il ne s'arrête pas trop à cette vilaine température ; il a quitté Paris par un temps presque semblable de sorte
qu'il n'y a pas d'effet de surprise chez lui. Rapidement il se dirige,
valises aux bras, vers le plus proche petit hôtel pour sa première
nuit. Dès le lendemain il ira à la recherche d'une chambre [1].

Son installation

Un ami de Louis Hémon, Jacques Marsillac, rappelant le séjour qu'il avait fait avec lui à Londres, décrit ainsi l'installation de
notre héros : « Nous sommes dans ce curieux quartier de Covent
Garden où les marchandes de carottes et de poireaux occupent, le
matin, les marches mêmes que graviront, le soir, les pairesses à
tiare de diamant, en grand décolleté et robe à traîne. À deux pas,
une rue étroite et triste : Henrietta Street. Près du bureau du re-
gistar s'ouvre, dans une maison plus laide encore que ses voisins,
un porche arrondi, sombre comme un tunnel. Une enfilade d'escaliers mal balayés et de couloirs obscurs mène à une porte garnie
de verre dépoli sur laquelle est collée une méchante carte de visite
imprimée : L'Hémon, Import-Export.

« ... Comment Hémon, féru d'humanités, fils d'un universitaire éminent, élevé dans une famille... vouée aux professions libérales, était-il devenu une sorte de voyageur de commerce... ? je ne
m'en souviens pas. Le tout est... qu'il parfaisait ses maigres gains
littéraires en plaçant les becs à incandescences, excellents
d'ailleurs, d'un industriel lyonnais et des pots d'une peinture-
émail garantie sèche en 24 heures » (Reproduit dans La Patrie le
11 février 1951).

Au début du siècle, il y a déjà à Londres du chômage. Il n'est
pas facile à tous de trouver du travail. Hémon a bien quelques
sous en poche, mais il tient à pourvoir sans retard à sa subsistance. Il se met donc en quête d'un emploi.

Toujours à cause de sa discrétion, pendant son séjour en Angleterre comme plus tard au Canada, il se dispense dans ses lettres de faire connaître la nature de son travail et le nom de ses
employeurs. Cependant, à la lecture de ses écrits — il passe toujours quelque chose d'un auteur dans ses personnages et dans ses

---

1. *La sagacité de l'auteur a retracé dans les ouvrages de Louis Hémon beaucoup de détails révélateurs de son comportement en Angleterre. Il en donne les références.*

descriptions — on peut conjecturer que Louis Hémon entre en 1903 au service de courtiers maritimes et qu'il y joue le rôle de secrétaire bilingue. Cette maison est installée au cœur de la Cité, précisément au centre d'un réseau de lignes téléphoniques et de câbles, ordonnant et dirigeant dans leurs courses les flottes marchandes du monde entier (*La Belle que voilà,* pages 100 et 101).

Son emploi

Puis au bureau, toute la journée, le trafic des mers filtre entre les doigts des employés, sous forme de lettres, de circulaires, de câbles qu'il faut décoder, coder, sténographier, dactylographier et souvent traduire. Hémon est particulièrement chargé de ce dernier travail.

Son travail terminé, Hémon range ses papiers, laisse son pupitre en ordre. Descendu dans la rue, il a tout Londres à portée de la main, mais il n'en abuse et même n'en use, car le panorama lui emplit les yeux de sa laideur morne : la pluie fine qui tombe, la boue gluante sur les trottoirs, les mélancoliques becs à gaz veillant en sentinelles sur les bâtisses sombres, le trot découragé des chevaux sur l'asphalte mouillée, et les gens qui sortent de toutes les portes, les yeux creux, les traits tirés, se sauvant en hâte, le dos rond sous l'averse, avec une grimace involontaire de fatigue et de délivrance.

Ses loisirs

Nouveau venu en Angleterre, Louis Hémon vit les saisons. Il est sensible à tout changement de temps. Lui qui aime la vie au grand air, il se repaît particulièrement du printemps comme il le fera de l'été.

Une chose qu'il apprécie grandement, c'est le congé de fin de semaine ou week-end. Il en gardera un si bon souvenir, qu'une fois arrivé à Péribonka il demandera, en retour du bas salaire qu'il proposera, son congé du samedi après-midi. À Londres, après une bonne semaine de travail, qui le laisse satisfait sans trop de fatigue[2], conscient d'avoir accompli sa tâche en homme libre comme représentant de la maison Jacques Visseaux de Bou-

---

2. D'après M. L. Ogès, 22 avril 1964.

logne-sur-mer, sans zèle servile ni surmenage (Cf. *Colin* p. 15), il s'emploiera à faire connaissance avec la grande inconnue qu'est la capitale. Il en arpentera les boulevards à sa guise et cherchera à voir quelque chose de plus brillant que des rues étroites entre des maisons basses (Cf. *Colin,* p. 17). C'est aussi pour lui l'occasion d'observer, d'emmagasiner des images, des tableaux, de retenir des bouts de conversation.

N'oublions pas que Louis Hémon est toujours tourmenté par le démon de la fiction et que bientôt il se remettra à écrire des contes, des chroniques, des nouvelles et même des romans. Tous les soirs, il échafaude dans son imagination des esquisses, des scènes, des schémas. À mesure qu'il connaîtra Londres il sera de plus en plus en état de rédiger du neuf.

Ce dimanche de mai, Louis Hémon aurait peut-être sommeillé plus tard que les jours de semaine, mais le bruit de la rue ne lui laisse pas de repos. Un petit garçon doué d'une voix surnaturellement aiguë crie les journaux du dimanche ; et les enfants de son logeur, sans doute saisis d'émulation, prennent quelque prétexte futile pour se répandre en glapissements (Cf. *Colin,* p. 72).

Hémon se lève, s'habille, mange et sort. Le temps est clair, et par moment ensoleillé. Le vent frais chasse les nuages d'un bout à l'autre du ciel. Le printemps n'apporte ni tiédeur ni parfums ; mais il donne au monde un grand air de propreté saine et de bonne humeur (Cf. *Ripois,* p. 42). Notre Parisien devenu londonien hume avec satisfaction l'air printanier. Tout en marchant, il prend sa pipe, la bourre lentement et l'allume avec soin (Cf. *Colin,* p. 8).

Au seuil d'Aldgate il peut s'installer sur le trottoir pour toiser à son aise les passants. En outre, il a devant lui tout Commercial Road et plus loin Whitechapel, un monde de grandes rues, de petites rues et de ruelles dont chacune a sa vie propre et distincte, qui change selon le jour et oscille selon l'heure (Cf. *Colin,* pp. 26-27). Et d'Aldgate à Mile End chacune des petites rues qui donnent dans Whitechapel Road est encore une porte ouverte sur l'inconnu, le seuil d'un univers de quelques maisons qui ne ressemblent à aucune autre. Tout près Middlessex Street, où se tient le marché du dimanche matin, Osborn Street, qui mène à Brick Lane, et Old Montagne Street, qui est la plus curieuse de toutes, celle qui se rapproche le plus de ce qu'était l'ancien Ghetto (Cf. *Colin,* p. 29).

En effet, Louis Hémon a déjà exploré ce secteur et il a constaté qu'il y a dans les alentours de nombreux immigrés, particulièrement des Polonais, des Russes et des Juifs.

Mais ses pas vont le conduire, ce matin, du côté de Middlesex. Dans *Colin-Maillard*, n'écrira-t-il pas : « Lorsqu'on se trouve dans Aldgate un dimanche matin, il est impossible de résister à l'attraction du marché de Middlessex Street » ? (p. 75). Ce marché regorge des objets les plus divers et réunit les hâbleurs les plus pittoresques. C'est un magnifique terrain d'observation pour un écrivain (Cf. *Colin*, p. 79). Hémon y flâne jusqu'à l'heure du déjeuner.

Une promenade en soirée à travers coins et recoins, rues grandes et petites inondés de lumières, et il rentre en son garni, riche d'innombrables impressions londoniennes.

Son ordre du jour

Louis Hémon se lève tous les matins de bonne heure. Il se réveille tôt parce qu'il en a autrefois pris l'habitude grâce à un réveille-matin ; et il sort aussitôt de son lit parce que la vie l'intéresse et qu'il est avide de voir ce qu'il pourra bien tirer du jour nouveau.

Sa toilette faite, on lui apporte son breakfast. Il s'est facilement accoutumé à ce premier déjeuner à l'anglaise ; mais ce à quoi il ne peut s'accoutumer, c'est la manière invariablement négligente et malpropre dont ce repas lui est servi.

Sur un grand plateau de tôle recouvert d'une serviette tachée sont disposées la théière, une tasse et deux assiettes. L'une de celles-ci porte quelques tranches de pain frottées de beurre ; l'autre... Hémon la considère dès son entrée dans la chambre avec méfiance, et d'avance avec dégoût et rancune. Un œuf frit, dont le blanc s'est durci et maculé dans la poêle et dont le jaune desséché est fripé et ridé comme un segment de pomme ; une tranche de lard trop cuite qui se casse sous la fourchette, le tout baigné de graisse liquide : c'est là le menu ordinaire. Parfois un hareng ou un morceau de haddock, qu'il flaire longuement, soupçonneux, ou encore un œuf mollet, qu'il préfère ne pas flairer mais saupoudrer de poivre, modifient ce menu sans l'améliorer. Le thé, fait d'avance, est noir et amer ; des parcelles de suie s'égarent parmi les morceaux de sucre tachés de jaune... (Cf. *Ripois*, pp. 32-33).

Hémon mange, irrité plutôt que dégoûté. Sa colère s'adresse, selon les jours, à sa propriétaire qui a préparé ce repas, au peuple anglais tout entier ou à sa propre pauvreté qui le condamne à s'y résigner.

Mais, dès qu'il a fini, mis son pardessus et ses gants et qu'il est sorti, tous ces détails ennuyeux et sordides ne comptent plus. Il reprend sans effort sa mine insouciante, vérifie sa cravate et les plis de ses vêtements et s'en va par les rues, d'un pas vif, son chapeau un peu en arrière sur la tête, regardant autour de lui.

Pour se rendre à son bureau dans la Cité, il prend, selon les jours, le tube ou l'autobus, ce dernier de préférence lorsqu'il a un peu de temps devant lui (*Ripois*, p. 33). Observateur infatigable, non seulement il commence par jeter l'œil sur ses voisins, mais aussi il scrute le spectacle de l'activité sordide des ateliers et des boutiques de Middlesex Street, des façades moisies, et de l'étalage des pâtisseries juives où s'alignent des gâteaux qui semblent faits de boules visqueuses agglutinées. Puis c'est Bishopsgate Street et les bureaux des courtiers maritimes (*La Belle*, p. 106) pour lesquels il a l'honneur d'accomplir une besogne composée surtout de traductions, de correspondance et de menus travaux de comptabilité (*Ripois*, p. 34).

Certains employés se plaisent au cours de la matinée, à raconter longuement à Louis Hémon leurs faits et gestes de la veille, les démêlés avec la famille chez laquelle ils ont pris pension, les phases de leur plus récente intrigue avec une *barmaid* de Clapham, ou leur dernière visite à un music-hall.

Hémon les écoute avec un sourire légèrement supérieur et laisse aussi tomber de temps en temps quelques mots d'argot ou la scie du moment pour affirmer sa connaissance de la langue anglaise. Volontiers il se laisse aller également à discourir sur les événements du jour ou sur les imperfections flagrantes du peuple anglais (Cf. *Ripois,* pp. 35-36).

Vient l'heure du lunch. Depuis les quelque six mois qu'il habite Londres, Louis Hémon a expérimenté l'une après l'autre les diverses formes de ce repas. Tout d'abord, continuant l'habitude des copieux déjeuners français, il a fréquenté le restaurant où l'on mange sérieusement, où l'on mange du poisson, de la viande et des légumes, avec quelque substantiel pudding pour terminer. L'expérience lui a appris, à la longue, qu'il ne lui est guère possible, avec les ressources dont il dispose, de combiner un véritable déjeuner le matin avec un véritable dîner le soir, et il a peu à peu sacrifié le déjeuner.

Les A.B.C. et les Lyons' sont expressément créés pour offrir un simulacre rapide de repas, dans un cadre propre, aux gens qui ne cherchent qu'à atteindre la fin de la journée sans souffrir positivement de la faim. Hémon s'assoit à une des petites tables de marbre et parcourt les quatre-vingts lignes du menu en habitué.

Quand il a encore pas mal d'argent en poche, ou lorsqu'il se sent plus d'appétit que de coutume, après un breakfast mauvais ou insuffisant il s'accorde le luxe d'un « steak pudding » ou d'une assiettée de langue et de jambon, ou de deux œufs pochés sur une tranche de toast. À mesure que la fin du mois approche, il descend par échelons aux saucisses froides, aux soupes à la queue de bœuf ou à la tomate, pour en arriver enfin, les derniers jours, au « lunch cake », gâteau massif dont on a pour un penny un bloc considérable qui, accompagné d'un verre de lait ou d'une tasse de café, suffit à rassasier (Cf. *Ripois*, p. 37).

Bien que les portions soient généralement plus amples dans les A.B.C. que dans les Lyons, Hémon préfère ces derniers restaurants, parce que le décor y est plus recherché et que l'élégance des façades blanc et or et des murs marbrés communique un cachet de raffinement aux mets peu substantiels du menu. Une autre raison est que cette élégance même attire là une large clientèle féminine et lui offre un vaste champ d'observation.

Il observe

On le voit assis contre le mur, un peu de travers, sa chaise éloignée de la table de marbre et les jambes croisées. Il a repoussé son assiette vide et laissé au fond de sa tasse un doigt de café qui lui sert de prétexte à rester. Un journal plié en quatre est accoté à l'huilier, mais il n'y jette les yeux que par à-coups et distraitement : il préfère regarder. Il observe l'une après l'autre toutes les femmes qui sont là ; il scrute leur visage, les lignes de leur buste, leurs cheveux que la lumière fait luire au-dessus des fronts et des nuques penchées ; il guette leurs gestes...

Elles sont presque toutes du même type : jeunes, quelquefois jolies, souvent plaisantes d'aspect ; l'air assuré et indépendant des femmes qui gagnent leur vie avec le crayon ou la machine à écrire, dans les bureaux où passe le commerce du monde ; et, avec tout cela, un certain détachement qui montre que ce n'est guère plus qu'un jeu pour elles, qu'elles ne font cela que pour un temps et que la langue des affaires qu'elles parlent et écrivent du matin au soir n'a guère plus de sens pour elles qu'une prière en latin... (*Ripois,* p. 38).

Pour le moment, elles mangent avec des gestes précis et délicats, tout en causant posément, à voix discrète, les yeux baissés sur leur assiette. Hémon est là, un coude sur la table, l'épaule au mur, la pipe aux lèvres, qui les regarde l'une après l'autre avec des yeux scrutateurs... Il observe de même les bonnes et leur adresse volontiers un mot aimable ; si elles demeurent parfois un peu distantes il n'en est pas vexé : il a atteint son but ; il a observé ce monde avec soin et il peut le décrire avec précision.

La vie et l'aventure

Jour après jour, Louis Hémon s'acclimate à l'Angleterre et s'adapte à la vie londonienne. Il subvient à ses besoins, mais sans plus. Au fait, combien gagne-t-il ? Dans le dernier roman publié de lui, *M. Ripois et la Némésis,* à trois reprises il mentionne le salaire de M. Ripois, employé de bureau, traducteur, etc. À la page 35 : « M. Ripois touchait trente-cinq schillings par semaine, soit cent quatre-vingt-dix francs par mois. » À la page 73 : « Trente-cinq schillings par semaine ; cent quatre-vingt-dix francs par mois, voilà tout ce que lui, Amédée Ripois, arrivait à se procurer dans une ville comme Londres ! »

Enfin, à la page 108 : « Trente-cinq schillings par semaine, cent-quatre-vingt-dix francs par mois, ce n'était assurément pas grand'chose, et pourtant, quand cet argent-là viendrait à manquer, il ne lui resterait plus rien. »

Ce triple rappel du salaire de son héros londonien pousse à établir un parallèle avec la situation de notre héros. Il est vraisemblable de croire que le salaire de M. Ripois, c'est le salaire de Louis Hémon. Trente-cinq shillings par semaine, c'est en monnaie canadienne $40 par mois ou $10 par semaine en chiffres ronds. Il faut se rappeler que $10 au début du siècle avaient un pouvoir d'achat autrement plus grand qu'aujourd'hui. Quand même, « ce n'était assurément pas grand'chose ».

À l'été de 1903, Louis Hémon subsiste avec cette modeste somme, mais il lui reste peu d'argent en poche pour ses menues

dépenses, depuis les journaux et le tabac jusqu'à certaines distractions fort légitimes. Il est vrai que notre jeune Français se conten-
te de peu, qu'il a de bonnes jambes et qu'il aime la vie au grand
air.

Ce premier été, il l'aura consacré surtout à l'exploration. Plutôt solitaire, il se limite à se familiariser toujours davantage avec
l'immense capitale du puissant Empire britannique. Tout au plus
se permet-il le dimanche quelques excursions en bateau sur la Tamise pour faire connaissance avec la campagne anglaise. Lorsque
plus tard, il retrouvera à Londres d'anciens camarades de Paris, il
consacrera les congés du samedi et du dimanche à de fréquentes
excursions en leur amicale compagnie.

Louis Hémon ne résiste pas facilement à la tentation de l'a-
venture. Son ami Marsillac en rappelle deux.

« Un jour que, sur une route, nous avions lié conversation
avec des romanichels qui se rendaient à cette kermesse d'une semaine qu'est le Derby d'Epson ; il me quitta littéralement d'une
minute à l'autre pour les suivre, couchant par terre, sous la rou-
lotte, parce qu'il n'y avait pas de place à l'intérieur, concoctant
des nourritures étranges dans une marmite accrochée à un trépied
de branchages. Il avait goûté là un plat de hérissons rôtis avec
leur peau et leurs piquants dans une carapace d'argile, et il en
parlait avec une sorte de nostalgie. »

« M'ayant emmené essayer un bateau d'occasion — un de ces
bachots d'acajou à fond plat qu'on appelle *punts* — il me convain-
quit de partir incontinent pour une remontée de la Tamise. Cela
nous demanda deux jours, sans parler des deux nuits que nous
passâmes dans le bateau, tout recroquevillés, ce qui ruina mon
complet neuf. Celui d'Hémon, raccourcissant après chaque im-
mersion résultant du maniement maladroit de la gaffe qui sert à
mouvoir ces bizarres esquifs. De telles aventures ravissaient Hémon » (*Loc. cit.*).

L'approche de l'automne le ramène à ses amours favorites : la
littérature et le sport.

Car, enfin, pourquoi a-t-il quitté Paris, pourquoi s'est-il séparé de sa famille et pourquoi s'est-il en quelque sorte exilé à Londres sinon pour donner libre cours à son inclination littéraire ?

Quant au sport, qu'il n'oublie pas, loin de là — il a déjà découvert les avantages du Wonderland, dans Whitechapel, à peu
de distance de son domicile, — il peut le pratiquer à Londres avec

plus de facilité encore qu'à Paris. Les Anglais sont tenus aux yeux des Français pour de grands amateurs de sport.

À la littérature

Pour le moment, une ambition littéraire s'empare de lui. Au hasard de ses courses au cœur de la cité, il a acheté quelques numéros du *Vélo*, le grand journal sportif de Paris, dans les kiosques qu'il rencontre sur son chemin, soit à Aldgate, soit à Trafalgar Square. En tournant l'une des pages, il est tombé sur l'annonce d'un concours littéraire dont le sujet est le suivant : « Racontez à quels sports vous vous livrez pendant vos vacances. »

Sa résolution est aussitôt prise : il participera au concours du *Vélo*. Se ravisant, il constate qu'il possède dans ses papiers une composition toute faite, « La Rivière », qu'il n'a qu'à relire, à remanier et à polir avant de l'adresser au jury de Paris.

En voici quelques extraits, qui dénotent de véritables dons d'écrivain :

Chaque soir, quand le travail du jour est fait, le même train de banlieue me ramène lentement chez moi, et je retrouve ma rivière.

Elle coule tranquille, froide et profonde, entre deux berges plates semées d'ormeaux...

Je m'arrête un instant sur son bord, avec un coup d'œil amical au paysage familier, et quand j'ai sauté à l'eau d'un bond et que, dix mètres plus loin, je remonte à la lumière, je sens que je suis lavé, lavé jusqu'au cœur de la fatigue et de l'ennui du jour, et des pensées mauvaises de la Cité.

Alors je remonte lentement le long de la berge, tout au bonheur de sentir mes muscles dans l'eau fraîche, jusqu'à la limite de mon empire, un coude de la rivière, qui domine, sur un tertre de six pieds, un bouquet d'ormeaux...

J'ai appris, jour après jour, à glisser entre les nénuphars, bien allongé pour fendre l'eau sans effort, à piquer dans l'ombre des ormeaux pour ressortir au grand soleil, à sauter droit devant moi, après dix pas d'élan, pour tomber en plein courant, les pieds d'abord, et trouer l'eau sans éclaboussure ; et j'ai appris, l'une après l'autre, appris et aimé toutes les nages, depuis la brasse tranquille et sûre, jusqu'au « strudgeon » précipité, qui vous donne l'air, dans les remous d'eau soulevée, d'un cachalot fonçant sur sa proie...

Certains soirs, quand, après une longue, longue journée étouffante d'été, le soleil commence à peine à décroître, je viens vers ma rivière, si las, qu'il me semble que ma force et mon courage m'aient abandonné pour jamais.

Mais je me laisse aller au courant, et, bercé par l'eau fraîche, quand le soleil attendrit ses nuances, je sens descendre en moi la grande paix tranquille qui vient d'au-delà des ormeaux... Mon âme de civilisé, soudain rajeunie de trois mille ans, fait de moi un contemporain des premiers âges.

Louise Le Breton, mère de Louis Hémon

Félix Hémon, père de Louis

Louis Hémon enfant

Louis dans un groupe

Le jeune Louis

Louis avec son frère et sa sœur

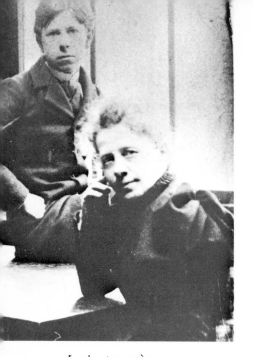

Louis et sa mère

À l'âge du baccalauréat

Louis à 15 ans

> J'oublie que j'ai travaillé tout le jour dans un bureau sombre, parmi les maisons à sept étages, et, penché sur le courant, je guette, l'oreille tendue, les bruits confus qui sortent de l'ombre.

Voilà un débutant en littérature dont la phrase est aussi harmonieuse que le balancement de son corps dans l'eau de sa rivière. Il paraît clair que certains paragraphes cités plus haut ont été ajoutés à Londres, car la preuve existe que ce récit a été écrit avant 1903, comme on verra plus loin.

Le 1er janvier 1904, le *Vélo* communique au public le résultat du concours et met en tête de la nouvelle primée la note suivante :

« Nous publions « *La Rivière* », de M. Louis Hémon, auquel a été décerné, à l'unanimité, le Prix d'honneur du concours de Vacances, organisé par *Le Vélo*.

« M. Louis Hémon est en ce moment à Londres où, comme on le sait, *Le Vélo* compte de nombreux lecteurs. C'est de là qu'il nous a adressé ses remerciements. Il n'a pas pu venir lui-même dans nos bureaux retirer la motocyclette qu'il a gagnée, et qui l'y attend.

« Espérons qu'au prochain concours de « vacances », M. Hémon nous racontera ses impressions de tourisme automobile. Aujourd'hui nos lecteurs apprécieront avec quelle poésie, quel pénétrant sentiment de la nature, il décrit sa rivière et analyse le charme de la nage. »

Dans la *Revue Populaire* de Montréal, en janvier 1939, M. Marcel Berger, fondateur puis président de l'Association des Écrivains sportifs, écrit au sujet de *La rivière* : « Ce fut une révélation pour moi, une secousse dont, après trente ans, je ressens encore l'allégresse... Il y avait là-dedans du Lucrèce, du Kipling, du génie aussi... »

Pendant que le grand public sportif goûte la prose poétique de Louis Hémon, la famille de celui-ci ignore encore tout de sa bonne fortune. À ce sujet, McAndrew écrit :

« Sa famille ne sut rien de son succès jusqu'à ce qu'un ami de son père, M. Fringnet, inspecteur de l'Académie de Paris, qui s'intéressait aux sports, félicitât Félix Hémon. Le père du jeune homme, très surpris, demanda des renseignements à son ami. Revenu chez lui, il annonça la nouvelle à sa famille. On découvrit alors que Françoise, la bonne, était bien renseignée, car elle avait vu le manuscrit dans la chambre de Louis avant son départ pour Londres. Par conséquent, elle l'avait lu. »

Quant à lui, si dans le froid gris des soirs d'hiver (Cf. *Ripois,* p. 308), le couronnement de « La Rivière » lui fait chaud au cœur, une épreuve vint le heurter : *Le Vélo* lui a réclamé un portrait pour accompagner la publication de son texte. Le jeune lauréat n'a pu opposer de refus et a dû se présenter chez le photographe.

Heureuse insistance du *Vélo,* car sans cela nous aurions été privés de la photo qui l'a fait connaître à travers le monde : visage allongé, traits fermes, cheveux séparés par le milieu. On a souvent dit que cette photo avait été prise à Quimper. Il n'en est rien.

« Louis s'est bien gardé de nous envoyer cette photographie, m'a dit Mlle Hémon à sa venue à Montréal en 1938. Mais nous l'avions vue dans le journal. Ma mère lui a écrit pour lui dire que s'il ne nous en envoyait pas un exemplaire, elle découperait celle du journal et l'encadrerait somptueusement. Cela a fait céder mon frère. L'exemplaire unique que nous avons reçu de lui, nous l'avons fait reproduire à Quimper afin de répondre à la demande qui a suivi la publication de *Maria Chapdelaine.* Le photographe de Quimper y a gravé son nom, de là la confusion.

Sollicité de se rendre à Paris prendre possession de son trophée, la motocyclette, Louis Hémon apporte sa photo à sa mère. Il passe quelques jours dans sa famille et revoit quelques amis. C'était au milieu de janvier 1904 : il y avait exactement une année qu'il avait quitté la France.

C'est au cours de ce séjour à Paris qu'il fit la connaissance de Marcel Berger, lauréat des « juniors ».

« On se rencontra au Luxembourg, raconte Berger. Louis Hémon devait avoir vingt ans (en réalité, il en avait vingt-trois). Son père était Félix Hémon, le sévère inspecteur général que je devais retrouver président d'un de mes jurys d'agrégation.

« Je me sentis bien gosse à côté de ce camarade désinvolte, mystérieux, bohème, mélange de gracieux cynisme et de conviction intrépide. Il avait déjà tout lu, il connaissait tout de la France. Mais, c'est le monde qui l'intéressait. Les littératures étrangères, principalement l'anglo-saxonne. Kipling spécialement, exerçaient sur lui une fascination extraordinaire...

Voilà comment apparaît Louis Hémon à un adolescent du début du siècle : désinvolte, mystérieux, bohème, athlète, rêveur...

Un matin de janvier 1904, Louis Hémon se présente aux bureaux du *Vélo* pour prendre possession de sa motocyclette. On imagine bien qu'on l'accueille avec empressement, qu'on le complimente et qu'on lui souhaite de nouveaux succès. Prévoyant, le vainqueur du concours a glissé dans sa poche intérieure de veston un conte sportif.

Entrevue avec le directeur du journal. De cet entretien il résulte deux bons points pour le littérateur en herbe : publication immédiate du conte « Le Combat » et collaboration au *Vélo*. En effet, le 20 janvier, ce journal annonce « qu'à partir d'aujourd'hui M. Louis Hémon... devient notre collaborateur régulier ». Il le demeurera et sera en plus correspondant particulier jusqu'en juillet 1905 soit du *Vélo* même soit du *Journal de l'Automobile et de tous les sports,* successeur du premier. *La Rivière* est le point de départ de la carrière de celui qui va la clore par *Maria Chapdelaine.*

Dans son article « Le Combat », Louis Hémon aborde sans détour le sujet de la boxe, un de ses sports de prédilection, où pour lui éclate la vertu suprême, le courage. En voici quelques passages puisés dans les citations de M. McAndrew :

« Je suis parfois allé au « Wonderland », en compagnie d'autres Français, et ils n'ont jamais trouvé, pour le spectacle, que des termes d'indignation et de dégoût... et jamais aucun d'eux n'a perçu la beauté, la formidable beauté du combat.

« C'est pourquoi mon plus cher désir serait de m'attirer le mépris de tous les gens de bien, en entonnant un hymne à la gloire de la Brutalité divine.

« Je n'essaierai même pas de la justifier ; je ne prétendrai pas que la saine violence est l'ennemie de la cruauté, que bien des intellectuels font profession de condamner la lutte sous toutes ses formes uniquement pour qu'une philanthropie béate et molle serve d'excuse à la faiblesse et à la peur, et que la race qui laissera mourir le courage physique sous des prétextes de civilisation... je ne suis pas assez vénérable pour être prophète, et d'ailleurs je ne sais pas au juste ce qui pourrait bien arriver, mais je donnerais gaiement une pinte de mon sang pour que nous ne soyons pas de cette race-là » (Cf. McAndrew, p. 101).

Hémon souligne ensuite que le vrai sportif manifeste une attitude loyale envers autrui :

« S'il vous est jamais arrivé de vous aligner contre votre meilleur ami et de sentir monter en vous, quand vous êtes venus, deux ou trois fois, vous jeter sur ses coups d'arrêt, la poussée de violence furieuse qui pouvait animer deux hommes de l'âge de pierre luttant pour leur femelle et leur nourriture, vous vous souviendrez aussi que, en lui serrant la main après l'assaut, vous avez senti que, connaissant sa force, vous le respectiez et l'aimiez davantage. »

Pendant que les lecteurs du *Vélo* apprécient une deuxième fois la prose descriptive de Louis Hémon, celui-ci multiplie les démarches pour vendre à Paris sa motocyclette. Est-ce pour faire plaisir à sa mère et la libérer de ses légitimes inquiétudes ? Est-ce parce qu'il ne lui sourit pas d'enfourcher cette bruyante et pétaradante voiture ? De toute façon, il s'en défait. À ce sujet, Mlle Marie Hémon, en réponse à mes questions, m'écrivit le 9 avril 1940 : « Je ne crois pas que mon frère ait fait de tournée à bicyclette en Écosse et en Irlande. Dans un concours littéraire, il avait gagné une motocyclette, mais il était venu à Paris en prendre livraison et la vendre, au grand soulagement de ma mère qui ne souhaitait pas voir son fils perché sur cette machine. »

C'est donc avec satisfaction et confiance que, quelques jours plus tard, Hémon met fin à son congé et rentre à Londres. Les dernières semaines ont été fructueuses : il a remporté le premier prix d'un concours littéraire ; il a monnayé la motocyclette attachée à ce prix ; il est devenu collaborateur et correspondant de journal ; il a même vu dans *Le Vélo,* pendant son séjour à Paris, le premier d'une longue série de ses articles et contes. Bref, le vent gonfle sa voile.

Maintenant, de nouveau à l'œuvre et à l'épreuve ! Les soirées d'hiver seront consacrées à la lecture, à la rédaction, aux séances de lutte et de boxe ; aux exercices du corps et de l'esprit, à la littérature inspirée par le sport.

Louis Hémon est au nombre des premiers lecteurs de Kipling. Il n'a pas attendu les traductions françaises pour approfondir les livres de ce merveilleux conteur. On peut même dire que c'est dans ses œuvres qu'il a potaché son étude de l'anglais.

En ces années Kipling porte un nom nimbé de gloire. Son jeune admirateur français est au courant de sa vie. Par exemple, il sait qu'il a visité le Canada et habité en Nouvelle-Angleterre et que c'est une équipe de neuf ouvriers, venue de Québec et commandée par le contremaître Jean Pigeon, qui lui a construit sa maison nommée *Naulakha,* en mémoire de l'œuvre commune faite avec Balestier. Il sait également que Kipling a baptisé « Les

Ormeaux » sa maison de Rottingdean, près de Brighton. N'est-ce pas en souvenir de ce nom que Hémon parle d'un tertre couvert d'*ormeaux* dans sa nouvelle La Rivière ? Enfin, il n'ignore pas non plus que Kipling demeure maintenant à Burwash, au sud-est de Londres, sur la route de Hastings, d'ailleurs à peu de distance de la mer et qu'en se rendant à cette ville balnéaire, il peut se permettre de passer devant la demeure de son cher maître.

Louis Hémon souhaiterait que sa vie ressemblât à celle de Kipling. Franchir les mers, séjourner dans des pays étrangers, adresser des contes ou articles aux journaux, publier des bouquins, enfin parcourir le vaste monde et le décrire, tel serait son rêve. Malheureusement, il doit en différer la réalisation faute de moyens suffisants. Mais ce rêve, il continuera de le caresser.

Non seulement Hémon lit-il Kipling pour cultiver chez lui l'art de conter, qu'il possède pourtant déjà à un haut degré, mais il s'exerce même à le traduire. Sa famille possède sa version française de « Youth's Pride », conte inclus dans le recueil On the City's Wall, qui fut par inadvertance publiée sous le nom de Louis Hémon dans une revue et dans un journal de Paris en 1923. Il ne s'agissait pas de plagiat. L'affaire s'est vite éclaircie. Cette traduction était avec les autres contes et nouvelles de Louis Hémon et elle avait été donnée aux éditeurs avec le reste.

Collaboration au Vélo

À 23 ans, Louis Hémon possède une tribune, dans le journal même qui répond le mieux à son talent et à ses goûts : littérature et sport. Dans chacun de ses articles, il n'y aura pas qu'une relation de faits, mais un exposé de principes. Comme dit M. McAndrew, « aux yeux de Louis Hémon, le sport est autre chose qu'un jeu destiné tout simplement à distraire. Il n'est pas de ceux que satisfont des activités sans but. Il cherche une morale basée sur le sport. » McAndrew dit encore : « La force, la joie du corps sain, et l'être primitif, voilà ce que Louis Hémon exalte, depuis son premier conte, dans son œuvre d'inspiration sportive. L'influence d'un Kipling qui prône l'ordre, la discipline et le courage, sa « conception héroïque de la vie », selon l'expression de M. André Maurois, et l'homme d'action que dépeint le grand romancier anglais n'ont pas manqué de laisser leur empreinte sur Louis Hémon. Il est le premier littérateur français qui fût en même temps un sportif, au sens véritable du mot. Même si on ne savait pas qu'il fut un sportif, on sentirait que ses idées et ses impressions sur le sport sont inspirées directement par la réalité. »

Au cours de 1904, Louis Hémon publiera dans *Le Vélo*, outre « La Rivière » et « Le Combat », les treize articles suivants : « Histoire d'un Athlète médiocre » (12 février), « Angleterre contre Irlande » (24 février), « Le Record » (21 mars), « À propos d'Oxford-Cambridge » (2 avril), « Le Clown » (19 avril), « Les Canotiers » (12 mai), « La Défaite » (27 mai), « Marche d'Armée » (25 juin), « Le Combat sur la grève » (15 juillet), « La Peur » (15 octobre), « Jérôme » (26 octobre), « Sportsmen et Athlètes » (8 novembre) et « l'Éducation de M. Plume » (18 novembre).

Il serait trop long de disséquer chacun de ces articles ou contes. Il nous faudra nous contenter de quelques mots sur quelques-uns d'entre eux.

La première chronique que Louis Hémon envoie au *Vélo*, à titre de collaborateur régulier, s'intitule « Histoire d'un Athlète médiocre ». Il dépeint un jeune homme qui « vers sa vingtième année... se prend soudain à penser que le sport est la plus belle et la plus noble chose du monde, et que le but de sa vie sera atteint s'il peut, rien qu'une fois, connaître les joies éternelles de l'effort et de la victoire. » C'est bien la conviction de Hémon lui-même que le sport est la plus belle et la plus noble chose du monde... Aussi continue-t-il de le pratiquer malgré ses préoccupations littéraires et journalistiques.

Le même mois, il adresse un autre article au journal parisien. Il le titre « Angleterre contre Irlande ». Il se trouve à y parler de la France et des Français. Il regrette que ses compatriotes n'apprécient pas encore à sa véritable valeur le sport : « Il y a le vieux monsieur, écrit-il, que l'âge, une barbe grise et trente ans de services irréprochables ont assis à un poste d'autorité et qui s'oppose à l'exercice sous des noms anglais pour la très simple raison qu'on ne connaissait pas ça de son temps et qu'une bonne santé, une vigueur normale et des nerfs bien équilibrés ne peuvent entrer en comparaison, comme importance, avec la connaissance approfondie des verbes grecs. » Hémon ne ménage pas non plus son admiration pour les Anglais, surtout dans les sports collectifs : « Si l'un d'entre eux sait commander, les quatorze autres sauront encore mieux obéir... »

Dans son article du 21 mars, « Le record », Hémon souligne les bienfaits de la simple culture physique, faite chez soi, devant sa fenêtre, par opposition aux sports pratiqués en commun. Elle

laisse « la joie de se sentir chaque jour plein d'une force renouve-
lée et de jouir, indifféremment, en bête saine, du clair soleil ou de
la fraîcheur d'une pluie de printemps — la vie simple et surtout la
paix, la paix profonde que donnent l'exercice régulier, la bonne
nourriture et la tyrannie consentie d'une seule pensée » (Cf. *Le
Vélo*, « Le Record », 21 mars 1904).

À la fin de mars Louis Hémon n'est pas le dernier rendu sur
les bords de la Tamise pour la course annuelle Oxford-Cambridge. On sait que cette course a toujours lieu la veille du dimanche des Rameaux. Elle attire des foules considérables sur les
deux rives : du point de départ, Putney, au lieu d'arrivée, Mortla-
ke, distance d'environ quatre milles et demi. Hémon la décrit
avec des yeux neufs et fait partager à ses lecteurs français ses fortes impressions.

Le conte intitulé « Le Clown » (19 avril) a quelque chose de
romanesque. À la pension où demeurait Hémon, il y avait aussi
une jeune Irlandaise. Un soir, elle renversa sur ses genoux une
boîte remplie de photographies. L'une d'elles représentait un
Français, un comte. Une autre était celle d'un clown. Hémon en
apprit l'histoire suivante :

La jeune fille aimait le noble Français, mais ne se rendait pas
compte de l'amour secret que lui portait le clown. Un soir où ils
étaient tous trois à la pension, l'Irlandaise, le comte français et le
clown, celui-ci désireux d'attirer sur lui l'attention de la jeune
fille, trop occupée à son goût à causer avec le Français, alla revê-
tir son costume de spectacle et, le whisky aidant, se mit à multi-
plier les cabrioles. On retrouve encore ici, dans le récit de Louis
Hémon, l'aspect sportif :

« Le clown se sentait beau maintenant... tout était changé, de
par la détente merveilleuse de ses membres, et c'était un être de
force surprenante et un athlète incomparable qui donnait en spectacle à sa bien-aimée le meilleur de son effort. »

Malheureusement, quand il termina son numéro, il s'aperçut
qu'il n'avait été pour ses deux spectateurs qu'« un pitre, haletant,
agile et grotesque, qui pirouettait dans la lumière. Alors, il gagna
la porte en trébuchant, trop triste pour éprouver aucune honte,
mais se sentant amèrement pesant, et vieux... vieux... vieux. »

Dans « La Défaite » (*Vélo* du 27 mai), Louis Hémon envisage
la vie comme un combat. « Je l'aime (ce boxeur), écrit-il, pour son
admirable simplicité, qui lui fait considérer la vie comme un vaste

« ring » où se déroulent d'innombrables assauts, qu'organise et
que juge un « referee » tout-puissant et invisible. » Un peu plus et
Hémon nous citerait le vers de Lamartine qu'il doit se répéter
parmi les milliers qu'il sait :

« La vie est un combat dont la palme est aux cieux. » (*Deuxième méditation poétique,* vers 69-70).

Il semble opportun de citer ici une observation de Jacques
Marsillac sur l'honnêteté de Louis Hémon tant dans son comportement que dans ses écrits.

« Hémon méprisait la recherche du succès par le scandale. Il
aurait préféré — il a préféré — tirer le diable par la queue toute sa
vie plutôt que de recourir à de tels procédés. Si, dans *Monsieur
Ripois,* certains épisodes apparaissent rudes et à la limite du cyni-
que, c'est qu'ils se sont passés ainsi. Sous des dehors insouciants
et un laisser-aller verbal ou vestimentaire, il avait les sentiments
les plus délicats, la noblesse de pensée, la droiture dont on rêve
pour ceux qu'on aime. C'est peut-être cela qui animait son visage
d'une sorte de bonheur, alors que la vie lui refusait obstinément
toutes les satisfactions matérielles et presque le pain quotidien »
(Loc. cit.).

Pour Hémon le meilleur réconfort, quand il a le loisir de se
l'accorder, est de fuir l'étuve de la rue londonienne et de gagner
la mer. Il connaît la route de Hastings et il s'y dirige quand il en
a le loisir, saluant, par la pensée, au passage à Burwash, son maître et ami Kipling. Hastings n'est pas pour Hémon la ville balnéaire idéale, mais elle est la plus proche d'accès. Voici l'opinion
qu'il porte — nous sommes à soixante ans de distance — sur ce
lieu.

« Hastings, ville qui donna son nom à une bataille célèbre,
plage élégante qui est à peu près, de tous les endroits que je connais, celui où l'homme a le plus scientifiquement défiguré la mer.
Il serait coûteux et peu pratique d'amener la mer dans Piccadilly,
mais il est une solution très simple, c'est de transporter Piccadilly
près de la mer. Le résultat est une admirable promenade longue
de cinq milles, large comme les Champs-Élysées, bordée d'un côté
par des villas, des hôtels et des boutiques de toute sorte, et de
l'autre par un mur en très belle maçonnerie qui, à marée basse,
forme pour la grève un *fond* très satisfaisant et, à marée haute
maintient dans l'ordre les vagues, tour à tour humiliées et rageu-
ses. C'est un endroit sans pareil pour fumer un cigare dans un
complet de flanelle de bonne coupe, entre le clapotis des flots do-

mestiqués et les accords d'un orchestre hongrois ; mais pour les gens qui aiment l'eau libre et les coins de falaise tranquilles, « *ça n'est pas ça.* »

Dès son deuxième été en Angleterre Hémon observe que les sports sont plus en faveur en France, notablement les circuits à travers le pays et la boxe. Il s'en réjouit, mais n'hésite pas à reconnaître qu'on est loin d'égaler les britanniques.

« Il est indiscutable, écrit-il, que les Anglais sont et seront pendant longtemps encore nos maîtres, en admettant même que nous puissions arriver jamais à les égaler. Ils nous sont supérieurs non seulement par leur pratique plus ancienne et plus assidue, mais surtout par l'intérêt naturel et par la forte ténacité qu'ils y apportent, par l'amour si enraciné chez eux du fair play, par leur calme obstiné devant la défaite et par leur inaltérable patience. Tous ceux qui les ont réellement connus leur ont rendu cette justice, et je la rends à mon tour comme un hommage naturellement dû » (McAndrew, p. 107, « *Anglomanie* »).

Sur cette grève-boulevard, Hémon devait rencontrer un jour un homme d'élégante apparence, celui qui devait être le malheureux héros de sa nouvelle « La Peur », l'un des récits inclus dans le recueil *La Belle que voilà,* publié seulement en 1924.

« Nous échangeâmes, raconte-t-il, des opinions sévères sur la localité et ses habitants, et le lendemain, nous trouvant ensemble à l'heure du bain, nous allâmes de compagnie, à brasses tranquilles, vers le large où la mer, loin des petits enfants qui jouent sur le sable, des jeunes dames trop bien habillées et des orchestres à brandebourgs, ressemble vraiment à la mer et reprend son indépendance.

« Il nageait dans la perfection : ... l'allure d'un homme qui a l'habitude de l'eau et s'y trouve à son aise. Dès lors, nous prîmes régulièrement nos bains ensemble. Il n'était pas bavard et j'étais encore moins curieux, de sorte que plusieurs semaines s'écoulèrent sans qu'aucun de nous deux se souciât d'apprendre sur l'autre autre chose que ce qu'il avait bien voulu raconter. Il m'annonça un matin qu'il partait le soir même et, quelque peu à ma surprise, il ajouta qu'il habitait une petite propriété du Devon et qu'il serait heureux de me voir, si je pouvais trouver le temps d'aller passer quelques jours avec lui. Il fit miroiter à mes yeux les délices des pipes fumées à plat ventre dans l'herbe drue et me parla d'une pièce d'eau qui lui appartenait, auprès de laquelle la mer, à Hastings, n'était qu'un bassin malpropre et sans charme. »

Hémon accepta son invitation et s'y rendit un mois plus tard. Cette pièce d'eau était « une grande mare d'aspect sauvage, complètement entourée de fourrés et de broussailles et de forme assez curieuse ». Une extrémité allait en se rétrécissant et se terminait par une sorte de canal.

Au soleil couchant, le premier jour, les deux hommes se lancèrent à l'eau. L'Anglais s'attarda mystérieusement dans l'étroit canal, si bien que le Français lui demanda ce qu'il y avait là. L'autre répondit qu'il y avait une source. En réalité, il y avait autre chose qu'une source, car les herbes du fond ondoyaient perpétuellement, bien que l'eau fût parfaitement calme en apparence.

Le lendemain, au cours d'un autre bain, Hémon sentit distinctement sur sa jambe le frôlement d'une chose longue et rapide qui passait près de son corps, une chose qui semblait avoir surgi d'entre les herbes épaisses et secouait de son élan brusque les couches profondes de l'étang.

« Je suis peu impressionnable et aucunement nerveux, écrit Hémon, mais à ce simple contact, la peur, l'effroyable peur me bloqua soudain la gorge. » C'est alors la fuite affolée des deux nageurs vers la rive.

Le lendemain, quand vint le soir, l'Anglais décida de retourner se baigner dans l'étang. Hémon le laissa partir seul après l'avoir invité à s'abstenir. « Pendant qu'il était absent, relate Hémon, je fus saisi par l'énorme ridicule de la situation et, lui laissant un mot, je bouclai ma valise et partis sans plus de formalités. »

Un mois et demi plus tard, Hémon apprit par le journal que son ami du Devon avait été trouvé mort dans son étang, les mains cramponnées désespérément aux branches d'un saule. La mort était attribuée à un accident cardiaque. Hémon demeura convaincu qu'il s'agissait d'autre chose : une pieuvre domiciliée dans cette pièce d'eau.

Bien que toujours profondément Français, Hémon n'hésite pas à reconnaître la supériorité des Anglais dans le domaine du sport.

Cette opinion de la supériorité des Anglais sur les Français dans le monde du sport était tellement répandue, au sud de la Manche, que des incidents en apportaient de fréquentes preuves. Hémon en cite un à son détriment.

En septembre 1904, il retourne en France et va rejoindre sa famille en Bretagne. Il y passe quelques jours de vacances. C'est pendant ce séjour que survient l'incident qu'il raconte avec une pointe d'humour :

> Bien des âmes simples sont encore convaincues... que le seul titre de citoyen du Royaume-Uni confère à ses porteurs des qualités physiques anormales en même temps que la connaissance approfondie de tous les exercices du corps. Me trouvant récemment encore sur une obscure plage française, je fus un jour interpellé par un bon jeune homme qui habitait le même hôtel que moi. Il avait vu sur ma malle l'étiquette de Londres, et remarquant, au cours d'un bain, que je nageais (sans grande prétention) *l'over-arm-stroke,* au me demanda respectueusement quelques indications. Je les lui fournissais de mon mieux quand il m'interrompit pour me dire, d'un ton flatteur, que je parlais vraiment fort bien le français. Je lui expliquai doucement que j'avais passé le plus clair de ma vie entre l'Observatoire et le pont Saint-Michel ; sa face revêtit aussitôt une expression de profond mépris. Je me préparais à compléter mes explications sportives, mais il m'arrêta pour dire avec simplicité : « Oh ! non. Je ne savais pas que vous étiez Français. Il y a à l'hôtel un véritable Anglais. Je vais le lui demander. »
>
> Ledit Anglais, qui ne savait pas nager, mais qui comprenait fort bien la plaisanterie, lui enseigna avec croquis à l'appui une nage si surprenante, que les essais qu'il fit mirent en joie jusqu'aux petits enfants qui jouaient sur le sable. Il était d'ailleurs plein de persévérance et ne s'arrêta qu'à deux doigts de l'asphyxie [3].

Le 26 octobre (1904) les lecteurs du *Vélo* eurent sous les yeux l'un des contes les plus significatifs et les plus révélateurs des goûts de Louis Hémon. Intitulé « Jérôme », du nom d'un « grand chien berger, dont le poil rude et souillé de boue s'étageait en touffes emmêlées », il trahissait les sentiments de liberté et d'indépendance de son auteur. Dans le secrétaire particulier du Préfet des Deux-Nièvres, ne doit-on pas voir Louis Hémon lui-même ?

Jean Grébault a 25 ans. « Ce jeune homme avait été un athlète, en son temps ; mais six mois de situation semi-officielle dans une petite ville de province lui avaient appris qu'il est convenable de sacrifier l'hygiène à l'avancement et d'éviter les initiatives excentriques... De sorte qu'il s'était peu à peu accoutumé à restreindre sa vie au cercle fastidieux que bornent : au Nord, l'opinion publique ; à l'Ouest, les Principes républicains ; à l'Est, la déférence hiérarchique ; et au Sud, la Sagesse intangible d'une bourgeoisie mal lavée. »

En compagnie de Jérôme, Grébault se met à battre la campagne la nuit, grisé par l'air tiède. Des réminiscences de ses lectures lui reviennent. Pendant qu'il enfile des vêtements de laine rude,

---

3. « L'anglomanie ». *Le Journal de l'Automobile.* 1er février 1905.

sentant monter en lui et la vigueur de ses vingt-cinq ans et le dégoût de la servitude, il parle à voix basse au chien, qui suit des
yeux tous ses mouvements : « Vois-tu ! Nous avons trop attendu,
Jérôme, mais il est encore temps. Je ne me rappelais plus à quoi
ça ressemblait, la liberté, et voilà que je me souviens. Tu n'as pas
lu le *Livre de la Jungle,* Jérôme ? Nous aussi, nous allons avoir
notre course du printemps. »

Comme on s'en doute, Jean Grébault est repris peu à peu par
le retour à « la simplicité de la création primitive ». Il démission-
ne de son poste de secrétaire. Le Préfet l'annonce au cours d'une
réunion dans le jardin de la Préfecture. Quelques-uns cherchent à
retenir Grébault, mais celui-ci prend la parole et leur tient un
étrange discours d'adieu.

« Il leur dit qu'il s'en allait, chassé par la peur qu'il avait con-
çue de devenir quelque jour semblable à l'un d'eux. Il leur dit
qu'ils étaient difformes et ridicules, certains squelettiques, certains
obèses, tous pleins de leur propre importance et de la majesté des
principes médiocres qu'ils servaient ; que leur progéniture hérite-
rait de leurs tares physiques et de leur intellect rétréci, et qu'ils
s'en iraient à la mort sans avoir connu de la vie autre chose
qu'une forme hideusement défigurée par les préjugés séculaires et
de mesquines ambitions... »

Ne laissant pas le temps au Préfet d'exprimer son courroux,
Grébault enchaîne avec une pointe d'insolence : « Vous savez
qu'on peut aller au Canada pour cinquante francs ? »

À notre avis, plus que dans tout autre écrit, Hémon dévoile là
les véritables sentiments qui habitent son âme de jeune homme :
vie simple et libre, vie aventureuse. Le Canada ? Hémon y pense
pour de bon. Il est encore à sept ans des rives du Saint-Laurent,
mais ce pays est présent à son esprit. Ses vastes espaces l'attirent
déjà.

Le conte « Jérôme » a tellement plu à Daniel Halévy, directeur des *Cahiers Verts* de l'éditeur Grasset, qu'il l'a inclus dans la
préface de *Battling Malone,* roman pugilistique de Louis Hémon,
écrit à Londres. Voici comment il présente l'auteur :

« À vingt ans, ce rêveur, grand lettré, découvre le monde confus des athlètes, des boxeurs, et le premier journal où il porte sa
copie, c'est *Le Vélo.* À l'âge des cénacles et des petites revues, il
fait là son noviciat. Avait-il une ambition littéraire ? Une préoccu-

pation littéraire profonde, c'est certain ; mais une ambition, il n'y en a aucun signe ; il lui suffisait d'observer, d'explorer, d'écrire son impatience de gloire et de participer aux prouesses, aux vertiges de la route et du stade. Nous aurons à faire connaître ces pages qu'il écrivit alors : un enfant merveilleusement doué y commence, sans effort, sans recherche consciente, ce que nous appelons aujourd'hui, d'une expression un peu pénible, la *littérature sportive*. »

Pour M. Halévy, dans « Jérôme » Hémon traduit « tout entière son exaltation physique et son âme vagabonde ». Puis il ajoute :

« C'est une improvisation de jeunesse singulière, et même saisissante : elle éclaire, elle annonce toute une existence depuis les fugues juvéniles jusqu'à celle qui terminera tout. » [4]

N.B. — À partir de là nous n'avons que la rédaction de premier jet, que l'auteur n'a pas eu le loisir de retoucher. Il faut tenir compte de cela et pardonner certains défauts d'un texte que nous nous faisons un devoir de respecter. — V.T.

Dans son conte « *Jérôme* », reproduit dans la préface de *Battling Malone*, mais qui est d'abord publié dans *Le Vélo* du 26 octobre 1904, Hémon décrit le dégoût de la vie de fonctionnaire qui s'empare brusquement de Jean Grébault. À ceux qui le dissuadent d'abandonner son emploi, celui-ci réplique pour couper court à la discussion : « Vous savez qu'on peut aller au Canada pour cinquante francs ? »

Tiens, tiens ! Le nom du Canada qui arrive comme ça, tout d'un coup. Dans ce conte, il semble qu'Hémon se peigne lui-même sous le nom de Grébault et fasse entendre que, malgré les conseils de ses patrons et de ses camarades, il abandonnera un jour le travail de bureau pour s'en aller au loin et vivre, vivre dans toute la force du mot, en pleine nature, en pleine liberté. Il se fait précisément à ce moment-là, à Londres et dans toute l'Angleterre, une campagne d'émigration au Canada qui ne fera que s'amplifier jusqu'à la guerre. Hémon est touché comme un simple Britannique. Le Canada, il y pense dès octobre 1904. Il se décidera à y passer sept ans plus tard.

---

4. « La peur », *Le Vélo*, 15 octobre 1904.

Personnages de ses nouvelles

Dans ses chroniques de la fin 1904 et du commencement 1905, le collaborateur du *Journal de l'Automobile* plaide pour M. Plume et pour Gringalet. M. Plume parle sagesse aux jeunes gens : « Tout le mal vient de ce que vous venez au sport avec une ardeur trop exigeante. Vous vous en apercevrez plus tard et vous comprendrez que vous avez gâché les meilleures heures de votre vie. La plupart d'entre vous n'ont rien de ce qu'ils désirent : leurs journées occupées par un travail qui peut-être leur déplaît ; ils ont peu d'argent, peu de liberté, leurs vies sont gâchées par la médiocrité et l'envie, et les souvenirs de leur jeunesse ne représenteront à leurs quarante ans qu'une chaîne d'illusions déçues et d'ambitions frustrées. Eh bien ! ils pourraient se faire une autre vie à côté de celle-là, une vie qu'ils façonneraient eux-mêmes et dont l'image leur resterait plus tard comme une consolation et un soutien. Si vous étiez sages, jeunes gens, vous vous efforceriez d'appliquer entre vous toutes les vertus qu'il est trop dur d'appliquer ailleurs, non pas par amour du bien ou pour mériter d'illusoires récompenses ; mais parce que l'existence que vous aurez ainsi façonnée vous consolera de l'autre existence et parce que c'est le meilleur moyen d'être heureux. » [5] En somme, Hémon, par la bouche de M. Plume, ne prêche pas tant le sport et les épreuves dures et épuisantes que la simple culture physique. Le sport reste pour lui un moyen, non un but. Il veut que son jeune homme puisse s'exclamer de temps en temps : « Qu'il est bon d'exister !» [6] Il veut que le jeune homme apporte à la sculpture lente de ses formes le soin d'un ouvrier travaillant à son chef-d'œuvre [7]. Ailleurs, il dira encore [8] : « L'état physique d'un jeune athlète sain, intelligemment entraîné, sans surmenage et en parfaite condition, est une sensation unique au monde et splendide que toutes les voluptés momentanées s'effacent devant elle. »

Il crut bon cependant de changer d'atmosphère. Le 29 juin 1905 il écrit à sa mère : « Ma nouvelle adresse est : 12 Riding House Street, Regent Street, London W. Dans la maison que je viens de quitter (après 20 mois) j'étais abreuvé de musiques et de chants affolants... La maison où j'ai transporté mes pénates est située derrière Queen's Hall... »

---

5. « L'Éducation de M. Plume », *Le Journal de l'Automobile*, 27 nov. 1904.
6. « Pour Gringalet », *ibid.* 22 mars 1905.
7. « L'Éducation de M. Plume », *ibid.* 22 janvier 1905.
8. *Battling Malone*, p. 94.

Des prix mérités

Pendant la dernière moitié de l'année 1905, Hémon n'envoie aucune chronique à *l'Auto*. Apparemment, il a mis la main à des contes ou nouvelles de plus longue haleine. Mais au début de 1906, son nom reparaît avec éclat dans le même journal. La Direction annonce, le 30 janvier, qu'une nouvelle intitulée *La Conquête* a gagné le premier prix (500 francs) du concours littéraire organisé par *l'Auto*. Le 3 février, nouvelle note sur le gagnant : « Nous avons déjà indiqué les noms de deux des lauréats de notre concours. Nous pouvons aujourd'hui publier celui de l'auteur de la copie classée première. C'est M. Louis Hémon, résidant à Londres. Adressons-lui nos plus chaleureuses félicitations. M. Hémon est un très fin lettré, comme du reste nos lecteurs pourront en juger par la publication prochaine de son envoi, *Conquête*. »

Cette nouvelle a paru, en effet, le 12 février suivant. C'est l'histoire d'un jeune prince parvenu à la beauté par la pratique du sport. Il a graduellement conquis « l'équilibre parfait et cet état de force harmonieuse qui rend semblable aux dieux ». Toujours, dans les contes d'Hémon, se manifeste le souci de la beauté sculpturale par la simple culture physique ou par le sport proprement dit.

Cependant cette nouvelle primée aurait subi d'assez profondes transformations avant de paraître dans *l'Auto*. Hémon s'en ouvre à sa famille dans une lettre du 14 février 1906 et en profite pour badiner : « La direction du canard jaune [9] qui m'a récemment donné 500 francs à titre gracieux m'avait demandé la permission d'écourter et d'éclaircir ma production avant de la reproduire dans ses colonnes. On a dû confier ce travail à un journaliste sentimental et ivre [10]. Je me suis senti tout attendri moi-même en lisant la petite histoire qu'il a substituée à la mienne. Mais je n'ai pas d'amour-propre littéraire, et la bonne galette m'a amplement consolé » [11].

L'année 1906 a été assez heureuse, au double point de vue littéraire et financier pour Louis Hémon. Si « La Conquête » lui rapporte 500 francs au début de l'année « La Foire aux Vérités » lui rapportera une somme égale à l'automne. Mille francs de sur-

---

9.   Quelle irrévérence !
10.   Irrévérence plus grave encore !
11.   Un jour ou l'autre tout journaliste doit perdre son amour-propre littéraire.

plus en une année, c'est, en 1906, l'équivalent de $200. soit cinq mois de salaire net.

Cette fois, ce n'est pas dans un concours de *l'Auto* mais dans celui du *Journal* que Louis Hémon gagne ce second prix de 500 francs. Il avait signé du pseudonyme *Wilful Missing*. « La Foire aux Vérités » met en scène une famille juive à qui une jeune évangéliste essaie de faire connaître la vérité. Le vieillard juif, cordonnier de son métier, avait cru trouver la vérité à Varsovie, mais il a dû fuir la persécution et se réfugier dans une sombre rue de Londres. Il a sept enfants. Il souhaite que ses enfants découvrent la vérité ; lui, ses illusions s'accumulent les unes sur les autres. Le portrait de ce juif cordonnier est très vivant.

Fidèle au sport

Riche de ses 1,000 francs et de son petit salaire régulier, Louis Hémon s'adonne aux sports comme jamais. Grâce à M. Schmit, camarade de lycée et de régiment, qui passe plusieurs mois en Angleterre à cette date à la même pension que son compatriote, nous savons que Hémon fréquente le *Polytechnic Boxing Club*, qu'il va au *London Rowing Club*, qu'il emploie des heures au *Polytechnic Harriers*, passant de la boxe au canotage, de la simple culture physique au *cross country*. Selon M. Schmit encore, avec qui M. McAndrew a pu causer, Louis Hémon a fait en Angleterre plus de crosse que de boxe. Mais il avait néanmoins une connaissance approfondie de la boxe, puisée dans sa propre expérience de boxeur et dans son assiduité aux combats de boxe. Schmit et Hémon sont sortis ensemble le samedi soir ; ils ont assisté à des séances de boxe au *Wonderland*, salle située dans Whitechapel. M. Schmit a vu boxer Hémon quelquefois au *Polytechnic Club*.

Le fils de l'universitaire français raconte lui-même qu'il n'a couru que deux ou trois crosses en France. Il en a gardé des souvenirs plutôt cuisants : « L'on émerge parfois d'une première tentative les pieds « chamarrés de pustules », ce qui n'est poétique que dans les pièces de M. Rostand. » [12] Quant au *cross* anglais, voici ce qu'il en dit : « Le club qui a l'honneur de me compter parmi ses membres comprend des marcheurs et des coureurs. Quand on me demande à quelle catégorie j'appartiens, j'hésite un

---

12. « Le Cross anglais », *L'Auto,* 30 avril 1910.

peu. Car si je me vois généralement obligé, lorsque j'accompagne les marcheurs, de courir pour les suivre, par contre, quand je sors avec un peloton de coureurs, je finis toujours par me rendre compte... que la course est en somme une allure anormale, dépourvue de dignité... » [13] Autre preuve que Hémon ne pratique pas le sport en vue des victoires et des récompenses, mais en vue de son bien-être physique et moral et en vue de sculpter et d'endurcir son corps plutôt délicat.

Hémon est fervent de la marche et de l'eau. Profitant de quelques beaux jours, au printemps de 1906, il fait une randonnée typique qu'il raconte dans une lettre à sa mère en date du 18 avril.

Le temps était si extraordinairement beau samedi que je me suis dit moi aussi que je me paierais des vacances et même des vacances au bord de la mer. Les compagnies de chemins de fer ayant refusé d'organiser un train spécial, pour ne pas me mêler au vulgaire j'ai pris le train 17, en d'autres termes je me suis rendu de Londres à la côte avec l'aide de ces instruments démodés, mes pieds. Comme je n'ai pu quitter Londres qu'assez tard samedi, après deux heures de marche j'ai été coucher dans une infime auberge qui s'est trouvée être très confortable ; mais le lendemain je suis parti de bonne heure et j'ai fait mes soixante kilomètres avec le sourire, ce qui m'a mené à une quinzaine de kilomètres de la côte pour passer la nuit ; le lendemain j'ai fini le voyage sans me presser et j'ai passé toute la journée à plat dos et à plat ventre alternativement sur la grève, avant de regagner Londres par un train du soir. Temps radieux d'un bout à l'autre, pas trop chaud pourtant, et le soleil si éclatant que ma peau délicate a pris en deux jours une teinte saumon assez artistique. Ça m'a fait plaisir de revoir l'eau. (Du texte reproduit dans *Louis Hémon, lettres à sa famille*, par Nicole Deschamps, 1968, p. 98.)

Peu après il dut changer de résidence, car il écrit à sa mère le 31 juillet 1906 :

Tu m'invites à te donner les détails sur mon nouveau logement. Je ne sais trop quels détails te donner ; ma chambre est moins grande que celle que vous avez vue ; mais il y a un fauteuil et un canapé recouverts en un velours vert orné de fleurs rouges qui est une joie pour les yeux. Il y a même un lit et un petit balcon qui a l'air si peu solide que je n'y hasarderai même pas Poule. (Marie Hémon, *loc. cit.* p. 102.)

Au mois d'avril 1907, il ne peut traverser en France. Il s'éloignera néanmoins de Londres. Dans une lettre à sa famille, il dit :

Ne pouvant aller à Paris à cette époque, j'ai mis mes gros souliers et j'ai passé quatre jours à faire le chemineau. Je suis allé de Londres à Portsmouth et de Portsmouth à Brighton : j'ai fait 180 kilomètres en trois jours (soit 108

---

13. *Idem.*

milles) et suis revenu avec un teint de métis, car nous avons eu, comme vous aussi, je crois, un temps remarquable pour Pâques [14].

Le 2 octobre Hémon donne une nouvelle adresse : « L. Hémon, Compagnie Algérienne de Phosphate, 28/31, St Swithin'Lane — Londres E.C. » *En mars 1910 il date une lettre de* « 16 Henrietta St. W.C. », *et à partir d'avril 1911 elles seront de* « 3 Mormington Crescent ».

Il écrit des livres

Momentanément, Hémon ne collabore pas aux journaux de façon régulière. Aussi donne-t-il ses loisirs à la rédaction de nouvelles d'une certaine ampleur. L'été de 1907, il vient de terminer *Lizzie Blackston,* histoire d'une petite danseuse de pauvre et grognonne famille anglaise de l'East End. À ce propos M. G. Montorgueil a écrit dans *Le Temps* du 6 août 1925 : « En août 1907, Louis Hémon envoyait au *Temps,* ne se recommandant que de son œuvre, une longue nouvelle, *Lizzie Blackston.* Il était à Londres, il y demeurait 5, Paver Place. Le manuscrit fut lu. Nous retrouvons l'impression du lecteur qui en fit l'analyse et l'apprécia dans cette brève note : « D'une originalité un peu voulue, mais intéressant et correctement écrit ». L'écrivain de race était deviné. *Lizzie Blackston* était publié du 3 au 8 mars 1908 ». On retrouve cette nouvelle dans le recueil *La Belle que voilà.*

Le 25 février 1908, Hémon prévient indirectement sa famille de la publication prochaine de son feuilleton : « Lisez plutôt des journaux sérieux comme *Le Temps,* quotidien, politique, *littéraire* ? qui ne publie que les nouvelles sûres et des meilleurs auteurs. (Réclame gratuite). » Le 6 mars, il renvoie un mot : « *Je suis heureux* de voir que vous continuez à recevoir régulièrement et lire un journal aussi intéressant que *Le Temps.* Si cela te fait plaisir de voir le nom familial au bas de la page, je regrette de ne pouvoir prolonger ce plaisir ; mais les facéties les plus courtes sont les meilleures et le feuilleton de samedi (demain) mettra fin à l'historiette, dont le principal avantage sera de me payer ma garde-robe d'été. »

Encouragé par la publication de *Lizzie Blakston,* le nouvelliste français aborde une étude de plus grande étendue et va jus-

---

14.   Lettre du 9 avril 1907 à sa famille.

qu'au roman, son premier roman : *Colin-Maillard*. Il l'envoie au *Temps*. Le lecteur l'a apprécié en ces termes : « Travail excellent. Étude forte, pénétrante, digne d'être comparée avec la peinture remarquable de J.-H. Rosny (Nell Horn) représentant les basses classes anglaises. » Tout de même, *Colin-Maillard* n'a pas paru dans *Le Temps* et M. Montorgueil fournit l'explication suivante : « Pour des raisons d'opportunité, le manuscrit fut retourné. » [15] M. McAndrew ajoute : « Ce n'est pas, certes, la faute du lecteur si *Le Temps* refusa *Colin-Maillard*. » [16] C'est l'histoire des désillusions successives d'un jeune Irlandais qui promène dans Londres une « âme de barbare ». La recherche d'un vague idéal devient comme un jeu de colin-maillard. D'après M. André Chaumeix [17], c'est une « lutte sourde, en lui-même, du barbare ne rêvant que bataille, violence et rapine, et de l'idéaliste qui cherche le secret de la vie ».

Mais il faut dire que Hémon n'aimait pas à jouer le rôle de flatteur et à s'agenouiller devant les directeurs de journaux. Il traitait naturellement d'égal à égal, pensant, dans sa candeur naïve, qu'une œuvre n'est acceptée qu'en raison de sa valeur. Il oubliait que rares sont les gens insensibles à la flatterie. Du « cher maître » et de l'« éminent confrère », on n'en trouve pas sous sa plume. Voici le ton qu'il emploie, en présentant *La Belle que Voilà* à un rédacteur en chef :

« Monsieur, je me permets de vous soumettre la nouvelle ci-jointe et vous serais sincèrement obligé de vouloir bien la lire et me faire savoir si vous entrevoyez la possibilité de la publier.

« Je crois tous détails autobiographiques inutiles. Qu'il me suffise de dire que je ne suis pas absolument un débutant en littérature ; mais que je n'ai jusqu'ici rien soumis à votre revue. Puis-je néanmoins compter sur une lecture ?

« Dans l'attente d'une réponse, je vous prie d'agréer mes sentiments cordiaux ».

Sur quoi Gaston Guillot fait remarquer : « Cordiaux, tout simplement. Non distingués ou respectueux... Est-ce pour cette

---

15. *Le Temps*, 6 août 1925.
16. *Op. Cit.*, p. 49.
17. *Le Gaulois*, 22 mars 1924.

raison que *La Belle que voilà* dormit dans un carton ? ... On n'ose
le penser. » [18]

Aventure conjugale

Il y a lieu de mentionner ici un fait important du séjour de
Louis Hémon à Londres : fait sur lequel, comme sur tant d'autres,
sa discrétion excessive — on pourrait presque dire maladive — a gar-
dé le silence : son union conjugale et la naissance de son enfant.

M. *Alfred Ayotte a simplement noté la chose et il a voulu atten-*
dre, avant de l'insérer dans son texte, les renseignements plus com-
plets qu'il espérait obtenir au cours du voyage qu'il s'apprêtait à fai-
re en Angleterre et en France. Sa note se lit comme suit :

« Hémon avait épousé à Londres Lydia O'Kelley, et sa fille
Lydia-Kathleen est née le 12 avril 1909, au numéro 32, avenue de
Mazenod, Hampstead, Londres ».

On *sait que Lydia O'Kelley était une jeune irlandaise. Made-*
moiselle Nicole Deschamps, dans son ouvrage Louis Hémon, lettres
à sa famille, *cite une lettre que Hémon adressait de Mornington*
Crescent, Londres, le 25 août 1909 à Lydia O'Kelley et dont voici
la traduction (Loc. cit. *page 139*) :

Chère Lydia,

Tu trouveras ci-inclus un mandat au montant de 10 livres (sterling). Je
prends pour acquis que tu as reçu les 5 livres (sterling) mercredi.

Le bébé est enregistré sous mon nom à l'église, tel que décidé.

Ecris-moi si tu as quelque chose à dire.

Mes meilleures salutations.

Le *certificat de naissance de l'enfant dont il est question dans*
cette lettre porte les indications suivantes (traduites) :

No 196 — *Date et lieu de naissance :* 12 avril 1909, 32 avenue Mazenod.

Nom : Lydia Kathleen. — *Sexe :* fille — *Nom du père :* Louis Hémon — *Nom de la mère :* Lydia Hémon précédemment O'Kelley.
— *Profession du père :* Commis de commerce. — *Résidence du*
père : L. Hémon, père, 32 avenue Mazenod, Kilburn. — *Date d'en-*

---

18.   Gaston Guillot. Articles de Paris et d'ailleurs : « Le Chef-d'œuvre dé-
daigné », Paris 1926, pp. 120-121.

registrement : 12 avril 1909. — *Signature du registraire :* Fred. V.
Bridger, registraire. — *Identification du certificat :* Sous-district de
Hampstead, comté de London, 10 décembre 1938, numéro S.R.
87419/38.

*Un certificat portant le même numéro et la date du 21 décembre
1938 atteste qu'après recherches dans les index des mariages pendant la période de 1905 à 1909 on n'a trouvé aucune mention du
mariage de Louis Hémon avec Lydia O'Kelley.*

*Le 22 avril 1964 un ami de la famille Hémon, M. L. Ogès, de
Quimper, écrivait à M. Alfred Ayotte :* « Ketty (Lydia-Kathleen) a
dîné il y a peu de jours chez ma fille. Voici quelques confidences
qu'elle lui fit : « Un jour Ketty découvrit la clé du secrétaire de
Quimper : elle se mit à compulser les documents qui s'y trouvaient et que sa tante ne lui avait jamais montrés. Elle y découvrit toute la correspondance entre sa tante Hémon et sa tante
Ketty (sœur de sa mère) d'Angleterre. Elle y découvrit aussi une
photographie de sa mère. Elle la montra à Madame Pouch. C'est
alors que celle-ci lui apprit la mort récente (de Lydia O'Kelley).
Ce fut une surprise pour Ketty Hémon, qui se croyait orpheline
depuis ses premières années.

« On a réussi à fixer approximativement la date du décès, qui
se situerait dans le premier trimestre de 1949... Ketty a dit que sa
mère, née O'Kelley, était d'origine irlandaise.

« Lydia O'Kelley dit à sa sœur (Madame Ketty O'Kelley)
qu'elle était mariée à Louis Hémon ; dans la rue qu'ils habitaient
tout le monde les considérait comme mariés. En Angleterre on
peut se marier devant un pasteur ou un prêtre, si bien qu'il n'est
pas facile de retrouver trace des actes comme chez nous. La tante
Ketty est morte lorsque Ketty Hémon avait 16 ou 17 ans... »

« Ketty (Hémon) m'a aussi raconté sa vie sentimentale. À
deux reprises sa tante (Marie Hémon) a réussi à l'empêcher de se
marier, ce qui aurait changé son existence ».

*Cette aventure amena plus tard, alors que Louis Hémon était
au Canada, une explication de sa part. Une lettre qui lui était
adressée à Paris par une dame Philipps, sœur de Lydia O'Kelley, et
qui avait été dirigée à la famille, ayant été ouverte et lue par son
père, on apprit et on accueillit avec indignation le fait, dont on ne
savait absolument rien jusque-là. Félix Hémon lui expédia la lettre
et réclama « les plus complètes explications ». Louis réagit énergi-
quement, on peut dire durement. Voici un extrait de sa réponse telle*

que publiée dans l'ouvrage de mademoiselle Nicole Deschamps (pp. 197-199) :

« Montréal, 19 mai 1913... Il y a une petite fille — de quatre ans — dont je suis assurément le père. Il n'y a eu en l'espèce ni mariage ni séduction (loin de là). Si la mère mérite de l'estime ? Et l'estime de qui ? J'imagine que vous et moi ne voyons pas ces choses-là de la même manière. La question ne se pose même pas ; autrement j'aurais répondu oui. La question ne se pose pas parce qu'elle mérite à coup sûr la pitié, car elle est à présent à l'asile d'aliénés de Hanwell et atteinte de folie probablement incurable. C'est sa sœur, la tante de l'enfant, qui en a pris soin. C'est d'elle que venait la lettre que vous avez ouverte. Il se trouve précisément que sa lettre s'est croisée avec une de moi, dans laquelle je lui envoyais de l'argent ; car il va sans dire qu'elle a été payée pour sa peine ; pas très régulièrement il est vrai, pour des raisons qui se comprennent toutes seules.

« Vous n'avez jamais eu à intervenir là-dedans parce que je considère que cela ne vous regarde en rien. J'ai mon code. Tout comme vous. Je fais ce que je pense devoir faire ; et quand il s'agit d'une chose qui regarde moi d'abord, j'entends non seulement faire ce que je veux, mais encore que vous fassiez ce que je veux ; c'est-à-dire rien. C'est facile, commencez (tout) de suite.

« Il y a une phrase malheureuse dans ta lettre. Magnanime, tu veux bien me dire que tu parles ou plutôt que tu écris sans indignation et sans colère. Tu es bien bon. Bien bon de refouler ton indignation en une affaire dont tu ne sais rien. Bien bon de contenir ta colère à la pensée de ces débordements effrénés que sont évidemment la venue lamentable d'un enfant dont personne n'a voulu, l'accouchement, les mois de nourrice, sous une menace de folie. Oui ! je me suis bien amusé ! Et quand tu écris : « Voilà à quoi aboutissait notre longue complaisance ! » je ne peux y comprendre qu'une chose, c'est que tu faisais allusion à l'argent que j'ai été en effet un imbécile et un lâche de prendre si longtemps. Si tu te désoles de penser que ces subsides m'ont aidé à payer les dépenses de l'enfant, je n'ai rien à dire. Je te laisse ce regret pour ce qu'il vaut. Car dans tout cela il faut mettre toute hypocrisie de côté ; même la morale bourgeoise ne blâme dans ces choses-là que la venue de l'enfant et non le père pour n'avoir pas vécu dans une invraisemblable chasteté.

« Une fois de plus je ne vous demande rien et vous n'avez rien à faire. Je ferai ce que je pourrai faire et ce que je penserai avoir à faire, à ma manière, sans contrôle et sans conseil. Et je ne vous conseillerai pas de tenter quoi que ce soit en dehors de moi et malgré moi. N'y revenez plus. »

Cette lettre valait d'être citée assez longuement. Elle est très révélatrice, non seulement par les précisions qu'elle apporte sur l'aventure en question, mais aussi par ce qu'elle révèle du caractère de son auteur et par les allusions qu'elle contient sur un sujet entrevu dans ce qu'il dit ailleurs de sa condition en Angleterre.

On saisit là sur le vif l'homme au franc parler, objectif totalement, attaché au vrai et l'affirmant brutalement, sans ménagements pour lui-même et pour les siens.

Et le problème de l'argent, dont il a toujours un besoin qui heurte sa tendance personnelle à l'acquérir, ne s'occupant de s'en procurer que lorsqu'il y est poussé par la nécessité, à peu près toutes ses lettres en font mention et la plupart jusqu'à l'automne de 1906 commencent par les mots « reçu lettre et mandat ». Le 14 octobre de cette année il écrit enfin à sa mère : « Tu peux inscrire cet envoi comme le dernier. » Cependant les envois d'argent par sa famille, surtout sa mère et parfois sa sœur, recommencent dès décembre 1907 et il ne manque pas d'en demander encore jusqu'à son départ pour le Canada.

On observe de plus que le ton de toutes les lettres qu'il écrit d'Angleterre est badin, souvent même folichon, ce qui n'est pas déplaisant pour ceux qui les lisent maintenant, mais paraît quand même avoir été moins prisé par les siens.

Quant à la petite Lydia-Kathleen, son père manifesta un véritable attachement pour elle. Il lui écrivit même deux petites lettres, alors qu'elle n'avait pas encore trois ans. Il nous plaît de citer cette correspondance touchante, dont mademoiselle Deschamps donne le texte original et la traduction (loc. cit., p. 168).

Montréal, 2 mars 1912. — J'ai été très content d'apprendre que tu allais mieux, Kathleen. Tu dois vite te dépêcher pour avoir de grosses grosses joues comme (celles de) la petite Indienne sur cette carte. — Ton papa. L.H.

L'autre carte est sans date. Il y écrit :

Je me rappelle que tu avais plusieurs poupées ; tu ne peux donc être jalouse de la petite fille (représentée) de l'autre côté (de la carte). J'espère que tu es aussi sage que tu le peux. Cela veut dire combien sage ?

Cependant, le père n'ayant pas pu subvenir à ses frais d'entretien (son dernier envoi, de $30, fut expédié de Montréal le 5 juin 1912) et étant disparu dès juillet 1913, l'enfant fut remise à la famille Hémon, qui la traita comme sienne, avec la charité et l'affection qu'inspiraient sa douloureuse condition et sa gentillesse d'enfant aimable.

À l'égard de la mère, Louis Hémon manifesta les plus délicats sentiments, comme le révèle la lettre qu'il écrivit du Canada à madame Philipps le 5 juin 1912 (citée par Nicole Deschamps, loc. cit., p. 175).

Il songe à partir

Au lendemain de son 29ème anniversaire (12 octobre 1909), le jeune Français écrit à sa mère : « J'ai bien reçu ta lettre et le mandat. Par extraordinaire je me suis cette année rappelé à temps que le 12 octobre était une date glorieuse de notre belle histoire, de sorte que ta lettre ne m'a pas surpris. Quant aux valeurs qu'elle contenait, tu es bien gentille, mais il ne faudrait tout de même pas mettre l'argenterie au Mont-de-Piété pour m'envoyer des sommes à tous les prétextes d'anniversaire, de fête... etc. Je te pardonne cette fois, et même je te remercie ; mais n'en abuse pas. »[19] Plus loin, dans la même lettre, Hémon commence à laisser comprendre qu'il a vu assez de fois le soleil se lever sur Londres et qu'il a suffisamment marché dans le brouillard : « Londres est moche et sale, et je commence à en avoir sérieusement soupé. La Polynésie me tente, pour l'hiver ; aussi la Bolivie. Ce sont d'ailleurs des tentations platoniques, pour plusieurs raisons. »[20] Quelques jours plus tard, il tiendra de nouveaux propos blagueurs sur Londres : « Ce qui me dégoûte à Londres, c'est qu'il ne se passe rien. Malgré mes penchants naturels, je ne peux arriver à mener la vie curieuse et accidentée qui me plairait. Avoir toujours au moins un domicile, manger régulièrement tous les jours, ou à peu près, changer de linge de temps en temps, cette vie étouffe mon génie ! Qui d'ailleurs a jamais entendu parler d'un génie authentique portant du linge propre ?[21]

En attendant il écrit

Quand on connaît le reste de la vie de Louis Hémon on devine bien que sous ces dehors moqueurs il y a un désir sincère, lancinant, de quitter la capitale britannique. Mais on ne s'embarque pas sans biscuit. Il faut un peu de vil métal. Hémon va chercher à en amasser dans la mesure de ses moyens. Puisqu'on ne veut pas publier son *Colin-Maillard,* il va reprendre le harnais : des chroniques sportives à *L'Auto,* un autre roman plus trempé si possible. Alors le 29 octobre, le 27 novembre et le 4 décembre 1909 paraissent des articles dans le journal parisien. Fin 1909 et année 1910, il travaille ardûment à *Battling Malone,* roman de boxe, où il décrit avec sagacité les foules anglaises et françaises, où il met en

---

19 et 20   Lettre du 16 octobre 1909.
21.   Lettre du 22 octobre 1909.

scène des boxeurs britanniques et un boxeur français, Serrurier, nom qui paraît cacher celui de Charpentier. Du charpentier au serrurier, il n'y a que la différence d'un métier. Pour se reposer de son récit pugilistique, il entreprend la rédaction d'un autre roman : *Monsieur Ripois et la Némésis,* où le sport n'entre pas pour deux sous cette fois. C'est dans ce roman, que Grasset a réédité, que Hémon glisse de nouveau un mot sur le Canada : « Avec cinq cents livres dans sa poche un homme comme vous, jeune, actif, intelligent, parlant au moins deux langues peut aller au Canada, en Australie, n'importe où, et fait fortune en dix ans !» [22]

Louis Hémon, né malin, ne professe pas un très grand respect à l'endroit des puissants de ce monde. Vers la mi-juin, il parle irrévérencieusement à sa famille des fêtes prochaines [23] : « Le couronnement approche. Londres s'est revêtu partout d'une multitude d'estrades d'où un public facilement enthousiasmé se prépare à acclamer George et sa dame. Leur petit jeune homme [24] vient de recevoir solennellement l'autre jour l'Ordre de la Jarretière (il n'y a pas si longtemps qu'il sait mettre ses chaussettes tout seul, de sorte que la jarretière lui fera plaisir...) »

Sur le même ton, Hémon avait écrit aux siens le 30 janvier 1908 : « L'ami Édouard a inauguré la réouverture du Parlement hier. Delcassé m'ennuie, Jaurès aussi. Il n'y a que les « suffragettes » qui mettent une note de gaîté dans un monde autrement terne ». Louis Hémon n'a pas dû assister souvent aux séances du parlement...

La hantise du départ

L'avant-veille du couronnement du roi, le petit Parisien fait pressentir à sa mère que l'année ne se terminera pas sans qu'il arrive quelque important événement dans sa vie :

> Je voudrais bien avoir de bonnes nouvelles à te donner, qui puissent te réjouir un peu au moment des tristes anniversaires [25], mais je n'ai pas de nouvelles du tout. Cela vaut toujours mieux que de mauvaises.

---

22. Page 247, cité par M. McAndrew, qui a eu de Bernard Grasset la permission de lire *Monsieur Ripois et la Némésis.*
23. Le couronnement de George V a eu lieu le 22 juin 1910.
24. Le duc de Windsor, plus tard Édouard VIII.
25. Le 20 avril, anniversaire de la mort de son frère, mort qui l'avait profondément peiné. (Commentaire de sa sœur Marie).

Mais il y aura de bonnes nouvelles un jour ou l'autre ; pas d'ici longtemps peut-être ; mais un jour ou l'autre, des nouvelles qui te feront plaisir.
Elles viendront par séries, comme les mauvaises, et il faut les attendre patiemment sans jamais perdre l'espoir. Si je n'étais pas patient aussi, ma petite
maman, j'aurais quelquefois de mauvais moments ; mais je le suis.

Quand le monde est couleur de nuages et de boue, j'allume ma fidèle
pipe et je me raconte à moi-même des histoires, l'histoire détaillée de toutes
les choses heureuses qui ne peuvent manquer d'arriver un jour ou l'autre ; et
comme cela ne me coûte rien, je te prie de croire que je corse la dose et que
je m'accorde à moi-même — et à vous aussi — assez de félicités pour effacer
tous les mauvais jours.

Et si elles ne venaient pas, ce serait déjà quelque chose de les avoir at-
tendues avec courage jusqu'à la fin. Mais elles viendront[26].

Hémon ne fait-il pas là allusion à sa carrière littéraire et à la
vie qu'il anticipe au Canada ? En effet, sa carrière littéraire est
encore assez terne. À part ses chroniques aux journaux sportifs, à
part les lauriers modestes et plutôt puérils de trois concours, à
part *Lizzie Blackeston* qui a eu les honneurs du feuilleton du
Temps mais qui est passée plutôt inaperçue comme passera tout
d'abord *Maria Chapdelaine,* rien d'autre n'a paru. Ses autres nouvelles ou contes, ses romans *Colin-Maillard* et *Battling Malone*
restent sur le carreau. Ces refus des journaux ou des éditeurs sont
toujours quelque peu cuisants pour leurs auteurs. Même si on
n'est pas de « tempérament nerveux », cela pique et blesse.

Dans sa famille, Hémon a l'impression qu'on le tient, en outre, pour un raté. Il a trente ans sonnés, et qu'est-il ? En dépit de
ses études et de sa culture, un simple employé de commerce doublé d'un chroniqueur agréable et d'un romancier sans succès.

Hémon comprend qu'il est temps de donner un vigoureux
coup de barre. Lui ne s'estime pas un raté. Il ne perd pas de vue
l'essentiel. Il a confiance d'être dans sa vocation : travailler tout
juste pour vivre et poursuivre son idéal littéraire. Mais il se rend
compte que Londres ne lui donnera pas ce qu'il cherche, qu'il y a
lieu pour lui de varier et de rafraîchir genre et inspiration.

Au patient Hémon, au petit Français qui traverse de mauvais
moments, voici pour le moins la félicité de l'été. Agréable partout,
l'été l'est notamment en Angleterre. Il reprend goût à vivre en
songeant à son départ de plus en plus proche. Il accepte fréquemment les invitations de son ami Marsillac et passe presque tous
ses dimanches à Richmond, endroit des plus attrayants des environs de Londres, magnifiquement situé sur la Tamise, dans la

---

26.   20 avril 1911.

campagne verdoyante du Surrey. Grâce à une chronique parue à l'automne dans *L'Auto,* on apprend que ces deux jeunes gens ont passé des nuits sur la route et sur l'eau. « Combien, écrit-il, ... ont passé une nuit complète sur la route ou sur l'eau, sans but à atteindre, rien que pour jouir de la nuit ? Sur la route : pour le plaisir de marcher sans hâte, dans le silence, entre les champs endormis ; sur l'eau : pour éprouver une fois, au moins, ce que c'est que de dormir entre la rivière et le ciel, loin du fracas des cités. » Notre voyageur fait le tableau des beautés nocturnes, puis il parle d'une joie « qui n'a rien à voir avec le sentiment et la poésie mais s'adresse au contraire à l'être primitif qui est en nous et qui se réveille, délicieusement étonné de se retrouver face à face avec la terre nue ». « Sur l'eau... Passer toute une nuit sur l'eau, dans un bateau, poursuit Hémon ; que voilà encore un amusement dangereux et déraisonnable ! Il y a pourtant nombre d'hommes qui font cela par plaisir et même quelques femmes, entre Richmond et Kingston, tout près de Londres, pendant l'été. » Le soir, les deux Français voient partir avec soulagement les « dimanchards » et, dans leur bateau, reprennent possession de leur rivière, en amoureux jaloux. Ils vont dormir sur l'eau : « Un *punt* à fond plat, des coussins, des couvertures, une petite lampe à alcool pour le thé, au réveil, voilà tout ce qu'il faut pour goûter la volupté des nuits sur l'eau. Mais, en y songeant bien, il faut encore autre chose : il faut avoir gardé le cœur simple de ceux pour qui la voix de la nuit et le clapotis de la rivière chuchotent les paroles magiques qui font tout oublier et apportent la paix. » Le jour venu, le soleil installé dans le ciel propre du matin, les deux amis « songent avec un étonnement et une pitié sincère aux millions de gens qui sont encore enfouis sous leurs draps, enfermés dans leurs maisons. Puis l'on amène le bateau au milieu du courant..., un saut dans l'eau profonde, et cette eau qui nous a portés toute la nuit, nous reçoit en bienvenue et nous chuchote à l'oreille : « Hein ! leurs chambres !... leurs lits !... leurs salles de bain !... les pauvres gens !» Au déjeuner, nul doute que nos copains ajoutent à leur menu ces fameux « *Maids of Honour* », sorte de pâtisserie au fromage, la grande spécialité de Richmond. »

Que le travail de bureau doit paraître harassant après de telles heures passées en communion avec la pittoresque nature ! Aussi chaque jour avive en Hémon son désir de filer de Londres à l'anglaise et de partir pour un lointain voyage.

À cette date-là deux pays britanniques rivalisent de publicité pour attirer vers eux les colons des Iles : le Canada et l'Austra-

lie [27] . On se rappelle que Hémon écrit dans *Monsieur Ripois* :
« Avec cinq cents livres dans sa poche un homme comme vous,
jeune, actif, intelligent, parlant au moins deux langues, peut aller
au Canada, en Australie, [28] n'importe où, et fait fortune en dix
ans !»... Son parti est pris, il s'embarquera pour le Canada. Mais
il faut partir sans retard, car les bateaux qui vont directement
vers les deux grandes villes de Québec et de Montréal vont bientôt cesser de remonter le fleuve aussi loin. Il écrit timidement à
son père au début d'octobre pour le prévenir qu'un événement
d'assez bonne taille va prochainement se produire : son tout prochain départ pour le Canada. Il y met toutes sortes de précautions
pour rassurer tout son monde, pour qui ce pays est l'inconnu ; il
précise même un peu ce qu'il y va faire : « Je suis non seulement
prêt à, mais presque désireux de voir de près des métiers généralement considérés comme humbles. Ainsi, et pour éviter que vous
ne preniez cela pour une déchéance tragique, quand le moment
sera venu, je puis vous dire tout de suite que j'ai l'intention de
faire la « moisson » l'été prochain... »

M. L. Ogès écrivait à M. Alfred Ayotte le 22 avril 1964 : « J'ai
su pourquoi Louis Hémon est parti pour le Canada. Sa petite fille
avait environ trois ans lorsque sa mère tomba malade et eut des
troubles mentaux. On pensa qu'il s'agissait de troubles passagers,
mais les crises se rapprochèrent et s'accentuèrent au point qu'il
fallut interner la pauvre femme. Désespéré, Louis Hémon, partit,
laissant sa fille aux mains de sa belle-sœur. »

Le départ

Le samedi 7 octobre, Louis Hémon accomplit la grande démarche : il se rend au bureau de la ligne Allan, dans Cockspur
Street, et demande un billet de traversée au Canada. Il a le choix
entre la traversée de sept jours, départ de Liverpool, et la traversée de treize jours, départ de Londres, crochet par le Havre. Mais,
« octobre s'avance déjà, et il est bon de se ménager quelques se-

---

27.   « ... Le succès d'une campagne d'émigration est surtout affaire de publicité, peu importent les dispositions premières du public auquel on s'adresse. A
l'appui de cette affirmation, je pourrais aussi invoquer le cas de l'Australie. » Cf.
« L'Émigration belge et française au Canada », rapport préparé par Olivar Asselin,
en décembre 1912.
28.   Soulignés de l'auteur.

maines pour arriver, une fois là-bas, avant que ne descende l'hiver »[29]. Hémon choisit donc la traversée rapide.

Les jours suivants, il règle de petites affaires, se munit de vêtements chauds, emballe ses bagages, qu'il réduit à leur plus simple expression, expédie sa vieille malle avec ses manuscrits à sa
famille[30]. C'est avec une sorte d'allégresse farouche que le jour
de son trente-deuxième anniversaire de naissance — 12 octobre —,
au moment où le *Virginian* quitte Liverpool, il envoie promener
Londres et les vieux pays fatigués de leurs siècles de civilisation.
Comme Grébault[31], il va avoir sa « course du printemps », du
printemps de sa vie. Il peut dire : enfin seul, enfin libre pour de
bon. Un océan immense va le séparer de ses trente premières années de vie. Lui qui n'aime pas les villes, il va enfin les quitter
pour n'en retrouver d'autres que passagèrement. En Amérique il
s'en va faire sa vie « en long et en large ». La moisson des provinces de l'Ouest canadien l'attire ; déjà il ébauche dans sa tête la romance du blé. Mais son roman ne se déroulera pas dans les prairies avoisinant les Rocheuses ; la province de Québec, la région
du Lac-Saint-Jean le retiendront.

L'homme en 1911

Cet émigrant français de quoi a-t-il l'air ? que fait-il ?

Les photos de Louis Hémon après l'âge de vingt ans sont plus
que rares. La plus répandue, la seule vraiment connue, devons-
nous dire, le représente à l'âge d'environ 24 ans. On a vu plus
haut l'histoire de cette photo, telle racontée par Mlle Marie Hémon[32].

Au Canada Louis Hémon a ajouté à son visage une petite
moustache et il a séparé ses cheveux du côté gauche. C'est ainsi
qu'on le voit sur une esquisse du dessinateur Beaudry, de Québec,
reproduite dans *L'Almanach du Peuple* (Beauchemin) de 1920,
page 367, et sur la photo de groupe prise à Péribonka en 1912.

---

29   Les mots entre guillemets sont tirés de *Au pays de Québec* de Louis
Hémon.

30.   Avec ordre de ne rien toucher.

31.   Cf. « Jérôme », dans *Battling Malone*, p. XII.

32.   Entretien avec l'auteur, 1938.

Il a toujours fait le silence sur sa personne, ses mouvements et ses occupations. Au Canada il a beau jeu pour se faire insaisissable et vivre ignoré. Il n'y connaît personne. Dans ses lettres, il ne donne pas le nom du missionnaire qui l'oriente vers le Lac Saint-Jean, il n'indique pas le nom de la compagnie d'assurance pour laquelle il travaille à Montréal pendant son premier séjour, il ne donne jamais le nom des connaissances faites, il précise rarement les dates, il est discret sur les Bédard et les habitants de Péribonka, il ne nomme pas le chef de l'équipe des arpenteurs et ingénieurs pour qui il travaille ni ses compagnons au nord de Péribonka, il n'indique pas chez qui il loge à Saint-Gédéon, il ne fournit pas le nom de la compagnie « dans les bureaux de laquelle il va briller jusqu'au printemps » à Kénogami, il ne mentionne pas le nom de l'hôtel où il se retire pendant les six semaines qu'il passe là-bas, il ne désigne pas non plus la maison Lewis Bros. par son nom ni autrement, s'il indique un peu ce qu'il mange, du moins le matin, il ne dit jamais où il va manger. Tous ces détails lui paraissent insignifiants. Il n'aime pas les longues lettres. Il leur préfère de brèves missives qui rassurent tout simplement sa famille sur son existence vagabonde. Dans ses conversations, Hémon n'est pas moins énigmatique que dans ses lettres. de sorte que Daniel Halévy a raison d'écrire qu'il est « le plus insaisissable des êtres ».

CHAPITRE QUATRIÈME

AU CANADA : PREMIERS CONTACTS

En route

Pour ce qui est de sa traversée et de son bref séjour à Québec, en octobre 1911, Louis Hémon s'est chargé de nous éclairer. Il l'a fait dans *Au pays de Québec,* sorte de journal de voyage rédigé par lui et adressé à l'éditeur Grasset en février 1912. Nous y puisons quelques-unes de ses annotations et de ses observations.

Le 12 octobre, il s'embarque à Liverpool à bord du vapeur *Virginian* à destination de Québec. À bord, il remarque des Canadiens qui rentrent au pays, des jeunes Anglais en mission commerciale, des « troupeaux d'immigrants anglais, hongrois, scandinaves ». Il se classe dans une minorité : « Nous ne sommes guère que trois ou quatre sur ce bateau-ci qui soyons partis à l'aventure ».

« ... Sept jours de mer. Bonne mer, pas assez houleuse pour être gênante, assez pour n'être point insipide. »

Entre ceux qui vont à l'aventure « un lien subtil semble s'établir. Ils se jaugent l'un l'autre à la dérobée : Celui-là a-t-il plus de chances que moi de réussir ? Combien d'argent peut-il avoir en poche ? c'est-à-dire : combien de temps pourra-t-il attendre sans avoir faim ? ... » Ce petit groupe se rend compte aussi qu'il trouvera au Canada « une lutte plus âpre, un climat beaucoup plus

dur et surtout cette atmosphère de cruauté simple d'un pays qui
est en marche et n'a guère le temps de s'arrêter pour plaindre et
secourir ceux qui tombent en route, n'ayant pas réussi ». Lui, il
essaie d'évaluer à peu près tous les « x » du problème : le froid de
l'hiver qui vient, le vrai grand froid qu'il ne connaît pas encore,
les conditions de vie et de travail dans ce pays nouveau, les chances qu'il a de trouver tout de suite ou presque tout de suite un
emploi qui le fasse vivre.

Négligemment, il interroge : « Aviez-vous quelque chose en
vue, vous, quand vous avez traversé pour la première fois ? »
«L'un répond « oui ». Un autre dit « Non... mais c'était au printemps ; en ce moment c'est la mauvaise saison, voyez-vous !.. » —
« La mauvaise saison, il n'est pas d'expression plus décourageante. »

Rien de mieux à faire que de s'envelopper douillettement de
sa couverture de voyage pour jouir pleinement de ce qu'il a d'assuré : « une demi-semaine encore de confort, avec quatre copieux
repas par jour qui paraissent importants et précieux à l'approche
de toute cette incertitude ».

... Il ne s'inquiète pas, parce que ce qui lui arrivera « sera forcément quelque chose de neuf et par conséquent de bienvenu ».

Parmi les passagers il a rencontré un prêtre Eudiste, l'abbé
Leventoux. Le 16 octobre, pendant qu'un brouillard épais des-
cend sur la mer et qu'il commence à faire froid, sous le vent du
Labrador, il va aborder le missionnaire. *Brève conversation que M.
Ayotte rapporte ainsi.*

« — Monsieur l'abbé, on me dit que vous connaissez bien le
Canada. Voudriez-vous me parler de l'Ouest canadien ?

— Cher monsieur, l'Ouest canadien ? Je regrette, mais je ne le
connais pas... Je n'y suis jamais allé. Jamais je n'ai dépassé Montréal. L'Ouest canadien vous intéresse ?

— Il m'intéresse et il m'attire. Je suis en route vers l'Ouest canadien, voilà pourquoi je suis en quête de renseignements sur cet
immense pays neuf.

— Si c'est du pays neuf que vous cherchez, il y en a plus près.
Je vous parlerais bien de la Côte Nord dont nous approchons et
où je suis missionnaire, mais cette région est encore sauvage, ré-
barbative. Il y a la région de l'intérieur du Saguenay, spécialement celle qui entoure le lac Saint-Jean, elle est en bonne voie de

Payé pour 1898			Payé pour 1899		
Nov. Déc. Janv	Fév. Mars Avril	Mai Juin Juil.	Nov. Déc. Janv	Fév. Mars Avril	Mai Juin Juill

M ___ Hémon ___

Etudiant en Droit   No d'ord. 146.

Le Trésorier général,   Le Président du Comité,

Le Titulaire,

Diplôme d'association

•

Notes d'examen à la faculté de Droit

FACULTÉ DE DROIT DE L'UNIVERSITÉ DE PARIS

Hémon, Louis, Prosper, Félix

né à ___ dép. ___ le 12 Oct. 1880

Bachelier ès lettres le ___ Acad. de Paris

DEMEURE DES PARENTS   Signature de l'étudiant

36 rue Vauquelin (Paris)

EXAMENS   DROIT MARITIME

ÉCOLE SPÉCIALE DES LANGUES ORIENTALES VIVANTES.

Diplôme d'Élève breveté (Langue annamite)

Le Ministre de l'Instruction publique et des Beaux-Arts,

Vu le procès-verbal de l'examen de fin d'études prescrit par l'article 8 du décret du 8 novembre 1869;

Vu la proposition de l'Assemblée des Professeurs de l'École spéciale des Langues orientales vivantes;

Vu l'approbation du Conseil de perfectionnement de ladite École,

Donne, par le présent, au Sieur *Allemon, Louis Prosper-Félix,*
né le 12 Octobre 1880, à Brest, département du Finistère, le Diplôme d'Élève breveté pour la langue
annamite _____ pour en jouir avec les droits et prérogatives qui y sont attachés par les lois et règlements.

Paris, le 16 Décembre 1901.

L'Administrateur de l'École des Langues orientales vivantes,

Barbier de Meynard

Signature de l'Impétrant :

Le Ministre de l'Instruction publique
et des Beaux-Arts,

Signé : *G. Leygues*

Pour expédition conforme :

Le Directeur de l'Enseignement supérieur,
Conseiller d'État

Lydia O'Kelley, femme de Louis Hémon

Sur la Tamise

Louis Hémon à 24 ans

J. Villard *Quimp*

développement. Vous y trouverez une grande ville comme Chicoutimi, une ville coquette comme Roberval et nombre de villages. Là, seule la forêt existait il y a soixante-quinze ans. Ça, c'est du pays neuf et du beau pays : montagnes, lacs, rivières, immenses terres en culture, défrichement rapide, colonisation vigoureuse. Et toute cette région est peuplée de descendants de Français... Vous êtes Français, vous même ? Dans quel coin de la France êtes-vous né ?

— Du Finistère, et vous, monsieur l'abbé. Vous êtes Français aussi je pense.

— Je suis de Dinan. Nous sommes donc Bretons tous les deux ».

Heureuse coïncidence qui met en contact le futur auteur de *Maria Chapdelaine* et le prochian vicaire apostolique du Golfe-Saint-Laurent : Louis Hémon et l'Eudiste Jean-Marie Leventoux.

Comment ai-je découvert que Mgr Leventoux et Louis Hémon ont fait ensemble une partie de la traversée de l'Atlantique en octobre 1911 ? Cela tient vraiment du reportage, de l'enquête, pour ne pas dire du prodige.

Le soir de son débarquement à Québec, le 18 octobre 1911, Louis Hémon s'empresse d'adresser un mot à sa famille, en France. Il y dit, entre autres choses : « J'ai fait connaissance, sur le bateau, avec un missionnaire (de Dinan) [1] qui m'a donné toutes sortes de renseignements utiles. » Mais qui peut bien être ce missionnaire ? De Dinan ? Pas de nom, seulement d'origine. Maigre détail. Je me suis dit : Il ne doit pas y avoir cinquante missionnaires de Dinan au Canada. Le compagnon de Hémon doit être encore au pays, à moins qu'il ne soit déjà mort ? J'ai écrit à sa famille ; elle ignorait tout. Un coup de téléphone à diverses communautés de Montréal ; une série de lettres aux missionnaires d'origine bretonne. Mais on confond Dinan (France) et Dinant (Belgique) de sorte que mes missives vont troubler la paix de missionnaires chez les Indiens, comme le Père Kalmès, O.M.I. Belge. Les premières réponses ne sont pas encourageantes. Mais un beau matin d'avril, le courrier m'apporte une épaisse enveloppe portant l'inscription à l'angle supérieure gauche : « Évêché du Havre Saint-Pierre, comté de Saguenay, P.Q. ». C'est la réponse du Père Leventoux, de Son Excellence Mgr Leventoux. Quatre bonnes pages écrites de sa main. C'est à faire bondir de joie ! Qu'on lise :

---

1. Les parenthèses sont de Louis Hémon lui-même.

M. Alfred Ayotte,   Havre St-Pierre, 1er avril 1938.
Rédacteur au Devoir,
    Montréal.

Bien cher Monsieur,

    C'est bien le cas qu'en 1911, envoyé au Chapitre général de la Congrégation des Eudistes, je m'embarquai pour la France sur le paquebot « *Virginian* » à bord duquel j'avais retenu mon passage de retour pour le Canada.

    Après une escale à Liverpool, mon petit bagage d'anglais étant insuffisant pour une conversation suivie, ma traversée de retour menaçait de se faire bien silencieuse, quand, un peu avant d'arriver à Belle-Ile, à mon grand contentement, je fus abordé par un homme relativement jeune, d'un aspect plutôt quelque peu malingre, qui m'adressa la parole en excellent français.

    Il me dit avoir passé deux ans, je crois, en Angleterre comme journaliste. Son but était, ajouta-t-il, de se rendre au Canada, pour essayer de se créer une situation, soit dans le journalisme, soit dans les lettres.

    Ayant appris que j'avais passé plusieurs années au pays, il me demanda l'autorisation de solliciter quelques renseignements. De mon côté, j'essayai quelques questions sur son passé ; mais, discret, réticent, avec une certaine pointe de timidité, tout ce que je pus apprendre, c'est que nous étions tous deux Bretons. Ma famille était fixée à Lauvallay, un petit village séparé de Dinan seulement par un viaduc jeté sur la Rance, ce qui, je crois, m'autorisait à me dire Dinanais ; pour lui, il me dit être originaire du Finistère. D'ailleurs, s'il me fit l'effet d'être discret, je vis, dès notre première conversation, que j'avais affaire à un très fin et très habile observateur.

    Évidemment, vu ses projets d'avenir, je ne crus pas utile de l'entretenir longuement sur la Côte Nord que j'habitais, étant missionnaire à la Rivière-Pentecôte, dans le Vicariat du Golfe-St-Laurent. Par contre, je pris plaisir à lui parler des régions de Chicoutimi et du lac St-Jean, où, en 1903-1904, après l'expulsion de France des Congrégations enseignantes, je fus si fraternellement accueilli comme professeur au magnifique séminaire de la Ville-Reine du Saguenay. L'atmosphère de chaude sympathie dont les Directeurs de cette Alma Mater entourèrent l'exilé, mes relations si intéressantes avec mes élèves du Saguenay, du Charlevoix et du Lac St-Jean, mes pérégrinations dans un pays aux sites grandioses et pittoresques, tout fut de nature à me captiver et à me charmer, et bien des fois, soit ici, soit en France, je me suis complu à en redire toute mon admiration émue. Voilà bien des années que les circonstances m'ont séparé de ce pays magnifique ; mais aujourd'hui encore je conserve pour lui, en mon esprit et en mon cœur, les mêmes agréables impressions.

Aussi, le lendemain, quand, longeant déjà les belles rives du Sud du grand fleuve, mon mystérieux et toujours réservé compagnon de voyage m'aborda de nouveau et ramena la conversation sur Chicoutimi et le Lac Saint-Jean, ce me fut une joie évidente de répondre avec abondance à ses questions nombreuses et pleines de curiosité attentive.

Chose bizarre, — est-ce effet de notre réciproque discrétion ? — Je ne me souviens pas de lui avoir demandé son nom, et je vois, d'après la lettre que vous me signalez, que tout probablement il a aussi ignoré le mien. En arrivant à Québec, nous nous serrâmes la main, mais sans qu'il fût question de futures relations, même simplement épistolaires.

Lorsqu'en 1913, étant alors missionnaire sur l'île d'Anticosti, je lus dans les journaux la tragique disparition à Chapleau de Louis Hémon, les détails qu'ils m'apportaient sur sa personne et sa carrière réveillèrent vaguement en mon esprit le souvenir d'un compagnon de voyage d'autrefois. Ayant ignoré le nom de mon discret inquisiteur du steamer *Virginian,* je me dis qu'il n'y avait pas lieu d'attacher attention à ce qui me paraissait une simple illusion, et tout fut enseveli dans l'oubli.

Pour raviver ce souvenir, il a fallu votre aimable communiqué de cette lettre de Louis Hémon, à son débarquement à Québec, dans laquelle « il écrit qu'il a fait la traversée à bord du paquebot *Virginian,* parti de Liverpool, en compagnie d'un missionnaire originaire de Dinan, dont il ne donne malheureusement pas le nom. Hémon dit missionnaire de Dinan textuellement, sans autre indication. D'après lui ce missionnaire connaissait le Québec, car il lui aurait fourni des renseignements très utiles sur notre pays. »

Est-ce bien de moi qu'il s'agit ? Je laisse à votre perspicacité de journaliste le soin de tirer, des renseignements fournis ci-dessus, la conclusion que vous jugerez la meilleure.

En tout état de choses, s'il s'agit bien de mon humble personne, et si j'ai été la cause tout occasionnelle qui aurait décidé Louis Hémon à se rendre au lac St-Jean, je n'ai qu'à me réjouir grandement de lui avoir dévoilé les charmes mystérieux de ces régions neuves, où il devait, avec un succès mondial, concevoir et produire son chef-d'œuvre de *Maria Chapdelaine.*

Trop heureux si ma lettre peut vous être agréable et vous fournir, sous toutes réserves, les renseignements demandés, je vous prie, bien cher Monsieur, d'agréer mes sentiments dévoués.

J.-M. LEVENTOUX
Vic. Apost.

Cette lettre, épiscopale dans le meilleur sens du mot, de ton élevé, élégamment tournée, apporte la preuve désirée, à savoir que le missionnaire (de Dinan) qui fait la traversée sur le même bateau que Louis Hémon est bel et bien Mgr Leventoux. On verra plus loin que les entretiens de l'intrépide missionnaire et du jeune écrivain ont décidé du séjour de ce dernier au lac Saint-Jean. Sans cela, il prenait dès l'été de 1912 la route de l'Ouest canadien.

En effet, Hémon quitte les vieux pays pour venir faire la moisson. Rien d'autre ne l'intéresse. Il ignore apparemment le Québec ; son esprit est hanté par l'Ouest. Là le dirigent ses aspirations.

Le journaliste est vorace. Cette lettre, toute belle qu'elle soit, ne me suffisait pas encore. Au cours du printemps, S.E. Mgr Leventoux annonça sa décision de prendre sa retraite. Quelques semaines après, il s'arrêtait à Québec. Je l'ai revu là ; j'ai pu causer avec lui.

« Comment Hémon vous a-t-il abordé ? Quelle est la première question qu'il vous a posée ? demandai-je.

« Il me semble me rappeler que j'étais assis sur le pont. Je venais sans doute de lire mon bréviaire ou de fermer un autre livre. Il est probable qu'il guettait depuis quelque temps l'occasion de me parler. Il devait tenir du commissaire du bord que j'étais missionnaire, que j'avais traversé vers l'Europe à bord du même navire, que, conséquemment, je connaissais bien le Canada d'où je venais. Alors il s'est approché de moi et m'a interrogé sur l'Ouest.

—Vous ne deviez pas être fâché de vous délier un peu la langue ?

— Je ne savais pas un mot d'anglais. Le voyage me paraissait long. J'avais beau prêter l'oreille ici et là, sur le pont, dans la salle à manger : toujours de l'anglais. Hémon, qui savait bien l'anglais après ses années passées à Londres, devait causer en cette langue avec ses voisins de pont et de salle à manger. Mais moi, j'étais réduit au silence depuis Liverpool, depuis environ quatre jours au moins. J'étais prêt à bien accueillir un compagnon de langue française.

— Qui ne fut autre que Louis Hémon ! Quelle a été la durée de vos entretiens ?

— Le premier jour, nous avons causé ensemble une vingtaine de minutes, pendant que le bateau s'engageait dans le détroit de Belle-Isle ; mais le lendemain, je puis dire une bonne partie de la journée. C'est chose singulière qu'après des entretiens aussi prolongés, nous nous soyons séparés sans faire connaître nos noms, sans engager de relations épistolaires. Au débarquement, à Québec, une poignée de mains, puis c'est tout. Chacun prend son côté. Hémon ne voulait pas se livrer, c'était chose évidente. Mais il voulait bien que les autres se livrent et lui fournissent des renseignements « utiles », comme il dit. Il était bon enquêteur...

— Le deuxième entretien a-t-il porté sur le lac Saint-Jean aussi ?

— Principalement sur le lac Saint-Jean. Je fus plutôt surpris que Hémon revînt me parler. Mais comme il a ramené immédiatement la conversation sur le lac Saint-Jean, j'ai compris qu'il avait ruminé l'entretien de la veille, qu'il avait dû se pencher sur une carte géographique pour bien voir où est le lac du Père de Quen, que sa curiosité enfin était vraiment piquée. D'ailleurs, il suivait avec un intérêt marqué ce que je lui racontais. Il multipliait les questions. C'est surtout pendant ce deuxième entretien qu'il a obtenu de moi les renseignements qu'il recherchait sur le Québec et le lac Saint-Jean. Je lui ai longuement décrit le Saguenay que je connaissais : la ville de Chicoutimi, la rivière Saguenay elle-même, le lac Kénogami où j'étais allé en pique-nique, avec les prêtres du séminaire, à la villa de M. Dubuc [2], quelques jours après mon arrivée à Chicoutimi ; enfin le lac Saint-Jean lui-même, dont je n'avais pas fait le tour mais que j'avais contemplé à plusieurs reprises de Saint-Gédéon et d'autres endroits de la rive sud-orientale, les paroisses de colonisation, des familles de colons et le reste.

— Avez-vous prononcé devant votre compagnon les noms de Roberval, de Mistassini, de Péribonka ?

— C'est possible, mais je ne me souviens plus...

— Quelle image gardez-vous de Louis Hémon ?

— Il m'a fait l'impression d'un homme fatigué : figure tirée, ravagée, tourmentée, celle d'un homme qui a souffert. »

Je mets sous les yeux de Son Excellence deux photos de Louis Hémon : celle de Londres, qui a fait le tour du monde ; celle de

---

2.   Industriel, maire, député, etc. Le vaste chalet s'appelait « Villa-Marie ».

Péribonka, moins connue. Mgr Leventoux, doux sourire aux lèvres, examine attentivement les deux portraits, puis déclare :

« Des deux photos, celle de Péribonka me paraît la meilleure. Elle rend bien son regard pénétrant. Mais il paraît la figure trop ronde. En somme, il faudrait fondre les deux photos... »

La première escale depuis Liverpool et la seule avant Québec : la Pointe-au-Père (près de Rimouski) attire l'attention de Hémon. Il suit des yeux et examine « un petit vapeur construit en bois, dont la coque est extraordinairement massive et la proue d'une forme singulière — afin de pouvoir naviguer l'hiver sur le fleuve encombré de glaces flottantes — vient chercher en plein courant les rares passagers qui débarquent là ». Le paquebot y prend aussi son pilote. « De la ville elle-même, poursuit Hémon, cachée par une île (Saint-Barnabé) et de peu d'importance d'ailleurs, nous ne voyons qu'un clocher et une masse indistincte de maisons aux toits rouges et bruns. Mais cette côte Sud reste pendant longtemps proche et visible, lorsque nous repartons. Une ligne de chemin de fer la suit, à peu de distance du fleuve. La bande de terre que cette ligne et le fleuve bornent est semée de villages, des agglomérations de maisons aux tons neutres, où les bruns dominent, maisons toujours groupées autour d'un clocher pointu, mais qui semblent pourtant s'espacer volontairement, tenter de relier entre eux les villages, pour faire bonne figure et combler un peu les vides du pays trop grand... »

Mais c'est la côte Nord qui donne, quand on s'en rapproche, la plus forte impression de pays à peine entamé, encore vide et sauvage.

Dès que le *Virginian* est accosté à Québec Hémon descend pour voir du même coup d'œil devant lui la plaque qui indique le nom de la place et l'enseigne de l'hôtel : « Carré Notre-Dame des Victoires » « Hôtel Blanchard — Maison recommandée». Avec son mince bagage, il pénètre dans l'hôtel par la petite porte de droite surmontée d'un léger pignon. Le propriétaire de l'hôtel, M. J. Cloutier, homme d'une stature imposante, que l'âge fait ployer un peu aujourd'hui, l'accueille et lui présente le grand livre largement ouvert pour qu'il y inscrive son nom. Puis le voyageur gagne la chambre qu'on lui indique et redescend bientôt prendre le repas du soir dans la salle à manger.

Apparemment, la provenance du voyageur ne frappe pas M. Cloutier, car, vu à deux reprises et interrogé drument, il avoue sa défaite : il ne conserve aucun souvenir de Louis Hémon. Il est vrai qu'il a vu défiler tant de gens dans son hôtel et, parmi cette « humanité variée », tant de Français. Il se rappelle, entre autres, un baron français parce que ce baron avait avec lui douze ou quatorze enfants et que leur logement avait été un peu plus compliqué qu'à l'ordinaire. Mais Hémon est seul, silencieux. Il ne cherche pas à attirer l'attention ni à amorcer la conversation. Pourtant, ce ne sont pas les occasions qui manquent, car vers 1911, l'hôtel *Blanchard* est dans toute sa splendeur. Les avocats et les hommes d'affaires de Québec ou de passage à Québec s'y réunissent et les cultivateurs de la Côte Sud s'y retirent les vendredis et samedis, jours de marché. De même les voyageurs de commerce et les pilotes forment une partie de la clientèle la plus assidue, la plus stable. La cuisine est réputée ; bières, vins, alcools s'y dégustent libéralement. Dans le fumoir les discussions politiques vont bon train pendant qu'à des tables à l'écart des joueurs de cartes clament leurs bons coups.

Bercé depuis près d'une semaine par le *Virginian*, le voyageur français au masque britannique, fervent de la marche, franchit la porte de l'hôtel après son dîner et s'empresse de se délasser par une bonne marche. Il va de la Basse à la Haute Ville et arpente plusieurs rues, pour couronner sa promenade par la terrasse Dufferin, rendez-vous des promeneurs québécois.

Rentré à l'hôtel, il n'a rien de plus pressé que d'adresser un mot à sa mère pour calmer son inquiétude. L'Amérique, c'est si loin ; l'océan, si immense et redoutable. Il jette à la poste à destination de la rue Vauquelin la lettre brève que voici [3] :

---

3. Cette lettre, qui a eu l'heur d'être reproduite maintes fois, a été envoyée à M. Antoine Roy, archiviste de la province de Québec par les demoiselles Hémon en 1946. Mlle Marie lui écrivaient : « Lors de notre séjour au Canada en 1938 nous avions promis aux Archives de Québec un autographe de Louis Hémon, mon frère. Nous n'avons pas, malgré les apparences, oublié cette lointaine promesse et nous envoyons ci-inclus la première lettre qu'il ait écrite de Québec ». (Rapport de l'Archiviste, 1946).

Dans son article de la *Revue des Deux Mondes*, 1er octobre 1921, M. René Bazin a publié des passages de plusieurs lettres de Louis Hémon, envoyées du Canada à sa famille. Mlle Marie Hémon a eu la grande amabilité de me transcrire de sa main des lettres entières ou des parties de lettres susceptibles de jeter quelque lumière sur le séjour de son frère au Canada. On verra que ces lettres anéantissent nombre d'erreurs et de faussetés colportées par celui-ci et celui-là...

Blanchard Hotel
Québec. Vendredi 18 oct. [4].

Ma chère maman.

Bien arrivé à Québec après une excellente et très agréable traversée. Mer à peu près aussi redoutable que la Seine au Pont des Arts. Cette semaine à bord m'a fait autant de bien qu'un mois de vacances. et j'ai dû fortement engraisser.

Température très douce ici [5]. ce qui continuera probablement jusqu'en novembre. J'ai fait connaissance. sur le bateau. avec un missionnaire (de Dinan) qui m'a donné toutes sortes de renseignements utiles[6].

Je continuerai probablement sur Montréal demain soir. Tu pourras voir sur la carte qu'il ne s'agit que d'un court trajet.

Je ne puis naturellement pas donner mon adresse avant d'en avoir une. c'est-à-dire d'ici trois ou quatre jours. Si vous aviez quelque chose d'urgent à me faire savoir écrivez à mon nom « poste restante ». Montréal. Autrement. attendez que je vous donne mon adresse. Je regrette de ne pas pouvoir rester plus longtemps à Québec. qui est une ville extrêmement intéressante.

À bientôt donc d'autres nouvelles. J'espère que vous êtes tous en bonne santé.

Ton fils,
L. Hémon

À peine à Québec, Hémon est déjà sous le charme de cette ville « extrêmement intéressante ». Il la visitera en effet avec minutie et laissera sur elle des pages durables. À en juger par la description qu'il en a faite et par une lettre subséquente, il n'a pas continué sur Montréal dès le lendemain de son débarquement. Il y a d'ailleurs dans sa lettre du 18 le mot « probablement ».

Observations et impressions

Le premier contact établi avec Québec, Hémon y prolonge sa visite autant qu'il le peut. Peut-être a-t-il songé à y passer l'hiver plutôt que d'aller à Montréal, mais on n'en a aucune preuve. Y a-t-il cherché un emploi ? On ne le sait pas non plus. Il se répand donc dans les rues et en reçoit de fortes impressions.

Il va et marche avec une acuité d'attention qui lui semble presque un devoir. Et tout ce qu'il aperçoit l'émeut : les rues

---

4.   En 1911 le 18 octobre était un mercredi.
5.   La température d'octobre 1938 a été également très douce. Octobre est l'un des plus beaux mois de l'année au Québec. C'est le second été du Québec.
6.   Il s'agit du Père Leventoux, dont il est parlé plus haut.

étroites et tortueuses qui n'entendent sacrifier en rien à l'idéal rectiligne d'un continent neuf ; les noms qui s'étalent au front des magasins et qui paraissent plus intimement et plus uniformément français que ceux de France, comme s'ils étaient issus du terroir à une époque où la race était plus pure : Labelle, Gagnon, Lagacé, Paradis, ... Les curieuses calèches qui sillonnent les rues et rappellent certains véhicules désuets qui agonisent encore sur les pavés de petites sous-préfectures.

Le passant breton regarde le nom des rues : Saint-Joseph, Sous-le-Fort, Côte de la Montagne, et il se souvient tout à coup avec un sursaut que c'est la courbe immense du Saint-Laurent qui ferme l'horizon et non le cours sinueux d'une petite rivière de France. Il entend autour de lui le parler français et se voit obligé de se répéter à lui-même incessamment, pour ne pas l'oublier, qu'il se trouve au cœur d'une colonie britannique. Il voit sur la figure de chaque homme, de chaque femme qu'il croise, le sceau qui proclame qu'ils sont de la même race que luï, et un geste soudain, une expression, un détail de toilette ou de maintien fait à chaque instant naître en lui un sens aigu de parenté. Le sentiment qui englobe tous les autres et qui lui vient à la longue est une reconnaissance profonde envers cette race qui, en se maintenant intégralement semblable à elle-même à travers les générations, a réconforté la nation dont elle était issue et étonné le reste du monde ; cette race qui, loin de s'affaiblir ou de dégénérer, semble montrer de décade en décade plus de force inépuisable et d'éternelle jeunesse en face des éléments jeunes et forts qui l'enserrent et voudraient la réduire...

Revenu à la Terrasse, il y trouve un merveilleux poste d'observation. Tous les Français venus à Québec, individuellement ou collectivement avec des missions, connaissent bien cette promenade qui s'étale devant le Château Frontenac, le somptueux hôtel du Pacifique Canadien.

La Terrasse est peu fréquentée le jour. Excellent endroit pour rêver, réfléchir et pour contempler le panorama québécois. Hémon y remonte et y flâne. Sans doute y prend-il quelques notes... Il décrit :

« Un large boulevard de planches, accroché au flanc de la colline de Québec tout près du sommet. Plus haut il n'y a guère que les talus de la vieille forteresse, plus bas la pente abrupte dégringole. Au pied de la colline, la Ville-Basse, toute ramassée sur elle-même, serrée entre cette pente insurmontable et le fleuve. Vus de cette hauteur le Saint-Laurent paraît étroit et la rive Sud toute proche ; l'agglomération de maisons que porte celle-ci est Lévis, un faubourg de Québec que l'absence de pont élève à la dignité de ville séparée. Les deux berges sont découpées en cales où des vapeurs s'amarrent ; elles sont bordées de hangars sur plusieurs points, et ces hangars, ces vapeurs, d'autres vapeurs plus petits qui font un va-et-vient incessant entre les deux rives, donnent l'illusion d'un vrai grand port moderne que la vie commerçante anime.

« Mais quand les regards se détournent et vont un peu plus loin à droite ou à gauche, les choses reprennent leurs proportions véritables et l'on perçoit que c'est la ville qui est l'accessoire, et non le fleuve. Ce fleuve n'a pas l'aspect asservi, humilié, des cours d'eau qui traversent des villes anciennement grandes depuis si longtemps qu'ils ont perdu leur personnalité propre et leur indépendance et sont devenus quelque chose de plus hideux encore que des « routes qui marchent » : les trottoirs mouvants du trafic urbain. »

Hémon contemple les alentours et son imagination cherche à reconstituer l'aspect primitif du pays : « Si près de Québec, ces berges du Saint-Laurent sont encore intactes, presque vierges, et précisément telles qu'elles devaient être il y a trois ou quatre siècles, au temps où les canots d'écorce des Indiens étaient les seules embarcations qu'eût connues le fleuve. Les forêts qui s'élevaient peut-être là ont disparu ; rien d'autre n'a été changé, et des deux côtés le sol s'enfonce dans l'eau irrégulièrement, comme il lui plaît. »

Vraisemblablement le vendredi 20 octobre, Hémon laisse de côté pour un jour son guide de voyages à couverture rouge et s'en va à l'aventure dans les rues nouvelles que Québec jette autour d'elle, ou prolonge.

Il s'est, en effet, aventuré vers la plaine qui s'étend de l'autre côté de la rivière Saint-Charles (Spes, p. 266). Il retrouve là des maisons de bois, plus rudimentaires, plus espacées que dans les rues latérales de la ville. Une banlieue, mais une banlieue qu'on sent voisine de la sauvagerie définitive. Il regarde venir et s'en aller les voitures. « Beaucoup sont conduites par des hommes qui ne peuvent être que des paysans : ils ont le masque terriblement simple et obstiné de ceux qui se battent avec la terre [7]. Et ce sont

---

7. Expression qu'il reprendra dans *Maria Chapdelaine*, qui sent ou le sport ou la conversation avec des habitants à l'hôtel.

des masques de paysans français ; la ressemblance échappe parfois ; mais elle est parfois frappante : figures familières sous les feutres bosselés ou les casquettes ; silhouettes familières même sous les confections américaines aux larges épaules matelassées. Ils mènent leur cheval le long de la route défoncée sans songer à s'en plaindre, car ils n'ont jamais connu de meilleur chemin ; peut-être même cette route leur paraît-elle excellente ici comparée à la simple piste indienne qu'elle va devenir plus loin, à quelques milles à peine de Québec, bien avant qu'ils ne soient arrivés chez eux... »

Ce jour-là, Hémon a dû faire une très longue course à travers la campagne, de façon à la voir un peu avant que la neige la recouvre de son blanc manteau, puisqu'il parle de piste indienne, et un brave habitant a dû recevoir sa visite à l'heure du midi...

« La ville disparaît déjà, poursuit-il, c'est la campagne qui commence, non pas la campagne polie et ratissée de nos pays de l'Europe occidentale, mais le sol tel quel, sans fard, se fondant insensiblement dans le vrai pays du Nord, à peine gratté çà et là, où les habitations sont comme des îles semant l'étendue barbare. »

Et la reconnaissance éclate de nouveau dans le cœur du voyageur français envers ces Français établis au Canada depuis trois cents ans : « Et peu à peu l'on oublie les maisons et les routes et c'est à la race que l'on songe : à la race qui est venue se greffer ici, si loin de chez elle, il y a si longtemps, et qui a si peu changé [8] . Venue des campagnes françaises, campée ici la première, dans ce pays qu'elle a ouvert aux autres races, elle a dû subir d'abord les influences profondes de l'éloignement, des conditions de vie radicalement différentes de celles qu'elle avait connues jusque-là ; petite nation nouvelle qu'il fallait échafauder lentement dans un coin du grand continent vide. Et à peine cette nation reposait-elle sur des bases solides que c'était déjà l'arrivée des foules étrangères, l'invasion des cohortes qui se bousculaient pour passer par la brèche toute faite. En droit, la suzeraineté britannique ; en fait, l'afflux toujours croissant des immigrants de toutes nations, qui finissaient par constituer une majorité définitive : voilà ce que le Canada français a subi. Comment l'a-t-il subi ? Comment a-t-il résisté à l'empreinte ?

---

8. On songe infailliblement aux dernières pages de *Maria Chapdelaine :* « Au pays de Québec rien ne doit mourir et rien ne doit changer »...

« L'on peut revenir alors vers les rues du vieux Québec pour y chercher une réponse. Ces rues et ce qu'elles montrent, tout cela prend un aspect différent, ou plutôt un sens différent, lorsqu'on revient des pistes de la banlieue, où l'écart qui existe entre cette contrée et les contrées d'Europe s'est fait tangible.

« Et l'on se rend compte promptement que tous ces détails qui au premier abord frappent un Français comme étant des marques de dénationalisation sont sans exception superficiels, négligeables. » Et il énumère le costume, le système monétaire, puis il rapporte cet incident qui a trait à la fois au costume et au système monétaire :

« Un chauvin fraîchement débarqué du paquebot s'arrêtera peut-être devant une vitrine où s'étalent des complets de coupe américaine, dont le prix sera indiqué par un chiffre quelconque précédée du signe « $ », et il secouera la tête avec une tristesse un peu comique, en songeant que ceux qui traitaient Québec de « ville française » habitée par des Français en ont menti. Mais avant qu'il ne soit reparti des Québécois s'arrêteront à leur tour derrière lui et il les entendra causer entre eux : « Des belles hardes, ça !» « Ouais ! Regarde ce capot-là, donc, à quinze piastres !» Et notre chauvin s'en ira tout réconforté, gardant longtemps dans l'oreille la musique des mots français et de l'accent du terroir...

« Les rues du vieux Québec sont un témoignage, ajoute Hémon... Québec conserve intact le décor ancien et précieux de la Ville-Basse. Ce n'est pas une simple copie de vieille ville française et il faut s'en réjouir ; mais bien une ville canadienne déjà, et ses ruelles sont bien sœurs des routes bosselées qui se fondent en pistes dans la campagne presque vide. Seulement, ces ruelles apportent une sorte d'obstination à montrer une fois pour toutes, et par cent signes évidents, de quel pays venaient les hommes qui les ont créées, qui ont depuis lors poursuivi leur tâche et qui n'ont guère changé. »[9] Déjà il a saisi ces traits fondamentaux.

Au retour de cette longue promenade, Hémon paraît s'être payé, à l'hôtel, le luxe de quelques remarques légèrement ironiques sur les rues, les routes et les voitures de Québec et des environs, par rapport à celles de Paris et de Londres. Comme les Québécois sont gens chatouilleux sur leur ville, ce en quoi ils n'ont

---

9.   Un témoignage : «N'ont guère changé... » Dans *Maria Chapdelaine*, on lira : « Rien ne changera. parce que nous sommes un témoignage ». Parenté d'idée.

pas tellement tort, on peut mesurer d'ici l'étendue de la gaffe commise par Hémon. L'un d'eux, prenant la mouche plus vite que les autres, peut-être parce que le gin lui piquait le nez, et cherchant l'occasion de se rendre illustre en *contant ça* à ce Français qui osait rire de sa ville — Français, qui l'aimait tant et allait la défendre si bien dans ses écrits — lui servit une de ces engueulades canadiennes qui ne manquent ni de sel ni de poivre. Qui sait, Hémon l'avait peut-être provoquée, cette engueulade, pour voir si l'effet attendu allait se produire. Il pouvait ainsi juger de la persistance et de l'exubérance du tempérament latin chez nous. En me racontant cet incident, M. Jules Pothier, pensionnaire assidu au Blanchard à cette date-là, l'un des seuls à avoir des souvenirs sur le jeune Français qu'il reconnaît être Louis Hémon, ajoute : «Contre l'emportement exagéré de notre compatriote, nous avons protesté. Nous avons demandé à cet étranger de n'en pas tenir compte, l'assurant de nos bons sentiments.

— Lui, qu'a-t-il dit ?

— Il nous a répondu que ça l'étonnait, mais que ça ne l'empêcherait pas de dormir. »

Cette réponse cadre bien avec celle qu'il fera à Samuel Bédard, quand celui-ci s'excusera de l'avoir réprimandé vertement : « Je ne suis pas d'un tempérament nerveux... »

Mirage du Lac Saint-Jean

Depuis que le missionnaire de Dinan a déposé dans son esprit le germe du Lac Saint-Jean, Hémon repense souvent à ce coin de pays, surtout quand il fait des courses à la campagne. Dans le petit hall de l'hôtel, où on le considère de façon plus sympathique depuis qu'il a subi le baptême du feu de l'engueulade, il s'approche de M. Pothier :

« Vous connaissez sans doute la région du Lac-Saint-Jean ?

— Oh ! oui, très bien. Depuis 1904 que j'en fais le tour en voiture. Même je vous dirai que j'ai un faible pour le Lac-Saint-Jean. Moi, je conseille à tout le monde d'y aller. J'aime les gens, j'aime le pays. Il y a là bien des paroisses nouvelles. On fait de la colonisation. Vous avez Roberval, qui est une jolie petite ville, vous avez des paroisses tout le tour du lac : Saint-Prime, Saint-Félicien, Normandin, Mistassini, Péribonka, Mistouk, etc. C'est une région qui se développe rapidement.

— Comment peut-on s'y rendre.

— Soit par chemin de fer, jusqu'à Roberval ; soit par bateau, jusqu'à Chicoutimi, et de là par chemin de fer jusqu'à Roberval. Par le train, vous dînez en route. Il y a un arrêt d'une heure et demie au lac Édouard. Mais par eau, c'est un voyage plus agréable. Vous naviguez sur le fleuve près de la rive nord jusqu'à Tadoussac, ensuite vous vous engagez dans le Saguenay. Remonter le Saguenay en bateau, c'est le plus beau voyage par eau qu'on puisse faire dans la province de Québec. Vous pouvez peut-être vous en aller par bateau et revenir par chemin de fer... »

Un peu d'inspiration

C'est samedi matin. À l'hôtel, nombre d'habitants [10] ont passé la nuit ; d'autres, partis de leur paroisse de grand matin avec des voitures débordantes de légumes, d'œufs et viandes, passent se désaltérer. Ils causent bruyamment, puis se dirigent vers le marché *Champlain,* le grand comptoir en plein air qui fait le pont entre la campagne et la ville.

Hémon suit le flot humain et aboutit infailliblement au marché « où les ménagères circulent sans grande hâte et stationnent volontiers, formant des anneaux sombres autour des taches plus vives des légumes étalés ». Et il pense en lui-même : Comme tout cela est peu « Nouveau Monde » ! Combien y a-t-il de villes françaises où le jour du marché ramène ponctuellement une scène en tous points semblable à celle-ci.

Il regarde, il écoute...

« Les cloches de Québec... On se rend compte tout à coup que leur voix était là depuis le commencement, qu'elle n'a jamais cessé de se faire entendre. Des tintements grêles venaient de Lévis par-dessus le Saint-Laurent ; d'autres tintements montaient de la Ville-Basse, plus clairs et pourtant inégaux comme une houle, et d'autres encore venaient de la Ville-Haute et des quartiers lointains. Ensemble, ils formaient une voix qui montait et descendait avec chaque souffle de vent, s'éteignant pour s'élever de nouveau après quelques secondes, obstinée et grave.

« Il y a des gens qui disent avoir entendu dans la voix des cloches toutes sortes de choses délicates et émouvantes : en les

---

10.   L'habitant canadien, c'est à peu près l'équivalent du paysan français.

écoutant avec honnêteté on n'y perçoit le plus souvent qu'une répétition têtue, une leçon ramassée sans fin avec solennité, une affirmation persistante et qu'il ne faut pas discuter : « C'est ainsi !... C'est ainsi !... C'est ainsi !... » Chaque choc nouveau du battant enfonçant le dogme un peu plus avant dans les têtes, comme des coups de marteau sur un clou. Et la monotonie immuable de leur appel laisse une impression d'âge infini.

« Des brumes traînantes que le vent déchire et ressoude sans cesse viennent du golfe comme un cortège. Passant au-dessus du fleuve, elles forment un défilé de taches opaques entre lesquelles on distingue pourtant çà et là la surface de l'eau ou des morceaux de la rive Sud qui semble s'éloigner. Puis quand ces nuées ont passé l'on voit que l'air a perdu de sa transparence ; obscurci, strié de gouttelettes qui tombent, il estompe tout sans rien faire disparaître, et Lévis, le Saint-Laurent, Québec elle-même, se fondent en un grand décor gris, indistinct, qui respire à la fois la mélancolie et la sérénité. Et le son des cloches vient toujours à travers la brume grise... Le marché Champlain n'est plus qu'un toit de parapluies ; la Ville-Basse s'attriste sous l'ondée, piteuse et quelconque ».

Réfugié sous un kiosque pour se protéger de l'averse, Hémon remarque que « les cloches ne cessent pas un instant de se répondre d'une rive à l'autre, et d'un bout à l'autre de cette ville qui leur appartient.

« Leur voix témoigne que Québec n'a rien appris et rien oublié [11] ; qu'elle a conservé miraculeusement intacte la piété ponctuelle d'autrefois. C'est peut-être pourquoi Québec prend cette physionomie d'aïeule, aux yeux des païens d'outre-mer : elle est vieille comme les vieilles cathédrales, comme les prières en latin, comme les reliques vénérables et fragiles dans leurs châsses ; elle a l'âge des rites anciens qu'elle a apportés avec elle sur un sol nouveau et fidèlement observés.

« Mais en l'honneur de quel saint de légende sonnaient-elles ce jour-là toutes ensemble, les cloches de Québec ? » [12]

---

11. Chacun de ces mots s'apparente à une page de *Maria Chapdelaine* : « Alors une ... voix ... s'éleva ... Elle vint comme un son de cloche... Car, s'il est vrai que nous n'ayons guère appris, assurément nous n'avons rien oublié. »

12. *C'était apparemment l'échange d'appels et de rappels alors en usage à la fin du jour pendant le mois du Rosaire. V.T.*

Premier tableau du pays

Hémon paraît bien nous avoir décrit là l'emploi de sa journée de samedi. À quoi a-t-il consacré celle de dimanche ? Il n'indique rien de précis. Apparemment, il s'est servi de sa plume. Se rendant compte qu'il a assez flâné à travers Québec pour pouvoir écrire un article sur cette ville sans crainte d'errer trop gravement, il s'est enfermé dans sa chambre. De ce côté-ci de l'Atlantique comme de l'autre côté de la Manche, il est toujours, s'il le veut bien, chroniqueur à *l'Auto*. Par une brève chronique sur la cité de Champlain, qui a célébré trois ans plus tôt le troisième centenaire de sa fondation, il va se faire la main à une étude plus longue, qu'il rédigera et publiera plus tard... Il écrit d'un trait : [13]

De *L'Auto*, vendredi 5 janvier 1912

ROUTES ET VÉHICULES

L'innocent Européen qui a passé le plus clair de sa vie à Paris ou à Londres se doute bien, pour l'avoir lu, que les voies de communication de la jeune Amérique et les véhicules qui les sillonnent sont quelque peu différents de ce que l'on trouve dans les pays efféminés, moisis, croulants, etc. (voir presse américaine) de la vieille Europe. Mais le contraste, pour être prévu, n'en est pas moins frappant.

Il a vu, par exemple, cet Européen, certaines avenues de Paris à de certaines heures où les voitures à chevaux sont si rares que chacune d'elles semble un anachronisme un peu comique, un groupe de musée rétrospectif qui serait miraculeusement revenu à la vie et sorti dans les rues.

Il a vu le dernier omnibus à chevaux de Londres, à son avant-dernier voyage, descendre mélancoliquement Tottenham Court Road, lent et morne comme un corbillard, au trot découragé de deux pauvres bêtes qui, à chaque foulée trébuchante, secouent la tête de droite à gauche comme si elles échangeaient les réponses d'une messe d'enterrement.

« Jamais plus... Jamais plus nous n'irons de Crouch End à Victoria en longeant les trottoirs... jamais plus »...

Surtout cet Européen s'est accoutumé à trouver partout dans les villes des rues qui sont des rues, et presque partout entre les villes des routes qui sont des routes, de sorte que, lorsqu'il débarque dans le coin de l'Amérique du Nord où la civilisation est la plus ancienne et qu'il trouve là des rues qui ressemblent à de très mauvaises routes et des routes qui ne ressemblent à rien, il est tout de même un peu étonné.

Les rues de Québec et les routes qui entourent Québec ! Leur état, surtout à l'automne, et les voitures diverses qu'on y voit circuler ! Ces rues, ces

---

13. « Routes et Véhicules », article paru dans *L'Auto* du 5 janvier 1912. Communication de M. McAndrew.

routes et ces voitures sont curieuses parce qu'elles présentent une série de contrastes qu'on ne retrouve nulle part ailleurs.

On y voit là, par exemple, surtout dans la ville basse, des ruelles qui semblent vieilles de deux siècles et le sont quelquefois. Étroites et tortueuses, flanquées de très anciennes maisons françaises, elles rampent au pied de la colline du Fort, reproduisant avec une fidélité touchante certains aspects de petites villes de nos provinces. Seulement, en deux siècles, on n'a pas trouvé le temps, apparemment, de les paver ni de les macadamiser, et l'on s'est contenté de les border de trottoirs en planches entre lesquels un insondable abîme de boue s'étend, à la saison des pluies [14].

Dès qu'on sort de la vieille ville on trouve les rues droites des villes américaines. Même boue prodigieuse, mêmes trottoirs en planches : mais, des deux côtés, ce sont maintenant les rustiques maisons de bois des États de l'Ouest.

Encore un mille ou deux, et sans passer par l'état intermédiaire de route, la rue devient brusquement une piste rudimentaire qui s'en va, sans façon, à travers la campagne sans s'encombrer de bas-côtés, de fossés, ni de haies, escaladant les monticules, descendant dans les creux, décrivant çà et là de petites courbes opportunes pour éviter une souche ou un bloc de pierre.

Mais les voitures de Québec sont encore bien plus intéressantes que les rues. Des automobiles ? Évidemment, il y a des automobiles, mais elles ne représentent qu'une infime minorité et, lorsqu'on a vu les rues, routes ou pistes dont elles disposent, on regarde passer chacune d'elles avec un respect profond, comme si c'était la seule et miraculeuse survivante d'un « reliability trial » vraiment par trop dur.

Ce sont les « calèches » qu'on remarque surtout. La calèche de Québec est une institution : elle, son cheval et son cocher forment un tout complet et indivisible, qui ne peut avoir son pareil nulle part au monde. On dit que le type de la calèche a été maintenu pur et sans retouche depuis Louis XV. Cela me paraît difficile à croire : on a certainement dû le remanier un peu et remonter par degrés à des modèles beaucoup plus anciens, à en juger par ceux qui circulent à présent.

Et puis à côté de ces vénérables reliques, voici que passent les « buggies » américains ou d'autres véhicules encore plus rudimentaires, attelés de jolis chevaux d'aspect fin et pourtant fruste, crottés jusqu'au poitrail, comme s'ils venaient seulement d'émerger des fondrières des districts de colonisation.

Les calèches antiques se débattant héroïquement dans la boue des pistes, le long des trottoirs de bois, entre les maisons de bois qui ressemblent encore aux primitives huttes des défricheurs — ou bien un « buggy » mettant sans vergogne sa note insolemment moderne au milieu des vieilles rues de la ville basse — voilà deux contrastes jumeaux qui résument un peu tout Québec et tout ce vieux recoin d'un jeune continent.

L. Hémon

---

14. Inutile de dire que depuis cette date, Québec a bien rattrapé le temps perdu...

Dans la salle des pas perdus, près des fenêtres qui donnent sur le carré Notre-Dame des Victoires, Hémon se trouve à s'asseoir [15] près d'un pensionnaire qui l'a remarqué depuis le soir de son arrivée. Il profite de son voisinage inattendu pour entamer la conversation :

« Vous vous plaisez à Québec, monsieur ?

— Oh! beaucoup. J'aime bien votre ville. Je ne pensais pas que de ce côté-ci de l'Atlantique, il existât une ville aussi vieille France.

— C'est gentil de votre part. Vous me paraissez sincère, aussi il y a longtemps que je voudrais savoir si les Français qui viennent ici en mission officielle ne nous bernent pas un peu quand ils nous font des compliments de Québec et de notre caractère français. Sommes-nous vraiment restés français ? Sincèrement, entre nous, qu'en pensez-vous ?

— Un Français venant directement de France et qui n'aura pas eu le temps de vraiment perdre contact avec les choses de son pays, remarquera surtout dans Québec non pas ce qui est français, mais ce qui ne l'est point...

---

15. Deux pilotes qui m'ont parlé ont gardé souvenir des traits de Louis Hémon. Après avoir considéré ensemble la photo de Londres d'Hémon, ils m'ont dit : « J'ai vu ce type-là au *Blanchard*. Je me rappelle bien ce fond de figure. Il avait coutume de s'asseoir face au carré, la jambe croisée, l'air songeur » (M. Charles Hamelin). « Moi aussi, je me rappelle ce monsieur, surtout par les yeux. Je l'ai certainement vu au Blanchard, mais je ne peux pas vous dire si je lui ai parlé » (M. Albéric Angers).

CHAPITRE CINQUIÈME

À MONTRÉAL

Ce lundi 23 octobre, Louis Hémon décide de faire route vers Montréal.

Le trajet

Il s'arrache difficilement à Québec. Voyez ce qu'il écrit : « Puis, avec le recul nécessaire, Québec apparaît, et la haute butte du fort, que les maisons d'autrefois couvrent et entourent, conserve en se rapetissant dans le lointain presque toute sa pittoresque majesté. Les lieux dont on s'éloigne ne sont presque jamais dépourvus de grâce et leur disparition lente à l'horizon leur prête toujours de la mélancolie ; mais pour Québec cette grâce et cette mélancolie ne sont pas seulement subjectives : elles logent à demeure entre ses murailles, et la silhouette de la ville et du fort persiste longtemps et poursuit longtemps, en un reproche de vieille cité fière qui a fait plus que son devoir et que ce siècle-ci, qui lui doit tant, semble négliger. »

Le chroniqueur de *L'Auto* feuillette avec frénésie l'indicateur ferroviaire, il parcourt des yeux chaque coin de ses cartes géographiques, il cherche à se graver dans la tête la topographie et la toponymie de la province de Québec mais aussi de toutes les provinces du Dominion. Vancouver qui s'ouvre sur le Pacifique et sur l'Orient... Il se dit qu'il ne mourra pas sans se rendre jusque-là et, qui sait, sans retourner en France par la longue mais pittoresque et exotique route de l'Orient... L'Orient magique !

Sur ces réflexions s'arrête l'*Itinéraire* ou *Journal* ou *Au Pays de Québec,* rédigé par Hémon. Si jamais il en écrit davantage dans cette veine, ce sera dans le chapitre de Montréal.

L'arrivée à Montréal

Montréal ! l'y voici. Montréal ignore trop que c'est dans ses murs que Louis Hémon a passé plus de la moitié de son séjour canadien, que c'est dans ses murs, en dehors de ses heures régulières de travail, qu'il a tapé son manuscrit de *Maria Chapdelaine* en y mettant la dernière main. Voyons-le aller et vivre dans la métropole canadienne. Sa première lettre :

> 1230 rue St-Hubert, Montréal, Canada
> 28 octobre 1911
>
> Ma chère maman,
>
> Tu trouveras ci-dessus ma nouvelle adresse. Je suis à Montréal depuis le commencement de la semaine, mais viens seulement de retenir ma chambre.
>
> Ma lettre de Québec vous aura appris que j'ai fait un excellent voyage. Depuis, le temps a été assez beau et encore clément, sauf un peu de neige hier. Mais c'était une pauvre petite neige genre européen qui fondait à mesure : la vraie ne viendra guère qu'en novembre. Aujourd'hui le soleil brille. Le climat et le régime me vont à merveille. Le pays me plaît et je crois que ça marchera bien.
>
> Je commence à parler canadien comme un indigène. Je prends les « chars » (tramways électriques), je parle tout naturellement de la « chambre de bains » et de la « chambre à dîner » sur le même « plancher » (étage), etc. C'est une langue bien curieuse.
>
> À bientôt d'autres nouvelles. Je compte que vous êtes tous trois en bonne santé et que vous ne souffrirez pas trop de l'hiver.
>
> Amitiés à Papa et Marie.
> Ton fils qui t'aime.
> L. Hémon.

Le 28 octobre est un samedi. Voilà pourquoi on peut faire remonter au lundi soir l'arrivée du signataire de cette lettre à Montréal. Où Hémon loge-t-il les premiers jours ? Dans un petit hôtel, apparemment, avant de se familiariser avec les points cardinaux de la ville et de battre le pavé à la découverte d'une chambre. À Montréal, à la fin d'octobre 1911, ce devait être à peu près comme à Londres. Les annonces de chambres devaient ressembler à celles qu'il indique à la première page de *Colin-Maillard* : « Logement pour célibataire » — « Logement bon marché » — « Logement non meublé ».

Hémon a jeté son dévolu sur une chambre du logement portant le numéro 1230, rue Saint-Hubert, qui a été changé il y a une douzaine d'années en celui de 4230, soit à la hauteur de la rue Rachel. La rue Saint-Hubert, encore bourgeoise aujourd'hui au nord de la rue Sherbrooke, l'était davantage alors. Nombre de familles de cette rue ont émigré depuis lors dans la moderne ville d'Outremont.

Dans chacune de ses lettres Hémon glissera un mot sur le temps qu'il fait au Canada, dans le dessein de rassurer sa famille, qui redoute pour lui le froid ou d'autres intempéries. Dans tout pays nouveau, la première année, le climat est une grosse affaire. Sitôt fixé, il leur adresse de bonnes nouvelles, dont la principale à retenir est que le climat et le régime lui vont à merveille. Ça marchera bien.

L'emploi du mot « indigène » a choqué quelques Canadiens depuis la publication de la lettre précédente dans la *Revue des Deux Mondes* par René Bazin, notamment M. Jean Bruchési, ancien sous-secrétaire de la province de Québec. Dans un article à *L'Action française* il relevait l'emploi de ce mot blessant. À la décharge de Louis Hémon, il faut dire que cette désignation généralement appliquée aux Indiens par les Canadiens, peut, aux yeux d'un Européen, s'appliquer très bien aux Canadiens eux-mêmes, de race française ou anglaise. Louis Hémon lui-même n'était-il pas un indigène de la Bretagne ? [1] Ce nom nous pique parce que nous avions coutume de l'appliquer aux Indiens, premiers indigènes du Canada. Mais en raison aujourd'hui de leur très petit nombre, de leur séquestration dans des réserves, enfin de notre présence en ce pays depuis plus de trois cents ans, ne sommes-nous pas les véritables indigènes du Canada ?

---

1. Dans l'*Introduction* au *Tableau de la France* de Michelet, Société Les Belles Lettres, Paris, 1934, M. Lucien Refort n'écrit-il pas : « On ne saurait, par exemple, nier l'exactitude des descriptions du *Tableau* pour la Bretagne et les Ardennes. Il en a bien pénétré le caractère, s'est entretenu avec les indigènes, etc. » (p. XX), et plus loin : « Il (Michelet) fait état des renseignements donnés par les indigènes des régions qu'il décrit... » (p. XIX).

La langue du pays

« C'est une langue bien curieuse », écrit Hémon. Pouvons-nous le chicaner davantage sur ce point ? S'il est vrai que nous avons conservé de savoureux mots de la vieille France, il est vrai aussi que nous avons introduit dans notre parler des mots baroques, impropres. Et aussi des mots de bonne venue, pour désigner des choses que la France n'a pas (comme *poudrerie, drave, carriole d'hiver, tobagane*... ou plus expressifs (comme *en ordre, malavenant, dépareillé, veilleux, char,* qui vaut cent fois mieux que « machine » pour désigner l'automobile). Mais il n'est pas exact que nous disions « chambre à dîner ». Nous disons à tort *salle à dîner,* traduction littérale encore de *dining room* au lieu de l'expression correctement française de *salle à manger.* Hémon a encore raison de nous reprocher l'emploi trop fréquent du mot « plancher ». Que voulez-vous ? les Anglais disent « first floor », quand il s'agit pour les Français du simple rez-de-chaussée, etc. Après ce que Hémon a écrit de flatteur sur le parler français à Québec, on ne peut lui tenir rigueur de quelques remarques légèrement désobligeantes mais vraies sur notre « langue bien curieuse »...

Au numéro 1230 de la rue Saint-Hubert habite alors une veuve, Mme Chaloner, qui loue des chambres à des étudiants ou à d'autres messieurs. Hémon décide d'y loger et s'y installe.

Mais là-dessus nous n'avons que le témoignage du chiffre de sa lettre : 1230, Saint-Hubert. Chose étonnante, en effet, Mme Chaloner, à qui j'ai téléphoné plusieurs fois, que je suis finalement allé voir, ne se rappelle nullement avoir eu Louis Hémon au nombre de ses chambreurs. La photo de Londres de Hémon ne l'aide pas davantage à éveiller ses souvenirs. Hémon aurait-il mal lu le numéro de la porte ? Il n'en est pas mention dans ses autres lettres.

Son emploi — La Sécurité

Pendant la première quinzaine de novembre 1911, Hémon chôme. Peut-être assez volontairement, car le travail ne manque pas au Canada à cette époque-là. Il possède un bel atout dans son jeu : l'anglais n'a pas plus de secret pour lui que le français. Il fait une tournée de bureaux, surveille les annonces classées, offre ses services. On peut présumer aussi que Hémon, qui paraît avoir encore quelques deniers en poche, prend le temps de se familiariser avec la ville et ses rues, qu'il en cherche l'atmosphère, qu'il fait également des démarches pour trouver un emploi avant que lui tombe dans la bouche un joli fromage : une situation à la *Sécurité du Canada,* compagnie d'assurance-vie à ses débuts, plus connue par la suite sous le nom de Security Life Insurance of Canada.

C'est sans doute une révélation pour la plupart de mes patients lecteurs d'apprendre que Louis Hémon a travaillé à compter de la mi-novembre dans les bureaux de cette compagnie. Le 14 février 1913, dans une lettre de recommandation à la compagnie Price à Kénogami, M. Baber, actuaire de la Sécurité du Canada, écrira : « Mr. Hemon worked for this Company from the middle of November 1911... »

Le fondateur de cette compagnie était M. Victor Morin. J'ai eu l'avantage de le consulter.

— Monsieur Morin, savez-vous que Louis Hémon a travaillé pour la Sécurité du Canada ?

— Louis Hémon ? Pas l'auteur de *Maria Chapdelaine ?*

— Oui, oui. Il n'y en a qu'un Louis Hémon...

— Non... Vous ne me dites pas ! Alors, je l'ai vu, je l'ai croisé dans le bureau ?

— Vous lui avez probablement serré la main. Vous lui avez sans doute parlé. »

M. Victor Morin, homme qui s'occupe depuis de longues années de littérature et d'histoire, laisse voir sur ses traits de vifs sentiments de regrets. Il a peine à se résigner au fait qu'il tenait Hémon entre les mains et qu'il l'a laissé échapper.

Bien d'autres, supposés avoir connu Louis Hémon et que j'ai consultés, n'ont pu m'en dire quoi que ce soit, entre autres MM. Alfred Desnoyers, Charles-Emile Bruchesi, le docteur Hyacinthe Lebel (médecin-examinateur des assurés). J.-E. Wilder, son adjoint Wittaker, Crossby Baber...

Enfin en voici un, mais il y en aura d'autres, et de meilleurs.

M. Aldéric Paquette : « Certainement, je me souviens très bien de Louis Hémon. Il avait un pupitre voisin du mien dans le bureau de la Sécurité. C'était un jeune homme tranquille, appliqué à son travail, très intelligent. Il était humble et discret à l'extrême. Comme j'avais passablement voyagé, au Lac-Saint-Jean et ailleurs, il aiguillait parfois la conversation sur le Lac-Saint-Jean, quand l'occasion se présentait. C'est singulier, il m'a parlé de Péribonka. En lisant son livre, je me suis demandé si, à l'époque où je l'ai connu, il n'avait pas fait le voyage au Lac-Saint-Jean. Mais je vois par les dates que vous m'indiquez qu'il parlait du Lac-St-Jean seulement pour mener sa petite enquête auprès des gens qui connaissaient la région. Il ne m'a fait part d'aucun projet littéraire. D'ailleurs, j'avoue que rien chez lui ne trahissait le futur auteur du chef-d'œuvre *Maria Chapdelaine*.

— Savez-vous comment il se fait qu'il est entré à la Sécurité du Canada ?

— Pas de façon sûre, mais je pense qu'il a obtenu son emploi en répondant à une annonce classée parue dans les journaux [2]. La majeure partie de la correspondance me passait par les mains, et je crois me rappeler que c'est de cette façon que Hémon est entré à la Sécurité. »

À ce moment, je fais voir à M. Paquette la photographie de la lettre du 28 octobre, précédemment citée. « Ah ! c'est bien son écriture, s'exclame-t-il. C'est bien ça. Je la reconnais bien. Je ne serais pas étonné que vous puissiez retrouver un écrit de Louis Hémon dans les archives de la Sécurité, si elles n'ont pas été détruites. »

J'ai suivi la suggestion de M. Paquette et j'ai écrit au secrétaire de la Confédération Life Association à Toronto. M. J.-L. McLachlin m'a répondu avec beaucoup de courtoisie, mais sans pouvoir, à son grand regret, me procurer de lettre de Louis Hémon. Malheureusement on avait détruit toute la correspondance de nature temporaire concernant l'ancienne compagnie Security Life Insurance.

Le type vu à Montréal

Le témoignage suivant a son histoire.

Un bon jour, il y a plusieurs mois, je me trouvais à déjeuner au Cercle Universitaire à la gauche de M. Clarence Gagnon, le

---

2. À travers des annonces demandant des barbiers, des bedeaux, des charretiers, des commis, des forgerons, des « artistes de vaudeville pour le samedi et le dimanche », Hémon a peut-être répondu à celle-ci :
— Jeune homme demandé, devra savoir la comptabilité, la sténographie, la clavigraphie (canadianisme pour dactylotypie) et parler les deux langues. Écrire avec références, Boîte 151, *La Presse* (11 nov. 1911). C'est peut-être cette petite annonce qui lui a fait trouver la Sécurité...

célèbre illustrateur de *Maria Chapdelaine*. Comme on le devine, la conversation glissa bientôt sur le roman, sur le travail de l'illustration, sur l'imprimeur Grenier, sur l'éditeur Mornay, etc. Soudain, mon voisin se tourne vers moi :

« Vous savez, dit-il, j'ai une cousine qui a très bien connu Louis Hémon.

— Pas vrai ? Mais je cherche précisément des témoins sur lui.

— Elle a travaillé plusieurs mois dans le même bureau que lui.

— Où ça, à Montréal ? Pendant son premier séjour ?

— Oui, à Montréal mais je n'en sais pas plus long.

— Voilà qui fait mon affaire, car je n'ai pas encore beaucoup de témoins véritablement renseignés sur Hémon à Montréal, sauf M. Dawson de la maison Lewis. Puis-je voir assez facilement votre cousine ?

— Mais certainement, la chose est très facile à arranger. Je l'en préviendrai. »

Le hasard m'a bien servi.

Peu de jours plus tard, j'ai eu un long entretien avec Mlle Claire Gagnon, c'est elle qui m'a donné la clé du premier séjour de Louis Hémon à Montréal, c'est elle qui m'a révélé le gros de la vie de Hémon dans la métropole, c'est elle qui m'a mis sur la piste des autres témoins cités précédemment, c'est elle qui en quelques heures a élargi considérablement le cadre de cette enquête, d'abord limitée aux semaines passées par Hémon sous la tente dans les bois de Péribonka avec les ingénieurs et arpenteurs. Il ne faut pas négliger le hasard. En effet, les deux témoins les mieux renseignés sur Hémon que j'aie repérés sont des témoins de hasard : Mlle Gagnon pour le premier séjour de Louis Hémon à Montréal et M. Adélard Parent pour les derniers jours et la mort de l'écrivain à Chapleau.

Les femmes sont d'excellents témoins de leur entourage. Elles savent observer plus que les hommes. Leur mémoire paraît plus vive, plus sûre. Mlle Gagnon se rappelle maints détails de l'habillement, des réflexions de Louis Hémon. Rien ne paraît lui avoir échappé. De mère de langue anglaise, elle parle naturellement l'anglais, mais elle passe facilement aussi au français. Le regard vif et observateur, elle est pleine d'esprit et d'humeur gaie. Aussi son premier mot sur Hémon est celui-ci :

« Hémon était très spirituel, très spirituel. We had lots of fights and lots of fun. »

Mlle Gagnon était, en effet, en état de tenir tête à Hémon sur le côté de la taquinerie. Au charme de l'esprit elle joignait le charme de la jeunesse et de la distinction. Elle se défend bien de le dire, mais il paraît évident que Louis Hémon, quand il sortait de son mutisme, se plaisait beaucoup à badiner avec elle. En la taquinant, il savait qu'il aurait la monnaie de sa pièce. Les vrais taquins savourent les répliques.

Voici la partie du témoignage de Mlle Gagnon pour l'époque qui nous intéresse sur Louis Hémon :

« Je suis entrée au service de la *Sécurité du Canada* le 1er décembre 1911. La compagnie avait ses bureaux dans l'immeuble Workman, situé sur la rue Sainte-Catherine, partie ouest, côté sud, entre la rue Alexandre et le cinéma *Princess*. Elle a déménagé ses bureaux dans l'immeuble Shaughnessy, angle des rues McGill et Saint-Jacques, au début de l'année 1912. Louis Hémon y travaillait avant moi. J'ai toujours compris qu'il était entré au service de la Sécurité deux ou trois semaines avant moi.

« M. Hémon était un parfait gentilhomme sous tous rapports. Il travaillait avec beaucoup de conscience. Il émettait les polices d'assurance. Il ne donnait aucune attention aux autres. Concentré, il s'absorbait dans son travail et parlait très peu. Je ne me rappelle pas l'avoir vu parler le premier à un membre du personnel masculin. Il attendait qu'on vînt à lui. Il causait de préférence avec le personnel féminin. Cela tenait apparemment à sa nature très sensible. Physiquement, il paraissait peu robuste, mais il jouissait quand même d'une bonne santé. Je ne me rappelle pas qu'il ait été absent une journée du bureau pendant les six mois et demi que nous avons travaillé ensemble. Il ne mesurait pas plus que cinq pieds et six ou sept pouces. Les yeux bleus, les cheveux d'un blond foncé, le teint pâle, la figure légèrement allongée, les mains blanches et fines comme des mains de femme, son accoutrement propre mais plutôt pauvre. Il trahissait son étrangeté au pays. Autre détail : il n'avait pas de dents à la mâchoire supérieure entre les dents de l'oeil.

— Etait-il sourd ?

— Je ne m'en suis jamais aperçu.

— Qu'est-ce que le reste du personnel disait de lui ?

— L'opinion commune était que Louis Hémon était à la fois original et excentrique. Les uns admiraient son intelligence, sa connaissance approfondie du français et de l'anglais et ne craignaient pas de le dire ; d'autres, inspirés peut-être par un trouble sentiment de jalousie de le voir supérieur à eux dans les deux langues — c'est le seul homme que j'aie connu capable d'écrire l'anglais sans faute comme le français — échappaient parfois le mot, à cause de certaines de ses manières différentes des nôtres : Il est maboul, ma foi ! M. Hémon, en effet, se plaçait par ses habitudes et ses façons à l'écart des autres hommes. Ce sont des détails insignifiants, direz-vous, mais je vous dirai que pendant les quelque sept mois qu'il a passés à la Sécurité du Canada, il n'a jamais paru au bureau avec un autre habit qu'un complet brun, et nous nous demandions par quel miracle les morceaux pouvaient bien tenir ensemble. De même il a toujours porté le même vieux chapeau et la même vieille cravate noire de soie cordée. À ce propos, il faut que je vous raconte deux incidents.

« Un bon jour, au bureau, je me suis trouvée à toucher, je ne sais trop par quel hasard, au chapeau de M. Hémon. Pour le taquiner, je lui dis : « Mais, M. Hémon, ce n'est pas un chapeau ça ? — Ça n'est pas un chapeau, ça ? Qu'est-ce que c'est alors ? C'est le meilleur chapeau du monde. Je ne sais quel âge il a. Je le porte depuis des années et voyez sa belle allure. Il a attrapé toutes les pluies d'Angleterre et toutes les neiges de Montréal. Il m'a accompagné aux courses d'Epsom Downs ! Et vous dites que ça n'est pas un chapeau ? C'est un bon chapeau ! » Monsieur Hémon aimait beaucoup blaguer, comme vous pouvez voir.

« Un autre jour, c'était à la veille de son départ pour le Lac-Saint-Jean. Il arrive au bureau avec une cravate neuve. Grave affaire ! Que pouvait-il bien s'être passé ? « Vous avez abandonné votre belle cravate de soie noire ? lui dis-je — Pardon, mademoiselle, dit-il ; c'est elle qui m'a abandonné. Ce matin, les deux bouts me sont restés dans les mains. »

— Je vous en prie, mademoiselle Gagnon, poursuivez votre description de l'accoutrement de votre compagnon de bureau...

— Louis Hémon n'a jamais porté de chemise avec manchettes et collets empesés, mais toujours une simple chemise de flanelle avec col mou. Sa chemise était toujours propre, mais toujours du même dessin et de la même teinte. Il avait dû s'en acheter plusieurs pareilles. On ne lui a vu dans les pieds que la même paire

de chaussures tout le temps qu'il a été au bureau de la Sécurité :
des grosses chaussures.

« Ce sujet des chaussures me rappelle un autre incident. Vers
la fin de janvier, Louis Hémon nous annonça qu'il s'était acheté
des patins. Aujourd'hui, il s'achèterait plutôt des skis. Il nous con-
via à assister à ses performances sur la glace. Je me souviendrai
toujours de cela. J'ai ri à en devenir folle. Il avait dans les pieds
de grandes bottines surmontant de hautes et longues lames. Fran-
chement, les bottines étaient bien de quatre pouces trop longues.
Inutile de vous dire que monsieur Hémon a décrit ses élégantes
figurations...assis sur la glace.

— Ces petits faits m'intéressent grandement. Pouvez-vous
m'en raconter d'autres ?

— Ils me reviennent en mémoire tout en parlant. Tiens, je
pense à l'affaire du cigare. Un après-midi, à l'occasion d'élections,
nous avons fait un pari au bureau. Il était entendu que si je gagnais il m'apportait une boîte de bonbons et que si je perdais je
lui donnais un cigare. Tellement sûr de perdre, Hémon s'était
procuré une boîte de bonbons et l'avait déposée sur mon pupitre
le lendemain matin sans s'informer du résultat électoral, qui le
laissait bien froid d'ailleurs. De mon côté, pour tenir ma parole,
j'arrivai au bureau avec un respectable cigare de 25 sous, s'il vous
plaît. Quand je le lui présentai, « Ne me dites pas que vous avez
perdu ! Cela me fait trop de peine, dit-il. Il m'a remis quand
même les bonbons. Lui accepta le cigare. Je croyais l'incident
clos, quand je le vis faire le tour du bureau et serrer la main à
tout le monde. « Mais quoi, qu'est-ce qu'il y a ? disaient les autres. — Il y a, dit-il, que j'ai gagné un cigare. J'ai gagné un cigare. » Mais, que voulez-vous ? tous n'entendent pas à rire. C'est à
propos de manières comme celle-là que les uns murmuraient qu'il
était maboul...

« Le surlendemain, il s'approcha de moi et me dit : « J'ai travaillé hier soir dans ma chambre. J'étais bien tranquille. Soudain
on frappe à ma porte. J'ouvre. Devant moi la propriétaire. « Etes-
vous sûr, dit-elle, que le tapis n'est pas en feu ? — Mais non, madame, il n'y a rien d'anormal. — Ça sentait le brûlé, en bas, re-
prit-elle. » J'étais simplement en train de fumer votre cigare ! »

« Une fois, quelqu'un dans le bureau se permit de fredonner
la chanson *Sing me to sleep*. Hémon immédiatement se mit les
mains sur les oreilles. « Qu'est-ce que vous avez ? lui dis-je. — Ne
m'en parlez pas. À Londres, on me chantait cela à la journée ! »

— Hémon était-il toujours aussi gai ? On me l'a dépeint comme étant parfois morose ?

— En général, il parlait très peu et quand il parlait il le faisait très discrètement. Il aimait se payer la tête des gens, mais sans éclat, avec un esprit qu'il fallait deviner. C'était fin. Il n'était pas « in the ordinary run of men ». En février ou mars, il passa par une décade de dépression morale. Il parlait moins que jamais et paraissait vraiment souffrir. Il était terriblement déprimé. Cela faisait de la peine à voir. Mais, comment lui remonter le moral ? Il restait tellement à l'écart de tous. Je lui envoyai un jour un bout de papier avec quelques mots badins. Il me répondit : « Claire a perdu Louis et Louis ne voit plus clair ». Même dans ses moments moroses, il savait encore faire de l'esprit. Il était d'ailleurs très sensible, au point d'en souffrir souvent et profondément. S'il ne voulait pas qu'on pense à lui, qu'on s'occupe de lui, il n'oubliait pas de penser aux autres. Un matin, vous trouviez sur votre pupitre une fleur. Hémon s'était souvenu que telle date était pour vous un anniversaire. Il tenait à faire plaisir. He was good-hearted.

« Je ne sais pas combien de fois nous avons discuté amicalement tout en employant des mots piquants sur des questions de traduction ou sur la sténographie. Si je lui faisais parvenir un mot en sténographie, il répondait : « Je n'ai jamais vu de sténographie comme celle-là. C'est assez mal tourné... Ce n'est pas de la sténographie, ça. Il n'y a rien à comprendre »...

— Lui avez-vous connu des amis ? Savez-vous où il demeurait, où il mangeait ?

— Je ne l'ai jamais vu avec un ami. Je pense qu'il avait sa chambre dans l'Est de la ville. Il allait manger au restaurant, le midi, je ne sais où, mais le soir, je pense qu'il lui arrivait de manger à sa chambre. Voici ce qui me le fait dire. Au cours de la conversation, un jour, M. Hémon a fait la remarque que très rares étaient les endroits à Montréal où l'on pouvait boire du bon café. « Je voudrais bien pouvoir m'en faire dans ma chambre, dit-il. — C'est bien facile, dis-je à mon tour. Allez chez Morgan et achetez-vous une petite cafetière de porcelaine à feu avec un petit poêle à alcool ». Et je sais qu'il a suivi mon conseil. Conséquemment, pouvant se faire du café à sa chambre, il s'apportait peut-être des sandwichs et des gâteaux pour y prendre un frugal repas. Il était visiblement ménager. Il gagnait $15 par semaine, je crois, et à cette date-là un jeune homme pouvait passablement se réchapper avec ce salaire. Il mettait probablement de l'argent de côté pour ses futurs voyages. Aujourd'hui tout s'explique.

— Hémon a-t-il jamais fait allusion à ses écrits passés ou à ses projets littéraires nouveaux ?

— Jamais, mais je me rappelle qu'il avait la permission de retourner au bureau le soir pour se servir des machines à écrire. Est-ce qu'il a profité souvent de cette permission, je n'en sais rien. Cependant, en raison de son caractère renfermé, songeur, de sa profonde connaissance du français et de l'anglais, de ses manières et habitudes en général, j'ai dit un jour à une compagne de bureau : « I guess this man is a writer » (Je parie que cet homme est un écrivain).

— S'est-il trouvé à vous prêter des livres ?

— Je lui ai demandé de me prêter des livres pour perfectionner mon français. Il n'a jamais voulu. Il me répondait : « C'est trop risqué »... M. Hémon était le cinquième homme du bureau. »

D'autres témoins féminins

Voici deux autres témoignages de femmes désignées par Mlle Gagnon.

Dès le lendemain de mon entretien avec cette dernière, j'ai écrit à Mme Carmichael, étant en possession de son adresse. Pour les autres, il n'en allait pas de même. Ce qu'il en a fallu de démarches, d'appels téléphoniques, de lettres, d'heures d'antichambre pour les repérer tous. Enfin, j'y suis parvenu.

Je me suis bien gardé de prévenir Mme Carmichael que j'avais vu Mlle Gagnon et que j'avais obtenu d'elle son adresse. Afin de laisser libre cours à sa plume, j'ai préféré taire tout cela. Mme Carmichael m'a adressé une réponse de deux pages de sa fine écriture. Voici la traduction de l'anglais au français de son précieux témoignage :

> « Cher monsieur.
>
> J'ai votre lettre du 10 janvier. et bien que j'aie pris grand intérêt à entendre parler de l'ouvrage de M. Hémon après avoir connu l'auteur, j'ai bien peur de n'avoir rien à vous dire qui soit intéressant. J'envoie cependant votre lettre à Mlle Clara Gagnon. à Montréal. qui fut aussi à l'emploi de la Sécurité du Canada vers la date que vous mentionnez et qui a causé plus souvent que moi avec M. Hémon.

Si j'ai bonne mémoire, il s'occupait de l'émission des polices, mais il avait la permission de se servir d'une machine à écrire le soir pour ses propres écritures [3]. Il ne parlait pas du tout de la nature de ces écritures, mais nous comprenions qu'il rédigeait des articles pour des journaux ou périodiques de France. Ou nous savions ou nous supposions qu'il était originaire de la France, et quand nous osions lui demander combien de temps il resterait à Montréal ou pourquoi il y était venu, il avait coutume de dire qu'il mettait de l'argent de côté jusqu'à ce qu'il devînt *tanné* d'un endroit et qu'ensuite il s'en allait aussi loin que son argent pouvait le conduire. Je vous répète cela, mais en vous faisant observer qu'il le disait sur le ton de la plaisanterie. Il était toujours très poli, mais très tranquille, ne cherchait jamais à lier conversation avec qui que ce fût. Nous devînmes d'opinion que le travail qu'il faisait n'était pour lui qu'un moyen de gagner l'argent nécessaire à sa subsistance. Son bagage de vêtements était mince, à en juger par son habillement au bureau, mais il était toujours propre. Il était très mince et frêle et pas très grand. Il était doué d'un vif sens de l'humour et il pouvait à l'occasion dire sa façon de penser avec aplomb. Je n'ai pas de photographie de lui. Quand il a abandonné son emploi à la Sécurité, il a fait le partage de ses biens et je me souviens que j'ai hérité d'une lampe ou d'un poêle à alcool dont il se servait pour ses goûters, mais à mon regret j'en ai complètement perdu trace.

Je ne puis rien vous dire de plus sur Louis Hémon. Je ne pourrais pas dire que je reconnaîtrais à la lecture de *Maria Chapdelaine*, qui m'a tant plu, l'homme que j'ai si peu connu au bureau de la Sécurité.

Vous remerciant de l'occasion que vous m'avez fournie de vous dire au moins ce peu de chose,

Sincèrement,

(signé) Dorothy Carmichael. »

La troisième jeune fille du bureau de la Sécurité, année 1911-12, était Mlle Donalda Lapointe. M. Paquette m'a aidé à la trouver. Il se souvenait qu'elle était de Terrebonne, de cette « Terrebonne » qui inspira à Louis Hémon des réflexions sur nos habitants.

Mme Paquette ne me cache pas sa surprise que je l'aie trouvée là-bas à propos d'une affaire qui remonte déjà à plus de vingt-cinq ans [4].

« Il en est bien passé de l'eau dans la rivière depuis cette date. »

Avec bonne grâce elle se prête à l'entretien.

---

3. *La citation des témoignages amène la répétition de certains détails ; la chose est nécessaire pour conserver l'intégrité des témoignages recueillis et elle permet de s'appuyer sur plus d'un témoin. V.T.*

4. « *À 25 ans* », *cela indique bien que M. A. Ayotte rédigeait cela en 1939.*

« Alors, c'est bien exact, vous avez travaillé dans le même bureau que Mlles Gagnon et Cookson, dans le même bureau que Louis Hémon, à la Sécurité du Canada, compagnie d'assurance ?

— Parfaitement, monsieur. Je suis entrée au service de cette maison dès son organisation. Précédemment j'étais à l'emploi de M. Alfred Desnoyers, dans un bureau de la rue Saint-François-Xavier. Quand il décida de s'occuper de la Sécurité du Canada, il me demanda de le suivre. Conséquemment, j'ai précédé Mlle Gagnon, Mlle Cookson et Louis Hémon à la Sécurité. Elle avait alors ses bureaux, rue Sainte-Catherine, à quelques pas de la rue Bleury, côté ouest.

— Et ce bon monsieur Hémon, j'ai hâte que vous m'en parliez ?

— Monsieur Hémon, répète machinalement Mme Paquette. Que voulez-vous que je vous en dise tant ? Il était si seul, si tranquille, si retiré dans son coin, si peu parlant. C'est peut-être parce qu'il aimait cette solitude qu'il a pu écrire un livre comme *Maria Chapdelaine*. Mais, d'autre part, les souvenirs se limitent à peu de chose. Je dois dire qu'il y avait en lui quelque chose qui nous intriguait, nous les jeunes filles du bureau. Toujours seul, toujours à son devoir, très particulier et très soigneux de son travail. Nous le trouvions un peu mystérieux et nous disions parfois : « Quel genre d'homme est-ce ? Le comprends-tu, toi ? » Il restait pour nous une énigme. Le reste de sa vie et son roman de Péribonka devaient nous éclairer. Il est évident qu'il ne travaillait que pour poursuivre sa vie aventureuse. Il y avait autre chose que son travail qui le préoccupait...

— Hémon, dites-vous, s'acquittait bien de sa tâche ?

— À la perfection. Il savait tellement bien l'anglais. Pour le français, on n'en parle pas. Ce pauvre M. Hémon ! Il s'occupait de l'émission des polices. Du matin au soir, il tapait, à la machine à écrire, des noms, des chiffres. Il savait bien la sténographie aussi, anglaise et française, et il faisait souvent de la traduction. Son travail, il l'accomplissait à merveille. Même, il travaillait bien trop. Il n'arrêtait jamais. Il est vrai que nous avions beaucoup d'ouvrage à ce moment-là, car la compagnie passait par une belle période et le personnel n'était pas nombreux. M. Hémon n'avait pas le temps d'être dans les nues à la Sécurité, s'il gardait cependant un air rêveur et songeur, grave et concentré. Pendant les heures de bureau il n'avait certainement pas le loisir de bâtir des romans.

Mgr Jean-Marie Leventoux

Le Virginian

N° (a) **97**

Consulat General DE FRANCE.

a (2) *Montreal*

DÉCLARATION
DE VOYAGE OU DE RÉSIDENCE
À L'ÉTRANGER.

Date de la déclaration *19/1/12*

M. (4) *Hemon Le Prosper Felix*

de la subdivision de (4) *la Seine 3e Bureau*

classe de recrutement (5) *1900*

numéro matricule (5) *1075*

affecté a (6) *1er régiment d'infanterie*

stationné a *Chartres*

a déclaré, le *19 Janv.* 19*12*

qu'il transférait sa résidence a (7) *419 St Hubert*

(9) La mention certifiant qu'il s'y est établi et y occupe une situation régulière à été ajoutée à sa déclaration.

N. B. — 1° L'agent diplomatique ou consulaire transmet, le plus tôt possible, la déclaration de voyage ou de résidence détachée de cette souche au Ministre des Affaires étrangères.

Si le poste est une agence consulaire, la déclaration est

— Hémon vous a-t-il adressé la parole ?

— Jamais il n'adressait la parole le premier. C'était un homme seul, renfermé. Il occupait un angle du bureau. Le pupitre de M. Paquette le séparait de moi. Je ne lui ai peut-être pas adressé la parole plus de dix fois pendant tout le temps qu'il a fait partie du personnel de la Sécurité. Il aurait bien pu jaser un peu, surtout quand les patrons étaient absents, remarque en riant Mme Paquette.

— Quel souvenir gardez-vous de son extérieur ?

— Il n'était pas très grand, environ cinq pieds et demi. Il avait, il me semble, les cheveux châtains en tirant sur le roux. Tout le temps qu'il a travaillé au bureau de la Sécurité il a porté le même costume brun. Il portait une chemise pâle avec une petite ligne bleue. Si son costume n'était pas celui d'un Brummel, il était toujours très propre cependant.

— Chapeau, chaussures ?

— Vous me faites rappeler qu'il portait de grosses chaussures, à semelles épaisses. Jamais, il ne s'est, à ma connaissance, embarrassé de claques. Quant au chapeau, je ne me souviens pas très bien. Un chapeau de feutre mou, je crois.

— Fumait-il ?

— Il fumait la pipe en arrivant au bureau ou en en partant, mais jamais pendant son travail. Jamais je ne l'ai vu fumer une cigarette ou un cigare. Il fumait la pipe à la mode des jeunes Anglais. S'il était Français, en effet, Hémon avait certains airs anglais. »

L'emploi de ses loisirs

Son pain assuré, Hémon songe à occuper de littérature ses loisirs à Montréal tout en suivant d'un peu loin les manifestations sportives, assez peu nombreuses ou importantes à l'époque. Son travail commence à neuf heures du matin seulement ; ses soirées sont libres. En outre, comme on l'a vu, il a la faculté de passer quelques heures au bureau le soir pour y vaquer à ses propres écritures.

Non seulement il rédige ses impressions de traversée et de séjour à Québec, mais il songe à écrire ses impressions sur Montréal même, projet qu'il ne mettra pas à exécution, semble-t-il.

Une lettre de Montréal, en novembre 1911, nous révèle qu'il cherche à faire imprimer son roman *Monsieur Ripois et la Némésis,* qu'il a écrit à Londres quelques mois plus tôt. Après avoir assuré le jeune et audacieux éditeur Grasset que ce roman a bonne chance de se vendre, parce que son nom, à lui Hémon, est connu des lecteurs de *l'Auto,* dont le tirage est grand, parce qu'en outre le nom qu'il porte est « également celui de son père, Félix Hémon, inspecteur général de l'Enseignement secondaire, officier de la Légion d'honneur, etc., qui a publié un grand nombre de livres de littérature et est connu de toute l'Université. Un grand nombre de gens qui le connaissent achèteront un livre de moi, surtout le premier, par curiosité ». Grasset a trouvé le livre bon, mais il ne veut pas éditer à ses frais le livre d'un inconnu.

Hémon n'en perd pas sa bonne humeur pour cela. Le 28 novembre il écrit à sa mère :

> Je trouve aujourd'hui ton câble, mais n'arrive pas bien à comprendre ce qui t'inquiète. Tu as eu plusieurs fois des nouvelles de moi depuis que j'ai passé l'eau, et comme il n'y a ici ni tremblement de terre ni épidémie, et que les Indiens ont cessé leurs attaques subites depuis un bon siècle ou deux, je suis aussi parfaitement en sûreté ici qu'à Mornington Crescent ou rue Vauquelin.
>
> Mais je tâcherai d'écrire plus fréquemment en attendant que vous vous habituiez à l'idée que l'Amérique est partiellement civilisée...
>
> Tout à fait inutile d'envoyer le moindre argent, ni maintenant ni pour le jour de l'an ni plus tard. Je n'ai pas éprouvé grande difficulté à m'assurer le pain quotidien, accompagné d'une quantité raisonnable de steaks et de côtelettes. Heureusement, car le climat porte à la voracité : j'ai d'ailleurs promptement adopté les mœurs locales sur ce point, et si tu me voyais prendre pour « petit déjeuner » du matin deux côtelettes de veau avec des pommes de terre et des petits pains chauds, tes inquiétudes subsisteraient peut-être, mais sous une autre forme. Je connais un restaurant bienheureux où l'on a tout cela — avec du café — pour quinze sous. Car la nourriture est bon marché, si le reste est cher.
>
> Comme j'avais acheté à Londres avant de partir tout ce qu'il me faut comme vêtements de dessus et de dessous, me voilà prêt à tout et sans besoins aucuns.
>
> D'ailleurs il n'a pas fait bien froid jusqu'ici : deux ou trois périodes de quelques jours où le thermomètre est descendu à 8 ou 10 (degrés centigrades) au-dessous, pour remonter bientôt ; et pas mal de neige dans les rues, neige qui y est restée depuis trois semaines

sous des formes diverses, glace, boue, etc. Le vrai hiver canadien n'est pas encore venu.

Montréal n'est pas une ville bien plaisante, malgré sa taille — (500,000 hab.). D'abord elle ressemble trop à l'Europe et je crois bien que je m'en irai plus loin dans l'Ouest au printemps. Mais en attendant me voilà installé en plein luxe pour l'hiver...

Hémon a promis d'écrire de nouveau prochainement ; il tient sa promesse. Le 5 décembre il met à la poste une lettre qui contient les passages suivants :

...Je vous donnerai l'adresse de mon logement sous quelques jours ; mais écrivez-moi toujours à ma boîte postale : car je pourrais déménager brusquement — cela m'est déjà arrivé — et, vu le temps qu'il faut pour vous en aviser, etc. des lettres s'égareraient.

Pas grand'chose à ajouter à ce que je disais dans une dernière lettre ; je suis en pleine prospérité — relative — ; le climat me va à merveille et les manières un peu abruptes des indigènes me conviennent aussi fort bien...

Dimanche dernier a été une des plus belles journées que j'aie encore vues ; température de 12 à 15 (centigrade) au-dessous, mais ciel d'Italie et soleil éclatant au point qu'il paraît idiot de mettre un pardessus. Le Saint-Laurent avait commencé à geler un peu, mais ce soir le thermomètre remonte, sans remonter au zéro toutefois...

Tu pourrais peut-être m'envoyer un journal de temps en temps...

De la rue Saint-Hubert, à la hauteur de la rue Rachel, à l'immeuble Workman, rue Sainte-Catherine, la distance est passablement longue. Un bon marcheur doit mettre au moins vingt minutes à la franchir. On comprendra que si Hémon retourne travailler le soir au bureau, il ait voulu prendre une chambre moins éloignée. Apparemment, il redescend la rue Saint-Hubert vers Sainte-Catherine, car on le trouvera bientôt au no 419, à mi-chemin entre la rue Ontario et la rue Demontigny. Dans cette lettre, comme dans la précédente d'ailleurs, il indique le numéro de sa case postale : 1131. Un fonctionnaire des postes m'a informé que, en 1911, il n'y avait de boîtes postales pour poste restante qu'au bureau principal, rue Saint-Jacques, près de la Place d'Armes. Après que la Sécurité du Canada fut déménagée de la rue Sainte-Catherine à la rue Saint-Jacques Hémon se trouvait à passer plusieurs fois par jour devant l'hôtel des postes. Il pouvait tous les jours jeter un coup d'œil à sa case et se payer le luxe de transpor-

ter ses pénates d'une chambre à l'autre aussi souvent que le caprice l'en prenait.

La prospérité de Louis Hémon cet automne-là consistait en
un salaire hebdomadaire de $15 par semaine, selon les témoins
interrogés. Ce salaire est-il supérieur à celui qu'il touchait à Londres ? Il semble bien.

Lui qui se défie tant de l'hiver canadien s'aperçoit qu'il n'est
pas aussi dur que des voyageurs le lui ont décrit. Il s'habitue fort
bien aux jours froids et brumeux de décembre. Il trouve que ce
climat lui va à merveille. C'est plus tard, en janvier et février,
qu'il connaîtra les plongeons du mercure. Le dimanche 3 décembre il a marché à travers les rues sans pardessus. Il s'est même
rendu au bord du fleuve et il a assisté à une semi-débâcle.

Chez le docteur Warren

Quelque temps après notre premier entretien, Mlle Gagnon
m'a fourni le nom d'un docteur Warren, médecin-examinateur
des assurés de la Sécurité du Canada, comme étant susceptible
d'avoir connu Louis Hémon. Premier mouvement : je cherche les
docteurs Warren dans l'annuaire téléphonique. Il n'y en est mentionné qu'un seul, le docteur J.-L. Warren, rue Maplewood, à Outremont. Je signale :

— « Allo, docteur Warren ?

— Oui, c'est moi.

— Je suis à la recherche d'un docteur Warren qui a connu
Louis Hémon. Serait-ce vous ?

— Louis Hémon, l'auteur de *Maria Chapdelaine ?* Oui, je l'ai
connu. Je l'ai vu quelquefois. . .

— Vous l'avez connu : c'est le principal pour moi. Je tiens à
vous voir et à causer quelques minutes avec vous maintenant
pour que vous me racontiez vos souvenirs sur lui.

— Je n'en sais pas grand'chose, mais si vous voulez venir, je
vous attends. »

Encore une fois, le hasard m'avait bien servi. J'ai couru chez
le docteur Warren. Je me suis trouvé en présence d'un homme
aux cheveux blancs remarquablement alerte. « . . .Pendant quarante ans, j'ai passé deux ou trois mois chaque année dans le bois

avec les colons et les bûcherons. Hémon a aimé cette vie lui aussi ; il l'a décrite à merveille. Il m'est doublement sympathique : et parce que je l'ai connu et parce qu'il a aimé la vie nature.

— Mais, dites-moi, comment se fait-il que vous avez connu Hémon ?

— C'est bien simple. J'ai mangé avec lui. J'avais compté parmi mes clients quelques semaines plus tôt un grand jeune homme brun, un Français légèrement chauve, dont j'oublie le nom. C'est lui qui me l'a présenté. À ce moment-là j'avais mon bureau sur la rue Dorchester près de la rue Saint-Hubert. J'allais manger au restaurant. J'arrivais d'Europe et je fréquentais quelque peu les Français. Je me souviens que, au cours du déjeuner, nous avons discuté ensemble de bien des sujets. Hémon, un peu taciturne, un peu pensif, lent peut-être à faire connaître son point de vue dans tel ou tel débat, n'en était pas moins très intelligent. C'était une bonne nature. Comme j'aime la vie sans artifice, j'aime les hommes francs et sincères. Hémon était de ceux-là. Il savait décrire avec véracité. Si j'avais su à ce moment-là qu'Hémon nous réservait une si magnifique surprise, qu'il nous donnerait une si jolie chose : *Maria Chapdelaine* !...

— Vers quelle date de l'année avez-vous fait connaissance avec lui ?

— C'était en décembre, même c'était à la veille des Fêtes... »

Fin de décembre

En dépit de ses bonnes intentions, Louis Hémon ne paraît pas avoir écrit à sa famille entre le 5 et le 21 décembre. Voici la seconde.

Montréal, 21 décembre 1911

J'ai écrit il n'y a pas bien longtemps ; mais le premier janvier approche et un usage respectable veut que l'on échange de la correspondance à cette époque.

Cette lettre, qui vous parviendra, je l'espère, au bon moment ou à peu près, est donc chargée de toutes sortes de vœux, futiles comme tous les vœux, mais les plus sincères du monde. Que tout marche comme vous le souhaitez dans votre univers, avec même quelques bonheurs inattendus au cours de l'année — c'est une formule vague sans doute, mais je ne sais trop que vous souhaiter en détail. En tout cas, que cette lettre vous apporte une petite preuve de grande affection.

Et surtout si vous pensez à moi au moment de la nouvelle année, que c
soit sans l'ombre de souci. Je suis gras, heureux et confortable ; je touche de
appointements énormes, avec ponctualité — si énormes que, vous aurez pein
à le croire, je commence à faire des économies ! Quand le printemps viendr
j'aurai un bas de laine et je quitterai Montréal avec sérénité et sans regret...

Au milieu de tant de prospérité, j'ai transporté ma clientèle d
restaurant à quinze sous à un autre restaurant à vingt-cinq sous, trè
distingué ; si distingué qu'on a des couteaux à dessert ! Ceci est, à Montréal
l'indice du luxe le plus effréné, et je crois que certains indigènes voient cel.
avec tristesse et considèrent ces raffinements comme une marque de mollesse
décadente, bonne pour nos vieux pays moisis d'Europe.

Le climat continue à être changeant et, somme toute, désillusionnant
Le St-Laurent n'est toujours pas gelé et la neige n'est guère épaisse dans le
rues. Mais attendons...

P.S. — Mon adresse est 419 rue St-Hubert, mais écrivez toujours à ma boît
postale, s.v.p.

Au sujet des raquetteurs

Chaque jour, dans les colonnes des journaux de Montréal, la
chronique de la raquette occupe un large espace. Il existe plusieurs clubs de raquetteurs aux noms plus ou moins pittoresques
le *Boucanier*, le *Forestier*, le *Tricolore*, le *Champêtre*, le *Mon
tagnard*, le *Champlain*, la *Tuque*, le *Lemoyne*, les *Coureurs des
Bois*, etc. En décembre, ces clubs assistaient à l'inauguration de la
saison du hockey, organisaient la guignolée, se réunissaient pour
dîner, danser, et parfois allaient en raquettes.

À la fin de décembre, Hémon fait du sport de la raquette à
Montréal le sujet d'une de ses chroniques à *L'Auto*, qui la publie
seulement le 11 avril suivant. Voici comment il peint nos
raquetteurs :

LES RAQUETTEURS

Montréal

La rue Sainte-Catherine était en émoi ce soir. Les « chars » et les « traî-
nes » ne passaient qu'avec difficulté, lentement, après force sonneries de gre-
lots ou appels de timbres : et bien que le thermomètre marquait 15 degrés
au-dessous de zéro, un nombre respectable de curieux bordait les trottoirs et
regardait avec admiration défiler les raquetteurs.

Les raquetteurs sont de ces gens qui forcent l'attention, surtout lorsqu'ils
sont rassemblés au nombre de deux ou trois cents, tous en uniforme. Ils portent des bonnets de laine de bandit calabrais, dont la pointe leur retombe sur
l'épaule : des vareuses épaisses serrées à la taille par des ceintures : aux jambes, des « chausses » collantes, qui viennent s'enfoncer dans des mocassins de
peau de daim. Et chaque société a ses couleurs, qui ont dû faire l'objet de

longues méditations : vareuses grises et chausses rouges ; vareuses blanches à parements bleus ou tricolores ; ensemble grenat... le tout semé à profusion de houppes, de broderies et de galons. Ils se savent beaux, les gaillards ! Et lorsqu'ils remontent la rue Sainte-Catherine ou le boulevard Saint-Laurent, comme ce soir, marchant en file indienne, clairons en tête, ceux de leurs amis qui les regardent passer ne manquent jamais de les héler avec insistance et s'honorent du moindre geste vague qui vient de leur côté.

* * *

Les raquetteurs, encore qu'ils soient typiquement canadiens, par bien des points, ont quelques traits en commun avec nos excellentes sociétés de gymnastique : entre autres, le culte des uniformes, de la parade, des cuivres et des drapeaux.

Une autre ressemblance découle du fait que, de même que certaines sociétés de gymnastique comptent parmi leurs membres quelques gymnastes, ainsi les raquetteurs poussent l'héroïsme jusqu'à chausser quelquefois leurs raquettes à neige par-dessus les pittoresques mocassins, pour aller faire de véritables promenades sur de la véritable neige, qui ne manque certes pas.

Mais j'ai tout lieu de croire qu'ils ne prennent que rarement des moyens aussi extrêmes pour maintenir leur prestige. Bien plus souvent et bien plus volontiers ils se réunissent pour jouer à l'euchre ou pour danser, ou encore pour dîner ensemble ; dans ce dernier cas, ils relèvent généralement le caractère de leur réunion en faisant suivre le dîner de longues fumeries musicales auxquelles ils donnent le nom de « concerts-boucanes », ce qui sonne fort bien.

Le compte rendu des exploits d'une société de raquetteurs à l'occasion de Noël pourra être instructif. Je reproduis à peu près textuellement le récit du journal local.

« ... La société « Les Coureurs des Bois » a fait sa grande expédition coutumière à l'occasion de la messe de minuit, que tous les membres sont allés entendre à l'église de Boucherville [5].

« Partis du siège social au nombre de trente, tous dans leur coquet uniforme, et précédés de leurs tambours et clairons, ils ont suivi à pied la rue Sainte-Catherine jusqu'à la rue Bleury, où ils ont pris le « char » (canadien pour tramway). En descendant du char, ils ont pris place dans le chemin de fer électrique de la rive Sud qui les a menés à Longueuil. Là, ils ont trouvé plusieurs voitures mises à leur disposition par les notabilités locales, et le reste du trajet fut accompli promptement et gaiement.

« Une fois la messe de minuit entendue, ils se sont rendus à l'hôtel X... où leur fut servi un réveillon copieux et succulent qui dura tard dans la nuit. Les « Coureurs des Bois » se sont séparés en se promettant de faire encore dans le courant de l'année plusieurs grandes expéditions semblables... »

Que voilà des Coureurs des Bois qui comprennent la vie, et que leurs « expéditions » sont raisonnablement organisées ! L'on serait vraiment tout déçu d'apprendre quelque jour qu'un membre d'une aussi intelligente société a chaussé d'incommodes raquettes et trotté dans la neige pendant de longues heures sans y être forcé. Mais c'est peu vraisemblable.

---

5. Sur la rive sud, à quelque vingt milles de Montréal.

* * *

Ce soir, ils étaient tous là : les « Coureurs des Bois », les « Montagnards » les « Boucaniers » et aussi le « Cercle paroissial Saint-Georges » et les « Zouaves de l'Enfant-Jésus ». La raison de leur assemblée, je n'en suis pas bien sûr ; mais je crois me souvenir qu'ils allaient assister en corps au premier grand match de hockey sur glace de la saison et encourager de toutes leurs forces un club français qui luttait contre un club anglais. De sorte que nos raquetteurs sont de vrais hommes de sport, après tout.

Et un remords me vient de les avoir un peu plaisantés. D'abord, parce que ce sont d'honnêtes garçons qui s'amusent honnêtement et que leur goût pour les beaux costumes, les bons dîners et les fanfares bruyantes est le plus naturel du monde. Ensuite, parce que de temps à autre, ils font réellement usage de leurs raquettes et que certains d'entre eux sont des athlètes éprouvés. Enfin, et surtout, parce que, dans les rues de la plus grande ville d'une possession britannique, leurs clairons sonnent le « garde à vous » français et « la casquette » et que sur le traîneau qui les précédait, au-dessus de deux drapeaux anglais, deux « Union Jacks » bien gentils, pas très grands, de vrais petits drapeaux de politesse, il y avait un gigantesque tricolore qui claquait dans le vent froid et secouait ses rectangles de bleu et de sang au-dessus de la neige des rues.

L. Hémon

Moins de quinze jours plus tard Hémon consacrait un nouvel article aux raquetteurs à l'occasion de la course patronnée par le journal montréalais *La Presse* (13 janvier 1912). Il parut dans *L'Auto* le 8 mai.

A Montréal tout l'hiver

On a vu que Louis Hémon a une fois de plus transporté ses richesses plus bas, sur la rue Saint-Hubert, au no 419, qui correspond au no 1637 aujourd'hui, presque en face de l'académie Saint-Ignace. Cette fois, il prend racine à sa chambre et il ne reparlera plus de déménagement jusqu'à son départ de Montréal, plusieurs mois plus tard.

Le 19 janvier, il juge le moment venu, étant donné que son adresse s'avère d'une permanence relative, de passer au consulat général de France pour y faire sa déclaration de résidence, comme l'exigent les règlements. Mlle Deschamps, qui est à l'emploi du consulat depuis près de trente ans et qui a vu défiler plusieurs consuls, a reçu le futur auteur de *Maria Chapdelaine* et noté les détails qu'il lui fournit.

M. Michon a eu l'amabilité de rechercher la souche de déclaration de résidence de Louis Hémon, dont on trouvera une photographie ci-contre. Cela a permis à Mlle Deschamps de reconnaître son écriture.

Où il prenait ses repas

M. Marquette, publiciste, me dit : « Gustave Comte, mon regretté ami, m'a raconté qu'il allait manger chez Gérardeau avec Louis Hémon. Gérardeau était un Français qui tenait restaurant à l'angle des rues Sainte-Catherine et Saint-Justin, aujourd'hui Berger.

Cela nous amène à nous demander où Hémon prenait ses repas pendant ses séjours à Montréal, à qui faisait-il la faveur de sa clientèle ? À la veille de l'hiver de 1911-12, nous sommes en face du pullulement des restaurants des rues Sainte-Catherine, Saint-Denis, Saint-Laurent, Bleury, etc.

Dans ses lettres, si Hémon s'abandonne à décrire le menu et à indiquer le nombre de couteaux ; il se garde bien de donner le nom du restaurant ou celui de son patron ou de sa patronne. Il reste là aussi insaisissable que dans d'autres circonstances de sa vie. Il se disait sans doute : « À quoi bon, puisque ma famille ne connaît pas Montréal, l'ennuyer avec tous ces noms de rues, de restaurants, de patrons, etc. » Il restait dans les nobles et commodes généralités.

Cependant, il y a quelques restaurants à Montréal où Hémon est allé à plusieurs reprises. Nous le savons par des témoins. Nous venons de voir qu'il se retrouvait parfois chez Gérardeau avec feu Gustave Comte. Comte était l'un des journalistes les plus cultivés, les plus fins de ce temps-là. Hémon devait se plaire en sa compagnie.

L'on a vu également que Hémon mange à la veille de Noël en compagnie du docteur Warren et d'un autre compagnon, qui serait, au dire de M. Leblond de Brumah un nommé Degeorges, ancien carabinier, chez Kraussman, rue Saint-Jacques. Puisqu'il y conduit des amis, c'est qu'il connaît ce restaurant pour y être allé déjà à plusieurs reprises.

J'ai eu la curiosité de demander à M. Leblond de Brumah s'il avait connu Hémon. Cet octogénaire toujours vert, parti de France pour venir enseigner le français aux Etats-Unis et qu'un religieux canadien a fait changer d'idée sur le bateau et dirigé vers le Canada (comme un autre a fait pour Hémon) m'a tenu les propos suivants :

« Bien sûr, j'ai connu Hémon, j'ai mangé avec lui plusieurs fois. » Et monsieur Leblond de Brumah fait défiler une série de noms de restaurants aujourd'hui disparus pour la plupart.

« Aux endroits où j'ai mangé avec Hémon, dit-il, ce dernier n'y mangeait pas régulièrement : c'était plutôt occasionnellement. *L'Occidental* était un chic restaurant, avec salons particuliers, fréquenté le soir par les amateurs de théâtre. Situé rue Lagauchetière, près de Saint-Urbain, cette ancienne maison des savonniers Barsalou attirait une large clientèle. »

Au restaurant l'Occidental cela coûtait assez cher... Aussi j'opine que c'est peut-être plutôt chez *Kerhulu* que j'ai le plus souvent rencontré Hémon. Les prix étaient moins élevés, c'était une bonne cuisine française. Cela convenait mieux à la bourse de Hémon sans doute et à son caractère. Il n'aimait pas le faste, d'après ce que j'ai pu voir.

— Quelle image avez-vous gardée de lui ?

— Hémon avait la figure mince, presque émaciée ; il était de taille moyenne. Seul avec moi, il causait beaucoup, mais devant plusieurs personnes il se taisait. S'il m'a dit qu'il travaillait à la Sécurité du Canada ou chez Lewis, je l'ai oublié. Je me souviens bien tout de même que dans la conversation, il avait de fines reparties. On avait de l'agrément à causer avec lui... »

Je mets sous les yeux de M. de Brumah les photos de Hémon, celle de Londres et celle de Péribonka :

« C'est bien lui, ça, remarque-t-il en fixant de préférence la photo de Péribonka. C'est bien son regard énergique. Je me remets très bien cette tête avec ces cheveux un peu négligés. »

Le témoignage le plus pittoresque sur les fréquentations culinaires de Louis Hémon est celui de M. Léopold Baulu, autre Français, maître d'hôtel à l'hôtel Queens. Voici ce qu'il m'a raconté.

« Un soir du début de juin 1938, je venais de jeter un coup d'œil dans les journaux et j'avais remarqué la photo des demoiselles Hémon, qui venaient d'arriver à Montréal. Je descends dans la salle à manger pour le dîner et qu'est-ce que j'aperçois ? Un de mes capitaines qui fait asseoir deux dames à une petite table à droite de la salle. Je suis frappé de la ressemblance des deux personnes avec la photographie que je viens de regarder dans le journal. Tout cela m'est passé dans l'esprit comme un éclair. Aussitôt je m'avance vers ces dames et je leur dis : « Mesdemoiselles Hémon, soyez les bienvenues au Canada. Il me fait bien plaisir de voir ici la sœur et la fille de Louis Hémon. — Mais, monsieur, vous nous connaissez ? — Je vous reconnais. Je viens de fermer mon journal après avoir remarqué votre photo. Et je vous retrouve ici un instant plus tard. Imaginez que par une coïncidence étrange, vous venez de vous asseoir à la petite table où j'ai souvent fait asseoir Louis Hémon il y a quelque vingt-cinq ou trente ans ». Vous imaginez la surprise de ces demoiselles d'apprendre qu'elles mangeaient à la table même de l'auteur de *Maria Chapdelaine*. « Mon frère venait manger ici ? » de reprendre Mlle Marie. « Il s'asseyait ici ? — Oh ! mais comme c'est étrange ! » de dire à son tour Mlle Lydia. »

« Lorsque la Société des Amis de Maria Chapdelaine a retenu des chambres à l'hôtel Queens pour les demoiselles Hémon, elle ne se doutait pas qu'elle fournirait à ces demoiselles l'occasion de mettre leurs pas dans les pas, l'une de son père et l'autre de son frère.

— M. Baulu, Hémon venait-il manger souvent au Queens ? Y vint-il avant son départ pour le Lac-Saint-Jean ou après seulement ?

— Il vint manger ici plutôt avant d'aller au Lac-Saint-Jean, car quand j'ai appris sa mort, il y avait longtemps que je ne l'avais vu. Sa photo parue dans *L'Almanach Beauchemin,* après la publication de *Maria Chapdelaine,* a confirmé dans ma mémoire que c'était bien l'homme que j'avais fait asseoir si souvent dans la salle à manger de l'hôtel.

— Vous avez causé longuement avec lui ?

— Pas longuement, car l'hôtel servait alors environ 2,000 repas par jour et je n'avais qu'un assistant à ce moment-là, de sorte qu'il était difficile d'avoir de longues conversations avec les clients. Nous avons échangé des propos assez banals, propos de gens qui se connaissent peu, mais qui se traitent amicalement. Je me souviens qu'une fois — cela s'explique bien entre Français transplantés ici — nous avons parlé du Canada, disant que c'est un pays d'avenir... Il y a vingt-cinq ans, le Canada était en pleine prospérité. Il n'était pas alors question de chômage ou de secours. Tout le monde pouvait travailler et gagner de l'argent. On dépensait en proportion. L'argent circulait.

— Voici précisément ce qui m'étonne. D'après ce qu'on sait de lui, Louis Hémon était plutôt homme à manger frugalement. Ici, c'était tout de même le tarif de l'hôtel ?...

— Nous servions alors un très bon déjeuner pour cinquante sous.

— Mais s'il ne gagnait que $15 par semaine...

— Oh ! mais $15 par semaine avant la guerre, cela équivalait bien à $25 et $30 et davantage aujourd'hui. Il pouvait se payer le luxe d'un bon repas de temps en temps.

— Hémon venait-il manger seul ou avec un compagnon ?

— Hémon était un jeune homme tranquille, qui ne parlait pas beaucoup. Je ne l'ai vu causer avec personne, à part moi. Jamais il n'est venu ici avec un compagnon. Il était modestement mais proprement vêtu. »

M. Baulu a le souci évident de ne dire que ce qu'il sait vraiment. Il clôt l'entretien en revenant sur ce fait :

« Je vous le répète, je considère comme une coïncidence très curieuse la venue des demoiselles Hémon à l'hôtel Queens et leur choix dans la salle à manger de la petite table même où Hémon avait l'habitude de s'asseoir. Quand je les ai vues arriver dans la salle et se diriger vers cette table, ça été dans mon esprit comme une lueur subite : Louis Hémon, sa sœur, sa fille. J'ai associé les trois ensemble. »

Après que les bureaux de la Sécurité furent transportés dans l'immeuble Shaughnessy, et de même quand il travailla chez Lewis plus tard, on peut fort bien supposer que Louis Hémon fréquenta assez souvent les restaurants groupés aux environs de la Place d'Armes : le Café Bouillon, le café-buffet de Mme Arcand, le restaurant de John Kraussman, la Crêmerie Laval, le comptoir de Pauzé, les restaurants chinois, grecs, etc.

Pendant l'hiver

Le samedi et le dimanche après-midi, Hémon fait de longues marches. Du côté de la montagne pour assister à une course dans la neige, comme on l'a vu, du côté du fleuve, qui, glacé et recouvert de neige, se confond avec le reste du paysage. Un aussi large cours d'eau glacé est pour lui quelque chose de nouveau et il en dit un mot dans une lettre du mardi 6 février 1912 à sa famille.

... L'hiver canadien a du bon : d'abord il ne fait pas bien froid, ensuite quand il tombe quelque chose ce n'est jamais que de la neige, et cette neige-là reste et ne fond pas. Et il y a souvent des journées magnifiques. Le thermomètre n'oscille guère qu'entre 10 et 20 au-dessous, température raisonnable et saine à laquelle on s'habitue en un rien de temps. Inutile de te dire que depuis six semaines déjà le Saint-Laurent est gelé et qu'on le traverse à pied, en voiture, etc., sur une piste spécialement déblayée. Quand je dis voitures, il faut lire traîneaux, naturellement, car les véhicules à roues ont disparu depuis longtemps...

Vous avez plus de chance que moi d'attraper des rhumes, dans votre vilaine ville où il pleut. C'est donc moi qui vous recommanderai de faire attention.

Le même jour, Hémon a adressé à Paris une autre lettre, au jeune éditeur Grasset :

« Je vous envoie, dit-il, les premiers chapitres de ce qui pourrait être un livre sur le Canada français : *Au Pays de Québec.* Ces premiers chapitres sont mal venus, me déplaisent et demanderaient d'être remaniés. . . »

Hémon ne se fait pas d'illusion, comme on voit. À vrai dire, il y a des répétitions dans son *Au Pays de Québec,* et ces pages auraient gagné à être retouchées. Elles n'en constituent pas moins une excellente somme d'impressions très justes et très claires et un important document sur le Québec de fin 1911.

Dans cette même lettre, dont nous avons demandé en vain copie entière à Grasset, Hémon promet quelques chapitres sur Montréal, mais, ou il n'a pas tenu promesse, ou son manuscrit n'est pas parvenu à Grasset, ou enfin, ayant songé à le terminer au Lac-Saint-Jean, il a abandonné son projet devant la conception du roman qui s'est présentée à son esprit une fois là-bas.

« Enfin, ajoute-t-il, une deuxième partie, qui ne pourra être écrite qu'au cours du printemps prochain, sur la vraie campagne franco-canadienne et sa population ; partie qui sera peut-être moins commune que les autres. . . »

Ces quelques lignes laissent entendre, à mon avis, que Hémon songe à faire d'une pierre deux coups pendant le printemps et l'été de 1912. Il paraît croire tout d'abord que le printemps canadien est aussi hâtif que le printemps de France. Voilà pourquoi il parle de faire une étude sur la vraie campagne franco-canadienne au cours du printemps. L'idée d'un roman ne semble pas traverser son esprit. Il pense seulement à faire une étude de mœurs sur Montréal et la campagne, du genre de celle qu'il a faite sur Québec. Ces chapitres réunis, les derniers de meilleure qualité, espère-t-il, pourraient paraître sous le titre *Au Pays de Québec*. Mais le printemps canadien, qui arrive brusquement, quand il se décide à arriver, met du temps à venir. Au Canada, dans le Québec, les fleurs n'apparaissent qu'en juin, en somme. À cette époque-là, les routes étaient de terre naturelle, non pas en gravier, en macadam ou en asphalte. C'était un problème de plus pour les déplacements.

Notre printemps eut-il été hâtif comme celui de France, Hémon avait droit de projeter une tournée dans la campagne franco-canadienne, puis de se diriger à la fin de juillet vers l'Ouest pour y faire la moisson.

Nos saisons le forceront à modifier ses calculs. Il ne pourra pas quitter Montréal aussi tôt qu'il pensait le faire.

Le printemps

Deux lettres indiquent avec quelle attention, quel intérêt, Hémon surveille la venue du vrai printemps. . .

Boîte postale 1131
Montréal 17 avril [6]

Rien de nouveau depuis ma dernière lettre — ou carte — en ce qui me concerne, s'entend, car pour le reste il y a comme actualité la rencontre d'un bateau de quarante mille tonnes, valeur dans les cinquante millions de francs avec la cargaison, et d'un morceau de glace dont personne n'aurait donné deux sous ; c'est le morceau de glace qui a gagné. Les journaux vous auront donné tous les détails ; mais ici, où les transatlantiques jouent un rôle important, elle a fait une encore plus grosse sensation, d'autant plus qu'il y avait pas mal de Montréalais et de Canadiens à bord.

Car le Saint-Laurent n'a pas encore consenti à s'apercevoir que le printemps était venu et il est toujours superbement gelé d'une rive à l'autre. On annonce tous les jours la débâcle pour le lendemain ; mais on l'attend encore ; aussi les bateaux, devront-ils attendre le mois prochain pour revenir ici. Entre parenthèses le bon vieux *Virginian*, sur lequel j'ai traversé, est un des bateaux qui se sont portés au secours du *Titanic* mais sont arrivés trop tard.

_____

6. Sans mention d'année. Mais il est évident qu'il s'agit de 1912, en raison de l'allusion au désastre du *Titanic*, déchiré par un glacier.

Le temps n'est pas désagréable, bien qu'il pleuve quelquefois. La première pluie après tous ces mois où il ne tombait que de la neige, quand il tombait quelque chose, est très désagréable. Mais il y a aussi du soleil et qui chauffe.

À ta question sur mon équipement d'hiver je dois avouer modestement ne posséder aucune espèce de fourrure, même du plus humble lapin. J'ai porté tout l'hiver un bon vieux pardessus qui a des états de services et je n'ai jamais eu froid. Dans les villes on ne sent guère le froid — à moins de coucher dehors. Par exemple, j'ai eu une oreille gelée : résultat net, ma beauté grecque a été abîmée pendant deux jours par une sorte de pendant de la dimension d'une feuille de chou et de la couleur d'une tomate, qui était l'oreille en question. Inutile de te dire qu'il n'en reste aucune trace. (Il reste trace de l'oreille ; pas de malentendu.)

Boîte postale 1131

Montréal 26 avril 1912

Ne m'abonne ni à *Excelsior* ni à aucun autre journal, je te prie. D'abord les journaux locaux me renseignent à peu près sur ce qui se passe de votre côté de l'eau ; et puis, et surtout, je compte quitter Montréal vers la fin du mois prochain et ne serai plus ici pour recevoir les dits journaux. Naturellement j'écrirai de nouveau avant mon départ et vous ferai savoir aussitôt que possible ma nouvelle résidence ; mais mes mouvements seront un peu incertains pour quelque temps et je me déplacerai probablement pas mal avant de m'installer pour l'été. Ce sera pourtant quelque part dans la Province de Québec.

Le printemps est venu tout de même. Dimanche dernier, par exemple, il faisait un soleil éclatant, si chaud qu'un pardessus, même de demi-saison, eut été fort gênant ; je me suis vautré une partie de la journée sur l'herbe en haut de la montagne — vous avez dû voir sur certaines de mes cartes postales la butte qu'on décore de ce nom et qui est dans Montréal même — mais de là-haut on avait une vue du Saint-Laurent sur un mille ou deux de longueur, et ledit Saint-Laurent était encore bloqué par les glaces d'une rive à l'autre. Aujourd'hui, vendredi, il est à peu près libre, la débâcle s'étant faite, et les premiers vapeurs vont remonter ici sous quelques jours ; ce qui n'empêche pas que dans les coins du port se promènent encore de petits blocs de glace de bonne taille et que dans les coins de pays où il y a de l'ombre il reste encore des plaques de neige.

L'hiver d'ici m'a bien plu, comme température, et si l'été le vaut, dans son genre, je vote le climat du Canada le meilleur que j'aie encore vu.

Ce dimanche de fin d'avril 1912, Hémon en se vautrant sur l'herbe — espérons qu'il a étendu des journaux sous lui, car ce devait être encore fort humide — a dû se répéter les vers de son auteur favori, Hugo :

« . . .Avril vainqueur

Sourit, laissez le ciel vous entrer dans le cœur. . . »

Dans cette même deuxième lettre, Hémon, voyant que le printemps a mis tant de temps à venir, s'aperçoit qu'il lui faut choisir entre la campagne franco-canadienne et l'Ouest lointain. La belle saison est trop courte pour lui permettre de consacrer des semaines au Québec et d'autres semaines à la moisson. Son parti est pris : avec plus de loisir, il se déplacera pas mal avant de s'installer pour l'été. Ce qui est sûr, c'est que ce sera quelque part dans la province de Québec.

Départ de Montréal

Jusqu'à la publication de l'ouvrage de M. McAndrew, ceux qui ont publié quelques pages biographiques sur Hémon l'ont fait quitter Montréal dès le mois de décembre 1911 pour le Lac-Saint-Jean, l'ont fait revenir pour quelques jours à Montréal, l'ont fait repartir, etc. M. Albéric Cahuet, dans *L'Illustration,* de Paris, M. René Bazin, dans la *Revue des Deux Mondes,* plus tard M. Dalbis, dans *Le Bouclier canadien-français* (Spes), et combien d'autres ont commis cette erreur. M. Cahuet a écrit : « Quant il fut arrivé au Canada, Louis Hémon, sans s'arrêter dans les villes, poussa vers l'Ouest et se fixa en pleine zone forestière dans la région du Lac Saint-Jean, à Péribonka. Il y fut dix-huit mois, l'hôte d'une tribu de bûcherons défricheurs, dont il partagea la vie rude et primitive, une vie saine, pure, dont il s'enthousiasma et qu'il voulait faire connaître et admirer. » M. Bazin écrit de son côté : « C'est en plein décembre que Louis Hémon s'est décidé à monter vers le Nord. Il a été jusqu'à Péribonka sur Péribonka, au Nord du Lac Saint-Jean... »

Il n'y a pas lieu de citer les autres ; tous, faute d'information, répètent les mêmes erreurs et en ajoutent d'autres.

Hémon espérait partir à la fin de mai, selon une lettre citée précédemment. Non, il ne partira finalement qu'à la mi-juin. Nous avons là-dessus plusieurs témoignages. Un d'abord qu'on pourrait appeler officiel : La lettre de recommandation de M. Baber à Price Brothers, en date du 14 février 1913. Je la traduis littéralement :

« Chers messieurs,

J'ai reçu votre lettre à propos de Louis Hémon.

M. Hémon a travaillé pour cette compagnie (la Sécurité du Canada) de la mi-novembre 1911 au 15 juin 1912, comme sténographe français et anglais, et il nous a donné pleine satisfaction, son travail étant soigneusement et consciencieusement fait.

M. Hémon a abandonné son emploi de son propre gré. (signé) Crossbie Baber. »

Mlle Marie Hémon m'a écrit le 15 novembre 1938 en réponse à des renseignements supplémentaires que je lui demandais :

« La lettre qui précède celle que mon frère écrivait le 24 juin 1912 est datée du 5 juin. Elle ne me semblait pas présenter pour vous d'intérêt particulier : mon frère y accusait réception du câblogramme lui annonçant le décès de notre grand'mère paternelle qui avait 92 ans. Toutefois il y disait : « Je suis à Montréal pour une semaine ou dix jours encore et j'écrirai de nouveau avant mon départ. Merci bien des « Temps ». Mais « Excelsior » paraît me continuer l'abonnement. » Peut-être a-t-il écrit entre le 5 et le 24 un mot ou une carte dont il n'y a plus trace. »

Hémon est fatigué du bureau. Son parti est pris : il s'en va. Le samedi matin 15 juin il dissimule une petite valise en arrivant au bureau et ne dit mot.

Écoutons maintenant Mme Paquette (Mlle Lapointe) :

« M. Hémon a parlé pour de bon à l'occasion de son départ. On ne l'avait jamais vu dans cet état-là. Il était gai, enjoué, heureux de s'en aller libre... Ce matin-là, il nous a fait cession de ses biens, biens qui se réduisaient à peu de chose. Il a laissé un petit poêle à alcool et une cafetière à mes compagnes. J'ai hérité, moi, de deux pots à confiture, qui me servent de sucriers. Je m'en sers tous les jours...

— Le matin même du départ de Louis Hémon, est-ce que quelqu'un n'a pas pris une photo dans le bureau ?

— Oui, une photo prise avec mon propre appareil, que j'étrennais. On y voit les trois jeunes filles avec une moitié de figure de Louis Hémon. Je me rappelle qu'on a pris la photo le matin dans le bureau avant l'arrivée des patrons. »

Mme Paquette retrouve la photo dans un album et la fait voir.

« Vous voyez les trois jeunes filles du bureau, puis derrière moi, le côté droit de la figure de Hémon. On dirait qu'il a voulu se cacher la face avec un dossier. Il ne voulait pas se faire photographier. Et nous, nous voyez-vous avec nos toilettes d'autrefois ?

— Mais, est-ce qu'Hémon n'avait pas un peu de peine de vous quitter...?

— Lui, il n'était attaché à rien, ni à l'argent ni à personne. Il passait dans la vie et s'en allait vers son destin. Il ne travaillait que pour assurer sa subsistance et se déplacer constamment. Quand il nous a annoncé son départ — pas une semaine à l'avance, mais une heure, — il nous a dit qu'il ne savait pas exactement où il allait, qu'il aimait la vie d'aventure et qu'il voulait connaître la vie des chantiers, qu'il voulait se renseigner sur les gens du pays, les gens de la campagne. Nous lui avons dit : « Vous allez manger de la misère, vous n'êtes pas assez robuste pour ce genre de vie là. » Ça ne l'a pas fait changer d'idée, il est parti à l'aventure. Il avait bien raison de ne pas s'occuper de nos conseils, puisqu'il devait nous donner *Maria Chapdelaine...* »

Mlle Gagnon a également quelque chose à raconter sur les derniers moments de Louis Hémon à la Sécurité. Lorsqu'elle apprit qu'il quittait le bureau, elle se tourna vers lui :

« Comment ? Vous partez M. Hémon, mais où allez-vous ?

— Oui, je m'en vais. J'en ai assez de Montréal et de sa Sécurité...

— Mais vous n'êtes pas bien ici, vous n'aimez plus votre travail ? Abandonner votre emploi comme ça...

— Mais, mademoiselle, c'est le printemps.

— Mais le printemps, on travaille quand même...

— Pas moi. Il fait trop beau dehors. Je m'en vais...

— Mais où allez-vous ?

— Going my way. Je vais mon chemin, je ne sais pas trop où. Je vais voir.

— Allez-vous me laisser des livres ? Vous n'avez jamais voulu m'en prêter...

— Ce ne sont pas des livres pour vous. Voici ce que je vais vous laisser : la cafetière. Elle vous appartient un peu, puisque c'est vous qui me l'avez fait acheter... Voici pour Mlle Cookson et voici pour Mlle Lapointe.

— Votre sac de voyage est maintenant comme un pneu dégonflé. Il n'a plus de forme. Il est tout abattu...

— Comment, vous osez rire de mon sac de voyage tout aplati. Mais vous ne l'avez pas vu rempli. Alors, il se tient tout seul, droit comme un soldat au garde-à-vous. C'est un bon sac, vous savez. Il y a longtemps qu'il me suit partout. Il a même traversé l'Atlantique.

— Alors, c'est bien vrai, vous vous en allez ?

— Oui, je vous le répète je m'en vais. Je vous quitte et je quitte tout. Je rentre dans la nature. »

« Et là-dessus, poursuit Mlle Gagnon, Hémon — les patrons étaient repartis — se mit à imiter la danse de Salomé. Avec ses gros souliers, cela était vraiment comique. Ça été son adieu. Pour une fois, il est sorti de sa discrétion habituelle.

— Quelle date était-ce ?

— C'était au mois de juin, un samedi. Je ne sais plus si c'était le premier ou le deuxième samedi de juin [7].

— Avez-vous eu des nouvelles de Louis Hémon ensuite ?

— Une semaine ou dix jours après son départ, j'ai reçu de lui une carte, mise à la poste à La Tuque. Je me rappelle qu'il y disait : « Don't worry, I paid my bill », en parlant de l'hôtel où il était descendu. Je n'ai pas conservé la carte.

— L'avez-vous revu ?

— Jamais. Mais au printemps de 1913, j'ai reçu de lui un coup de téléphone. Il disait qu'il aimerait me voir pour causer un peu et il m'invitait à déjeuner dans un restaurant. Je ne sais sous quel prétexte, j'ai refusé, et immédiatement j'ai compris que je lui avais fait de la peine, car il a simplement dit, en appuyant bien sur les mots : « I think I understand », et il a raccroché l'écouteur avant que j'aie eu le temps d'ajouter un mot. Je n'ai plus jamais entendu parler de lui, excepté après sa mort quand on m'a parlé de *Maria Chapdelaine*.

---

7. La lettre de Baber parle du 15.

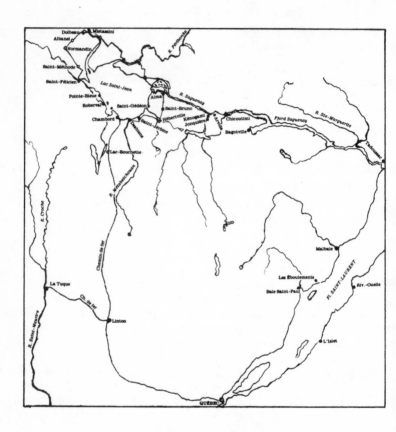

LA TUQUE — ÉBOULEMENTS

CHAPITRE SIXIÈME

À LA TUQUE

Que Hémon soit allé à La Tuque, il n'y a pas l'ombre d'un doute. Tout d'abord, de La Tuque il envoie une carte à Mlle Gagnon. À part cela il aurait posté à sa famille une lettre restée dans ses poches à son départ de Montréal. Un autre argument est l'article intitulé *Les Hommes du Bois* qu'il rédige sur La Tuque et envoie à *L'Auto* (Paru le 31 août 1912).

Pourquoi prend-il la direction de La Tuque ?

Il a prononcé le nom de chantiers. D'autre part, cette petite ville est en direction du Lac Saint-Jean, si l'on y veut faire un crochet.

Le soir du 15 juin, peut-on conjecturer, Hémon, muni de légers bagages, se rend à l'ancienne petite gare Moreau, fort délabrée aujourd'hui (1939) et prend le train pour La Tuque. Tous ceux qui connaissent cette ville diront que La Tuque, c'était la grande porte des chantiers. Hémon voulait voir de près des hommes de chantier, des bûcherons, des *lumberjacks,* comme les appellent les Anglais. Il allait être servi. Dans le train même qui va à La Tuque, il y en a toujours quelques-uns, faciles à reconnaître à leur costume.

« LES HOMMES DU BOIS »

J'espère que les typographes respecteront ce titre et ne feront des habitants de cette partie de la Province de Québec ni des hommes de bois ni des gorilles. Ce sont tout simplement de braves gens qui vivent du bois, c'est-à-dire de l'industrie du bois, et cela si exclusivement que le reste de l'industrie humaine demeure pour eux plein de mystère. Ils viennent de s'abattre sur La Tuque, ces derniers jours, venant des chantiers du Nord, et célèbrent présentement leur retour à la civilisation par des réjouissances de la sorte qu'il est impossible d'ignorer.

La Tuque est une ville fort intéressante. Je dis ville parce qu'il y a un bureau de poste et que traiter de village une localité canadienne ainsi favorisée ce serait ameuter toute la population contre soi [1].

Deux lignes de chemin de fer y passent. Seulement, l'une d'elles est desservie par un matériel roulant un peu capricieux, qui déraille volontiers. Lorsque le cas se présente, une ou deux fois par semaine en moyenne, les voyageurs s'empressent de descendre et s'unissent au mécanicien et au conducteur pour décider le matériel roulant, « engin » et « chars » — pour parler canadien — à remonter sur les rails, à grand renfort de crics, de billots et de barres de fer. Ils y parviennent généralement. L'autre ligne est plus importante ; c'est celle du Transcontinental, qui ne mérite pourtant pas encore ce nom, car sur la carte le trait plein qui indique les tronçons terminés ne se rencontre que sous forme de très petits vers noirs isolés, que séparent d'interminables serpents de pointillé... [2]

Seulement, cette partie de la ligne qui s'étend au nord de La Tuque et sur laquelle les trains ne passeront pas avant bien des mois a déjà trouvé son utilisation : elle sert de route aux hommes qui reviennent des chantiers.

Depuis quelques jours on les voit passer par groupes de trois ou quatre, marchant sur les traverses avec l'air d'obstination tranquille de ceux qui sont habitués aux durs travaux. Ils ont au moins un trait en commun : la peau couleur de brique que leur ont donné le soleil, la pluie et la réverbération de la neige. Pour le reste ils sont splendidement disparates : courts et massifs, grands et maigres avec des membres longs qu'on devine terriblement durcis par la besogne ; vêtus de chemises de laine, de gilets de chasse à même la peau, de pantalons de toile mince dont les jambes s'enfouissent de façon assez inattendue dans plusieurs bas et chaussettes de grosse laine superposés — dernier vestige de la défense contre le grand froid de l'hiver — chaussés de bottes ou de mocassins de peau souple, ils s'en vont vers la civilisation et le genièvre de La Tuque, côte à côte, mais sans rien se dire, ayant passé tout l'hiver et tout le printemps ensemble.

Ils portent toutes leurs possessions terrestres sur leur dos, dans des sacs, paniers ou valises, à la mode indienne, reposant au creux des reins, avec une

---

1. *Trait d'humour, non d'exactitude, mais qui donne, comme plusieurs autres du genre que Hémon se permet, une idée très fausse de la réalité. Cela serait simplement amusant pour nous s'il n'y avait pas les autres, qui peuvent gober ça.*

V.T.

2. *Quoi que montre la carte, le chemin de fer de Linton à La Tuque était complet.*

courroie qui leur passe sur le front. Et il y en a qui ne portent rien et s'en vont en balançant les bras, déguenillés et magnifiques, comme des sages pour qui les vêtements et le linge de rechange sont des choses de peu de prix.

Parallèlement à la voie, la rivière Saint-Maurice roule les innombrables troncs d'arbre qu'ils ont abattus, et qui s'en vont, sans payer de fret ni de port, vers les fabriques de pulpe et les scieries du sud. De novembre à avril ils ont manié la hache jusqu'aux genoux dans la neige ; d'avril à juin ils ont travaillé au traînage et au flottage du bois, avec le divertissement occasionnel d'une chute dans l'eau encore glacée : système de culture physique qui n'est exposé dans aucun livre, mais assurément incomparable, et que complète le retour au monde civilisé, une promenade de soixante, quatre-vingt milles ou plus, par des sentiers de forêt ou sur les traverses d'une ligne de chemin de fer, avec tous leurs biens sur le dos.

Comment s'étonner que, ayant touché hier le produit de huit mois de paye accumulée, ils aient passé toute leur matinée à acquérir des chemises jaune tendre, des cravates violettes et des chapeaux de paille à ruban bleu, et qu'ils fassent cet après-midi un noble effort pour boire tout ce qu'il y a de genièvre à La Tuque, tâche héroïque et digne d'eux [3].

Ce sont tous sans exception des Canadiens français, et même dans l'ivresse ils restent inoffensifs et foncièrement bons garçons, enclins à adresser au *barman* qui les pousse dehors, des reproches plaintifs, lui rappelant vingt fois de suite « qu'ils ont bien connu son père » —, souvenir qui laisse le barman froid, mais les émeut, eux, jusqu'aux larmes.

Vus ainsi, ivres de l'ivresse prompte qui suit de longs mois de sobriété, ils ne sont que pitoyables et ne donnent pas une bien haute idée de leur race. Mais voici que ce matin quelques-uns d'entre eux m'ont vu déployer une carte de la Province de Québec et se sont approchés, curieux comme des sauvages devant un objet inconnu. Ils se sont fait montrer Montréal et Québec et la rivière Saint-Maurice et La Tuque. — Oui. C'est ça : c'est bien ça. Tu vois, Tite ? — Plus haut que La Tuque la carte ne montrait plus de villages ni d'accidents de terrain, plus rien que le tracé approximatif des cours d'eau, minces lignes noires sur le papier vert pâle qui représente la solitude de l'Ungava s'étendant à l'infini vers la baie de Saint-James et le cercle arctique.

Mais les bûcherons ont repris la nomenclature là où la carte l'abandonnait et ont tout à coup peuplé la solitude. De gros doigts se sont promenés sur le papier :

« Ici, c'est Wendigo. Un peu plus loin c'est le Grand Portage ; puis la rivière Croche ; l'Ile Vermillon — notre chantier était par là — et un peu plus loin encore les rapides Blancs, et la rivière du Petit-Rocher... »

Les bûcherons ne désirent point les aventures ; ils ne demandent qu'un bon chantier, de larges platées de fèves au lard, une ou deux journées de chasse dans l'hiver, une ou deux journées de pêche au printemps, puis le retour à la civilisation et quelques ripailles. Mais il est bon de se rappeler que ce sont leurs ancêtres, des hommes tout pareil à eux, qui ont arpenté les premiers cette partie de l'Amérique et qui ont fait que d'un bout à l'autre du

---

3. *Cette description est vraie pour plusieurs, mais elle est loin d'être applicable à tous les hommes qui reviennent des chantiers en forêt.*   V.T.

territoire canadien, de Gaspé à Vancouver, l'on rencontre partout des noms français.

L. Hémon

Voilà peints, sous des couleurs un peu vives et des traits que le besoin d'amuser rend fantaisistes, les types qui ont le plus frappé l'écrivain.

Sa carte déployée, sur laquelle il s'est penché des heures et des heures déjà, Hémon laisse d'abord parler ses compagnons puis il interroge :

« Est-ce qu'on peut aller au Lac Saint-Jean par eau ?

— Bien sûr, monsieur, c'est par eau que les vendeurs de boisson transportent leur whisky entre La Tuque et le Lac Saint-Jean.

— Quelles rivières faut-il suivre ?

— De La Tuque, vous partez sur le Saint-Maurice, ensuite vous entrez dans la rivière Croche, et je vous assure qu'elle porte son nom : elle est toute en « S », puis vous passez dans le lac Panache. Là, il vous faut faire du portage : vous êtes à la hauteur des terres. Vous frappez le lac Huard, un autre portage, puis vous retombez dans la rivière Ouiatchouanish qui coule vers le lac Saint-Jean et vous arrivez à un mille environ de Roberval.

— Est-ce qu'il y a souvent des hommes qui partent pour aller au Lac Saint-Jean par les rivières comme ça ?

— Ceux qui y vont, ils partent plutôt à la cachette. Vous voulez aller au Lac Saint-Jean par eau ?

— Je me demandais ça...

— Ils vous amèneraient peut-être, mais, vous savez, ils n'y vont pas de ce temps-ci, il y a trop de mouches (*moustiques*). Ils se feraient manger le jour en ramant, la nuit en dormant. Ils ne voyageront pas avant le milieu de juillet. Si vous êtes pressé, vous faites mieux de prendre les chars, retournant à Linton... »

Pendant que son interlocuteur s'éloigne, Hémon reste songeur devant sa carte, qu'il replie à moitié. Il voit son rêve de navigation calme par de belles journées de juin sur la Croche et sur la Ouiatchouanish se dissiper peu à peu. Quelle saveur exotique et sauvage n'aurait pas cette randonnée sur ces rivières canadiennes, bordées d'arbres à peine couverts de feuilles d'un vert tendre ! Quelle poésie ! ...

Mais il faut compter avec les « mouches » (maringouins et autres. Il en a déjà connu quelque chose à La Tuque même).

Aux Éboulements ?

Il faut s'occuper ici de la légende du voyage aux Éboulements. Elle crée un problème.

Citons à la barre ceux qui l'ont répandue dans le public. Ce sont de hauts et puissants seigneurs : MM. Marius Barbeau, folkloriste et conservateur du Musée d'Ethnographie à Ottawa, et Louvigny de Montigny, traducteur au Sénat canadien et auteur de la *Revanche de Maria Chapdelaine.* Quelle audace de ma part de prétendre différer d'opinion avec ces messieurs. N'est-ce pas pour le moins téméraire ?

Les pièces à conviction !

M. Louvigny de Montigny écrit dans son ouvrage *La Revanche* (page 15) : « La Tuque est située, si l'on veut, sur la route forestière de Montréal au Lac Saint-Jean. Mais le voyageur qui part de Montréal, ou même de Québec, et à plus forte raison de La Tuque, pour arriver au Lac Saint-Jean, fait un joli crochet s'il s'arrête aux Éboulements. Hémon a fait un séjour aux Éboulements et l'endroit lui a paru « plaisant », puisqu'il a composé une chanson pour en célébrer les agréments. C'est une amusette de voyageur, qui n'ajoute rien à la gloire littéraire de son auteur.

« Marius Barbeau, toujours en chasse des contes et légendes, dont la mémoire passe de génération en génération, et des moindres turlurettes que nos paysans chantent à tout propos, en a recueilli le texte, en 1916, d'une paroissienne des Éboulements, Mme Mary Tremblay, qui la chantait sur l'air de *Gai lon là, Joli rosier.* Ces couplets et refrains ont été composés par « un nommé Louis Hémon, un Français de France » qui s'est arrêté aux Éboulements à une date que la chanteuse ne peut pas préciser de l'été 1912. »

En note, M. Louvigny de Montigny écrit :

« Marius Barbeau a bien voulu nous communiquer ce texte que Mme Mary Tremblay lui a chanté, qu'elle a appris de Dieu sait qui. Ce texte a, sans doute, subi quelques déformations dans la bouche de tous ceux qui se le sont transmis l'un à l'autre. En voici la transcription :

Aimez-vous la montagne,
Les limpides ruisseaux,
La riante campagne,
Les bosquets, les hameaux ?
Refrain :   Venez pour quelques instants
            Voir les Éboulements.

Le Saint-Laurent y coule
Par des caps découpés
Dont le terrain s'éboule
De ses flancs escarpés.
Refrain :   Gai ! Chantons les agréments
            Qu'ont les Éboulements.

L'Île aux Coudres voisine,
Verte, au-dessus des flots,
Dont la crête domine
Nombre de matelots.
Refrain :   Gai ! Chantons les agréments
            Qu'ont les Éboulements.

Le tremblement de terre
Se fait sentir parfois.
D'un souterrain tonnerre
Alors gronde la voix.
Refrain :   Quand même, le tremblement
            Plaît aux Éboulements.

M. de Montigny ajoute avec raison : « Ces précisions ressortissent à l'histoire littéraire et à la biographie, et notre propos n'est point de déterminer les moindres étapes du voyage de Louis Hémon. Conséquemment, il n'y a pas lieu de se montrer sévère à son endroit. »

J'ai voulu savoir de M. Marius Barbeau lui-même ce qu'il faut penser.

Mis en cause par son ami De Montigny, M. Marius Barbeau avait-il quelque chose à ajouter à propos de l'affaire des Éboulements ? Je lui ai adressé la lettre suivante :

... le 30 mai 1938

Cher monsieur Barbeau,

Dans sa *Revanche de Maria Chapdelaine*, M. Louvigny de Montigny vous met en cause à propos d'une chanson qu'aurait composée Louis Hémon lors de son passage aux Eboulements et que vous auriez recueillie par la suite. Je serais heureux de tenir de vous le récit des circonstances dans lesquelles cette chanson a dû être composée par Louis Hémon. Je m'intéresse à Hémon depuis quelque temps et je recherche une documentation solide.

Je vous remercie, etc.

Le 22 juin suivant, M. Barbeau m'a répondu :

Je regrette de ne pas avoir autre chose à ajouter à ce que Louvigny de Montigny a publié au sujet de la chanson des Eboulements. J'ai recueilli cette chanson durant l'été de 1916 et la dame Marie Tremblay qui me l'a donnée (et qui est maintenant à Montréal à une adresse que je ne connais pas) m'a dit qu'elle la tenait d'un étranger nommé Louis Hémon qui l'avait composée aux Eboulements pendant son passage. Je ne me souviens pas qu'on m'ait dit autre chose au sujet de Hémon aux Eboulements. La seule raison pour laquelle j'ai fait attention à cette chanson, c'est que je savais à ce moment que Louvigny de Montigny s'intéressait à la publication d'un livre de Hémon et peut-être à ce moment en ai-je même lu les épreuves...

J'ai fait enquête aux Éboulements et à Montréal sur cette chanson, en l'été de 1938.

Ma première visite a été chez M. Zoé Tremblay, homme de 73 ans.

« Monsieur Tremblay, vous connaissez la chanson : « Aimez-vous les montagnes, les limpides ruisseaux » ?

— Ah ! oui, il y a longtemps que je la connais...

— Il paraît que c'est un Français qui a composé cette chanson-là ?

— J'sais pas si c'est un Français, mais je suis marié depuis 49 ans et je la savais avant de me marier...

— Vous la saviez avant de vous marier ?...

— J'étais p'tit gars et ça se chantait. Je chantais ça en jouant, moi aussi, comme les autres... »

Monsieur Alexis Tremblay, fils de M. Zoé, lui-même âgé de 40 ans, présent à l'entretien, confirme le témoignage de son père en disant :

« Je connais la chanson depuis très longtemps, moi aussi.

— Depuis plus de vingt-cinq ans ?

— Sûrement, je l'ai apprise, j'étais tout petit. »

M. Edmond Tremblay, 81 ans, me déclare que cette chanson des Éboulements se chantait dès son jeune temps, qu'il la sait et l'entend depuis très longtemps, plus de cinquante ans, bien sûr. Si Louis Hémon est passé aux Éboulements ? il n'en a jamais entendu parler.

M. Joseph-Wilbrod Tremblay, 83 ans, raconte qu'il a entendu cette chanson pour la première fois de la bouche de Mme Castonguay, née Charlebois, il y a de cela très longtemps. Le notaire Edmond de Sales La Terrière, seigneur des Éboulements, me conduisait dans son salon où là, j'ai eu la preuve concrète, irréfutable que la chanson attribuée à Louis Hémon remontait à vingt ans — vingt ans seulement — avant la naissance de l'auteur de *Maria Chapdelaine.*

Dans un angle du mur, il y a là un cadre contenant le texte original de la chanson, orné de dessins de sir A.-P. Pelletier, ancien ministre à Ottawa. Sous le dernier couplet, on lit : « Sénèque, Les Éboulements, 25 août 1860. »

« Sénèque », c'est le pseudo de l'abbé H.-Raymond Casgrain, historien canadien, auteur d'ouvrages édités au Canada et en France et très répandus. Selon la tradition, il avait composé la chanson au cours d'un séjour aux Éboulements.

Le seigneur des Éboulements a eu l'obligeance de me transcrire de sa main la chanson de l'abbé Casgrain. Nous avons donc le texte officiel de ses huit couplets.

Mais, dira-t-on, si Hémon n'a pas composé la chanson en question, cela ne veut pas nécessairement dire qu'il n'est pas allé aux Éboulements.

Hémon ne quitte pas Montréal avant le samedi soir 15 juin. Le lundi 24 juin, il est à Roberval, d'où il adresse une lettre à sa famille.

Il ne pouvait pas être à La Tuque avant le 17. Il a dû y passer plusieurs jours (autrement il n'aurait pas eu le temps de croquer sur le vif comme il l'a fait les braves gars de chantier de cette ville), il ne pouvait pas avoir eu le temps de faire un détour par Les Éboulements. Il lui aurait fallu retourner à Québec (au moins une journée) ; de là le trajet de 80 milles en voiture pour se rendre aux Éboulements aurait exigé au moins trois jours et le coût en était trop élevé pour sa bourse ; par bateau il aurait pu le faire en une journée ; après une couple de jours là il en fallait au moins deux pour se rendre en vitesse à Roberval.

Non, il ne paraît réellement pas possible d'emboîter dans les huit ou neuf jours que Hémon consacre à aller de Montréal à Roberval, avec halte de quelques jours à La Tuque le « joli crochet» des Éboulements. Il faut vraiment y renoncer.

D'ailleurs Hémon recherche le neuf. Ce ne sont pas les vieilles paroisses du bord dù fleuve qui l'attirent, ce sont les paroisses qui naissent au milieu de la forêt ; ce ne sont pas les gens hautement « civilisés » — est-ce bien la ville qui civilise ? — qui l'intéressent, ce sont les gens primitifs, simples, près de la nature et de la terre : bûcherons, défricheurs, colons. Les colons en acte ne sont pas à la Baie Saint-Paul, aux Éboulements et dans d'autres paroisses des deux rives du fleuve mais, partis de là, ils sont en pays neuf à l'intérieur des terres.

CHAPITRE SEPTIÈME

AU LAC SAINT-JEAN

De La Tuque Hémon se rend donc par train à Roberval, alors terminus du chemin de fer.

Arrivé le jour même ou la veille, peut-être même l'avant-veille, il écrit la lettre suivante datée du 24 juin.

« Tu as dû recevoir il y a quelques jours la lettre que j'avais écrite à Montréal mais qui n'a été mise à la poste qu'à La Tuque [1]. Me voilà aujourd'hui à Roberval, au bord du lac Saint-Jean. Je vais toujours faire le tour du lac et voir ce qui se passe. Seulement il me faudra avoir recours à mes bonnes jambes de Tolède, le chemin de fer n'allant pas plus loin.

« Ce coin-ci n'est plus cosmopolite comme Montréal, c'est absolument un coin de campagne française, d'ailleurs assez endormi. Le lac ayant quelque six ou sept lieues de large, j'ai l'illusion d'être au bord de la mer ; voilà des vacances toutes trouvées ...

« Je ne veux pas encore donner d'adresse, n'en ayant pas. Dès que je serai fixé quelque part je vous en aviserai. Le temps est chaud, mais orageux ; il va y avoir de la pluie, ce qui ne changera rien. »

_____

1. Apparemment, c'est la lettre du 5 juin, oubliée dans sa poche, qu'il met à la poste à La Tuque.

Il ne faudrait pas croire que Hémon était le premier Français, encore moins le premier Européen, à arriver à Roberval. Aux lecteurs peu avertis de *Maria Chapdelaine*, il a pu paraître étrange que Louis Hémon introduise des Belges, comme les Vernier, au nombre de ses personnages, mais pour qui connaît un peu l'histoire de l'immigration au Lac-Saint-Jean, cela est tout à fait couleur locale. La petite gare en avait vu passer un nombre considérable depuis 1888, date de l'arrivée du premier train à Roberval. Surtout de 1900 à 1910 des centaines de Français, de Belges, de Suisses, d'Allemand et d'autres nationalités étaient arrivés par là à l'invitation de la Société de colonisation du Lac-Saint-Jean. Il en est venu de toutes les conditions : des millionnaires, comme Tony Broët, qui établit la communauté des Frères ouvriers de Saint-François Régis, chassés de France en 1903, et qui fut élu député du Lac-Saint-Jean en 1908 ; comme Paul Augustin-Normand, fils d'un important armateur du Havre, qui est retourné reprendre la direction des affaires de son père ; des barons, dont l'un, ruiné, a été simple commis de bar à l'hôtel *Commercial* ; des ducs, de passage seulement ; des officiers militaires, de pauvres Savoyards, des artistes, des cultivateurs, etc.

Quand Hémon y arrive à son tour, son accent ou son grasseyement n'attirent pas l'attention. Il est un autre Français, c'est tout. Il ne cherche pas, en outre, à se faire remarquer. Au contraire.

L'hôtel Commercial

Accompagné de son mince bagage, il se dirige vers l'hôtel *Commercial*, le meilleur hôtel de Roberval depuis l'incendie du *Roberval* (de Beemer), en 1908, vaste maison de 300 chambres, fréquentée principalement par les fervents de la chasse et de la pêche. Comment ai-je su qu'il s'est inscrit au *Commercial* ? Le hasard encore. Dans la salle du Château Roberval, on me raconte que telle dame américaine aux cheveux blancs, assise là-bas, passe ses étés à Roberval depuis quarante ans. C'était me pousser à l'interroger.

« Mme Sanford, auriez-vous par hasard connu Louis Hémon à Roberval ? Je fais des recherches sur lui.

— Louis, l'auteur de *Maria Chapdelaine* ? Oui, je l'ai connu, ici à Roberval, mais pas assez pour vous en parler. Je l'ai vu, je lui ai parlé, mais ce n'est pas d'hier, cela.

Blanchard Hotel

(NOTRE-DAME SQUARE)

J. CLOUTIER, Proprietor.

Québec, Vendredi 18 Oct— 1911.

Ma chère maman,

Bien arrivé à Québec après une excellente et très agréable traversée. Mer à peu près aussi redoutable que la Seine au pont des Arts. Cette semaine à bord m'a fait autant de bien qu'un mois de vacances, et j'ai dû fortement engraisser. Température très douce ici; ce qui continuera probablement jusqu'en Novembre. J'ai fait connaissance sur le bateau avec un missionnaire (de Dinan) qui m'a donné toutes sortes de

La première lettre

renseignements utiles.

Je continuerai probablement sur
Montréal demain soir. Tu pourras voir sur
la carte qu'il ne s'agit que d'un court
trajet.

Je ne puis naturellement pas donner
mon adresse avant d'en avoir une, c'est à dire
d'ici trois ou quatre jours. Si vous aviez
quelque chose d'urgent à me faire savoir,
écrivez à mon nom "poste restante" Montréal.
Autrement attendez que je vous donne mon
adresse. Je regrette de ne pas pouvoir
rester plus longtemps à Québec, qui est
une ville extrêmement intéressante.

A bientôt donc d'autres nouvelles. J'espère
bien que vous êtes tous en bonne santé.
Amitiés à Papa et Marie   Ton fils.

P. Hamon

— Comment l'avez-vous connu ?

— Mon mari et moi nous avons mangé à la même table que lui à l'ancien hôtel *Commercial*...

— A l'ancien hôtel *Commercial* ?...

— Oui, cet hôtel était alors situé où se dresse aujourd'hui l'hôpital-sanatorium. Dans la salle à manger du *Commercial*, les places libres étant rares, on a fait asseoir Louis Hémon à notre table. Il était assis en face moi. Mon mari se trouvait entre nous deux.

— Et vous avez causé...

— Il a bien fallu faire connaissance. Nous ne pouvions faire autrement. Nous avons parlé de chasse et de pêche, de nos étés passés ici ou à l'hôtel de la Grande-Décharge, de l'autre côté du lac. Mon mari a dû raconter ses pêches... »

Je consulte M. Arthur Potvin, ancien propriétaire de l'Hôtel Commercial.

« Reconnaissez-vous cette figure, M. Potvin ?

— Je me rappelle ce visage-là très très bien. Le monsieur que représentent ces photos m'a demandé des renseignements sur Roberval et sur la région du Lac-Saint-Jean. Mais, je regrette, je ne peux pas donner de nom. Pas sur le coup, comme ça. Je retiens peu les noms, mais j'ai bonne souvenance des figures.

— Et cette signature alors vous dit-elle quelque chose ?

— Ah ! oui, là, je me rappelle bien cette signature. Ce « L » incliné et ce « H »... Louis Hémon est venu plusieurs fois à l'hôtel...

— Quel était le tarif de votre hôtel dans le temps ?

— $1.50 par jour, tout compris. Le *Commercial* était l'hôtel du voyageur de commerce. Mais pour les gens de la région ou ceux qui y passaient plusieurs jours c'était $1. seulement. Si Hémon a passé quelques jours, j'ai dû lui demander $1. par jour. »

M. Jules Fradet, ancien employé de l'hôtel Commercial, aujourd'hui domicilié à Montréal, confirme le témoignage de son ancien patron, M. Potvin. Il a le souvenir très net de la signature de Louis Hémon dans les registres de l'hôtel. S'il ne parvient pas à se rappeler Hémon à l'aide des photos, il n'hésite cependant pas à dire qu'il reconnaît pour les avoir fort bien remarqués dans le livre les traits de plume de l'auteur de *Maria Chapdelaine*.

Les autres que j'ai pu consulter : Mme Hubert Villeneuve, M. Simon Cimon, le docteur Fluhmann, M. Léon Roy, ont vu Louis Hémon à Roberval, lui ont parlé quelque peu, mais n'ajoutent rien à ce qu'on sait.

À Roberval, j'ai multiplié les démarches pour découvrir les registres de l'hôtel *Commercial*. Mme Thomas du Tremblay, veuve de l'un des propriétaires de cet hôtel, s'est bien amusée de ma peine.

« Quand nous avons agrandi le magasin, dit-elle, souriant à l'avance de ce qu'elle allait m'apprendre, nous avons manqué de papier goudronné. Nous avions ces grands registres de l'ancien hôtel *Commercial*. Nous en avons séparé les feuilles quatre par quatre pour les glisser entre les planches. Nous trouvions ça commode, ces beaux grands livres-là. À part cela, nous en avons brûlé et jeté dans le lac. Il est bien possible que la signature de Louis Hémon soit sous nos pieds ou dans le fond du lac... »

Un moment à Jonquière

Ici se place un fait plutôt inattendu, que m'a raconté le notaire J.-G. Verrault, de Québec, autrefois de Jonquière.

« Au cours de juin 1912, dit-il, Louis Hémon est venu chez moi, à Jonquière, en compagnie de jeunes gens de Roberval. Shehan Scott, fils de B. A. Scott, grand commerçant de bois au Lac Saint-Jean, l'avait fait monter dans son auto. Comment cela se fait-il, je ne le sais pas. J'imagine que Hémon était en compagnie des amis de Shehan Scott au moment de son départ de Roberval et qu'on l'a invité à prendre place dans la voiture avec eux. Ou peut-être Hémon, conduit par quelqu'un aux Scott pour du travail, s'est-il trouvé à pouvoir profiter d'un voyage à Jonquière. De toute façon, Hémon a passé une partie d'un après-midi chez moi. Ma femme s'en souvient bien elle aussi. À ce moment-là, j'étais le notaire attitré de la compagnie Scott. D'autre part, mes sœurs, Alexandrine et Marie-Paule, jeunes filles gaies toutes les deux, attiraient la visite de plusieurs jeunes gens à la maison. Lors de la visite de Hémon, c'est ma sœur Alexandrine (Mme Scott) qui était à la maison. Mon autre sœur était absente.

« Quant à Hémon, il était assis, tranquille, en retrait. Il jetait les yeux ici et là, avait l'air jongleur, timide. Il suivait la conversation mais y prenait une part à peu près nulle. Il paraissait triste et

nélancolique. Il avait l'air d'un homme qui s'ennuie, qui a le ca-
ard, qui a le mal du pays. Nous avons fait des efforts pour le fai-
e sortir de son mutisme. Mais en vain. Je ne pense pas qu'il ait
ouri de l'après-midi. On pensait que c'était un pauvre type, en-
oyé au pays pour des raisons quelconques et qu'il avait hâte de
'en retourner. Il paraissait s'ennuyer énormément.

Je pense bien que j'ai été un des seuls hommes à recevoir la
visite de Louis Hémon — par pur hasard d'ailleurs —, mais je ne
'ai pas appréciée à ce moment-là.

— Et que dites-vous de son roman ?

— *Maria Chapdelaine*, c'est la peinture fidèle de l'effort coloni-
ateur déployé au Lac Saint-Jean. »

À la recherche de travail ?

Il semble bien que Louis Hémon ait cherché du travail à Roberval, afin de prendre le temps voulu pour s'orienter vers une
paroisse de colonisation.

À l'été de 1912, il arrivait dans une région où le travail ne
manquait pas, mais dans une ville où il se faisait plutôt rare.

« Je me rappelle cette figure-là, » dit M. Albert Maud en je-
tant les yeux sur les photos de Louis Hémon que je lui glisse dans
les mains. « Hémon a dû venir me voir au bureau des Scott, à
Roberval, où j'étais dans l'été de 1912. M'a-t-il demandé du travail à faire à Roberval ou m'a-t-il demandé à faire partie d'une
équipe de bûcherons ? Je ne sais plus.

Me Errol Lindsay, notaire à Roberval, a également connu
Louis Hémon, mais peu. Albert Néron, fils de M. David Néron,
marchand, ancien co-propriétaire de l'hôtel *Commercial*, a un peu
connu Hémon lui aussi.

Demi tour du lac

Hémon avait en plan de faire le tour du lac Saint-Jean.

Il fait le croissant nord du lac, car le croissant sud il l'a parcouru en partie à la fois par le chemin de fer et à la fois par la
route dans la *Chandler* du jeune Scott en allant à Jonquière.

Contraste immédiat. Ses bonnes jambes de Tolède n'ont pas

franchi plus que trois milles qu'il arrive à la Pointe-Bleue, endro
qu'il lui tardait de voir. La Pointe-Bleue est peut-être la plus bel
pointe du lac. Le panorama y est magnifique. Cette Pointe-Bleu
c'est aussi la désignation de la réserve indienne du Lac Sain
Jean. C'est là que les Indiens : Montagnais, Abénaquis, Algoï
quins, Cris, Têtes-de-Boule passent l'été. L'automne, l'hiver et
printemps, sauf quelques familles qui restent à la Pointe, ils s'e
vont faire la chasse dans le nord et se rendent même jusqu'à
baie James, lobe de l'immense oreille qu'est la baie d'Hudson. A
mois de juin, ils reviennent avec leurs fourrures, qu'ils vendent a
magasin de la *Hudson's Bay Company*.

Hémon a dû modérer le pas quand il a traversé le village d
la Pointe-Bleue afin de bien observer les traits typiques de ce
premiers habitants du pays. Cela lui permet de constater qu'i
parlent français pour la plupart et qu'il y a parmi eux de beau
types d'hommes et de femmes, dont l'éducation ne laisse rien
désirer par rapport aux blancs.

C'est ensuite Saint-Prime. Paroisse aux immenses terres plate
et fertiles, à la route scrupuleusement droite ; Hémon ne se dout
pas que dans quinze ans environ des personnes de Péribonka s
prévaudront d'être nées au détour du cran de Saint-Prime. E
effet, c'est la terre natale de sa future patronne, Mme Samuel Bé
dard, et de sa sœur Eva Bouchard, celle que la destinée associer
à l'héroïne du roman, *Maria Chapdelaine*.

La route longe ensuite la rivière Chamouchouane et conduit
Saint-Félicien, localité qui en 1912 donne des signes de prospéri
té.

C'est ensuite Saint-Méthode. Selon Simon Martel, qui tena
alors une maison de pension à Saint-Méthode, Hémon aurait pri
un repas chez lui en faisant le tour ou plutôt le demi-tour du lac.

Une longue route en ligne droite conduit à Normandin, l
plus grande municipalité du Lac Saint-Jean : 10,000 milles carré
L'agriculture y est la seule industrie et elle est prospère. Cin
milles plus loin c'est un village encore petit : Albanel, au centr
d'un territoire également agricole.

Au-delà, c'était alors un coin de maigre forêt traversée par la
route qui le conduisait à Mistassini, où les Trappistes s'étaien
établis vingt ans plus tôt.

Hémon traverse la rivière Mistassini sur un pont couver
peint en rouge, l'un des plus longs ponts couverts de la région, le

quel retient son attention. Mais il voyage avec l'intention de revoir ces lieux à loisir plus tard. De fait, en novembre, il aura tout loisir de contempler ce pont, que dans son roman il comparera à l'arche de Noé.

Mistassini... Au soir de cette deuxième journée de marche constante, l'homme aux jambes de cerf n'est pas fâché de s'arrêter à l'hôtellerie la Trappe de Notre-Dame de Mistassini.

Coïncidence, à table, dans cette salle à manger où flotte toujours l'odeur du fromage de la maison — les gourmets ne s'en plaignent pas —, il se trouve face à face avec le docteur Hermas Doyon, de Normandin, médecin des Pères. Ils rompent la glace avec le pain. Le voyageur français et le médecin canadien causent longuement et agréablement, comme deux vieux amis. Mais comme à bord du *Virginian*, Hémon se garde de donner son nom et ne se préoccupe pas de demander celui de son compagnon. Le docteur fait de même.

Malheureusement on n'a pas de trace de cet arrêt d'une nuit chez les Trappistes. L'archiviste du monastère nous répondait le 25 juillet 1964 : « J'ai le regret de ne rien trouver dans le registre des visiteurs ni dans les extraits du *Journal* du Père prieur Dom Pacôme » au sujet du passage de Louis Hémon au début de l'été de 1912 [2]

La faim apaisée, l'esprit rasséréné, Hémon se retire à sa chambre, où pénètre le mugissement monotone de la tumultueuse rivière Mistassini, gonflée des eaux du printemps et des neiges fondues des pays d'en haut. Heure délicieuse que celle-là pour cet amant de la nature. La sauvagerie est là toute proche. Mistassini, c'est la paroisse extrême au nord-ouest du lac Saint-Jean.

Au matin du 29 juin, Hémon reprend la route d'un pied léger. Il entreprend sa dernière étape de quelque dix-huit milles, qui le conduira à Péribonka. Passé le petit village de Mistassini, il traverse la rivière Mistassibi, puis il tombe dans la route dite du « grand Trécarré ». Ce sont des clairières, des brûlés ou la forêt dense. Vers l'heure du midi, il rejoint de nouveau la civilisation,

---

2. Madame Louis Fortin, fille du docteur Doyon, m'écrit : « Mon père est arrivé un jour à la maison en racontant qu'il avait fait la connaissance d'un Français très original et très cultivé. Il nous a fait part de cela au retour d'un voyage... Nous sommes toujours restés sous l'impression qu'il s'agissait de l'auteur de *Maria Chapdelaine*. » — Ce témoignage est confirmé par M. Adélard Parent.

même l'industrie ; le Petit-Pari 3. Autour d'une usine de pulpe de
bois, un petit village sans église, dépendant de la paroisse de Péribonka au point de vue religieux, forme la municipalité de Saint-
Amédée.

---

3.   Autrefois, on prononçait et on écrivait parfois *Paribonka*. De là l'abrévia-
tion « Petit-Pari » pour désigner la rivière Petite Péribonka et l'établissement situé
sur ses rives, par opposition à « Grand-Pari » pour désigner la rivière Grande Péribonka et la paroisse de Saint-Édouard de Péribonka, située sur sa rive droite, où
Hémon décidera de passer l'été. En entendant cela, Hémon devait machinalement
songer à Paris (avec un « s »).

CHAPITRE HUITIÈME

À PÉRIBONKA

La « ville » de Péribonka

Du Petit-Pari au Grand-Pari, il n'y a que quatre à cinq milles. Il n'était pas tard dans l'après-midi que Hémon pénétrait brusquement dans le paisible village de Péribonka, en débouchant de la route qui mène à la rivière pour tourner à angle droit et prendre celle qui la longe. Il se dirige au bord de la rivière pour une halte et aussi pour prendre le temps d'examiner ce village et ses habitants. C'est la tranquillité parfaite. Une voiture de temps en temps passe sur cette route moelleuse et poussiéreuse. De chaque côté de la route perpendiculaire à la rivière, un magasin. Le magasin de Sigefroid Desjardins à droite, celui d'Ulric Hébert à gauche, que l'on aperçoit sur la vignette ci-contre. La vie du village se concentre, en bonne partie, autour de ces deux magasins. Des voyageurs s'y arrêtent, des colons viennent y troquer des produits contre des marchandises. Pour les colons, le Grand-Pari est un gros poste. Quand ils y vont, ils disent plaisamment : « Je vais en ville. » Courante il y a 25 ans, [1] cette expression l'est moins aujourd'hui, mais on l'emploie encore. J'ai entendu une jeune fille de quelque 13 ans, Mlle Fortin, d'un rang éloigné de

---

1. Entendons 25 ans avant cette rédaction de 1939.

Honfleur, me dire : « J'ai travaillé en ville l'été dernier ; j'ai passé les mois d'été au Foyer Maria Chapdelaine, à Péribonka. » Avec sa famille, elle habite une maison perdue dans un rang juchée sur un cran. Le père colonise. — Leur campe apparaît dans « le film « Maria Chapdelaine » par Duvivier. — C'est presque une autre famille Chapdelaine avec une gentille petite Maria.

Péribonka, en 1912, c'est le principal poste en face de Roberval. C'est la paroisse de colonisation par excellence. Hémon n'avait pas le choix, en somme. Il s'y est rendu en obéissant aux voix qui l'y ont poussé : voix du missionnaire de Dinan, voix des voyageurs de l'hôtel Blanchard, voix de compagnons de bureau à la Sécurité du Canada, voix des gens de Roberval et du Lac-Saint-Jean en général.

La rivière Péribonka, la Grande Péribonka, qui a la particularité de ronger ses bords au point que les arbres culbutent et que la route est menacée, s'étale langoureusement à ses pieds. De l'autre côté de la rive, soit à un tiers de mille, il aperçoit maisons et champs en culture. Ses yeux reviennent de son côté du Grand-Pari et il distingue une assez longue rangée de maisons, donnant à la fois sur la route et sur la rivière. Les terres, partiellement défrichées, s'étendent en arrière. L'église, modeste, proche de la route, domine les maisons et sa silhouette, que coiffe un clocheton, semble servir de phare aux bateliers. Hémon entrevoit par sa dimension combien de familles de colons elle peut contenir et il imagine déjà le spectacle pittoresque de leur sortie de cet humble temple de bois.

Chez Fournier

La vue d'un écriteau arrête son attention. Sur la maison voisine du magasin Hébert, il lit : « Edouard Fournier, boulanger. Maison de pension ».

À la porte de la maison Fournier, il dépose son porte-manteau et, sac sur l'épaule, il frappe.

Mme Fournier, femme légèrement infirme, est en train de laver à genoux le plancher de sa maison. C'est samedi après-midi, il faut faire le ménage général en vue du dimanche.

« Bonjour, madame, dit Hémon. Est-ce que je peux pensionner ici quelque temps ? »

Madame Fournier examine ce voyageur insolite : couvert de poussière, chaussé de bottes, portant sac et bâton. Son premier mouvement est de méfiance.

« Adressez-vous à mon mari, dit-elle. Il est dans le jardin en arrière »...

« Bonjour, monsieur, dit-il à M. Fournier. Puis-je pensionner ici à la semaine ?

— Je le pense bien. Avez-vous vu ma femme ?

— Elle m'a renvoyé à vous. Je crois qu'elle a eu peur de moi. Je suis pas mal sale...

— Quand on voyage... Il y a tellement de poussière dans nos chemins.

— Vous êtes en train de transplanter des tomates ?

— Oui, monsieur. Qu'est-ce que vous pensez de mes plants ?

— Je pense que j'achèterai toute votre récolte si vos tomates ont le temps de mûrir. » [2]

Telle fut la prise de contact entre Hémon et les Fournier. En me racontant cela dans leur maison de Johnson, au Vermont, États-Unis, M. et Mme Fournier ont bien ri.

« Innocent que j'étais, dit M. Fournier, transplanter des tomates si tard que cela. Je ne connaissais rien en jardinage ou en agriculture à ce moment-là. Si M. Hémon m'a taquiné le reste de l'été avec mes tomates ! Chaque fois qu'il venait à la maison, il s'informait de mes tomates. Le 13 août, on a eu une grosse gelée et j'ai perdu presque toute ma récolte de tomates. Si M. Hémon m'a raillé ! »

Chez les Fournier, Hémon passe un peu moins d'une semaine, mais pendant les mois de juillet et d'août il y retournera presque tous les samedis et dimanches. Il y mangera et couchera. Voici d'ailleurs, au long, le témoignage des Fournier. Laissons la parole au chef de la maison.

« Je suis le douzième enfant d'une famille de quinze. Je suis natif de Sainte-Louise de l'Islet. J'avais neuf ans quand ma famille est allée s'installer à Lawrence, Massachusetts, aux États-

_____

2. *Il est opportun de signaler que les dialogues et les détails donnés par l'auteur sont tous exactement cités d'après les notes recueillies par lui et qu'on retrouve dans sa documentation.*

V.T.

Unis. En novembre 1911, j'ai quitté Lawrence pour retourner au Canada. Je m'en suis allé à Normandin, chez le frère de ma femme, Joseph-Béloni Hébert, aujourd'hui hôtelier là-bas. Dès cet automne-là, j'ai traversé à Péribonka voir un autre frère de ma femme, Ulric Hébert, marchand à cet endroit depuis 1904. Ulric m'a dit : « Tu pourrais te construire « une boulangerie ici, à côté de mon magasin. Ma femme étant morte, tu pourrais tenir une maison de pension, comme elle faisait. Les deux entreprises ensemble, tu vivrais bien. »

« Moins d'un mois après mon arrivée à Péribonka, je me souviens qu'un samedi après-midi, un étranger, qui était Louis Hémon, s'est présenté chez nous pour y pensionner à la semaine. Nous l'avons pris. Je l'ai reçu dans le jardin parce que ma femme le trouvait trop sale pour le laisser entrer dans la maison et un peu aussi parce qu'elle en avait peur. Il faut dire que Hémon avait l'air d'un rien-du-tout. Pourtant, c'était quelqu'un, et pas dangereux. Hémon est l'homme le plus poli et le mieux éduqué jamais passé à Péribonka pendant les 14 ans que j'y ai vécu.

Je ne me rappelle plus si Hémon m'a dit qu'il avait fait le tour du lac à pied, mais ça paraît évident, vu qu'il était couvert de poussière. Pour moi, il était venu de Roberval à Péribonka par terre et la plupart du temps à pied. Peut-être, pour la curiosité de faire jaser un habitant, a-t-il accepté de monter dans une voiture. L'offre de monter dans une voiture était coutumière alors. Ce n'était pas le régime des autos. » [3]

Mme Fournier intervient :

« Il me semble bien me rappeler que Hémon a dit qu'il venait de faire le tour du lac à pied. Comme mon mari dit, tout l'indiquait. Le soir de son arrivée, — il était à ce moment-là assis sur la petite galerie en avant de la maison — je suis allée au magasin d'Ulric Hébert à deux pas, acheter un pot à eau pour mon pensionnaire, le premier probablement que j'ai pris à la semaine. J'ai encore ce nécessaire de toilette vert et blanc. Je vous les montrerai tout à l'heure. J'ai encore les assiettes dans lesquelles il a mangé, et si vous voulez rester à souper avec nous, je vous servirai dans une de ces assiettes de la soupe aux fèves, récoltées sur notre terre.

_____

3.   « Pour moi, il a fait le tour du lac à pied. Il m'a parlé de Saint-Félicien en homme qui y a passé » (Joseph Niquette, St-Augustin).

— Comment Hémon employait-il son temps chez vous ?

— Il se tenait dans la salle ou sur la galerie, reprend M. Fournier. Il a paru écrire des lettres, mais c'était peut-être, comme vous avez dit tout à l'heure, son article sur La Tuque qu'il n'avait pas encore eu le temps de rédiger. Il s'est tenu surtout sur la galerie, regardant aller et venir les gens, les dévisageant même 4 . Il allait aussi faire des marches. Le lendemain de son arrivée, qui était dimanche, il est venu à la messe et il s'est mis dans le même banc que ma femme et moi.

— Où était votre banc dans l'église ? En avant ou en arrière ?

— En arrière, l'avant-dernier, près de la porte. M. Hémon occupait la place du bord et, sitôt l'*Ite missa est* chanté, il filait dehors et allait se poster au bord de l'écorre pour voir sortir le monde. Toute la durée de son séjour à Péribonka, Hémon a continué à se mettre dans notre banc. Même après avoir commencé à travailler chez Samuel Bédard. Ça s'explique. Hémon arrivait chez nous le samedi soir le plus souvent et n'en repartait parfois que le lundi matin avec la voiture qui venait à la fromagerie. M. Bédard a eu des engagés après Hémon et Mme Bédard disait à ma femme : « Qu'est-ce que vous leur faites à mes engagés ? Aussitôt qu'arrivent le samedi et le dimanche, c'est une vraie maladie, ils veulent à tout prix s'en aller chez vous ».

— Hémon avait-il l'air de chercher du travail ?

— Il m'a demandé une fois où il pourrait bien travailler. Je lui ai répondu : Si vous voulez aller travailler pour Samuel Bédard, il a une grange à construire. Apparemment les choses en sont restées là. Samuel était petit-cousin de ma femme ; on se connaissait bien. »

Un souvenir remonte à la mémoire de Mme Fournier :

« Une fois, j'ai fait dîner M. Hémon à la même table qu'un de ses compatriotes, M. Senouillet. Ce dernier était très expansif, très loquace. Tout le contraire de M. Hémon. J'avais cru bien faire en les présentant l'un à l'autre et en les plaçant à la même table. Après le repas, M. Hémon est venu me trouver et m'a dit en parlant de Senouillet : « Tous les Français qui viennent du département de Valence, ils ont ça de trop long », en indiquant

---

4. Edouard Hébert, de Mistassini, m'a dit : « Hémon a passé plusieurs jours chez M. Fournier. Je l'ai vu sur la galerie. Il dévisageait tout le monde au passage. Il avait l'air de chercher à s'orienter.

par un geste qu'ils ont la langue longue comme le bras. Senouillet avait dû talonner M. Hémon de questions, ce qui l'horripilait. À part cela, Senouillet avait fumé à table et avait déposé la cendre de ses cigarettes dans son assiette. Pour Hémon c'était là un sans-gêne impardonnable. »

De nouveau, Mme Fournier s'avance pour rappeler un souvenir :

« Je me rappelle que le dimanche, après le repas de midi, Hémon venait dans la cuisine et causait un peu. Une fois, il m'a enseigné à faire le chocolat comme faisait sa mère. J'étais en train d'en préparer, quand il s'est approché de moi et a dit : « Ça fait longtemps que je n'ai pas bu de bon chocolat. Faites donc comme ça pour qu'il n'y ait pas de mottons. Ma mère le prépare comme ça. » Là-dessus, j'ai dit : « Je suis bien aise d'apprendre la manière française et de pouvoir faire à l'avenir du meilleur chocolat. » M. Hémon était délicat. Ma réflexion a dû lui faire croire que j'étais un peu vexée, car il s'est empressé d'ajouter, comme pour s'excuser d'oser me donner des leçons de cuisine : « Ma mère le faisait comme vous d'abord, ensuite elle s'est mise à le faire comme je vous indique. » Maintenant, d'ajouter Mme Fournier, chaque fois que je prépare du chocolat, je pense à ce pauvre monsieur Hémon. »

À la recherche de travail

Mais Hémon ne peut pas s'éterniser à Péribonka sans travailler. Et pour travailler il lui faut se procurer certains articles qui lui manquent. Le 4 juillet, Hémon passe le lac et va à Roberval. De nouveau il s'inscrit à l'hôtel Commercial, fait quelques emplettes, surtout des vêtements, puis se rembarque le samedi matin 6 juillet pour retourner à Péribonka.

Le vapeur porte un nom évocateur : le *Nord*. La vie forte est au nord, a dit Michelet. Les colons de Charlevoix et des rives du fleuve, en prenant la route du Saguenay puis celle du lac Saint-Jean, se sont orientés vers le nord. Vaillants, tenaces, intrépides, ils sont allés vers la vie forte, qui ne leur faisait pas peur.

À bord du *Nord*, il n'y a pas que des colons en vêtements de travail ou des hommes d'affaires de tenue plus soignée, il y a aussi des animaux et quantité de marchandises. Un beau soleil de juillet fait miroiter les eaux du lac et inonde tout de sa lumière.

Le capitaine André Donaldson dit Daniel lance le vapeur au large.

« Le soleil va faire du bien à la terre aujourd'hui, dit un colon à son voisin.

— Avec des journées comme ça, répond l'autre, nos semences vont rattraper le temps perdu. À Montréal, ils ont déjà trois semaines d'avance sur nous autres.

— Comment va le défrichement chez vous ? demande Samuel Bédard à un autre colon placé tout près de Louis Hémon.

— Ça va petit train. Vous comprenez, je suis seul avec mon garçon, qui n'est pas encore bien vieux. Vous êtes plus chanceux que moi, vous monsieur Bédard, vous avez plusieurs hommes qui travaillent pour vous. Vous pouvez prendre le temps de vous promener...

— C'est pas une promenade de plaisir : j'avais des affaires d'écoles à aller régler à Roberval.

— Ah! oui, vous voyagez comme secrétaire de la Commission scolaire ?

— On vient de finir une année, il faut penser à l'autre et faire des achats pour le mois de septembre... Dites donc, reprend Bédard en baissant, la voix, connaissez-vous l'étranger placé pas loin de nous, là ?

— Non, je ne le connais pas. Je le vois pour la première fois. Mais j'ai eu connaissance tout à l'heure qu'on l'a présenté au capitaine Jos. Simard[5] sur le quai de Roberval. Malheureusement, je n'ai pas saisi son nom... »

Hémon a fait mine de ne pas entendre, mais il a bien compris tout à l'heure le nom de M. Bédard et il a raccroché ce nom au colon constructeur d'une grange dont lui a parlé M. Fournier. Aussi, quand, après quelque hésitation, Samuel Bédard se retourne soudain vers lui et, l'air engageant, lui adresse la parole, Hémon sait à qui il a affaire.

« Vous venez vous faire colon, monsieur, je suppose ? Vous avez peut-être l'intention de vous acheter une terre ?

---

5. « J'étais capitaine du *Roberval*. J'ai été capitaine de presque tous les bateaux, excepté le *Nord*. Hémon m'a été présenté sur le quai de Roberval » (Capitaine Jos. Simard).

— Non monsieur, je voudrais simplement travailler chez un fermier à Péribonka ou dans les alentours.

— C'est dommage parce qu'on aurait peut-être pu faire des marchés ensemble : je vous aurais vendu ma terre.

— On peut peut-être faire un autre marché. Vous n'avez pas besoin d'un aide-fermier, par hasard, si vous gardez votre terre encore quelque temps ?

— J'ai déjà plusieurs hommes qui travaillent pour moi. C'est de la dépense...

—Oh! je ne suis pas exigeant. Pourvu que je sois logé, nourri, le salaire de $8 par moi me suffira... Avec le congé du samedi.

— À $8 par mois, c'est pas de refus, parce que les engagés demandent généralement $20 par mois. Vous coupez les prix !

— Je suis prêt à travailler de mon mieux, mais je reconnais que je n'ai pas beaucoup d'expérience dans le genre de travaux qu'il me faudra faire.

— Avec de la bonne volonté, on apprend vite. C'est pas des travaux compliqués sur la terre. Alors, c'est entendu, vous pouvez vous en-venir à la maison avec moi. On dînera chez Fournier, puis on s'en ira en voiture sur mon lot, à trois milles de l'église... [6]

Les deux hommes ont pris contact. Leur conversation se poursuit pendant une bonne partie de la traversée.

Lorsque le bateau arrive en vue de la ferme des Frères ouvriers de Saint-François Régis, à Vauvert, et qu'il s'engage dans la Grande-Péribonka, Hémon interroge longuement Samuel Bédard, qui se fait fort de le renseigner sur cet établissement : son frère, l'abbé Eugène Bédard, en est l'aumônier.

« Malheureusement, dit M. Bédard, l'établissement de Vauvert n'est accessible que par eau ou à pied à travers le bois. Il est situé à plusieurs milles de la route du Petit-Pari.

L'accueil chez Bédard

Les deux hommes ont bien mangé chez Fournier et le jeune orphelin (Roland Marcoux) est venu les cueillir à la pension. Il

---

6.   Scène reconstituée « d'après le témoignage de Griffin, journaliste de Toronto. De plus, Moïse Laroche, de Roberval, était sur le *Nord* lors de cette traversée et il a eu connaissance des propos échangés entre Louis Hémon et Samuel Bédard. Il les corrobore.

est à peine deux heures de l'après-midi que la voiture tire à la porte de la maison exiguë de Samuel, à trois milles de l'église. La petite maison se dresse sur le bord du chemin et donne sur la rivière.

Mme Bédard s'avance vers la porte et se demande quel étranger accompagne son mari avec son petit bagage. « Encore un quêteux que Samuel a ramassé », se dit-elle. En effet, M. Bédard avait eu à son service précédemment plusieurs étrangers, rencontrés par hasard et pris à gages pour quelque temps.

Samuel Bédard est fier de sa pêche, mais il sait bien que sa femme, si elle ne lui en fait pas de reproche, n'en est pas très enthousiasmée. Elle accueille l'étranger poliment, mais plutôt froidement. Cependant, dès qu'il la voit et dès qu'il l'entend, Hémon se rend compte qu'il a affaire à une maîtresse femme : intelligente, le langage correct, sonore, une véritable souveraine dans sa maison. Il pourra s'enfermer dans son mutisme, ne pas poser de questions : sa « patronne » parlera d'elle-même, fera les frais de conversation, le renseignera sur tout et tous. Il n'aura qu'à avoir l'oreille et l'œil ouverts. Non seulement parlante, cette madame Bédard est naturellement gaie, ricaneuse, un rire en roucoulades, qui sonne juste, qui respire la santé morale et physique. Hémon juge vite qu'il est tombé entre bonnes mains, chez des gens en état de causer et de lui fournir les renseignements qu'il cherche. Quant à M. Bédard, voilà un homme qui a voyagé passablement, qui connaît la vie des villes comme celles des régions les plus désertes et les plus reculées. Il a été employé de tramway à Montréal ; il a conduit des attelages de chiens dans le Labrador. Il a habité à Roberval, à Mistassini. Colon depuis une couple d'années, chantre à l'église, trésorier de la municipalité, secrétaire de la commission scolaire, huissier, etc. Il a 35 ans, Hémon en a 32. Les deux hommes sont faits pour bien s'entendre. M. Bédard se réjouit d'avoir un engagé instruit et bien éduqué. La conversation sera agréable avec lui. Ce ne sera peut-être pas un gros travaillant, mais il ne lui coûte tout de même que $8 par mois, soit $2 par semaine, soit 35 cents par jour, moins de 2 francs au taux normal. C'est pour rien. Le marché agrée aux deux hommes. Du côté de Mme Bédard, ses premières préventions contre l'étranger tomberont vite. Tout en continuant à le considérer d'abord comme l'engagé, un engagé original, mystérieux, elle n'en viendra pas moins à lui porter une certaine considération en raison de son instruction et de ses paroles sensées.

M. Samuel Bédard m'a fait le récit des premières heures de Louis Hémon sur sa ferme de Péribonka.

« Tout d'abord j'ai fait connaissance avec Hémon sur le *Nord*, pendant la traversée de Roberval à Péribonka le samedi matin. Nous avons dîné le midi à la nouvelle pension Fournier. Roland est venu au-devant de nous-autres avec la voiture. Hémon s'est trouvé à me dire qu'il était venu à Roberval par les chars, mais il n'a pas soufflé mot de son voyage à pied autour du lac et il ne m'a pas prévenu qu'il connaissait les Fournier. Je n'ai cependant aucune objection à croire qu'il a fait à pied le trajet de Roberval à Péribonka, car c'était un bon marcheur, et qu'il a passé quelques jours à la pension Fournier, puis qu'il serait retourné à Roberval pour revenir à Péribonka sur le même bateau que moi. Vous me dites qu'il était arrivé chez les Fournier tout couvert de poussière et vêtu comme un bûcheron ; à bord du *Nord*, il était plutôt endimanché. Il portait un chapeau avec des rebords plats. Il était habillé proprement, mais sans recherche. Il avait avec lui un petit porte-manteau, puis un paqueton composé d'une couverture de laine roulée et contenant quelques objets. Une courroie la tenait enroulée.

« En arrivant à la maison, une maison de 15 pieds sur 18, avec un petit appentis, j'ai voulu m'excuser de l'exiguité de mon logis, mais Hémon a repris immédiatement : « Si ma sœur savait où je suis... C'est un château, ici. » Le compliment m'a paru moqueur, mais en même temps il semblait dit sur un ton tout à fait sincère.

« Dès l'après-midi de son arrivée, M. Hémon a travaillé [7]. Sans vous commander, lui dis-je, voulez-vous rouler ces billots à la rivière avec M. Murray ? [8]. Le temps de modifier son accoutrement et de traverser la route pour rejoindre mon autre homme engagé, Ernest Murray (l'Edwidge Légaré de *Maria Chapdelaine*), gros travailleur, esprit taquin, mais brave cœur. À peine présentés l'un à l'autre, M. Murray s'est mis à appeler M. Hémon : le « curé Hémon », comme il m'appelait le « curé Bédard ». Avec M. Murray, on était tous des curés.

---

7.   A noter que les membres de familles Bédard et Bouchard n'ont jamais omis de désigner leur engagé poliment : Monsieur Hémon, habitude qu'elles ont conservée d'ailleurs.
8.   Cf. Marie Le Franc, *Au pays canadien-français*, p. 179.

« Je les ai laissés travailler ensemble à démolir les deux grosses roules[9] de billots qui étaient là depuis l'hiver.

« Vers quatre heures, je suis allé voir mes hommes au bord de la rivière. Mon pauvre monsieur Hémon avait déjà les doigts en sang. En levant les billots le premier, M. Murray prenait plaisir à écraser les doigts de son associé inexpérimenté. Raidissant l'échine et tendant les bras, il le faisait par exprès et disait : « Bâtard ! levez donc votre bout, curé Hémon !» J'ai averti M. Murray de faire attention, mais ce diable d'homme endurci aux gros travaux répliquait jovialement : « Bah ! c'est rien, ça. Ça va l'accoutumer !» Et M. Hémon a simplement dit le soir, après s'être nettoyé les mains, alors que je faisais remarquer que M. Murray lui avait pas mal massacré les doigts : « Que voulez-vous, c'est le métier qui rentre. »

Entretemps, Mme Bédard avait dressé un petit lit de camp pour le nouvel engagé, dans le grenier de la maison. Hémon d'ailleurs a toujours recherché à travailler avec M. Murray. Ce dernier était un type original et avait un langage pittoresque. Hémon tenait à ne rien perdre de lui pour le noter ensuite.

Le premier dimanche

Le lendemain, dimanche 7 juillet, *Coquette* trottine vers l'église paroissiale, sur la route qui longe la majestueuse rivière Péribonka, véritable fleuve. Le soleil est radieux ; de petits champs séparent les habitations de la forêt. Hémon se croit dans un autre monde, à mille lieues des bruyantes cités. Le pays lui plaît.

« Monsieur Hémon, dit Samuel Bédard, vous pourrez aller manger où vous voudrez après la messe si vous voulez attendre la voiture, parce que je serai retenu au presbytère pour régler des affaires d'écoles. Nous allons avoir une réunion des membres de la commission scolaire. Je pense bien que je vais dîner avec le curé Villeneuve, puis ensuite je chanterai les vêpres. Nous repartirons vers 4 heures.

— Bien, M. Bédard. Ne vous inquiétez pas de moi. Je m'attarderai peut-être. De toute façon je retournerai à pied, sinon ce soir, demain matin. »

---

9. Mot d'origine anglaise (contraction de *rollway*) désignant un empilement de billots cordés les uns sur les autres.

Tous ceux de Péribonka qui ont vu Hémon vous diront : « Je l'ai connu le dimanche, à la messe, devant l'église. Pour lui c'était un merveilleux poste d'observation... »

La messe du dimanche force tous les catholiques à se rendre à l'église et, généralement, dans leurs plus beaux atours. L'observateur a beau jeu. Hémon, observateur de premier ordre, est friand de ce spectacle. Il ne connaît encore à peu près personne. Aussi est-il plus libre d'allures qu'il ne le sera plus tard, alors qu'un ensemble de circonstances le forcera de se modeler peu à peu sur les autres.

Ce dimanche-là, après la messe, il se campe devant l'église, le pied droit en bas du trottoir et supportant presque tout le poids du corps, le pied gauche nonchalamment placé sur le trottoir. Les mains sur les hanches, chapeau de paille sur la tête, il regarde défiler hommes et femmes de Péribonka sortant de la messe. Dans ce cortège, deux demoiselles attirent son attention, comme lui-même retient leur regard. Ce sont celles qu'on pourrait appeler les deux premières filles de la place : Yvonne Niquet la plus instruite et la plus riche de Péribonka, la fille du fondateur, Edouard Niquet, dont le prénom a servi à choisir le patron de la paroisse, et Eva Bouchard, l'une des jeunes filles les plus jolies et les plus distinguées du Lac-Saint-Jean. Fourrures sur les épaules, elles s'en vont solennellement, mais ne peuvent réprimer, après avoir dépassé le jeune étranger quelques remarques :

« D'où sort-il celui-là ?

— Il a l'air de vouloir crâner...

— On dirait qu'il n'a jamais vu personne ; il nous dévisage avec un aplomb à nous gêner...

— On m'a dit son nom. Je pense que c'est un monsieur Hémon, un jeune Français, qui a passé quelques jours chez M. Fournier.

— Bien mieux que cela, Yvonne. Imagine-toi que mon beau-frère Samuel l'a engagé. Mais oui, Laurette [10] m'a dit cela, mais c'est la première fois que je le vois pour de bon. Tu parles d'un original. Samuel recueille toujours des gens qui sortent on ne sait d'où. Un bon jour il s'en mordra les doigts... Sais-tu que je vais en avoir peur. Il va se trouver notre voisin... »

---

10. Au cours de ce récit le prénom *Laura* ou *Laurette* désignera Mme Samuel Bédard.

Eva Bouchard replace sa fourrure[11] sur son épaule et accompagne Mlle Niquet jusqu'à sa demeure, le long de la rivière, passé les magasins Hébert et Desjardins. Ce sera ainsi chaque dimanche, Hémon a toujours les yeux sur cette foule : hommes et femmes âgés aux vêtements plutôt sombres ; jeunes gens aux complets gris ; jeunes femmes et jeunes filles aux toilettes claires, étonnamment élégantes et fières.

Mais voici l'annonce des nouvelles et (plus tard) la criée des âmes. Spectacle particulier au Québec et fécond en incidents. Les crieurs sont des types pittoresques et originaux ; les quolibets échangés par les paroissiens groupés à leurs pieds sont amusants. Hémon ne peut s'empêcher de prendre des notes. Il sort un peu timidement une petite tablette large comme deux doigts et haute comme un. Il inscrit quelques mots-clés, quitte à compléter plus tard, à la maison Bédard, les phrases entendues et gardées en mémoire.

Le premier à paraître sur cette place à la fin de la messe, il est le dernier à la quitter. Il a voulu voir les habitants détacher leurs chevaux, inviter leurs femmes et enfants à remonter en voiture pour regagner la maison. Les uns n'iront qu'à un mille, mais d'autres franchiront cinq et même dix milles avant de se mettre à table pour le repas de midi. Qu'importent ces contretemps. « Le spectacle magnifique du culte, les chants latins, les cierges allumés, la solennité de la messe du dimanche » les remplissaient chaque fois d'une grande ferveur et d'une grande joie. Aller à la messe le dimanche, c'était surtout pour les enfants une sorte de récompense de leur bonne conduite la semaine et une suprême fête. »[12]

Louis Hémon rejoint à pas lents la maison qui lui est de plus en plus familière, tout en portant la vue des maisons à la rivière, miroitante sous le soleil. Chez Fournier, des jeunes gens grillent posément des cigarettes. Hémon ne cherche pas à se mêler au groupe. Au contraire. À l'écart, il les écoute cependant.

À l'heure du repas, Mme Fournier indique à Hémon sa place à table. Son voisin serait un Allemand, Henri Sollner, arrivé à Pé-

---

11. Qu'on ne s'étonne pas qu'en juillet les femmes de Péribonka aient porté il y a 50 ans des fourrures au début de juillet, le dimanche, pour simple raison de toilette. Dans mon village des basses Laurentides, c'était de même, ce qui faisait dire chaque dimanche à ma brave mère : « C'est donc fou la mode. Il fait pourtant assez chaud sans ces fourrures-là. C'est bon pour l'hiver et les demi-saisons !»

12. Voir *Maria Chapdelaine*.

ribonka au printemps et établi sur une terre dans le rang des Crêpes, en gagnant Honfleur [13]. Hémon relance Mme Fournier dans
la cuisine et lui demande en grâce de bien vouloir le laisser manger dans la cuisine, car il ne veut pas du voisinage de l'Allemand.
Cet Allemand ne savait pas encore baragouiner deux mots en
français. Il pouvait dire quelques mots en anglais, toutefois.

« Pourquoi Hémon a-t-il refusé de manger à côté de l'Allemand, Mme Fournier ?

— Je ne sais pas. Hémon ne m'a pas donné de raison.

— Ne serait-ce pas parce que Hémon, sachant l'allemand
suffisamment pour le parler et sachant très bien l'anglais, aurait
été forcé de parler dans l'une ou l'autre langue avec son voisin et
qu'ainsi il aurait révélé sa connaissance de ces langues ?

— C'est peut-être ça le secret. Seulement, vous nous apprenez
que M. Hémon parlait allemand et anglais. Et mon mari, qui sait
bien l'anglais, l'ayant appris jeune à Lawrence, aurait aimé cela
dire quelques mots en anglais à l'occasion avec M. Hémon.

Hémon ne voulait pas se montrer supérieur aux gens de Péribonka en étalant son savoir ; il tenait à se faire passer pour un
homme simple, ordinaire, un véritable aide-fermier. De cette façon, il savait bien que les gens de Péribonka resteraient naturels,
qu'ils ne joueraient pas aux personnages de théâtre.

L'après-midi et le soir de ce dimanche, Hémon erre à travers
le village et s'assoit au bord de la Péribonka. Les images de la
Seine et de la Tamise lui reviennent à l'esprit. En juillet 1911, il
était encore en Angleterre et il accompagnait son ami Marsillac
à Richmond et à Kingston. Il se payait avec lui le luxe d'une nuit
sur l'eau. Il a suivi l'éternelle invitation au voyage des flots d'argent : il a traversé l'océan, il a navigué sur le fleuve, sur le lac
Saint-Jean. Le voilà sur le bord de la Grande-Péribonka et il as-
pire aux délices de se plonger dans ses ondes rafraîchissantes. Il
ne regrette rien de Londres et des plaisirs de la Tamise ; il ne regrette rien des agréables plages bretonnes. Il s'est évadé de tout,
selon son désir. Il est aux confins de la civilisation, mais d'une civilisation supérieure à celle qu'il avait prévue. Afin d'accuser les
couleurs du roman dont il cherche la trame, roman qui ne tardera
pas à mijoter pour de bon dans sa tête, il devra situer sa famille-
type de colons hors du village de Péribonka, loin des habitations,

---

13.   Dans la paroisse de Péribonka.

loin de l'église. Ses déplacements de l'automne l'aideront à en déterminer l'endroit de façon très heureuse.

Au défrichement

Le lundi matin 8 juillet, vers 11 heures, Louis Hémon revient du village de Péribonka reprendre son travail d'engagé.

« Est-ce que le patron est ici ?

— Le patron ? M. Bédard ?

— Oui, madame Bédard.

— Rendez-vous donc au bout des bâtiments. Vous allez le trouver là, je crois, M. Hémon. »

Hémon rejoignit les hommes, en train d'ébaucher les plans d'une grange nouvelle et de calculer la quantité de poutres, de chevrons et de planches qu'il faudrait. Mais la construction de la grange ne commença pas immédiatement. Il fallait attendre l'arrivée des matériaux qu'on ne pouvait pas préparer sur les lieux.

Aussi le défrichement se poursuivit pendant plusieurs jours encore, même deux semaines. Hémon était arrivé chez les Bédard au moment où ce travail battait son plein [14]. Il eut donc le temps d'éprouver par lui-même le rude labeur qui consiste à « faire de la terre » (défricher). Au cours de la journée, il a bu l'eau que Madame Bédard apportait aux hommes [15].

Femme robuste, elle n'hésitait pas à donner un coup de main aux hommes. Hémon a répondu aussi au « long cri », au « grand cri chantant » de Mme Bédard annonçant que le dîner était prêt. Avec ses compagnons « couleur de terre », « effigies couleur d'argile, aux yeux creux de fatigue », il a regagné midi et soir la « petite maison carrée » où « la soupe aux pois fumait déjà dans les assiettes ».

Mademoiselle Eva Bouchard a recueilli de Samuel Bédard l'épisode que voici. Chez les Bédard on disait l'Angélus et le Bénédicité avant les repas. Un jour Titon a dit :

« M. Hémon a pas fait son signe de croix. Va-t-il aller en enfer ?

---

14. et 15.   Témoignage de Ernest Murray fils (Tit-Bé).

— Assurément, dit Hémon, ma place est retenue.

— Vous n'aurez pas de misère à l'avoir, de remarquer Laura, il y en a peu qui retiennent leur place à l'avance. »

Hémon travaillait-il fort à l'essouchage ? Samuel Bédard a déclaré dès 1918 à Me Léon Mercier-Gouin, premier homme à interviewer le « patron de Louis Hémon : « Comme journalier, il n'y a pas à dire, il ne forçait pas pour le gros ouvrage. Pour ça, ne valait pas cher, comme qui dirait. Mais, pour être de service, je vous assure qu'il l'était pour tout de bon » [16]. De son côté, Mme Bédard a raconté à ce même M. Gouin : « Un jour, nous arrachions des souches sur notre terre de Honfleur. On suait à mourir. Monsieur Hémon, accoté sur un tronc d'arbre, nous regardait faire sans grouiller. Il avait les deux pouces enfoncés dans les ouvertures de sa veste [17]. Il était bien à son aise, je vous en donne ma parole ! Je m'approche de lui. Comme il ne travaillait pas depuis une bonne escousse, je lui demande en riant : « Monsieur Hémon, est-ce que ça serait fête légale aujourd'hui ? — C'est bien mieux que cela ! », qu'il me répond. — « Est-ce que ça serait votre fête ? — Mais oui, madame, qu'il me dit, et comme personne ne me fête, eh bien ! alors, moi je me fête !» Je vous assure que ce n'était pas un tempérament nerveux ».

Peu endurci à de semblables travaux, on comprend que Hémon les trouve épuisants et qu'il sente le besoin d'une détente. Il sait, lui, qu'il n'est pas là pour travailler autant que pour observer. Voilà pourquoi il s'est donné à $8 par mois. Pour entreprendre de telles journées et pour, le soir, chasser de ses membres moulus la fatigue, il va se plonger dans les flots de la Péribonka. Huit ans à l'avance il avait décrit dans *La Rivière,* primée au concours du *Vélo ;* au bain du soir, dans la Péribonka, il peut se murmurer ce qu'il a écrit dans le même récit : « Je m'arrête un instant sur son bord, avec un coup d'œil amical au paysage familier, et quand j'ai sauté à l'eau d'un bond et que dix mètres plus loin je remonte à la lumière, je sens que je suis lavé, lavé jusqu'au cœur de la fatigue et de l'ennui du jour. »

Une semaine après son arrivée chez M. Bédard, Hémon indique dans une lettre la haute idée qu'il a des services qu'il rend à

---

16. *Le Petit Canadien,* organe de la Société Saint-Jean-Baptiste de Montréal, octobre 1918.

17. Plus vraisemblablement accrochés dans ses larges bretelles.

ce patron et à la province de Québec. Il faut voir sur quel ton humoristique il en parle à sa famille :

Péribonka, 13 juillet 1912

Ma chère maman,

L'agriculture ne manque plus de bras : elle a les miens. Sur la ferme de l'excellent M. Bédard (Samuel), je contribue dans la mesure de mes faibles moyens au défrichement et à la culture de cette partie de la province de Québec, qui en a pas mal besoin.

Je doute que vous trouviez Péribonka sur les cartes. Vous n'y trouverez peut-être même pas le lac Saint-Jean, qui a pourtant soixante ou quatre-vingts kilomètres de tour [18]. La rivière Péribonka, que j'ai sous les yeux toute la journée, est bien une fois et demie large comme la Seine [19]. Inutile de dire que je profite de mes rares loisirs pour m'y tremper pas mal.

Il fait très chaud depuis trois semaines, mais le temps change souvent et il vente terriblement fort. Tu peux donc m'écrire à l'adresse ci-dessus [20], car j'y serai probablement quelque temps. Si tu m'envoies de temps en temps des journaux, je t'en serai reconnaissant ; mais pas trop souvent, car je suis à une dizaine de kilomètres du bureau de poste, lequel est lui-même à une journée de voiture du chemin de fer, et les lettres et journaux ne m'arriveront guère que par paquets [21].

L'une des premières besognes régulières que Louis Hémon reçoit en partage de son patron Samuel Bédard est celle d'aller plusieurs fois par semaine à la fromagerie. En 1912, la fromagerie, c'était le forum de Péribonka la semaine, comme la place de l'église était le forum du dimanche. C'était l'endroit où rencontrer les gens : colons, hommes des bateaux, etc. Des jeunes gens inoccupés s'y rendaient pour se taquiner, raconter les tours joués la veille et pour faire étriver les autres, bien entendu.

Dès la piquette du jour, Hémon se levait comme tout engagé, « déjeunait avec appétit de soupane d'avoine et d'œufs au lard »[22], aidait à faire le train, à placer les canistres [23] de lait dans la voiture, à atteler Kéte, puis, il partait, cueillant le long de la

---

18.   Un peu plus, M. Hémon ! (125 kilomètres).

19.   Un peu plus, M. Hémon ! (de 6 à 8 fois la largeur de la Seine à Paris).

20.   Il avait donné : *Poste restante, Grand Péribonka* (Lac-St-Jean), *Prov. de Québec, Canada.*

21.   Hémon exagère à plaisir. On verra plus tard qu'il voulait empêcher de cette façon sa famille de lui envoyer de l'argent par mandat postal.

22.   Marie Le Franc, *Ibid.*

23.   *Du mot anglais* canister, *bocal ordinairement en fer-blanc. La canistre des cultivateurs était une sorte de tonneau en fer-blanc épais ouvert par le bout et muni d'un couvercle à coulisse et d'une poignée à chaque flanc. Elle contenait 20 gallons. On en avait aussi de 30 gallons.*

route, sur une sorte de tablier à hauteur de voiture, des canistres de lait de quelques colons situés entre la maison de son patron et la fromagerie. Les témoins du jeune Français s'en allant à la fromagerie dans cette contrée si éloignée de la sienne ne manquent pas. Si leurs témoignages se répètent, la preuve n'en sera que plus forte. D'ailleurs, il ne sera pas uniquement question de la fromagerie. Toutes sortes de détails vont y passer. Voici ces témoignages tels que je les ai recueillis au cours de tournée au Lac-Saint-Jean :

M. et Mme Jean Bérubé n'étaient séparés de Samuel Bédard que par la maison d'Adolphe Bouchard, père de Mme Bédard.

« L'attelage de Hémon pour aller à la fromagerie, dit M. Bérubé, consistait en une charrette à deux roues traînée par la jument rouge Kéte, la mère de Coquette. Dans le temps de Hémon, j'étais boucher et j'allais souvent chez Samuel. J'ai acheté de lui un gros bœuf mauvais pendant que Hémon était là. »

Mme Bérubé rappelle quelques souvenirs :

« Quand Hémon allait à la fromagerie, il portait toujours sa casquette sens devant derrière, la palette (visière) dans le cou. Je l'ai vu à la messe le dimanche avec un chandail blanc. Il allait aussi au bureau de poste, situé alors sur le bord de la rivière, passé les magasins Hébert et Desjardins. Les Niquet tenaient alors le bureau de poste. »

Ernest Murray fils, de Saint-Augustin (le Tit-Bé du roman), homme d'une quarantaine d'années, raconte ce qui suit :

« Quand M. Hémon est arrivé chez M. Samuel Bédard, nous étions en train de faire de la terre, d'essoucher. J'avais 15 ans alors. J'allais travailler avec mon père sur la terre de M. Bédard. À 15 ans, j'étais aussi gros et grand qu'aujourd'hui. On restait alors le deuxième voisin de Samuel. Hémon passait tous les matins à notre porte pour aller à la fromagerie avec sa casquette revirée. Il disait : « Allez, allez ! sale bête !» Il avait une drôle de façon de commander les chevaux. Il n'annonçait pas grand'chose. Quand il est arrivé, il ne savait pas atteler un cheval. Il l'a appris un peu.

« Mon père taquinait gros M. Hémon parce qu'il était maladroit, et M. Hémon se fâchait, mais il se défâchait vite.

« C'est madame Bédard qui venait nous porter de l'eau aux champs. Elle travaillait souvent avec nous autres, ramassant des branches, clairant le terrain autant qu'elle pouvait. Elle était très intelligente. C'est tout à fait vrai qu'elle faisait l'éloge de la terre, comme c'est rapporté dans le roman. »

A la fromagerie

Mme Ferdinand Larouche raconte, en l'absence de son mari, ses souvenirs personnels. Elle demeure à 10 arpents de l'ancienne petite maison carrée de Samuel :

« Hémon prenait notre lait pour le porter à la fromagerie. Il n'échangeait que quelques mots avec nous autres. Il n'est jamais venu veiller ici, quoi qu'on en dise.

« Mme Bédard, après le repas, parlait. C'était son habitude. Et lui, il écoutait. Il ramassait ça dans sa tête et arrangeait ça ailleurs. Le samedi après-midi, Hémon partait et on ne savait pas où il allait. Une fois, madame Bédard, en cherchant une dinde, l'a aperçu aux Coteaux-de-Sable, de l'autre côté du chemin. Elle a fait semblant de ne pas le voir, parce qu'elle ne voulait pas le déranger et parce qu'elle était discrète.

« M. Hémon s'amusait beaucoup avec les enfants : Roland et Thomas-Louis, surnommé Titon, (Télesphore et Alma-Rose dans le roman). Il leur faisait faire de la gymnastique, des exercices militaires, marquer le pas, etc. Titon était fin fin, et beau avec ses cheveux bouclés. Roland aussi était bien gentil, mais comme Titon était plus jeune, il paraissait le préféré. » [24]

Arthur Gaudrault, de Saint-Ludger de Milot, est le frère d'Eutrope Gaudrault (l'Eutrope Gagnon du roman). Son témoignage n'est pas sans intérêt :

« J'ai vu et connu Louis Hémon chez Samuel Bédard, dit-il. J'étais marié, moi, depuis 1910 et j'avais une terre en société avec Eutrope en deçà de chez Samuel. Eutrope restait chez nous. La sœur de ma femme était mariée à Nil Bouchard, frère de Mme Bédard et d'Eva Bouchard. Elle et Nil sont morts. Eva a soin de leurs enfants. De temps en temps, on allait veiller le soir chez M. Bédard. Eutrope a travaillé cet été-là avec mon oncle Ernest Murray sur la terre de Bédard. On voyait souvent passer Hémon pour aller à la fromagerie ou à l'église avec Samuel, qui chantait

---

24. Ces deux enfants étaient des orphelins adoptés par Samuel Bédard.

en voiture. Je me rappelle avoir vu M. Hémon dans le banc d'Edouard Fournier à l'église. Il me semble que Hémon a passé quelque temps chez Fournier. En tout cas, Hémon et Fournier se connaissaient : ils se parlaient souvent.

« Un bon matin, Hémon était à la fromagerie et avait de la misère avec son cheval. Eutrope se trouvait là et c'est lui qui a placé le cheval en le prenant par la bride.

Mme Gaudrault ajoute une note malicieuse à ce témoignage :

« Le curé Villeneuve, au commencement de septembre, a sermonné Hémon. Il a dit que c'est *en dedans* que la messe s'entend et non en dehors de l'église. » Hémon lisait ou écrivait sur l'écorre [25] de la rivière pendant la messe du dimanche.

Jos. Gaudrault a confirmé le témoignage de son frère Arthur, et M. André Donaldson dit Daniel a raconté l'épisode de la fromagerie, dont il a été témoin.

Pierre Niquet, fils du fondateur de Péribonka, se rappelle très bien Hémon. Il l'a vu et connu chez M. Fournier ; il lui a parlé à la fromagerie ; il l'a vu aussi à l'église.

« Du temps que Hémon restait chez Fournier, dit-il, il se mettait dans le banc de M. Fournier ; du temps qu'il était chez M. Bédard, vu que celui-ci avait son banc en avant, il continuait à se mettre dans le banc de M. Fournier ou restait simplement en arrière, même sur le perron de l'église. On le voyait presque tous les matins à la fromagerie, située à trois quarts de mille de l'église du côté de chez Samuel, soit à environ deux milles de chez Samuel. On le taquinait beaucoup. Il y avait des fois des prises de bec. Il ne commandait pas les chevaux comme les gens de la place, alors ça soulevait des remarques, des taquineries. Mais quand il ouvrait la bouche, il savait se défendre.

« Les jeunes de Péribonka, on se rassemblait de temps en temps chez Adolphe Bouchard. Alors, il y avait Nil, Eva, Aline [26] Monsieur Bouchard, mes sœurs Yvonne et Anna, mes frères Arthur et Joseph et moi, puis d'autres encore. On était un bon groupe de jeunes parfois. On avait du plaisir. »

---

25. Ecorre est un canadianisme pour *accore,* qui s'applique à « une rive abrupte ou à pic de manière qu'un navire peut s'en approcher à la toucher » (Larousse, *Dictionnaire encyclopédique*).

26. Aline. sœur d'Eva. fille grassette de 16 ou 17 ans. décédée en 1914.

M. Georges Tremblay dit à son sujet : « Je ne l'ai jamais vu dans l'église. Il s'asseyait sur la plateforme de la statue du Sacré-Cœur ; il regardait les gens et prenait des notes. Je l'ai vu là en masse.

« L'automne il se vendait toujours quelques choses à la porte de l'église pour les âmes : des petits ochons, des poulets, des lièvres... C'était Charles-Eugène Gauthier qui faisait ça. Il avait sa manière plaisante de faire ces criées-là. Hémon assistait à ça ; ça l'intéressait bien.

« Sans parler mal, faut vous dire qu'on n'en faisait guère de cas. Il ne faisait pas de mal mais il n'avait pas l'air bien fin. On disait entre nous : « Dis-moi donc ce qu'il vient faire ici ? » Les autres Français n'étaient pas comme ça. »

De son côté, Samuel Bédard rapporte un trait qui ne manque pas de piquant :

« Un bon matin, Hémon a attelé seul pour aller à la fromagerie. En le voyant partir, j'ai remarqué que Coquette avait l'air de tirer rien que d'un bord. J'avertis Hémon d'arrêter et je m'approche de l'attelage : « Vous ne voyez donc pas, M. Hémon, que vous avez mis le collier à l'envers à la jument ? — Elle ne s'en est pas plainte », qu'il me répond. Avec des réponses comme ça, que vouliez-vous faire, sinon rager ou rire ? »

« À la fromagerie, quand on lui avait rendu ses bidons, Hémon laissait souvent la jument sur le bord de l'écorre et se rendait à pied mettre des lettres à la poste chez le père Niquet ou au magasin acheter des friandises aux enfants. Il a toujours été très bon pour les enfants. »

Le conseiller législatif de la province de Québec, M.J.-Emile Moreau, de Roberval, agent forestier en 1912, a eu l'occasion lui aussi de connaître Louis Hémon. Il lui a parlé une fois au village, au magasin de Sifroid Desjardins. Il ne lui a dit que quelques mots. Une autre fois, il l'a vu à la fromagerie. Cette fois-là également, il n'a échangé avec lui que quelques mots.

Voici une note nouvelle dans cette série de dépositions sur le laitier de fortune : M. Georges Tremblay, ancien fromager de Péribonka, a des raisons personnelles de se souvenir de Louis Hémon :

« Imaginez-vous que l'auteur de *Maria Chapdelaine,* dit-il, a voulu travailler pour moi dans ma fabrique de fromage. A plusieurs reprises il m'a offert ses services, mais comme mon frère

(Charles) m'aidait, je me voyais forcé de le refuser. Peut-être
qu'avoir su qu'il deviendrait aussi célèbre je l'aurais pris quand
même. Surtout qu'il n'était pas exigeant pour le salaire, d'après ce
qu'on sait maintenant. Une fois, je ne sais pas si c'est parce qu'il
était sur les lieux ou si Hémon l'avait fait venir, mais le boulanger
Fournier a fait des instances auprès de moi pour que je le prenne
à mon service. Pour dire le vrai, Hémon paraissait curieux de la
fabrication du fromage. Il regardait donc longtemps fonctionner
notre petite installation ! Ça paraissait l'intéresser. À part cela
c'est qu'on travaillait seulement l'avant-midi. Il avait peut-être
son idée derrière la tête : en travaillant à la fromagerie, il aurait
pu disposer de son après-midi, flâner le long de la rivière, lire,
écrire, jongler à son livre... Il portait toujours une sorte de petit
sac pendu à une courroie qui lui passait sur l'épaule. Il avait un
crayon et inscrivait sur un bout de papier le poids du lait apporté.
Sa voiture sortie de la cour de la fromagerie, il attachait son cheval à un arbre au bord de la rivière puis il descendait dans les
broussailles. Il devait aller griffonner quelques notes, peut-être
des phrases qu'il nous avait entendu dire. »

*À la demande de M. Ayotte, j'ai moi-même consulté M. Geor-
ges Tremblay les 6 et 15 octobre 1963. Son témoignage ayant une
valeur particulière, je le cite tel que je l'ai rapporté à notre auteur.*

« *J'ai vu Louis Hémon plusieurs fois. Il passait souvent à pied
et quelque fois il s'arrêtait me voir travailler. Il venait aussi à ma
fromagerie porter le lait pour Samuel Bédard.*

« *Ma fromagerie était sur le troisième lot de l'église, du côté de
la route qui monte à Saint-Amédée ; elle se trouvait à la limite du
lot de Joseph Côté, qui était le suivant, ce qui faisait la largeur
complète de trois lots entre l'église et la fromagerie. (N.B. Un lot a
environ 900 pieds de large). C'est dire que la fromagerie était en
environ 8 arpents du quai, lequel était presque en face de l'église
dans le temps.*

« *Louis Hémon venait me voir fabriquer le fromage, ce que je
faisais tout seul dans le temps. La première fois qu'il est venu il s'é-
tait assis sur la petite galerie et paraissait jongler ; je suis sorti et lui
ai demandé s'il avait besoin de quelque chose ; il a répondu : « Non,
je me repose... »*

« *Je ne l'aimais pas beaucoup. Il n'était pas fort ni adroit. Pour
débarquer les canistres de lait et les vider, c'était toute une affaire.
Il ne savait pas mener un cheval ; ça lui prenait un temps terrible*

*pour approcher la voiture de la plateforme et souvent j'étais obligé
d'aller à son secours ; il n'en venait pas à bout.*

*« Quand il venait me voir faire, il ne s'asseyait pas ; il s'accotait
au mur, sortait son calepin et prenait des notes tout le temps. Il parlait très peu et jamais de lui ni de son pays. Il ne posait pas beaucoup de questions ; il me regardait faire. Ses visites me tannaient ;
je le recevais bien, poliment, mais j'avais hâte qu'il parte. Je ne le
haïssais pas, mais j'aimais mieux qu'il ne vienne pas.*

*« Une fois il m'a demandé pour travailler avec moi ; j'ai refusé.
Par après, ma femme me dit : « Si tu avais employé Louis Hémon,
tu aurais eu un titre ! »*

*« Il parlait mal ; il se faisait bien comprendre, mais fallait
porter attention pour saisir ce qu'il voulait dire. Il avait une manière
à lui de dire les mots et des mots à lui. J'en avais retenu quelques-
uns, que j'ai oubliés maintenant. Il y avait bien des Français à
Péribonka dans le temps ; on les comprenait facilement, sans
aucune difficulté. Lui parlait autrement. »*

V.T.

Au quai

Hémon va par devoir à la fromagerie ; il va par plaisir au
quai de Péribonka ; il y a dans ces navires amarrés, que ce soit le
Nord, le *Colon*, le *Pikouagami*, le *Péribonka*, le *Roberval*, l'*Undine*,
quelque chose de marin qui fait bon au cœur. Il s'y attarde et fait
bon accueil à l'invitation de manger avec ses hommes. Albert
Guénard, qui n'avait que 14 ans dans le temps, a des souvenirs
là-dessus : « Mon père a passablement connu Hémon. Quand celui-ci venait aux nouvelles ou simplement saluer papa, papa l'invitait à manger à bord. Hémon disait que ça reposait l'estomac de
manger ailleurs, que ça changeait de mets.

Le « fou à Bédard »

Se donner pour sa nourriture était aux yeux des gens de Péribonka et des environs un signe de folie. Mme Elie Côté a eu l'occasion de connaître et de voir Hémon assez souvent parce qu'elle
restait tout près de la fromagerie et parce qu'il a eu affaire à son
mari de la part de Samuel Bédard. Tout bonnement, elle m'a dit :
« On considérait Hémon comme un homme troublé, un homme

qui avait dû être bien instruit mais qui avait un peu perdu la boule. En tout cas, il avait de drôles de manières : il travaillait quasiment pour rien, il ne savait rien faire, il griffonnait des notes à tout propos. Les gens de Péribonka se demandaient s'il avait bien toute sa tête à lui ».

Un Français de l'Est, fixé à Mistassini, n'est pas plus tendre pour son compatriote de l'Ouest que certains Canadiens. « Hémon n'était qu'un innocent », dit-il.

Conrad Fortin m'a dit également : « Hémon avait l'air simple. Il me posait toutes sortes de questions étranges et avait de drôles de manières. Je le prenais pour un innocent. »

D'autres encore ont parlé dans le même sens. En effet, Hémon n'était pas à l'emploi de Samuel Bédard depuis longtemps que déjà on l'avait surnommé « le fou à Bédard ». Mais le « fou à Bédard » n'était pas fou, comme on devait le constater plus tard. Passer pour maboul, cela ne l'énervait pas. Seulement, il a joué parfaitement son rôle : observer les gens sans révéler son dessein afin qu'ils jouent leur propre rôle au naturel. Albert Roy, explique : « J'ai connu Hémon, je l'ai vu à la messe. C'était un homme instruit, capable. Mais les gens ici, parce qu'il avait des manières un peu différentes de celles des autres, disaient : Il est fou. Y a des gens comme ça, poursuit M. Roy en gesticulant pipe à la main, des gens qui à cause qu'on s'habille pas comme eux, à cause qu'on parle pas comme eux, disent : Il est fou. C'est absurde. »

M. Sifroid Desjardins fils remarque : « On prenait Hémon pour un fou, mais il était bien plus fin que nous autres. Les gens riaient de lui parce qu'il prenait des notes pendant la criée des âmes sur le terrain de l'église ou ailleurs, mais il était bien plus fin que nous autres. »

Les demoiselles Marie et Lydia Hémon sont indulgentes pour les gens de Péribonka. Rapportés devant elles, ces traits leur ont fait faire un rapprochement entre le père et le fils :

« Pas étonnant que les Canadiens aient ri de Louis quand il prenait des notes sous leurs yeux. Les Bretons riaient bien de notre père ou grand-père quand il partait avec un livre pour la montagne et revenait, comme ils disaient, avec des « chapeaux de crapauds ».

André Chevrillon, dans *l'Enchantement breton*, rapporte un fait qui cadre bien avec la prétendue folie de Louis Hémon à Péribonka.

Il écrit :

> Bien des fois auparavant, j'étais venu là. Un jour, mon marin m'y avait montré, du côté de la ferme, immobile dans les genêts, une silhouette de paysan.

> « Celui-là, m'avait-il dit, c'est le fermier ; il est là, comme ça, tout le temps. Personne ne sait ce qu'il fait. Toujours tout seul, qu'il est ! Il a l'air de regarder. Un qui est fou, probable !»

> Une folie bien bretonne. Nous aussi, nous regardions. Nous regardions, nous écoutions, comme devant les senneurs [27] endormis, avec le même singulier sentiment qu'il fallait ne pas faire de bruit, qu'il fallait se tenir caché, prendre des précautions pour ne rien troubler ni déranger.

Les gens du Lac-Saint-Jean disaient à leur manière de Hémon : « Un qui est fou, probable !» Toujours solitaire, il regardait choses et gens. Il évitait de faire du bruit, il se tenait à l'écart presque caché. Il prenait des précautions pour ne rien troubler ni déranger des mœurs et coutumes des colons de Péribonka qu'il voulait peindre dans toute leur vérité. Une folie « bien bretonne »... et bien intelligente !

Comportement

M. Georges Tremblay dit encore : J'ai été bien des fois chez Samuel Bédard. Il restait là, sur sa terre, et c'est bien dans la petite maison qui est là, à côté du musée, que Louis Hémon a logé. J'ai bien vu le gros poêle qu'on a conservé dans la maison, celui qui est encore là.

« Hémon, lui, je ne l'ai pas vu chez Bédard ; je l'ai vu une couple de fois chez son voisin et beau-père, Adolphe Bouchard.Il n'était pas plus parlant là qu'ailleurs, mais il pouvait bien parler davantage quand il était seul avec les gens de la maison. Il paraissait en bons termes avec tout le monde chez qui il restait.

« Il y avait, voisin de chez Bédard, un oncle de ma femme, Ernest Murray (marié à la sœur de mon beau-père). C'était un gros travaillant. Il avait un drôle de patois : « Bâtard ! » Quand il se prenait à une souche pour l'arracher, il se raidissait et fallait que ça vienne. « Allons, les petits garçons, un coup de cœur. Bâtard ! on va l'avoir ». Hémon venait souvent les voir travailler ; ça agaçait Ernest ; il disait : « Bâtard ! on l'a toujours dans les jambes. »

V.T.

---

27.   Pêcheurs au filet appelé senne ou seine.

Samuel Bédard m'a dit :

« En juillet, Hémon a retraversé à Roberval et s'est acheté un complet brun foncé, qu'il a laissé chez nous lors de son départ définitif. »

Cherchons à situer ce fait. Deux témoignages vont nous y aider. Tout d'abord celui d'Ulysse Plante de Saint-Jérôme :

« J'ai traversé deux et même trois fois le lac St-Jean sur le même bateau que Louis Hémon. Je lui ai parlé. Il m'a dit qu'il venait de France. Là-dessus, je lui ai raconté brièvement l'histoire de ma famille du côté de ma mère. Ma mère est une De la Roche. Sa famille étant ruinée, elle est passée au Canada et a pris le nom plus simple de Laroche tout court. Lors de la première traversée, dans le sens Roberval-Péribonka, Hémon avait l'air d'un colon endimanché. Le bateau était pas mal chargé. La deuxième traversée a suivi d'assez près la première, dans le sens Péribonka-Roberval cette fois. Quant à la troisième, elle est venue plus tard. »

« J'ai revu Hémon, m'a raconté Moïse Laroche, une quinzaine de jours après sa traversée avec Samuel Bédard. Il s'est présenté au bateau un matin en demandant : « Le bateau revient-il aujourd'hui à Péribonka ? » Comme la réponse a été négative, il a ajouté avant de tourner les talons : « C'est bien, puisque vous ne revenez pas ce soir, ça ne fait pas mon affaire. Je reviendrai demain. » Habituellement, le bateau, pendant la belle saison, partait de Péribonka à 6 heures du matin, mettait trois heures pour la traversée et rentrait à Péribonka à 6 heures du soir. Cela laissait six heures aux passagers à Roberval pour transiger leurs affaires ou pour procéder à des emplettes. »

On se souvient que Louis Hémon avait à Montréal un complet dont c'était miracle que les morceaux tinssent ensemble. En juillet 1912, il juge le moment venu de s'en acheter un nouveau. Il est fixé pour le reste de la saison ; n'ayant plus de dépenses de déplacement à faire, il peut songer à sa toilette.

On peut également présumer que le midi passé à Roberval il est allé manger à l'hôtel *Commercial* et que MM. Potvin et Frenette ont eu l'occasion de se graver davantage dans l'esprit l'image de ses traits.

Les semaines d'essouchage terminées, le patron Bédard décida d'entreprendre la construction de la grange. À ce moment la ferme Bédard se composait de la maison, extrêmement petite

Roberval en 1912

L'hôtel Commercial

Le village de Péribonka en 1912

L'église de Péribonka en 1912

La rivière Péribonka

La maison habitée par Louis Hémon à Péribonka

...mon,
à l'épaule,
lac Saint-Jean

La chambre de Louis Hémon

Eva Bouc

Laura Bouchard,
épouse de Samuel Bédard

Samuel Bédard

puisqu'elle ne mesurait que 15 pieds sur 18, une vraie cage d'oiseaux ; d'un hangar deux [28] fois plus spacieux que la maison, mesurant 25 sur 32 pieds et destiné à devenir l'habitation ; enfin d'une étable édifiée à l'arrière du hangar.

M. Clarence Gagnon m'a fait observer que les lignes de l'ancienne maison des Bouchard à la Baie Saint-Paul sont les mêmes que celles du hangar de la ferme de Bédard à Péribonka : signe que le même plan de maison passait d'une génération à l'autre dans la famille de la femme du fermier. Les photos le démontrent d'ailleurs nettement.

On construit la grange

À mesure que la forêt reculait, Samuel Bédard voyait grossir ses récoltes. Il fallait pouvoir les engranger. Il convoqua donc un bon jour plusieurs ouvriers à la tâche : Ernest Murray, Louis Hémon, Eutrope Gaudrault, Oscar Desjardins, *Dà-Bé* et *Tit-Bé* (Ernest fils et Esdras Murray) et Joseph Boivin. Quand le patron, au retour de la messe qu'il allait chanter le matin, au retour aussi de la livraison de papiers d'huissier, avait du temps libre, il donnait son coup de main à l'entreprise. N'y avait-il pas jusqu'à Rolland-*Télesphore* qui apportait son aide ? Quant à Titon-*Alma-Rose,* il ne pouvait que rôder aux alentours et s'amuser à effrayer les dindons, au nombre de 35 à 40.

« La grange levée, m'a raconté Pierre Lessard, de Honfleur, il manquait des chevrons. Hémon est parti avec M. Murray père chercher, à quatre ou cinq arpents, des chevrons ronds en épinette noire. Pas la peine d'atteler un cheval pour ça. Alors M. Murray a pris le gros bout des épinettes ébranchées et Hémon le petit bout. Les épinettes pouvaient avoir de 20 à 25 pieds de longueur. À mi-chemin, Hémon commençait à en avoir mal à l'épaule. Après avoir patienté le plus possible il se décide à crier : « Arrêtez M. Murray, je n'en peux plus. » Et l'autre de répondre sur le même ton : « Venez-vous-en, curé Hémon. *Toffez,* c'est beau un homme qui *toffe.* » Et Murray augmentait le pas plutôt que d'arrêter. Arrivé à la grange, Hémon avait l'épaule en sang. »

M. Samuel Bédard, qui corrobore le témoignage de Lessard, ajoute cette réflexion :

---

28. *Pour être exact il faudrait dire « trois » fois : 15 sur 18 donne une superficie de 270 pieds carrés, 25 sur 32 en donne une de 800 pieds carrés.*

« Ce pauvre M. Murray. Il pensait que tout le monde était fort et robuste comme lui !»

Joseph Boivin, homme de 59 ans aujourd'hui (*en 1938*), était à peu près de l'âge de Louis Hémon à l'été de 1912. Il avait entrepris au contrat la construction de la grange. Ce charpentier a conservé un souvenir très net de Louis Hémon, qu'il a estimé comme un homme qu'il trouvait amusant dans ses répliques. Il en parle, un éclair dans les yeux :

« Hémon a travaillé avec moi et pour moi quand j'ai construit la grange de Samuel, dit-il. Il ne pensait pas beaucoup à son ouvrage. Il avait toujours l'idée ailleurs. Je me rappelle qu'un jour de pluie, pour l'occuper, je lui ai demandé de couper les planches qu'on pose sous le bardeau. Il fallait en couper une vingtaine toutes de la même longueur pour qu'elles s'ajustent sur le chevron. Toujours prêt, toujours poli, Hémon me dit : « Oui, oui, M. Boivin. » Je le laisse travailler seul et je vois à autre chose. Un peu plus tard, je retourne près de lui et j'examine son travail. « M. Hémon, que je dis, vos planches ne sont pas de la même longueur. En voici une qui a dix pouces de plus long que la mesure. Vous allez être obligé de recommencer votre travail... Ça ne vous choque pas que je vous fasse recommencer ? — Oh ! non, dit-il, faire cela ou faire autre chose, peu m'importe. Ça m'est parfaitement égal. » On voyait qu'il avait l'idée ailleurs, mais à ce moment-là on ne savait pas pourquoi. On ne savait pas ce qu'il mijotait dans sa tête.

« Un autre jour, en posant du bardeau, sur la couverture de la grange, Hémon échappe un paquet de bardeaux sur un dindon et le tue raide. « Qu'est-ce que madame Bédard va dire ? Qu'est-ce que madame Bédard va dire ? gémissait-il. — Ne vous en faites pas, que je lui dis, je lui dirai qu'il est mort d'un coup de soleil. » Samuel de remarquer de son côté : « Ça va en faire un de moins à soigner. » Pas longtemps après, Mme Bédard s'amène et aperçoit son dindon mort. « Tiens, un dindon de mort, qu'elle dit. — C'est un coup de soleil. — Ça ne peut pas être ça, il saigne... — Alors, que voulez-vous que j'y fasse !» Madame Bédard a ramassé son dindon et s'en est allée le préparer pour le faire cuire. Sur la couverture, nous nous regardions du coin de l'œil. Hémon paraissait soulagé de voir que les choses s'arrangeaient aussi bien.

« Je n'ai jamais vu écrire Hémon, à part le samedi après-midi. Il était engagé par M. Bédard à cinq jours et demi par semaine.

Le samedi après-midi, il avait congé. Il s'en allait sur l'écorre, près des coteaux de sable, presque en face de la maison.

« Le midi, d'ordinaire, il s'étendait sur une espèce de petit sofa après le repas et il écoutait jaser. Lui, ce n'était pas un parlant, mais quand on le questionnait, on était toujours sûr d'avoir une bonne réponse. De même quand on l'étrivait, la repartie venait vite. Il n'hésitait pas et ça tombait juste. »

Humeur et répliques

« Le soir, continue M. Boivin, il allait au bord de la rivière, il se baignait, il faisait sa toilette à la grande eau, comme on dit. Il se promenait sur le bord de l'écorre, s'envoyait les mouches avec des branches.

« Il allait à la fromagerie la semaine et à la messe le dimanche, mais à part ça il restait chez M. Bédard. Pendant quelques semaines, j'ai connu Hémon comme un frère ou comme un de mes enfants. Je couchais là, le plus souvent chez Bédard, dans le grenier de la petite maison. Hémon y couchait lui aussi, de même que Roland.

« Jamais je n'ai entendu Hémon parler avec impatience ou avec dureté. Quand on lui demandait de faire quelque chose, il disait : « Oui, oui, je vais y aller. » Sauf le samedi après-midi ou le dimanche. Ça, il était jaloux de son temps libre. Un samedi après-midi, M. Bédard était absent et Hémon était sur l'écorre. Mme Bédard lance un cri : « M. Hémon, les vaches sont dans le grain, courez les envoyer. » Hémon lève tranquillement la tête et répond tout simplement : « Madame, je ne cours pas les jours de travail ; je ne courrai pas le samedi après-midi. »[29] Une autre fois — les clôtures de Samuel manquaient ou étaient en mauvais état — c'étaient les chevaux qui étaient dans le grain. Mme Bédard lui demande encore d'aller chasser les chevaux du champ d'avoine, mais lui de répondre stoïquement : « Oh ! madame, ce qu'ils mangeront cet été, ils ne le mangeront pas cet hiver. » Finalement, il se leva et appela à lui les chevaux (Cf. Marie Le Franc, page 192).

---

29. En répondant de cette façon. Hémon se souvenait-il d'avoir écrit dans *L'Auto* du 30 avril 1910 : « La course est en somme une allure anormale. dépourvue de dignité » ?

« Un autre jour aussi, M. Bédard demande à Hémon d'aller lui chercher un cheval au clos : il s'en allait porter des papiers comme huissier. Alors, mon Hémon part et appelle les deux juments : « Kate et Coquette, Kate et Coquette », et ainsi de suite. Il appelait les deux pour être sûr d'en avoir une. Moi, je trouvais ça drôle, ces choses-là, et je prenais plaisir à causer avec Hémon parce que j'étais toujours assuré de m'amuser.

« Du point de vue des mœurs, Hémon était irréprochable. Il se comportait très bien.

« Eh bien ! monsieur, je vous donne là le *délié* de Louis Hémon tel que je l'ai vu et connu à Péribonka. J'ai cessé de le voir quand il est parti pour le bois avec les arpenteurs et ingénieurs. »

Mauvais moments

Hémon a passé un quart d'heure pénible et humiliant. C'est une anecdote que les membres de la famille Bédard prennent plaisir à raconter. Je laisse la parole à Marie Le Franc, qui la rapporte telle que je l'ai entendue moi-même : celle de la boucane (fumée) que Samuel le pria de faire un soir, à l'heure de la traite des vaches, à la suite d'une pluie.

En 1912, Conrad Fortin n'avait que 18 ans. Il dit :

« J'ai d'abord connu Hémon chez Samuel Bédard, à Péribonka. Il couchait dans le grenier. Il n'y avait qu'une petite cloison en bois brut en haut de la maison. Hémon ronflait tellement fort qu'il m'empêchait de dormir. Je l'ai retrouvé ensuite dans l'équipe des arpenteurs et ingénieurs. J'ai travaillé chez Samuel Bédard avant les foins, au moment de la construction de la grange. Je charroyais de l'engrais. J'étais pas mal jeune encore. Je trouvais que ce Français avait l'air simple. Il me posait toutes sortes de questions. »

Ce témoignage, avec d'autres, laisse entendre que Hémon posait un tas de questions aux jeunes, gêné qu'il était peut-être de les poser à de plus âgés, de crainte de passer pour trop ridicule.

Dans *Maria Chapdelaine*, Hémon ne glisse qu'un mot sur la grange. Il n'en parle que dans le paragraphe suivant : «Le bois serrait encore de près les bâtiments qu'ils avaient élevés eux-mêmes quelques années plus tôt ; la petite maison carrée, *la grange de planches mal jointes,* l'étable de troncs bruts entre lesquels on avait forcé des chiffons et de la terre. » Il n'y avait d'ailleurs pas lieu d'insister sur cette grange. Elle n'est qu'un accident, tandis que les travaux des champs constituent, eux, le fond du roman sur lequel se greffe l'idylle de Maria et de François Paradis, de Lorenzo Surprenant et finalement d'Eutrope Gagnon.

« L'air était si saturé de maringouins que les bêtes ne tenaient pas en place. Louis ne réussissait pas à mettre le feu à une souche humide. Les vaches devenaient endiablées. Samuel s'impatienta, eut des paroles vives à l'adresse du maladroit, alluma lui-même la boucane. En quelques moments, une fumée noire se dégagea, les vaches vinrent d'elles-mêmes se mettre sous le vent, la traite se fit paisiblement. Au moment du souper, il se tourna vers le jeune homme debout à ses côtés et, avant d'entamer l'angélus, lui dit : – il faut entendre sa voix contrite – « Excusez, monsieur Hémon, si je me suis fâché tantôt. Il faudra me pardonner si ça arrive encore. Mais je commençais à être *bâdré*[30] . – Je ne suis pas d'un tempérament nerveux », répondit l'autre d'un ton flegmatique. Samuel était allé jusqu'à le traiter d'imbécile, mot qui paraît blesser plus que tout autre un Français. « Je ne suis pas d'un tempérarement nerveux ». Cette réponse fait songer à une phrase de Hémon dans sa nouvelle *La Peur*[31] apparemment dite de lui-même : « Je suis peu impressionnable et aucunement nerveux. »

Plus tard Hémon connaîtra, au milieu des ingénieurs, d'autres mauvais quarts d'heure qui lui arracheront même des larmes. S'il y a tant de vérité dans son roman, n'est-ce pas parce qu'il a eu le courage de passer pour maladroit, ridicule, imbécile, et la patience d'endurer les fatigues, les moustiques, le froid, les railleries et le reste ? Les romanciers ne se préparent pas tous aussi scrupuleusement à peindre milieux et personnages.

Souvenirs de Niquet

Chaque fois que Louis Hémon avait l'occasion d'aller au village de Péribonka, il entrait au bureau de poste. Seul visiteur, il s'attardait et conversait avec le maître de poste du temps, M. Edouard Niquet, fondateur de Péribonka, en 1888, l'année que le

---

30. Canadianisme, provenant du mot anglais *bother*, qui signifie ennuyer, tracasser.
31. Cf. *La Belle que Voilà*, p. 52, Grasset.

chemin de fer atteignit Roberval [32] . M. Niquet est mort en 1936
à l'âge de 91 ans. Sur les débuts et le développement de Péribonka, l'écrivain français ne pouvait trouver meilleur informateur. M.
Niquet, fidèle à l'appel de Mgr Labelle, apôtre de la colonisation,
se rendit une première fois au lac Saint-Jean en 1887 et traversa à
Péribonka. À Drummondville, il possédait un moulin à scie et
employait 35 hommes. À Péribonka, l'endroit lui parut propice à
l'industrie à la fois forestière et agricole. M. Niquet a d'abord fait
de la terre, puis construit un moulin à scie pour l'usage des colons, construit des bateaux, fait concurrence à Scott dans le commerce du bois, etc. Il rapporte sa conversation avec Hémon, en
1912.

« Sur quel bateau avez-vous traversé à Péribonka, M. Hémon ?

— Sur le *Nord,* si je me rappelle bien.

— Eh bien ! c'est moi qui l'ai construit pour le compte d'André Daniel, de Roberval.

— C'est un bon bateau, solide. Vous paraissez avoir toujours
été heureux en affaires...

— Y a toujours des revers. Prenez, quand j'ai construit mon
moulin à farine à Roberval, ça m'a coûté $20,000 et j'ai été obligé
de le revendre pas longtemps après pour $7,500 seulement. Le blé
de l'Ouest passait pour supérieur au blé du Lac Saint-Jean. Je ne
l'ai jamais cru, mais les meuniers ont prétendu qu'il manquait à
notre blé de par-ici certaines qualités que le blé des Prairies avait.
Que voulez-vous ? Faut bien prendre sa pilule des fois.

— J'ai vaguement entendu parler de colons venus de Détroit ? ...

— Quelle aventure, M. Hémon ! Quelle sottise de faire venir
ici des familles d'ouvriers, qui avaient perdu le goût de la terre et
qui pensaient arriver ici sur des terres faites. Il a fallu leur bâtir
une sorte de grande maison pour les loger. J'avais la direction des
travaux de chemins de colonisation. J'ai engagé les chefs de famille, environ une vingtaine, mais si je tournais le dos, ils jetaient
leurs pelles à l'eau. Ils n'avaient pas le feu sacré de la colonisation. Quand j'ai vu cela, j'ai averti le gouvernement de Québec
qu'il n'y avait rien à faire avec eux et qu'il fallait les renvoyer

---

32.   Témoignage de madame Niquet, de 20 ans plus jeune que son mari, encore vivante (*en 1938*).

d'où ils venaient. Ils étaient en tout environ 125, avec leurs femmes et enfants. Ils sont tous repartis, excepté deux ou trois. Pau-
res gens, ça faisait pitié encore ! Ils se faisaient manger par les
mouches. Ils n'arrivaient pas à s'acclimater. Ils ont eu bien de la
misère. Une de ces femmes nous disait en repartant qu'elle avait
pleuré pour faire trois (rivières) Péribonka. »

Les deux hommes s'étaient petit à petit rapprochés et pour-
suivaient la conversation, Hémon ne parlant que pour aiguiller le
discours du maître de poste :

— Depuis 1900, Péribonka s'est bien développé, surtout du
côté du Petit-Pari, poursuivit M. Niquet. Scott, Du Tremblay,
Potvin et d'autres ont fondé la Compagnie de Pulpe de Péribonka, sur le Petit-Pari. La compagnie a fait faillite, puis la fabrique
a passé au feu. Une nouvelle compagnie sous le nom de Compagnie de Pulpe de Dalmas, nom du canton, a repris l'affaire avec
les mêmes hommes puis Samson, Leclerc, Robitaille et autres de
Québec. C'est en l'honneur d'Amédée Robitaille qu'on appelle le
bureau de poste Saint-Amédée...

— Comme on dit Saint-Edouard de Péribonka en votre honneur...

— Oui, c'est ça... Je pense que Broët avait des intérêts dans la
nouvelle compagnie. C'est dommage que Broët soit mort et que
Paul Augustin-Normand, venu peu après lui, fût obligé de retourner en France. Si ces deux hommes-là avaient pu continuer leur
œuvre, ce côté-ci du lac aurait probablement pris un essor aussi
considérable que celui de la rive de Roberval. Le chemin de fer
s'en vient de ce côté-ci comme de l'autre. Ça ne sera pas long
maintenant que le lac va être ceinturé par le chemin de fer. Nous
ne serons plus qu'à quelques heures de Chicoutimi. Vos deux
compatriotes, très riches tous les deux, auraient pu aider beaucoup à la construction de ce chemin de fer et favoriser l'agriculture et l'industrie. On en a parlé souvent ensemble. Ils avaient de
grands projets en tête. C'est Tony Broët qui a installé à ses frais
les Frères de Vauvert sur une très grande ferme. Il a dû dépenser
environ $100,000 [33] pour leur ferme et pour sa maison sur l'île
Roquépine, du côté de Honfleur. Il y a douze milles d'un endroit
à l'autre. Tous les jours il allait de sa villa-château à la ferme, soit
par terre, à cheval, soit par eau, à bord de la *Tarasque* ou du *Bo-*

---

33.   *500.000 francs d'avant la guerre de 1914.*

lide. Mais il n'était député du comté de Lac-Saint-Jean à Québec que depuis trois mois quand il s'est fait tuer par les chars à Saint-Gédéon-Station. »

Hémon buvait toutes ces paroles en se gardant bien d'interrompre son interlocuteur. Content de se renseigner à aussi bonne source, il restait attentif :

« Ce pauvre M. Broët, je l'ai bien connu. Il a passé tout un été en pension chez moi, en attendant l'achèvement de son petit château de l'île Roquépine. Charles-Eugène Gauthier, à Péribonka, et Simon Cimon, à Roberval, étaient ses hommes de confiance. C'était un bel orateur. Il vous tournait ça un discours politique.

« Quant à M. Normand, c'est bien de valeur que la mort de son père l'ait obligé de rentrer en France pour diriger les entreprises d'armement dont il héritait. Il avait des projets sérieux en tête, ce jeune homme [34]. Broët et lui se voyaient beaucoup. Ils dînaient ensemble et causaient longuement. M. Normand avait acheté la terre de la veuve Roy, soit toute la pointe de la péninsule formée par le lac et la Grande-Péribonka [35]. C'était une terre bien meilleure que celle des Frères de Vauvert, trop sablonneuse. Celle-ci ne vaudra jamais grand'chose. M. Normand a revendu sa terre à Auguste Gagné $45,000 [36]. C'est vous dire qu'elle avait de la valeur.

« Oui, monsieur, si ces deux hommes-là étaient encore à Péribonka, notre village serait fort prospère aujourd'hui et aurait peut-être été appelé à devenir une ville. Ce qui nous manque à nous autres, c'est de l'argent pour lancer des entreprises et les mener à bonne fin. Eux, ils en avaient plein les mains. Le nom de Péribonka serait devenu familier à tout le monde comme celui de Chicoutimi et de Roberval... »

Hémon s'est éloigné sur ces mots avec ses journaux et revues de France. Péribonka, familier à tout le monde... Ces mots lui tintent dans les oreilles : il devait se les répéter mentalement en se dirigeant vers le magasin Desjardins acheter des bonbons pour les enfants.

---

34.   *Encore vivant en 1973, âgé de 88 ans, il est toujours intéressé aux choses du Canada et tout particulièrement à celles et aux gens de la région du Lac-Saint-Jean.*

35.   *Mon père, Onésime Tremblay, de Saint-Jérôme en était le régisseur.   V.T.*

36.   *225,000 francs d'avant 1914.*

Ce que les agriculteurs et les industriels n'ont pas fait, il le fera. Comme diraient les Anglais, *Hémon will put Péribonka on the map !*

CHAPITRE NEUVIÈME

LE DEUXIÈME MOIS

Le mois d'août a été assez fertile en petits événements pour Louis Hémon à Péribonka.

Mieux jugé

Le midi du 4 août 1912, premier dimanche de ce mois Louis Hémon a mangé à la pension Fournier en compagnie d'un jeune avocat de Montréal, Me Alban Germain. Laissons-lui la parole :

« Dans l'été de 1912, le gouvernement fédéral m'a chargé d'une mission dans le bas du fleuve et au Lac-Saint-Jean. Il m'a confié une enquête sur la situation des Indiens. Parti de Montréal le 10 juillet, je suis allé à Rimouski, ai traversé à Betsiamits. Je suis passé ensuite à l'île Anticosti, de là au Saguenay et monté au Lac-Saint-Jean, pour m'arrêter à la Pointe-Bleue.

« De la Pointe-Bleue, je suis revenu à Roberval et j'ai traversé à Péribonka. C'était un samedi au commencement du mois d'août. Le lendemain, à table dans une pension, à côté d'un magasin général — la patronne était infirme et le patron était plutôt trapu et très hospitalier —, j'ai fait connaissance avec un jeune Français qui me déclara s'appeler Louis Hémon. Au premier abord, il n'offrait rien de remarquable, mais après quelques minutes il me parla si bien de la nature canadienne et du colon canadien que je me suis aperçu que j'avais affaire à un homme intelligent et à un observateur au regard aigu, tellement que je n'ai pu m'empêcher de dire tout haut, en m'adressant aux autres personnes attablées près de nous : « Ça prend un étranger pour bien juger nos gens ».

« De mon côté, j'ai parlé des Indiens que je venais de visiter. Les Indiens paraissaient intéresser vivement Hémon. Il m'a laissé longuement parler et m'a posé plusieurs brèves questions sur eux. Il les trouvait discrets et méfiants. Je lui expliquai que les Indiens causent plus par les yeux que par la bouche et qu'ils se méfient d'un homme tant qu'ils n'ont pas éprouvé sa fidélité. Quelqu'un m'a demandé sur place, après le repas, ce que je pensais de Louis Hémon. J'ai répondu que je le rangeais parmi les explorateurs et les découvreurs qui ont fait la gloire de la France. Je n'ai jamais revu Hémon après cette rencontre fortuite de Péribonka. Je lui ai recommandé en le quittant de ne pas se munir de *flash light* (lampe portative) pour étudier les habitants canadiens. Il s'est mis à rire. Hémon, c'était Quelqu'un, avec un grand Q. »

À des noces

Deux jours plus tard, apparemment le soir du 6 août, le jeune romancier français a assisté à une noce d'habitants avec Samuel Bédard. — Il s'agit du mariage d'Alcide Tremblay et Louisa Potvin.

À ma question, Mme Alcide Tremblay a répondu :

« Si Hémon a assisté à mes noces ? Je ne m'en souviens pas. Mes noces ? Toute la paroisse y était ! Quel monde ! Mes frères avaient invité tout Péribonka et les alentours.

Un peu plus tard, après en avoir causé avec son mari, elle m'a gentiment écrit : « C'est très difficile pour mon mari de se rappeler toutes les personnes qu'il pouvait y avoir à nos noces, car cette journée-là il ne voyait que sa femme. Les pièces de la maison étaient remplies de monde et il y en avait autant sur les galeries. C'était un va-et-vient continuel pour les danseurs. Voilà de cela vingt-cinq ans. (La lettre est de 1938). C'est bien loin. Le rôle de Louis Hémon n'était pas de se faire voir, mais d'examiner en silence. Il a bien pu être de la noce sans qu'on l'ait remarqué ou sans qu'on s'en souvienne. »

« Pendant la veillée de noces, dit Bédard, je remarquais que Hémon était bien tranquille dans son coin, qu'il ne parlait pas, qu'il fumait tranquillement, mais qu'il observait attentivement. Il regardait danser nos jeunesses au son du violon et suivait les expressions des figures. Alors, je lui ai dit : « M. Hémon, allez donc danser. Vous allez peut-être trouver nos petites Canadiennes de votre goût et en choisir une pour votre femme. Elles ne viendront pas vous chercher. Faut y aller. » Je me rappelle très bien la réponse de Hémon : « Si j'épousais une Canadienne, dit-il, mon père ne le croirait pas, mais si je lui annonçais que j'ai épousé une Chinoise ou une Négresse, là il me croirait. Il dirait : C'est bien Louis, ça !» À mon souvenir, c'est la seule fois qu'il ait parlé de son père devant moi. »

Madame Adhémard Brassard m'écrit le 13 novembre 1938 :

« Sur le sujet de Louis Hémon, pour moi j'avais quinze ans quand Louis Hémon demeurait chez monsieur Samuel Bédard. Pour la veillée au Ruisseau des Crêpes, il s'est très bien comporté, car il avait toujours l'air chausson... »

Le surlendemain des prétendues noces, Hémon adresse un mot à sa famille :

Péribonka, 8 août 1912

Je continue à me livrer aux travaux agricoles (en ce moment on fait les foins) avec un zèle convenable. L'air du pays et la diète locale (soupe aux pois, crêpes au lard, etc.) me vont à merveille. Mon « patron » et sa femme me traitent avec une considération extrême. (C'est la patronne qui me coupe les cheveux). Bref, je n'ai à me plaindre de rien ; je commence même à me lever à l'heure habituelle (quatre heures et demie environ) sans effort et comme une personne naturelle...

... (Je n'ai guère le temps de lire). Si tu voulais m'envoyer aussi un numéro ou deux de *Je sais tout* j'en ferais des politesses, après l'avoir lu, aux indigènes avec qui je suis en contact.

Depuis une quinzaine, le temps, qui était auparavant très chaud, a tourné à la pluie et l'on commence ici à parler de l'automne ; pourtant, je ne compte guère partir avant la fin de septembre.

Aux foins

En quelques lignes, Hémon nous fournit des renseignements précieux : foins, menu, santé, estime, toilette, lever, pluie, automne, séjour.

En effet, il a manié le broque (la fourche) et le râteau. Léon Brassard l'a vu travailler aux foins. Et Roland-*Télesphore* raconte :

« M. Hémon a travaillé aux foins. Il a râtelé au petit râteau pour glaner surtout dans les endroits où il y avait des souches. Il a fait des veilloches (veillottes) aussi. » Dans *Maria Chapdelaine,* Hémon écrit : « En juillet les foins ont commencé à mûrir, et quand le milieu d'août vint il ne restait plus qu'à attendre une période de sécheresse pour les couper et les mettre en grange. »

Reporter au milieu d'août, et même après, la fenaison au pays de Québec, même au Lac-Saint-Jean, cela est un peu fort. Par bonheur, dans sa lettre, Hémon se corrige. À la date du 8 août, il dit, entre parenthèses, « en ce moment on fait les foins ». Cela paraît plus exact. Son erreur s'explique par le fait qu'il a écrit son roman plus tard et qu'il n'était pas familier avec nos saisons.

Hémon a peut-être tâté de la faux, pour son amusement et son expérience, mais il ne semble pas qu'il l'ait maniée comme engagé pendant des heures et des heures. Ce qu'il a écrit dans *Maria Chapdelaine* fait croire qu'il a laissé ce travail à des hommes exercés, comme le « terrible travailleur » qu'était Edwidge Légaré (Ernest Murray) : « Cinq jours durant ils continuèrent, balançant tout le jour leurs faux de droite à gauche avec le geste ample qui paraît si facile chez un faucheur exercé et qui constitue pourtant le plus difficile à apprendre et le plus dur de tous les travaux de la terre. » Comme les autres hommes, Hémon besogne de l'aube à la nuit, abrège les repas, est harcelé par les mouches et les maringouins, boit de grandes lampées de l'eau qu'apporte Mme Bédard et s'en verse lui aussi sur les poignets et sur la tête. Mais le soir, c'est plus que les poignets et la tête qu'il se rafraîchit à l'eau : c'est tout le corps. La Péribonka apporte le repos à ses membres et détend aussi son esprit, envahi par la fatigue du corps. Journées de corvée que celles du temps des foins à la campagne !

À cheval

Après les foins, il semble bien que Hémon se soit permis un délassement lui rappelant des souvenirs de douze et quinze ans.

Le Père Marie-Albéric, trappiste français de Mistassini, m'a révélé dans une lettre du 12 novembre 1938 l'intéressant fait suivant, dont personne ne m'avait encore parlé :

« J'étais à travailler écrit-il sur le haut de la côte dite « des Pères », lorsque je vis, entre le pont et le bas de cette côte, un cavalier dont la monture allait au pas. L'homme se tenait bien sur sa selle ; je remarquai qu'il était droit, que ses rênes étaient bien placées dans sa main, que sa cravache était bien portée et qu'il en appuyait le pommeau sur sa cuisse droite. Il était coiffé d'un derby brun foncé. « Un Anglais », me dis-je. La perfection du cavalier. Près de moi, il tira sa montre et s'informa de l'heure à un homme qui se trouvait là ; un nouveau coup d'œil sur sa montre et il repartit encore au pas de son cheval. « C'est un Français du Grand-Pari » (Péribonka), me dit l'homme. J'avais le portrait du cavalier bien en mémoire. Plus tard, lorsque je vis le portrait de Hémon, il me fut facile d'y voir les traits de mon cavalier ; ça ne pouvait être un autre. Il n'était pas descendu au monastère. »

Et le religieux termine sa lettre sur ce mot modeste : « Mon témoignage au sujet de Hémon est sans valeur pour vous ; pour moi, c'est un agréable souvenir de l'auteur de *Maria Chapdelaine.* »

Sur réception de cette lettre, j'ai communiqué immédiatement avec les demoiselles Hémon. Mademoiselle Marie a bien voulu me répondre le 27 novembre suivant.

D'autre part, Hémon confirme lui-même cette chevauchée par quelques lignes piquantes dans l'article intitulé *Driving* qu'il a adressé à *L'Auto* et qui n'y a paru qu'après sa mort, le 26 août 1913 : « Quant à celui qui, possédant un cheval, l'enfourche au lieu de l'atteler et se promène ainsi, il sème derrière lui la stupeur et des hochements de tête pareils à ceux que suscite la description de coutumes inouïes, incompréhensibles, et plus barbares mille fois que celles des Indiens Montagnais qui passent ici au printemps et à l'automne. »

Un témoin, devant qui Hémon paraît s'être ouvert plus que devant tout autre, m'a déclaré : « Hémon a parlé de son voyage à cheval à Mistassini, ça je m'en souviens. Il me semble même qu'il a dit qu'il avait pris son cheval chez un nommé Paradis... C'est un filon que je vous donne avec ce nom-là »...

Observations d'Eva

Sur la période de juillet et d'août, Mlle Eva Bouchard m'a raconté plusieurs petits faits, dont la réunion chez elle de plusieurs *jeunesses* un dimanche de la mi-août (apparemment le 18).

...« Mon père, Adolphe Bouchard, avait la terre voisine de celle de Samuel Bédard. Les maisons étaient situées à environ trois arpents l'une de l'autre. Les travaux de la terre se faisaient le plus souvent en commun et les mêmes instruments aratoires servaient aux deux terres. Tous les soirs, quelqu'un de la famille chez nous allait chez ma sœur Laura. Une fois, en l'absence de Louis Hémon, ma sœur m'a montré quelques feuillets de son petit carnet. Ça n'était que quelques mots détachés comme : « le chant des enfants », « clôtures », « les saisons », « À la claire fontaine », etc. Elle m'a fait voir aussi une carte postale tombée sous sa main, sur laquelle Mme Hémon disait : « J'espère, mon cher Louis, que tu ne négliges pas tes devoirs religieux ». Tout le temps qu'il a été chez mon beau-frère, M. Hémon s'est prêté aux divers travaux de la ferme. Sa journée de travail terminée, il descendait à la rivière faire sa toilette. Il faisait de même le matin dès son lever à la pointe du jour. À ses heures libres, il allait s'asseoir sous les gros bouleaux, sur le bord de la rivière. M. Hémon avait avec lui le manuscrit de *Lizzie Blakeston*. Comme ma sœur lui disait qu'elle n'avait rien à lire, il lui a remis le manuscrit entre les mains et elle l'a lu. Il lui a demandé un peu plus tard son impression : « Une histoire qui ne parle ni de Dieu ni du diable, dit-elle, je trouve ça fade ». C'est tout l'éloge qu'elle lui en a fait. Au début de son séjour ici, M. Hémon paraissait indifférent, mais à la fin il était très attaché à nous. Il était irréprochable, discret, rangé, poli.

« M. Hémon a mangé plusieurs fois chez nous, je veux dire à la maison de mon père. Un dimanche, entre autres, M. et Mme Bédard étaient absents : ils étaient allés chez la sœur de Samuel à Saint-Amédée. M. Hémon a passé la journée ici. Il n'était pas allé à la messe, afin de veiller à la ferme et de faire le train. Dans l'après-midi, plusieurs jeunes sont venus ici : Eutrope Gaudrault et sa sœur, François Tremblay et sa sœur, celle-ci devenue la femme de mon frère Nil. Il y avait ma jeune sœur Aline, mon frère Nil et moi. Roland-*Télesphore* était retourné à la maison de mon beau-frère et, je ne sais comment, avait mis la main sur une boussole et il croyait que c'était une montre. Il arrive chez nous tout joyeux et me dit en tenant au bout du bras la boussole : « Regarde, ma tante, la belle petite montre !» M. Hémon dit sur un ton bref mais contenu : « Tu as ma boussole, Roland !» Ce petit incident a paru froisser M. Hémon, mais comme il était délicat, il n'a pas ajouté un mot. S'il s'était écouté, je pense bien qu'il aurait grondé Roland. Ça ne paraissait pas lui plaire de voir que Roland avait révélé à tout le monde qu'il avait une boussole, instrument rare dans le pays et jugé peu utile. À ce moment-là, on est sorti de la maison pour aller manger des cerises sur le bord de l'écorre. M. Hémon n'est pas venu avec nous. Il est reparti avec les enfants pour retourner à la maison de Samuel et soigner les animaux. C'était à la fin de l'après-midi.

— M. Hémon a-t-il causé seul à seul avec vous ?

— M. Hémon n'a pas parlé avec moi autrement que devant d'autres personnes. »

Les Frères de Vauvert

Le Frère Félix Denis, religieux attaché à l'Orphelinat agricole de Vauvert, accompagné du Frère Arthur Villeneuve, a vu Louis Hémon au bord de la rivière et lui a parlé. Si l'on se reporte au calendrier de 1912, c'était le 24 août. Voici son témoignage :

« J'ai parlé à Louis Hémon dix minutes en 1912. Un samedi après-midi, le Frère Arthur Villeneuve et moi, nous revenions de faire les foins. Par l'abbé Eugène Bédard, notre aumônier, frère de Samuel Bédard, nous savions que ce dernier avait un Français comme engagé et comme j'étais Français moi-même, ça m'intéressait de faire connaissance avec lui. Nous avions deux lots (53 et 54) dans ce temps-là à mi-chemin entre Péribonka et Honfleur. Je me rappelle que c'était le deuxième samedi après la fête de l'Assomption (donc le 24 août). C'est facile de retrouver la date puisque la fête est fixée au 15 août. Il n'y avait que le Frère Villeneuve, aujourd'hui en Afrique, avec moi. Aux Coteaux-de-Sable, quand Hémon nous a vus nous arrêter, il est venu à notre rencontre. Nous avons sauté la clôture et sommes descendus près de l'endroit où il était assis. J'ai vu de loin des papiers sur une sorte de souche. Il se servait d'un tronc d'arbre renversé comme banc rustique. Nous avons parlé de la France. Je lui ai demandé de quelle partie de la France il venait ; moi, je lui ai dit que j'étais des environs de Fresnes, près Paris. Nous avons causé une dizaine de minutes. À mon avis, Hémon n'est pas venu à Vauvert. Dans ce temps-là, on ne pouvait s'y rendre que par eau. Il n'existait pas de chemin, du moins un chemin de voiture. Peut-être se proposait-il d'y venir, mais les circonstances ne l'ont pas permis... »

Aux bleuets

Le lendemain de ce petit incident, le futur peintre du colon du Lac Saint-Jean écrit à sa famille d'une plume facile et légèrement moqueuse :

Péribonka, 25 août 1912

Je continue à couler des jours paisibles ici. La température est assez mauvaise pour août ; il a gelé plusieurs fois la nuit et l'on commence à parler de l'automne comme si on y était. Le mauvais temps a eu au moins l'avantage de réduire un peu les moustiques, maringouins, mouches noires, etc., qui nous mangeaient vivants pendant la chaleur ; ils sont la grande plaie du pays [1] . Il y a, à défaut d'autres fruits, abondance de « bleuets » (luces [2]) ; les bois en sont pleins, et les bois ne manquent pas : il n'y a même que de cela. L'on ramasse donc les bleuets à pleins seaux et l'on en fait des tartes, confitures, etc. Les canards sauvages commencent aussi à arriver ; j'ai l'espoir d'en tuer (et d'en manger) quelques-uns, et en septembre, avec un peu de chance, nous aurons aussi des outardes. Le « patron », qui n'est pas très habile à se servir d'un fusil, me prête bien volontiers le sien, dans l'espoir que je remplirai le garde-manger ; je dis cela pour apaiser papa, dont je connais le cœur tendre ; ici on ne chasse que pour se procurer de la viande. Il y a aussi des ours dans les bois tout autour de nous ; mais ils sont poltrons autant qu'on peut l'être, et l'on n'en voit jamais d'assez près pour les tuer ; ce sont les petits ours noirs du pays, qui ne sont dangereux que pour les moutons.

Naturellement la chasse ne remplit pas toutes mes journées : il s'en faut. Je ne manque pas d'occupations ; mais elles n'ont rien d'écrasant ni de pénible.

Les bleuets ! Hémon en décrit la cueillette dans *Maria Chapdelaine* et il en parle aussi dans sa lettre du 25 août. Au témoignage de Marie Le Franc, qui a eu l'insigne privilège de causer avec l'excellente informatrice que devait être Mme Bédard et qui a bien voulu m'accorder un entretien, Louis Hémon est allé aux bleuets. Il y est allé avec Mme Bédard elle-même et avec les enfants Roland et Titon. Ce qu'il décrit, il l'a vu et vécu. En plus de greffer sur la cueillette des bleuets l'une des plus charmantes et

---

1. *Péribonka était renommé dans la région comme le pire pays producteur de moustiques.*
2. Luces : *ce mot n'apparaît pas dans les dictionnaires français, c'est apparemment un terme breton.*

des plus touchantes scènes de son livre, il a exposé en quelques lignes, sans que ça paraisse, tout le problème économique que pose cette petite industrie : « Le bleuet... est la plus abondante de toutes les baies et la plus savoureuse. Sa cueillette constitue de juillet à septembre une véritable industrie pour les familles nombreuses qui vont passer toute la journée dans le bois, théories d'enfants de toutes tailles balançant des seaux d'étain, vides le matin, emplis et pesants le soir. D'autres ne cueillent les bleuets que pour eux-mêmes, afin d'en faire des confitures ou les tartes fameuses qui sont le dessert national du Canada français. » [3]

Après bien d'autres, Albert Larrieu les a chantés :

> *« Les bleuets du Lac Saint-Jean*
> *N'ont pas leurs pareils au monde,*
> *Et leur joli bleu d'argent*
> *Garde le reflet de l'onde...*

> *Les bleuets sont abondants*
> *Et gros comme des noisettes,*
> *Nos garçons et nos fillettes*
> *Y mordent à pleines dents... »*

Aux yeux du curé

L'abbé Abraham Villeneuve, curé de Péribonka de 1903 à 1912 non seulement vit encore (*en 1938*), mais promet de vivre encore plusieurs années. Il est aujourd'hui curé de Sainte-Croix du lac à la Croix, près d'Hébertville, au sud du lac Saint-Jean. Homme grand, mince, osseux, le langage rude : c'est bien le prêtre paysan décrit par Hémon dans son livre. Curieux de savoir s'il avait connu Louis Hémon, j'ai frappé à la porte de son presbytère.

« Non, dit-il en bourrant sa pipe, je n'ai pas connu Hémon ; je ne l'ai qu'entrevu en faisant ma visite de paroisse.

« Samuel Bédard m'a souvent parlé de lui. Samuel venait chanter la messe le matin à l'église de la paroisse. Ça lui donnait trois milles de voiture. Il venait aussi le dimanche et dînait des fois au presbytère. Il me racontait l'histoire de son Français, qu'il avait engagé par hasard. « C'est un Français qui écrit au *Temps* »,

---

3. Cf. *Maria Chapdelaine*, pp. 70-71, Grasset.

disait-il. Dans ce temps-là, les Français n'étaient pas rares au Lac Saint-Jean. Chacun d'eux se distinguait par quelque trait de caractère ou manie. Hémon paraissait bien un peu étrange, mais pas plus que d'autres.

— Vous ne l'avez pas vu à l'église, à la messe ?

— Je ne l'ai jamais vu à l'église. Vous savez il y avait beaucoup de monde à la messe le dimanche ; il y en avait beaucoup debout en arrière ; même, l'été, il y en avait qui restaient sur le perron.

« En 1912, ce n'était pas l'église d'aujourd'hui. Ce n'était qu'une petite chapelle-école avec rallonges pour la sacristie et pour le clocher. Le plancher était en bois non bouveté. Je balayais moi-même mon église et les ordures tombaient par les fentes. C'était très froid en hiver dans cette église-là. Il y a des fois que les glaçons de la moustache de mes paroissiens ne fondaient pas.

« Alors, je reviens à ma visite de paroisse. J'étais dans la maison des Bédard, quand Mme Bédard m'a dit : « Tiens, c'est lui le « Français que mon mari a engagé ». Je jetai un œil à la fenêtre et je vis Hémon traverser la cour et se diriger vers les bâtiments. Comme je vous dis, je ne l'ai pas vu plus que cela ; je ne l'ai qu'entrevu. C'est tout ce que je peux vous dire à propos de lui. Vous voyez, ce n'est pas de nature à faire avancer l'histoire.

— Plus que vous ne croyez peut-être.

— Quant à Mme Bédard, c'était une femme comme on n'en voit pas beaucoup. Intelligente, fine. Elle était exubérante et avait la parole facile. Cette femme-là a travaillé comme trois femmes sur la ferme le long de la rivière. Hémon en a fait une peinture fidèle dans son livre. Ses discours sur les vieilles paroisses, sur la beauté d'un champ « nu comme la main, prêt pour la charrue », sur son regret de n'avoir pas fait son « règne » dans les vieilles paroisses, cela c'est bien Mme Bédard. »

Gerbe de témoignages [4]

Hémon est à la veille de s'éloigner de Péribonka. C'est le moment de rapporter quelques témoignages supplémentaires sur son séjour dans cette paroisse :

───────────

4. Par où l'on voit avec quel soin minutieux l'auteur a mené son enquête.

M. Sifroid Desjardins raconte :

« Louis Hémon est venu assez souvent au magasin. Il passait en dedans du comptoir, examinait la marchandise : étoffes, conserves, etc., mais n'achetait rien ou peu de chose. Tout ce qu'il disait, c'était : « Combien ? » Si ça faisait son affaire, il payait et s'en allait. Nous autres, on trouvait ça un peu curieux. Le dimanche, le magasin était ouvert et il y venait acheter des friandises pour les enfants chez Samuel ou du tabac pour lui-même. Après la messe, je l'ai vu s'asseoir dans les voitures des habitants, sur le terrain de l'église et prendre des notes. Ça aussi, on trouvait ça curieux, parce qu'on ne s'imaginait pas ce à quoi ça pouvait bien lui servir. »

M. Onias Plante confirme les dires de son beau-frère Desjardins.

Un M. Néron, de Québec, fils de M. David Néron de Roberval, a vu Hémon à Péribonka :

« Je l'ai vu au magasin du père Sifroid Desjardins, le père du marchand actuel du même nom. Le bonhomme Desjardins avait une barbe blanche et on l'appelait « Six-fois le Diable ». C'était drôle, il sacrait, le bonhomme, et il ajoutait après chaque sacre : « Que le Bon Dieu me pardonne à mesure. » On allait au magasin seulement pour entendre jaser le bonhomme et l'entendre dire « Que l'Bon Dieu me pardonne à mesure. » Peut-être que Hémon faisait comme nous autres. Je ne lui ai pas parlé. »

Mme Gibbons, autrefois Jeanne Boily :

« J'allais à la classe quand j'ai connu M. Hémon. On le voyait passer sa palette de casque dans le cou. On s'amusait de ça entre fillettes. »

M. Nazaire Côté :

« En 1912, j'avais 50 ans et j'avais une terre à six milles de l'église de Péribonka, du côté de Honfleur. Je suis allé chez Samuel Bédard par affaire et j'ai vu Hémon. Il était là. Il n'a pas parlé presque. Dans le village, j'ai eu occasion de le voir plusieurs fois. »

M. Louis Besson est Français. Il habite dans la paroisse de fondation récente de Sainte-Jeanne-d'Arc, entre Mistassini et le Petit-Pari :

« La première fois que j'ai vu Hémon, c'était avant la messe à Péribonka, dit-il. Louis Hémon, Louis Besson, j'ai dit à ce compatriote que nos noms sonnaient pas mal pareil. Nous avons parlé un peu. Lui venait de la Bretagne, de la mer, tandis que moi, je suis de la terre, du voisinage de la Suisse. Je l'ai revu plusieurs dimanches à la messe. On se saluait. Moi, Français, je trouvais ça drôle la criée des âmes et la vente de petits gorets à la porte de l'église. C'est pas étonnant que Hémon ait noté ça pour le mettre dans son livre. »

Joseph Potvin, charpentier-menuisier au village de Péribonka, raconte :

« J'ai causé souvent avec Louis Hémon, surtout le dimanche. J'avais alors une terre de l'autre côté du Petit-Pari. Je le rencontrais au magasin Hébert ou à l'église. Il s'informait de la colonisation au Lac Saint-Jean. Jamais je n'aurais cru qu'il ferait un livre. Il ne laissait pas voir qu'il était aussi capable. Il n'annonçait pas gros, à le voir. Il n'avait aucun souci de toilette. Il négligeait de se couper la barbe et de se faire tondre les cheveux. Mais il avait un beau langage... »

Joseph-Arthur Bouchard, de Saint-Félicien, m'a raconté par-dessus la clôture de son jardin :

« Au temps de Hémon j'allais à Péribonka moissonner ou labourer. J'amenais mes chevaux par terre à travers le Grand Trécarré. Sept de mes huit sœurs ont enseigné à Péribonka. Je suis le cousin d'Eva Bouchard. Le dimanche, je chantais à la messe et je voyais Samuel. Tous les Bouchard sont de bons chanteurs. J'ai vu Hémon surtout le dimanche après la messe. Le voir observer les gens, le voir prendre des notes, on trouvait ça un peu curieux nous autres : on n'est pas tous des manieurs de crayon. »

Les frères Pierre et Auguste Douillard, Français établis depuis longtemps au Lac Saint-Jean, ont tous deux connu Hémon. J'ai causé avec eux dans leurs champs. Voici ce que se rappelle Pierre :

« En 1912, j'avais 24 ans. Nous avions une terre à Pointe de Taillon, presque en face de celle de Samuel Bédard. Nous traversions la rivière soit vis-à-vis de la terre des Gaudrault, soit vis-à-vis de l'église. J'ai vu Hémon à plusieurs reprises la semaine et le dimanche. Je lui ai parlé plusieurs fois, mais seulement de choses et d'autres. Moi, je suis de la Loire-inférieure, lui était de la Bretagne. Je l'ai revu chez Bédard et lui ai parlé... »

Et voici ce qu'en dit à son tour Auguste :

« Hémon, Senouillet, mon frère et moi, nous nous sommes trouvés ensemble plusieurs fois. Ça faisait quatre Français qui se retrouvaient sur les bords de la Péribonka. Hémon n'est jamais venu chez nous. C'était un homme seul. Il parlait peu, mais observait beaucoup. C'est Senouillet qui faisait les frais de la conversation. »

François Jean, garagiste aujourd'hui à Saint-Cœur-de-Marie ou Mistouk, a quelque chose à dire lui aussi sur Hémon :

« En 1912, j'avais une terre en société avec mes cousins Bouchard, à Péribonka, voisine de celle de Samuel du côté des Côteaux de Sable. Nous allions souvent chez Bédard par affaire ou pour veiller. J'ai parlé souvent et longuement avec Hémon. Je lui faisais raconter des affaires de France et moi je lui racontais ce que je connaissais du Lac Saint-Jean, des histoires de colons. Il y avait bien des colons qui jouissaient d'une sorte de célébrité, par la misère qu'ils avaient eue, etc. »

Mme David Lessard, domiciliée à Kénogami, a vu Hémon à l'église plusieurs fois, à Péribonka. Elle a demandé à son père : « Qui est cet étranger ? », vu qu'il ne paraissait pas avoir les manières des Péribonkains. Son père le connaissait et lui parlait. Elle se rappelle que Hémon portait une sorte de petit sac, avec courroie lui passant sur l'épaule... »

Mme Arthur Guérin demeure maintenant à Montréal :

« J'ai enseigné à Péribonka, dit-elle, à l'école située tout près de chez M. Bédard, en 1912. Je suis allée chez M. Bédard. J'ai vu Hémon, je lui ai parlé mais de choses courantes. M. Hémon avait la figure mince, surtout le menton. Je me suis mariée plusieurs années après : Hémon n'a pas pu venir à mes noces. »

Emile Potvin, de Sainte-Edwidge de Roberval, cousin d'Eva Bouchard, raconte : « Quand j'étais jeune, je traversais souvent à Péribonka, surtout le dimanche. Il y avait des excursions en bateau. J'allais chez mon frère Jos. Potvin. La première fois que j'ai vu Hémon, c'était à l'église. C'est mon cousin Nil Bouchard qui me l'a désigné. Je l'ai revu ensuite à Péribonka. »

Hubert Tremblay, de Péribonka, déclare qu'il a vu Hémon écrire sur le bord de l'écorre, en face de chez Samuel.

« On passait sur la rivière avec des *rafts* (trains, convois) de billots. On l'avait vu écrire. Il avait un mouchoir gris bariolé bleu et blanc sur la tête pour se protéger des mouches. Je l'ai vu aussi à l'église ».

Enfin, Ernest Potvin, marchand à Roberval, Armand Léves-que, entrepreneur à Roberval, Zoël Rousseau, de Honfleur, Jos. Martel, de Jonquière, et Michel Fortin, ont tous vu ou connu Hé-mon, mais ceux d'entre eux qui lui ont parlé n'ont fait qu'échanger quelques mots sans importance.

Ce qu'en disent les jeunes

On a vu précédemment que Hémon aimait interroger les jeu-nes, moins méfiants, plus candides. Il pouvait poser les questions les plus variées, les plus futiles apparemment, mais toutes impor-tantes pour lui, afin de se documenter, de se renseigner.

Certains dimanches d'août et de septembre, Hémon ne dédai-gnait pas la compagnie de collégiens pour aller à la chasse le long de la petite rivière Moreau, traversant les terres de leur père Ulric Hébert, marchand au village.

J.-Antonio Hébert, aujourd'hui garde-chasse à Mistassini, m'a raconté :

« En 1912, j'avais seize ans. Hémon a mangé plusieurs fois chez nous. D'ordinaire, il mangeait chez mon oncle Fournier et s'en retournait à pied. Un dimanche, le dernier dimanche que j'ai passé chez moi, à Péribonka, avant de partir pour le séminaire [5], Hémon a mangé chez nous le midi, parce que mon oncle était ab-sent, je crois. Dans l'après-midi qui suivit, nous sommes allés faire un tour dans le bois, le long de la petite rivière Moreau. Il nous a dit qu'en faisant son service militaire en France, il avait appris à tirer. On avait un fusil à cartouche. On a fait tirer Hémon sur un pic-bois [6] et il manquait son coup. Il s'excusait en disant qu'il n'é-tait pas accoutumé à ce fusil-là. Avec Hémon et moi il y avait mon frère Elzéar. Je me souviens que Hémon nous a interrogés beaucoup sur la chasse. Ce jour-là, il portait un habit vert fores-tier. Ça fait penser au kaki. Il avait de gros souliers aux pieds. Il avait un faux-col haut, comme sur la photo de Londres.»

Vu quelques instants plus tard, Elzéar Hébert donne ses im-pressions de Hémon :

---

5. Vraisemblablement le dimanche 8 septembre. En effet, l'abbé Victor Tremblay m'écrit : « La rentrée au Séminaire de Chicoutimi, d'abord fixée au 6 septembre, a eu lieu effectivement le 12 septembre. »
6. Un pivert.

« Quand j'ai vu Hémon pour la première fois il avait un grand chapeau avec une plume. Les gens disaient : « C'est le Français !» Louis Hémon a mangé trois ou quatre fois chez nous en août et septembre 1912 et il a même couché chez nous. J'avais quatorze ans dans le temps. Il s'asseyait sur la galerie et fumait. Il achetait des cigarettes, du tabac et du chocolat au magasin. J'ai été trois ou quatre fois à la chasse avec lui. Il avait un couteau de chasse. Il choisissait un arbre tendre et on lançait à tour de rôle le couteau dans le tronc de l'arbre. Il était bon viseur au couteau...»

En explorant les notes de l'enquête poursuivie par M. Ayotte en 1938, on voit qu'Antonio Hébert lui a parlé aussi d'un voyage de pêche avec Hémon « sur la rivière Péribonka, dans un chaland de 12 pieds de long. On allait à 500 pieds des maisons (du rivage) et on pêchait du doré, dont certains pesaient de 3 à 4 livres, et du brochet aussi. On mit ce poisson dans un grand plat à vaisselle, couvert par des petites branches sèches, du foin bleu ou du jonc. » Il ne se rappelle pas si c'était « dimanche ou sur semaine ».

On trouve aussi une lettre d'Ulric Hébert (14 octobre 1938) qui dit : « Vous pouvez croire les paroles de mon fils (Antonio). Je crois me rappeler ce qu'il m'a écrit à ce sujet, concernant son tour de chasse et le dîner en famille auquel il fait allusion... »

La criée

Vers la même date, le premier ou le deuxième dimanche de septembre, a eu lieu la vente des « beaux jeunes cochons de la grand'race » de Charles-Eugène à la porte de l'église.

Donat Desjardins m'a déclaré à ce sujet :

« Hémon avait toujours un petit calepin avec lui. Il écrivait aussi bien pendant la messe qu'en dehors de l'église. Quand a eu lieu la vente des cochons de la grand'race à Charles-Eugène Gauthier, il en avait pris, des notes, cette fois-là ! Les cochons de la grand'race, c'était une sorte de cochons jaune-rouge. La race est disparue. C'est Broët qui avait dû acheter cela sur quelque ferme expérimentale et qui les avait introduits ici. Mon père avait aussi un cheval reproducteur, surnommé *l'étalon bleu,* et il y avait aussi l'étalon de Desmeules. Le dimanche, il y avait parfois des annonces à propos de ces chevaux, et Hémon s'amusait de ça. »

Arthur Gaudrault relate ce qui suit à propos de la vente des petits cochons de Gauthier :

« Hémon s'est un peu trahi cette fois-là. Cette vente de petits cochons l'a amusé et il a ri en prenant ses notes, de sorte que les gens ont eu la preuve qu'il écrivait ce qu'il entendait et qu'il devait se proposer d'utiliser cela à sa façon un jour. »

André Daniel-Donaldson était présent lui aussi à cette scène :

« J'ai vu Hémon, dit-il, assis dans une voiture à la porte de l'église. Pendant l'annonce de la vente des gorets à Gauthier, il a ri en prenant ses notes. Ça été remarqué. »

Ce qu'il lisait

On se demande peut-être ce que Hémon pouvait bien lire pendant ses loisirs à Péribonka. D'abord les loisirs étaient assez restreints. Le soir, la journée finie, l'obscurité venait bientôt. Les mouches mangeaient les colons dans l'ombre. Allumer la lampe pour lire, c'était attirer les papillons, les taons et autres bestioles à tourbillonner autour de vous et à vous piquer. D'ailleurs, Hémon avait bien mieux à faire qu'à lire : écouter, écouter ces conversations d'habitants, ces histoires de colons que Samuel, Laurette, le père Adolphe Bouchard et les autres voisins racontaient. Le samedi après-midi et le dimanche ? Il semble bien que c'est surtout le samedi après-midi que Hémon a lu et pris des notes. Le dimanche, il le passait le plus souvent au village. Enfin, quand il trouvait un moment par-ci par-là pour déployer des journaux ou feuilleter des revues, quels étaient ces journaux et ces revues ?

Dans des lettres en date du 25 septembre et du 15 novembre 1938, Mlle Marie Hémon m'a écrit : « Je ne saurais vous dire au juste les revues que mon frère recevait à Péribonka. Ma mère lui adressait, au hasard, ce qui lui tombait sous la main. *Je sais tout* parfois, mais aussi des discours de réception à l'Académie [7], des journaux divers, un livre qu'il souhaitait, comme les *Filles de la*

---

7. Pendant le séjour de Louis Hémon au Canada il y a eu les réceptions suivantes à l'Académie.

Le 18 janvier 1912, M. Henri de Régnier, qui succède au fauteuil d'Eugène-Melchior de Vogüé. est reçu à l'Académie par le comte Albert de Mun.

Le 8 février 1912, celle de M. Henry Roujon, qui succède à Henri Barboux ; Roujon est reçu sous la coupole par Frédéric Masson.

Le 1er mars 1912, autre réception : celle de Denys Cochon, qui succède à l'historien Albert Vandal et est accueilli par Gabriel Hanotaux.

Pluie. Nous ne pensions pas alors que ces envois pourraient un jour intéresser les journalistes... »

Le 5 juin 1912, Hémon avait lui-même écrit à sa mère :

« Merci bien des *Temps.* Mais *Excelsior* paraît me continuer l'abonnement. » Après m'avoir cité ce mot de son frère, Mlle Hémon ajoute (lettre de novembre) : « Vous m'aviez demandé ce qu'il lisait : tous les journaux qu'on lui adressait, comme vous le voyez. »

Sur ce sujet, Samuel Bédard m'a déclaré :

« M. Hémon recevait régulièrement des paquets de journaux : la *Croix,* le *Temps,* de Paris, le *Herald,* de New-York, le *Star,* de Montréal. Il avait des amis à Montréal qui lui envoyaient le *Star.* Je me suis mis à les lire après le départ de M. Hémon. Pendant son séjour ici, on avait trop de travail, on n'avait pas le temps de lire. On avait une valise de ses journaux et revues. Alors je pigeais là-dedans... »

Consultée, elle aussi, Mlle Eva Bouchard m'a dit :

« M. Hémon recevait *L'Auto, Le Temps* et la revue *Je Sais Tout* et peut-être d'autres journaux ou revues. Je me rappelle surtout la revue *Je Sais Tout.* J'en avais feuilleté un exemplaire chez Laura et j'y avais vu pour la première fois le portrait du roi de Bulgarie. Longtemps après le départ de M. Hémon de Péribonka, les enfants d'école avaient des numéros de *Je Sais Tout* dans les mains. »

Excelsior et *Je Sais Tout :* deux publications de Pierre Lafitte, novateur hardi et ingénieux dans le domaine de la presse, Lafitte était de huit ans plus âgé que Hémon. S'étaient-ils connus ?

CHAPITRE DIXIÈME

DANS LES BOIS

Projet de voie ferrée

En 1912 on préparait la réalisation d'un projet de chemin de fer devant relier la baie des Hahas et Chicoutimi à Saint-Félicien par la rive nord du lac Saint-Jean, premier tronçon d'une ligne qui devait atteindre l'Ouest canadien. Des équipes d'arpenteurs et d'ingénieurs étaient chargées de repérer le passage le plus avantageux et d'indiquer le tracé. Une d'elles, sous la direction de l'ingénieur Henri Tanner eut l'heur de compter parmi ses membres le tout prochain auteur de Maria Chapdelaine, *improvisé chaîneur.*

Tanner installe un campement aux Eaux-Mortes, sur la terre du cultivateur français Gustave Seurin, vers le milieu de l'été, soit à quelque douze milles de Péribonka, sur le versant sud-est de la rivière. Ses affaires le conduisent à Roberval et à Péribonka.

Il est de langue anglaise mais parle bien français. Samuel Bédard, l'un des rares, à Péribonka, à parler anglais, est embauché par M. Tanner dans l'équipe. Le salaire est de $35 par mois. Autant de gagné pendant la belle saison, entre la récolte du foin et celle des céréales qui approche. Mais Samuel Bédard revient à la maison et juge que sa présence y serait nécessaire, de sorte qu'il se fait accompagner de Hémon au campement pour l'initier au travail auxiliaire des arpenteurs et ingénieurs et pour l'y laisser à sa place, Hémon tenant à se considérer, au campement comme sur la ferme, l'employé de Bédard et étant disposé à remettre à son premier patron la différence du salaire gagné. Le marché était financièrement tout à l'avantage de Bédard. Mais, pour Hémon, ces mois dans le bois ne seraient pas perdus. De nouveaux paysages, de nouvelles figures, tout serait profit pour lui. Le roman projeté n'allait qu'y gagner.

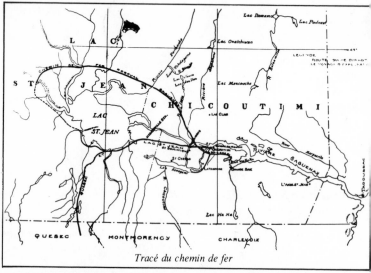

Tracé du chemin de fer

Dans sa lettre du 5 septembre, datée de Péribonka, Hémon ne fait aucune allusion au travail des ingénieurs dans le bois et laisse plutôt croire qu'après quelques jours passés au campement Seurin, il est revenu à la ferme. Au contact des Canadiens, il ne perd pas son ton railleur, loin de là, et blague volontiers.

Péribonka, 5 septembre 1912

...Je ne suis pas au bord de la mer, moi, mais je suis encore plus « à la campagne » que toi. C'est une campagne peu ratissée et qui ne ressemble pas du tout à un décor d'opéra-comique ; les champs ont une manière à eux de se terminer brusquement dans le bois, et une fois dans le bois, on peut s'en aller jusqu'à la baie d'Hudson sans être incommodé par les voisins ni faire de mauvaises rencontres, à part les ours et les Indiens, qui sont également inoffensifs.

Cela n'empêche pas que nous sommes hautement civilisés, ici à Péribonka. Il y a un petit bateau à vapeur qui vient au village tous les deux jours, quand l'eau est navigable. Si le bateau se mettait en grève, il faudrait, pour aller au chemin de fer à Roberval, faire le tour par la route du tour du lac, c'est-à-dire quatre-vingts kilomètres environ.

Ce qui me plaît ici, c'est que les manières sont simples et dépourvues de toute affectation. Quand on a quelque chose dans le fond de sa tasse, on la vide poliment par-dessus son épaule ; et quant aux mouches dans la soupe, il n'y a que les gens des villes, maniaques, un peu poseurs, qui les ôtent. On couche tout habillé, pour ne pas avoir la peine de faire sa toilette le matin et on se lave à grande eau le dimanche. C'est tout.

La « patronne » m'entendant dire un jour, en mangeant ses crêpes, qu'il y avait des pays où l'on mettait des tranches de pommes dans les crêpes, a dit d'un air songeur : « Oh ! oui, je pense bien que dans les grands restaurants, à Paris, on doit vous donner des mangers pas ordinaires !» Et un brave homme qui se trouvait là m'a raconté, avec une nuance d'orgueil, comme quoi il avait été un jour à Chicoutimi (la grande ville du comté) et était entré dans un restaurant pour y manger, au moins une fois dans sa vie, tout son saoul de saucisses. Il en avait mangé pour une piastre (5 francs), paraît-il...

Ah ! nous vivons bien ! Nous avons tué le cochon la semaine dernière et nous avons eu du foie de cochon quatre fois en deux jours ; cette semaine, c'est du boudin, à raison de deux fois par jour. Ensuite, ce sera du fromage de tête et d'autres compositions succulentes. J'arrête là, pour ne pas te donner envie...

Dans l'équipe

Tout d'abord, M. Dubuc, suprême patron de Louis Hémon pendant qu'il fait partie de l'équipe des ingénieurs et arpenteurs, n'a pas eu l'occasion de voir et de connaître le futur auteur de *Maria Chapdelaine* [1].

L'ingénieur en chef du Chemin de fer Roberval-Saguenay, M. Jean Grenon, aujourd'hui de Québec, ancien propriétaire de la villa-château de Tony Broët, est en mesure, lui, de nous en parler :

« J'ai d'abord connu Louis Hémon, dit-il, chez Samuel Bédard, à Péribonka. Je me suis adressé à celui-ci pour recruter quelques hommes capables de seconder le travail des ingénieurs et arpenteurs proprement dits. Il fallait un cuisinier, un aide-cuisinier, des portageurs robustes, etc. Hémon était présent à cet entretien. Il y a dit peu de chose, mais cela m'avait suffi à le juger comme un jeune homme instruit et sérieux. Je l'ai retrouvé plus tard dans l'équipe au cours de visites d'inspection des travaux. C'était un employé ponctuel, consciencieux. Il avait l'habileté de faire parler les autres sans dire grand'chose lui-même. Il m'a de-

---

1. En souvenir de son ancien chaîneur, M. Dubuc a ouvert toutes grandes les portes de sa maison de Chicoutimi aux demoiselles Hémon durant leur séjour au Lac Saint-Jean et aux environs, en 1938.

mandé un tas de renseignements sur les mœurs des gens de la région. On ne peut pas dire que c'était un excentrique, mais il n'était pas tout à fait comme les autres. Il était différent. Au physique, il était de taille moyenne, avait les cheveux châtains, le visage assez attrayant, pas laid du tout. Il n'était pas mal tombé en allant chez les Bédard. L'abbé Bédard, ancien professeur à Chicoutimi, était un homme brillant et de caractère très affable. Samuel était également un homme assez instruit et très poli, très aimable, aimant jaser et rire. Quant à Mme Bédard, encore jeune en 1912, elle avait conservé sa taille de jeune fille. Elle était assez grande, jolie, active, l'esprit éveillé, Hémon a dû prendre beaucoup de plaisir à l'écouter. Pour moi, elle a été sans s'en douter la grande collaboratrice de Hémon à son roman.

Le patron immédiat de Hémon à la fin d'août, en septembre, octobre et novembre 1912 a été M. A.-H. Tanner, de lointaine origine suisse. C'est lui qui a engagé Hémon comme chaîneur. Laissons-lui raconter la scène :

« Hémon a dû venir me voir au campement des Eaux-Mortes, à deux milles et demi environ de Honfleur, près de la Grande-Péribonka, sur la terre de Gustave Seurin, autre Français établi là depuis une dizaine d'années. Comme je me suis marié le mercredi 11 septembre de cette année-là et que j'ai dû mettre plusieurs jours à me rendre dans la province du Nouveau-Brunswick où résidait ma femme, et comme, d'autre part, j'ai assisté aux débuts du travail de Hémon sur le terrain, ça ne peut être le 8 septembre que je l'ai engagé, mais plutôt le 1er septembre, peut-être même le dernier dimanche d'août. »

M. Tanner indique, en examinant les photos, la tente où il a reçu Hémon ce dimanche-là et il reprend :

« Je me rappelle que c'était un beau dimanche ensoleillé de fin d'été. J'étais étendu sur des couvertures sous la tente, les mains sous la tête et je rêvassais. On ne peut pas frapper à la porte d'une tente de toile. À part ça, Hémon arrivait de la grande lumière et en entr'ouvrant les toiles, il ne distinguait rien tout d'abord, de sorte qu'avant qu'il m'aperçoive et qu'il ouvre la bouche j'ai eu le temps, moi, de l'examiner comme il faut. Il était vêtu d'étoffe du pays chaussé de souliers de bœuf. Il avait les yeux d'un bleu vif, les cheveux plutôt blonds, une barbe de plusieurs semaines. Il finit par me voir et me dit : « Vous êtes monsieur l'ingénieur ? — Oui, monsieur, répondis-je. — M. Bédard m'a dit que vous aviez besoin d'hommes ? — Oui, savez-vous lire et écrire ? —

Le Nord *sur la Péribonka*

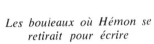

*Les bouleaux où Hémon se
retirait pour écrire*

de Honfleur

Hémon avec sa « bonne pipe »

Équipe d'ingénieurs avec Hémon et Bédard

L'abbé Élie Tremblay, curé de Saint-Henri (La Pipe)

Campement des ingénieurs

Tente habitée par Louis Hémon à son travail avec les ingénieurs. Pierre Simard (son compagnon) et Simon Martel

L'hôtel Tremblay à Saint-Gédéon

La Staff House à Kénogami

Oui, monsieur. — Alors, c'est bien, vous pourrez commencer demain matin, j'ai besoin d'un chaîneur. Le travail commence à sept heures. Si vous le préférez, vous pouvez retourner à Péribonka faire votre petit paquet et revenir coucher sous la tente ce soir ; de même vous serez sur les lieux demain matin pour commencer avec les autres hommes ».

« Hémon avait à peine tourné le dos, ajoute M. Tanner, que je me suis rendu compte que je venais de commettre un impair. Comme on s'en doute, Hémon m'avait parlé en un français excellent, même avec l'accent des Français de France. Je me rendais compte que je venais d'avoir affaire à un homme instruit, supérieur à ceux qui se présentaient habituellement et à qui il était prudent de demander s'ils savaient lire et écrire lorsqu'on voulait leur confier un travail comme celui de chaîneur. Mais, Hémon, bien élevé, est demeuré impassible quand je lui ai demandé s'il savait lire et écrire. Cette question saugrenue, ridicule dans son cas, l'a laissé imperturbable. Le soir, Hémon est revenu au campement avec son mince bagage et le lendemain matin il commençait à poser des jalons et à noter des mesures. Pendant quelques temps, nous avons eu aussi Samuel Bédard dans l'équipe, précisément comme chaîneur. C'est lui qui m'avait envoyé Hémon, qui se trouvait son homme engagé. »

M. Tanner passe la main sur son large front découvert et raconte un incident, tout à l'honneur de Louis Hémon.

« Un samedi soir, en examinant les résultats d'une triangulation, j'ai constaté une erreur que j'ai imputée au chaînage. J'en ai fait la remarque devant quelques-uns, notamment devant Hémon. Le lendemain, dimanche, sans que je lui demande, Hémon a refait seul les mesures et les calculs à travers les bois et les brûlés. Il a planté un jalon tous les cent pieds. Son travail fini, il vint me dire brièvement : « Monsieur l'ingénieur, c'est moi qui ai fait l'erreur. Il manquait cent pieds. Je crois que les calculs vont maintenant concorder. » En effet, tous les calculs concordaient parfaitement. Eh bien, Hémon, loyal et consciencieux, avait sacrifié presque tout un dimanche à refaire le travail d'un ou de deux jours précédents. C'était certainement un bel acte de sa part. Car, l'erreur ne dépendait peut-être pas de lui, après tout.

« C'est curieux, reprend M. Tanner, j'ai eu l'impression pendant toute la durée de l'expédition que Hémon me fuyait, qu'il se tenait loin de moi. Etait-ce par déférence, par souci de garder des distances entre patron et employé ? Il est vrai qu'il avait fait son service militaire et que dans l'armée, il existe une hiérarchie bien marquée. Ici, en général, patrons et ouvriers sont assez familiers. Me fuyait-il par intérêt ? Pour éviter que je l'interroge sur les raisons de sa présence à Péribonka, surtout dans l'équipe ? Peut-être bien. Jamais il n'est venu de lui-même causer avec moi pour le seul plaisir de causer. Evidemment, je l'aurais interrogé autant qu'il aurait pu m'interroger moi-même. Et comme je suis plutôt de langue anglaise, la conversation aurait pu nous mener loin jusqu'à Londres... Il s'est peut-être méfié de moi. Ne pas répondre ou répondre évasivement à un camarade, passe. Mais à son patron, c'est différent. Hémon paraît avoir préféré se tenir au large plutôt que de courir le risque de se trouver forcé de révéler un coin de sa vie ou ses desseins. Les autres membres de l'équipe paraissaient bien me trouver approchable. Hémon, lui, est resté d'une réserve, d'une froideur gênée et gênante. Je n'ai pas tardé à m'apercevoir que j'avais affaire à un homme délicat, sensible, cultivé. Son langage, qui n'avait cependant rien d'affecté, trahissait son excellente éducation.

« Les jours de pluie ou les jours de congé, Hémon ne restait généralement pas sous la tente. Il s'éloignait : allait à Péribonka ou allait faire la chasse ou la pêche. Il paraissait aimer passionnément la marche. Une distance de huit ou dix milles était une bagatelle pour lui. Il m'est arrivé de le voir s'écarter du groupe et passer quelques minutes à écrire dans son petit carnet. Cependant, sous la tente, le soir, à cause du peu de lumière et à cause de l'installation de fortune du campement, surtout à cause du charivari que menaient parfois ses compagnons, Hémon était certainement incapable d'écrire longuement et sérieusement. Tout au plus, pouvait écrire une lettre, noter quelques idées. Les bons et braves compagnons de tente étaient intrigués parfois par ses écritures et ils prenaient plaisir à l'étriver à propos de tout, soit parce qu'il était gauche comme chaîneur, soit parce qu'il avait un accent différent en parlant, soit parce qu'il s'absentait souvent de la tente et devait aller voir les filles. Il m'est impossible de croire que Hémon ait écrit des chapitres de *Maria Chapdelaine* sous la tente. Pour moi, il n'a fait que prendre des notes. La trame de son roman ne devait pas être faite à ce moment-là d'ailleurs. Tout compte fait, Hémon paraissait aimer la vie au grand air et sous la tente. C'était un homme qui se contentait de peu. Il paraissait se plaire. Il recevait le salaire de $1.50 par jour, soit $35 à $40 par mois. Avec cela, il devait s'estimer très riche. »

« Quand je suis arrivé à Mistouk, dit encore M. Tanner, il y avait à peu près la moitié du travail de fait. Nous sommes passés à La Pipe, à trois ou quatre milles du village (Saint-Henri de Taillon). Là, nous nous sommes aperçus que pour finir le travail avant qu'il fasse trop froid il fallait grossir l'équipe. C'est comme ça que Samuel Bédard, Louis Hémon et quelques autres ont commencé à travailler pour nous au campement de Seurin. »

Ce qu'en dit le sous-chef

M. J.-G. Caron, ingénieur, directeur adjoint des travaux publics et ingénieur en chef du service technique à l'hôtel-de-ville de Montréal, était en 1912 l'assistant de M. Tanner à la tête de l'équipe...

C'est grâce à lui, si nous avons une photo de Louis Hémon chaîneur, prise au campement le 4 octobre, date inscrite au dos de l'exemplaire conservé par M. Tanner. Sur la photo du groupe, on aperçoit une femme, Mme Tanner, qui avait accompagné ce jour-là son mari au camp, à leur retour de voyage de noces.

« Si j'avais su, s'est écrié M. Caron, j'en aurais pris des centaines de photos. Surtout j'aurais photographié Hémon sur toutes les faces, sous tous les angles, mais ce garçon fuyait toujours l'appareil. Il paraît sur la photo collective, parce qu'il était à table avec les autres et qu'il aurait été malséant ou impoli de s'éclipser. »

M. Caron poursuit :

« Louis Hémon, d'après l'image que j'en ai gardée dans l'esprit et dans mon album, était assez grand, mince, châtain. Il avait les yeux bleus et portait la moustache. Il était chaussé de souliers de bœuf à jambe montante. Il était plutôt taciturne et se tenait généralement à l'écart des autres. Tout le temps que Samuel Bédard s'est trouvé à faire partie de l'équipe, il se tenait principalement avec lui, causait et riait avec lui. Il logeait également dans la même tente que lui. Sur la photo, vous voyez, il est son voisin de table. Il faut dire qu'on ne se payait pas le luxe de dresser une table tous les jours. On l'a fait cette fois-là à cause de la présence de Madame Tanner... »

Ce qu'en dit Hémon

Dans une lettre à sa mère écrite de Roberval le 29 septembre

1912, Louis Hémon donne lui-même des détails sur les premières semaines de son séjour dans les bois.

Voilà quelque temps que je n'ai eu de nouvelles, mais, à vrai dire, les communications ne sont pas des plus faciles et cela ne m'étonne pas.

Depuis quinze jours, je suis dans les bois, au nord de Péribonka, avec des ingénieurs qui explorent le tracé d'une très hypothétique et en tout cas très future ligne de chemin de fer.

L'on couche sous la tente et l'on est toute la journée dans les bois — sorte de forêt demi-vierge où une promenade de quatre à cinq milles prend trois heures d'acrobatie. D'ailleurs, nous sommes très bien logés — comparativement, s'entend — et fort bien nourris, et tant que le temps est supportable c'est une vie idéale.

Je n'y étais allé que pour remplacer mon « patron », et après une semaine d'essai, je me suis promptement fait engager. Cela durera tout octobre et novembre, probablement. Comme nous serons loin des villages tout le temps, il y aura peut-être quelques difficultés pour la correspondance, mais continuez de m'écrire à Péribonka et je m'arrangerai pour que les lettres me parviennent.

Je suis revenu pour un jour à Roberval, pour acheter diverses choses : couverture, etc., indispensables sous la tente, maintenant que l'automne vient.

Naturellement, je serai toujours reconnaissant de ce que vous pourrez m'envoyer à lire, car les soirées sont vides et pas mal longues ; mais n'envoyez rien d'autre.

J'espère que vous serez revenus de la mer tout « ravitaillants de santé », pour parler canadien...

Son comportement

« Pour revenir à Hémon, dit M. Caron, il était chaîneur dans l'équipe et travaillait surtout en compagnie de Norris et de Lalancette. Il lisait le galon et notait les mesures. Son compagnon plantait les jalons. Il s'acquittait très bien de son travail. Je l'ai vu quelquefois prendre des notes à la dérobée, ce qui intriguait un peu tout le monde, à commencer par Samuel Bédard, qui nous disait : « Je me demande ce qu'il griffonne comme ça. Mais je pense qu'il envoie des articles à des journaux de France. »

— Que dites-vous de la vie sous la tente ?

— Quand on est jeune, tout est intéressant. Les premières semaines, rien à dire. Le temps était encore doux, la vie au grand air était agréable. Mais le froid n'a pas tardé à venir, la neige non plus. Nous avons fait cinq ou six campements pendant les trois

ois. Nous transportions nos tentes de dix milles en dix milles.
près le déménagement nous rebroussions chemin sur une distan-
de cinq milles. Nous dépassions ensuite de cinq milles dans
utre sens, puis nouveau déménagement. Nous dressions cinq
ntes, si je me rappelle bien, dont une pour la cuisine. Nos provi-
ons comportaient même du bétail vivant. De gentils gorets tour-
aient autour de la tente du cuisinier. Nous mettions une journée
déménager. Lever à cinq heures, déjeuner, départ. Course de
nq milles l'avant-midi. Halte pour le dîner. Second départ et
ressage des tentes avant le souper.

— Que transportait Hémon ?

— Je ne sais plus, mais je sais que Léon Brassard se chargeait
omme un mulet : poêles, chaudrons, sacs de farine. Il était fort
omme quatre. Quand nous n'étions pas loin des villages, nous
isions venir une voiture.

— Comment pouviez-vous coucher sous de simples toiles l'hier ?

— La tente dressée sur la neige, nous allumions le poêle. Avec
n bon feu, il fait chaud sous une tente. . .

« Pour dormir, nous nous faisions des lits de sapins sur la nei-
e, en entrecroisant les branches de façon à faire une sorte de res-
ort moelleux. Enroulés dans des couvertures, un bon feu dans le
oêle, nous dormions ainsi dans la tonifiante odeur du sapin.

« Nos tentes se dressaient généralement aussi près que possi-
le des villages pour faciliter l'approvisionnement. Nous achetions
es œufs et le lait chez un cultivateur. Pour le reste notre cuisine
tait meilleure que celle des colons. »

Revenons à M. Caron : « Je me rappelle tout de même un
ait précis à propos de Hémon prenant des notes. À la sortie du
ont de la rivière Mistassini, il s'est arrêté, a regardé longuement
e pont, la rivière et les alentours, puis il a écrit quelques mots
lans son carnet. Or, en lisant *Maria Chapdelaine,* vous trouverez
ette phrase que j'ai retenue : « le grand pont de bois, couvert,
eint en rouge, et un peu pareil à une arche de Noé d'une éton-
ante longueur ». C'est exactement cela. Je puis dire que j'ai vu
Hémon crayonner une phrase de son célèbre roman. « Au mois
le mars, j'étais de retour à Montréal. Je n'y ai pas revu Hémon. »

Observations de Bédard

Que nous raconte M. Samuel Bédard sur cette période ? Voici :

« Au mois d'août, à la fin du mois, j'ai commencé à travailler pour les ingénieurs et Hémon m'y a suivi. Nous travaillions tantôt l'un tantôt l'autre, selon les exigences des récoltes sur ma terre. Hémon ne voulait pas me quitter pour rejoindre définitivement les ingénieurs tant que les récoltes n'auraient pas été complètement terminées. Il disait qu'il était d'abord mon engagé et qu'il se devait à ma terre. Il entendait même me remettre le surplus du salaire gagné avec les ingénieurs [2]. Il m'a remplacé pour de bon au campement des Eaux-Mortes, chez Seurin. Au commencement, Hémon était deuxième chaîneur et il avait une petite hache pour appointir les jalons et les enfoncer dans la terre. Un bon jour, il s'est estropié. Il s'est entaillé le genou. Son caleçon était coupé et la plaie saignait. « Si j'étais chez moi, dit-il, ma sœur serait à mes genoux pour panser cette entaille et ce ne serait pas une petite affaire. » Tranquillement, il a pris son mouchoir et s'est ceinturé le genou avec. Il a continué son ouvrage comme si rien n'était.

« Sous la tente, chaque homme fournissait ses couvertures. Ernest Murray, mon homme engagé, qui écrasait les doigts à Hémon en déroulant des billots à la rivière, était également du parti et dans la même tente que Hémon et moi. Je me rappelle qu'un jour, on servait du fromage. Hémon demande à M. Murray s'il en voulait. M. Murray de répondre : « Si ça coûte cher, donnez moé z-en, bâtard ! »

D'autres

Ludger Néron, de Honfleur, a connu Louis Hémon à Péribonka. Il l'a revu ensuite avec les ingénieurs.

« J'ai parlé avec Louis Hémon, mais seulement de choses et d'autres. Jamais de conversations longues. Il paraissait plus jeune que son âge. Il est allé veiller avec les ingénieurs chez le père Charles Lindsay, au bord de la rivière, à la traverse. Il a dû venir chez nous aussi. »

---

2. *Singulier arrangement, vraisemblablement moins voulu de la part de Hémon qu'on le laisse entendre ici et qui tend à justifier ce qu'on a dit de Bédard, qu'il avait « exploité » son homme.*

Charles Lindsay fils, c'est le passeur de la Péribonka à l'au-
mne de 1912. Il avait 22 ans. Son père l'avait chargé de cette
esogne.

« J'ai traversé Louis Hémon, dit-il, au moins une dizaine de
is. Au lieu d'attendre parfois, il aurait pu traverser la rivière en
aloupe à gazoline, par voyage spécial, à 25 cents, mais il atten-
ait toujours le bac, ça coûtait moins cher : 10 cents.

« Des fois, Hémon se présentait sur le bord de la rivière pour
averser au milieu de la semaine. Je ne lui avais jamais parlé
vant de le traverser, mais je le connaissais de nom. On m'avait
it : « C'est lui, Hémon, le petit Français qui travaille pour Bé-
ard et qui remplace Bédard dans le parti des ingénieurs. » Dans
e temps-là, j'avais 22 ans. C'était plutôt moi le questionneux
vec Hémon. Je l'interrogeais sur la France. Il m'a dit qu'il trou-
ait le pays moins avantageux que la France, parce que la belle
aison est ici trop courte. Mais en général, le discours n'était pas
ong, car la traversée ne durait que huit à dix minutes. Pendant la
aversée, il s'accoudait à la rampe du bac. Je me suis aperçu qu'il
renait des notes, une fois qu'il attendait le bac. Du campe de
eurin à venir à la traverse de la rivière, il y a environ deux
illes et demi, et d'ici aller à l'ancienne maison de Samuel Bé-
ard, il y a six milles et demi. Ça faisait à Hémon une marche de
milles. Mais, c'était un bon marcheur. J'allais dire, ça ne lui pe-
ait pas au bras... Je le traversais le samedi soir et le lundi matin
uand il revenait du travail ou y allait, et quelques fois au milieu
e la semaine. »

Les traversées du milieu de la semaine expliquent la lettre du
9 septembre et le voyage à Roberval pour l'achat de couvertures.

Ce témoignage de M. Lindsay éclaire un autre point. Pendant
ue Hémon attend le bac et pendant qu'il traverse vers Honfleur,
voit au-dessus des chutes de la Péribonka une petite maison iso-
e, peu éloignée de l'eau. N'est-ce pas au cours de cette rêverie
ue l'idée lui vient de situer là la ferme des Chapdelaine ? Que
t-on, en effet, dans le roman ? « Samuel Chapdelaine, qui a une
rre de l'autre bord de la rivière, au-dessus de Honfleur, dans le
ois (...) de l'autre bord de la rivière, en haut des chutes, à plus
e douze milles de distance (du village), et les derniers milles
uasiment sans chemin » (page 12). Et (à la page 44) : « Maria
ntendit en ouvrant la porte au matin un son qui la figea quel-
ues instants sur place, immobile, prêtant l'oreille. C'était un mu-

gissement lointain et continu, le tonnerre des grandes chutes ⌐
étaient restées glacées et muettes tout l'hiver ».

Hémon a vraisemblablement utilisé ce cadre : chutes, mais⌐
juchée sur le bord de la rivière, four, etc. [3].

À l'automne de 1912, Joseph Rossignol possédait un moulir⌐
scie à Honfleur. Voici ses souvenirs :

« J'ai vu Louis Hémon deux ou trois fois chez Lindsay,
bord de la rivière. Je l'ai vu une fois dans une talle d'aulnes,
train d'écrire, pas loin du bac.

« Hémon est arrêté une couple de fois au moulin. Il s'arrêt⌐
devant le moulin, regardait ça. Ça paraissait quelque chose
nouveau pour lui ces moulins à scie. Il n'est pas venu me par⌐
au moulin. Il ne m'a pas demandé à y travailler.

Plusieurs autres, tels Ernest Murray fils, Félix Lindsay, A⌐
mand Maltais, Alva-A. Norris disent avoir vu Hémon prendre d⌐
notes ou écrire sous la tente, ce qu'ils supposaient être des lettr⌐
Il a aussi rédigé des articles. A preuve celui-ci qui, paru da⌐
L'Auto le 23 octobre, a dû être écrit vers la fin de septembre.

LE FUSIL À CARTOUCHE

Hier Pacifique Pesant s'est acheté un fusil à cartouche.

Il a quitté le camp à l'aube ; deux heures de canot et trois sur les rou⌐
— l'ont amené au monde civilisé, représenté en l'espèce par le village de Pé⌐
bonka et son unique magasin. Le soir il était de retour, ayant échangé
nombre de piastres qu'il ne veut pas avouer contre un fusil à un coup, de
brication américaine, d'un calibre qu'il ignore, ce qui n'a aucune importan⌐
puisqu'on lui a vendu en même temps des cartouches d'un diamètre à p⌐
près approprié. Car c'est un fusil à cartouche.

Il le regarde avec un tendre orgueil, fait jouer la bascule vingt fois sa⌐
se blaser sur ce miracle et répète à voix basse :

« Voilà longtemps que j'avais envie d'un fusil à cartouche ! »

Des fusils à capsule, il explique qu'il en a eu : je ne serais pas éton⌐
qu'il se fût servi d'un fusil à pierre. Mais un fusil à cartouche. . .

Aujourd'hui lundi [4], tout le monde retourne dans le bois, pour con⌐
nuer l'exploration du tracé sur lequel, quelque matin miraculeux de l'⌐
192... doivent passer « les chars ». Pacifique Pesant part avec les autres et, n⌐
turellement, il emporte son fusil à cartouche.

---

3. *Les distances indiquées, et les informations recueillies au cours de mes e⌐
quêtes reportent plus loin, en amont de Honfleur, dans le voisinage de la deuxièr⌐
chute de la rivière Péribonka, le lieu de résidence des Chapdelaine.* V.T.

4. Probablement le 23 septembre.

Il emporte sa hache aussi, puisqu'il est « bûcheur », et cet attirail redoutable, la hache sur une épaule, le fusil sur l'autre, n'est pas sans l'impressionner lui-même. Tous les hôtes du bois, de l'écureuil à l'orignal, doivent en frissonner dans leurs retraites ; sans parler de la présence du métis Trèflé Siméon, qui sait si bien lancer les pierres. . .

Mais la matinée se passe ; les bûcheurs bûchent, les chaîneurs chaînent, chacun fait son ouvrage, et Pacifique Pesant, qui toutes les trente secondes doit poser au pied d'un arbre, pour se servir de sa hache, le fusil à cartouche, sonde en vain d'un oeil aigu les profondeurs du bois. Tout à l'heure on a traversé une piste d'ours ; mais chacun sait que les petits ours noirs du pays sont trop méfiants et trop farouches pour se laisser voir ; pour le caribou, ou l'orignal, il faudrait remonter encore un peu plus haut sur les rivières ; mais enfin du petit gibier, de la perdrix de savane, du lièvre, le bois en est plein. Quel instinct obscur leur enseigne que Pacifique est au nombre de ceux dont il faut se cacher, depuis qu'il a un fusil à cartouche ?

À midi, l'on s'arrête ; on abat un beau cyprès sec, dont le bois imprégné de gomme fait en quelques minutes une haute flambée, et l'on commence à manger, pendant que l'eau du thé chauffe. Pacifique Pesant s'est installé sur un tronc couché à terre ; il a appuyé contre ce tronc le fusil à cartouche, avec des précautions infinies et la faim lui fait oublier pour quelques courts instants le désir de tuer qui le dévore.

Or, voici qu'entre les épinettes, à travers les taillis d'aunes, un lièvre, un beau lièvre gras surgit au petit galop, sans hâte ; il passe entre Pacifique Pesant et le feu, saute un arbre tombé et s'éloigne, flegmatique, de l'air d'un lièvre sérieux qui ne peut vraiment pas remettre ses affaires ni se détourner de son chemin parce qu'il lui arrive de rencontrer un feu, douze hommes et un fusil à cartouche !

Pacifique Pesant a laissé tomber sa tranche de pain savoureusement enduite de graisse de rôti ; d'une main il empoigne le fusil, pendant que l'autre fouille fiévreusement dans une poche pour y trouver des cartouches.

Hélas ! le lièvre est déjà rentré à jamais dans l'asile sûr du bois, du grand bois obscur qui s'étend   de là jusqu'à la baie d'Hudson sans une clairière.

La journée s'avance ; le ciel pâlit entre le feuillage sombre des sapins et des cyprès. Or, le *deuxième chaîneur* [5] lève tout à coup les yeux, regarde un instant, et pousse un grand cri.

« Pacifique ! . . . une perdrix ! »

Pacifique laisse sa hache dans le bouleau qu'il était en train d'abattre et part en galopant à travers les arbres tombés, brandissant son fusil à cartouche. La perdrix, selon la coutume des perdrix canadiennes, considère l'homme comme un animal bruyant, indiscret, mais peu dangereux. (Peut-être, au fait, n'en a-t-elle jamais vu ?). Elle reste donc immobile sur sa branche et médite, pendant que le chasseur vient se placer au-dessous d'elle.

En quelques secondes son fusil est chargé, armé, et il épaule avec une moue d'importance. Mais le métis, Trèflé Siméon s'est glissé derrière lui, rapide et subtil comme ses ancêtres sauvages ; il a ramassé une pierre et au

---

5. Le deuxième chaîneur, c'est Hémon lui-même...

moment solennel voici que la petite masse grise sur laquelle Pacifique b
quait laborieusement son fusil à cartouche fait une culbute inattendue
tombe, la tête fracassée par le plus primitif des projectiles. . .

Le reste de la journée n'est qu'une longue amertume. La nuit tomb
l'on reprend le chemin des tentes, et soudain quelqu'un montre à Pacifiq
un écureuil qui s'agrippe au tronc d'une épinette, à dix pieds de terre.

— Tiens ! voilà du gibier pour toi !

L'ironie est flagrante ; mais Pacifique hésite longtemps et finit par tir
L'écureuil, atteint en plein corps, presque à bout portant, monte tout dr
vers le ciel et quelques instants plus tard des débris de peau et des miettes
chair saignante retombent.

Pacifique Pesant les contemple avec le mépris qui convient, pour bi
faire comprendre à tous que ce n'était là qu'une expérience. Mais son honn
te visage a quitté le deuil et ses lèvres rassérénées murmurent :

— Voilà longtemps que j'avais envie d'un fusil à cartouche !

L. Hém

J'ai longuement cherché la clé de cet article. Qui est Pacifiqu
Pesant ? Qui est Trèflé Siméon ? Il reste difficile de l'affirmer. S
est probable que Pacifique Pesant est Esdras Menier ou Charl
Brassard, il est plus sûr que François Savard, de Pointe-Bleu
métis, soit Trèflé Siméon.

Il fallait Hémon, en somme, pour analyser les sentiments d
Pesant pendant cette journée, sans compter qu'il a pu en invent
pour rendre sa chronique plus piquante. . .

Des courses et visites

Tous les campements n'ont pas eu la même durée. Si cel
des Eaux-Mortes a été long en raison du problème de la constru
tion d'un pont avec pilier appuyé sur une île et en raison de l'a
sence de trois semaines de M. Tanner, ceux du Rang-des-Crêpe
de la rivière Moreau et du Petit-Pari, sur la terre de Lauzon, d
même celui du Grand-Trécarré ont été plus brefs.

On sait que le 4 octobre, ce fut grande fête au campement :
chef de l'équipe, M. Tanner, s'est fait accompagner de sa jeun
femme, de langue anglaise. Au repas de midi, table dressée, M
Caron a eu la bonne pensée de photographier par deux fois
groupe, en se plaçant une fois à un bout de la table, en passar
ensuite l'appareil à un autre qui a pris la pose de l'autre bout d
la table.

À la fin d'octobre, un samedi après-midi, M. J.-Beloni Hébert, e Normandin, frère de celui de Péribonka, achevait de parcourir n voiture la longue course qui sépare les deux endroits.

« Mon cheval allait au trot, dit-il, quand, entre le Petit et le Grand-Pari, j'ai dépassé un homme qui s'en allait à pied au bord du chemin, une poche sur le dos attachée à un bâton qui lui passait sur l'épaule. Je ne le connaissais pas et, méfiant, j'ai passé out droit. Je ne l'ai pas fait monter dans ma voiture. Rendu au magasin chez mon frère, j'ai revu passer mon quêteux. « Qui est-e que c'est cet homme-là ? » ai-je demandé à Ulric. « C'est M. Louis Hémon, l'engagé de Bédard, un Français », qu'il m'a répondu... » [6]

Oscar Desjardins était un grand et fort jeune homme en 1912. Ma famille restait sur la terre voisine de celle de Samuel Bédard, dit-il. Les Bédard et nous autres, on s'échangeait du temps. C'est comme ça que j'ai connu Hémon chez Bédard avant de le etrouver dans le parti des ingénieurs. Hémon est venu veiller hez nous avec Tit-Bé. On le prenait pour un *bomme* (de l'anglais *bummer,* maraudeur, vaurien, fainéant), mais en même temps on e trouvait bien instruit. Il écrivait fichument vite en tout cas. Il tait maladroit, il ne parlait pas beaucoup. Si on le taquinait au ampement en disant qu'il allait voir les filles, c'était de l'invention, parce qu'il n'était pas un couailleux. Quand on lui parlait des *créatures,* il changeait le sujet. Il était à sa place.

Simon Martel, nommé dans *Maria Chapdelaine* comme Charles Lindsay et plusieurs autres personnes de la région nommément désignées, a succédé à Oscar Desjardins comme cuisinier de l'équipe. Il a aujourd'hui 73 ans et demeure à Roberval. Voici quelques propos qu'il nous a tenus une première fois sur le quai de Roberval, interrompant sa pêche, une deuxième fois à son domicile :

« Dans son roman, quand Hémon me nomme avec le grand Lalancette — il y avait une place pas loin de Saint-Méthode qu'on appelait le village Lalancette » — c'est pour nous taquiner. Il a enjolivé et corsé l'histoire de la chaloupe que je lui avais racontée sous la tente. Si Hémon n'était pas mort et s'il était revenu au Lac Saint-Jean, on aurait eu du plaisir. Il y en a qui n'aiment pas son

---

6. Cela indiquerait que Hémon serait allé de nouveau à Roberval, ou à Mis-assini, et serait revenu à pied.

livre. Ils prétendent que Hémon nous fait passer pour des sauva ges. Il nous fait pas passer pour des sauvages tant que ça. Son l vre est vrai. Je disais à Hémon, un soir, sous la tente : « Vous pa lez pas, M. Hémon, pourquoi que vous parlez pas ? y a-t-il que que chose qui vous tracasse ? » Il m'avait répondu : « À quoi se de parler ? de quoi parler ? c'est du bon monde, mais c'est igno rant ». Je prenais pas ça pour moi bien entendu : j'avais fait u cours commercial, j'avais appris l'Histoire de France, taratata... J me pensais bien instruit. Je me flattais de pouvoir parler un pe avec lui. Depuis ce temps-là, j'ai été en France ; j'ai fait la guerr trois ans. Ce que Hémon m'avait raconté de la France m'ava préparé l'esprit à profiter de mon voyage. »

M. Martel m'affirme que Hémon avait mangé à la maison d pension que tenait sa famille à Saint-Méthode.

Conrad Fortin, le charroyeur d'engrais sur la terre de Samue Bédard, retrouve Louis Hémon dans la tribu des ingénieurs-a penteurs. Apparemment, Hémon l'a moins interrogé là que sur l ferme de Péribonka.

« Je l'ai vu souvent prendre des notes, dit-il. Il avait toujou avec lui un petit carnet qu'il portait dans sa poche de pantalon e arrière ou dans la poche de sa chemise, à gauche. Une fois, entr autres, je l'ai vu s'asseoir sur un corps d'arbre [7] sortir son petit ca hier et écrire. »

Je crois bon d'ajouter ici des faits qui placent le père Josep Larouche parmi les personnages qui ont servi de types à Louis Hé mon dans Maria Chapdelaine. *Joseph Larouche, qui avait été u pionnier de Saint-Gédéon et l'un des premiers à Saint-Henri d Taillon, était en fait et par tempérament un colon d'avant-gard Mal à l'aise psychologiquement quand le progrès apportait un cer tain bien-être, il quittait les lieux et allait commencer un défrich ment en plein bois des milles plus loin. C'est ainsi qu'il a défrich l'emplacement des églises dans les localités de Saint-Gédéon et d Saint-Henri de Taillon, pratiqué les premières clairières à la Point de la Savane et vers les Eaux-Mortes, au delà du village de Hor fleur. Son comportement et celui de sa femme sont exactement c qu'a décrit Hémon comme la carrière du couple Chapdelaine. Cel n'a pas empêché l'homme d'atteindre 91 ans d'âge et sa femme 10 ans.*

V. 7

---

7. Un tronc renversé.

Son homme de confiance

Si Esdras Menier n'a pas été le confident proprement dit de Louis Hémon, car Hémon n'a apparemment jamais eu de confident, il en a été cependant l'homme de confiance. Hémon lui a fréquemment confié des lettres à mettre à la poste et il a longuement conversé avec lui de sujets sérieux.

Esdras Menier avait environ 20 ans à cette époque-là. De l'âge de 17 ans à l'âge de 40 ans il a travaillé dans les bois comme arpenteur.

Donnons-lui la parole.

« Quand les récoltes sont arrivées, Samuel Bédard s'est fait remplacer par son engagé Louis Hémon dans l'équipe des ingénieurs-arpenteurs. Hémon a pris la place de Bédard dans la tente qui m'abritait. Samuel était un homme de plaisir et on a joué bien des tours ensemble. Il s'en est fait jouer lui-même.

« Moi, jeune, je passais rarement les veillées au campement. J'allais veiller au plus proche village. Les courses à travers le bois le soir, ça ne me faisait pas peur. Or, Hémon avait des lettres à mettre à la poste. Les premiers temps, il me demandait de m'accompagner, ce que j'acceptais volontiers. Mais sa lettre jetée à la poste, il lui fallait m'attendre parfois plusieurs heures. Il n'osait pas s'en retourner au campe seul dans l'obscurité, par crainte de s'écarter. Alors, il m'a proposé de bien vouloir me charger de ses lettres et de les déposer aux bureaux de poste de Honfleur, de Péribonka ou d'ailleurs. J'ai compris que cela devait rester entre nous, de peur que d'autres cherchent à voir ces lettres. Je lui ai promis le secret. Je me rappelle que quand le samedi, il ne pouvait pas retourner à Péribonka, il y avait toujours une lettre à l'adresse de M. Bédard, que celui-ci retirait au bureau de poste le dimanche. Hémon savait que je n'étais pas le plus sympathique du groupe à son endroit, mais il était sûr que je savais être discret et habile au besoin. C'était moi aussi qui rapportais le courrier au campement. Je ne me rappelle pas avoir rapporté des lettres de l'étranger pour Hémon. Probable qu'elles restaient chez M. Bédard.

« Sous la tente, Hémon avait un petit coffre de 9 pouces sur 8 environ et de 4 pouces de hauteur. Il en portait toujours la clef sur lui. Il avait un havresac militaire.

« Hémon était un type fermé. Devant deux ou trois ou quatre personnes, il ne disait à peu près rien. Mais si vous étiez seul avec lui et que vous l'aiguilliez sur un sujet profond, alors là ça jaillissait, ça coulait à flot, pendant des heures si vous le vouliez. Quand il était remonté, ça pouvait durer longtemps, selon que son interlocuteur l'écoutait et ranimait la flamme. Quand on réussissait à le river sur un sujet, il parlait en masse. Il était très intéressant à entendre : il avait lu beaucoup, il avait voyagé. Il était très spirituel dans ses remarques. Il m'avait dit une fois qu'aimer, c'était un plaisir, mais que c'était souvent aussi un boulet aux pieds. Hémon écrivait : je l'ai vu faire. Jamais il ne faisait une rature ou recommençait une page. Et ce qu'il avait écrit il le mettait sous enveloppe et me le confiait pour la poste.

« Quand on a travaillé aux chutes Bonhomme, Hémon a dit : « Je voudrais bien savoir d'où viennent ces eaux et connaître le pays d'en-haut. » Une expédition aux sources de la Péribonka, à quelque 250 milles du lac Saint-Jean, constitue un voyage intéressant. Les rives escarpées ont parfois jusqu'à 250 pieds de hauteur. Et il y a des sauvages au grand lac Péribonka. Je pense bien que Hémon aurait aimé cela entreprendre un tel voyage, car les Indiens avaient l'air de l'intéresser. »

Lui-même en dit quelque chose

Que dit, que pense, à quoi songe Hémon lui-même pendant tout ce temps ? Les jours s'écoulent. Voilà environ deux mois qu'avec conscience il applique sa géométrie parisienne au mesurage des terres canadiennes. Le jour il plante des jalons pour M. Dubuc dans « l'éponge mouillée » du sol du Lac Saint-Jean ; le soir il jalonne sur des bouts de papier.

Le vendredi 1er novembre, jour de la Toussaint, Hémon dans une lettre à la famille, décrit le terrain qu'il parcourt.

> Nous nous sommes momentanément rapprochés des maisons. mais nous allons nous en éloigner de nouveau sous quelques jours pour rentrer dans le bois.
>
> Le bois par ici est à moitié bois et à moitié savane : c'est-à-dire que, quand il a plu surtout − c'est le cas − on est jusqu'au genou dans l'eau. La terre est couverte d'une couche de mousse qui a parfois plus de trois mètres d'épaisseur et toute imprégnée d'eau : on marche sur une énorme éponge mouillée. De temps en temps pourtant nous coupons des collines. dans les « grands bois verts » qui sont plus plaisants.

Aujourd'hui, jour de la Toussaint et par conséquent congé, j'ai passé la journée couché sur le dos dans la tente, à chauffer le poêle et à lire, fumer, etc. Il neige depuis hier et si cela continue, nous devrons prendre bientôt les raquettes.

Nous aurons fini vers la fin du mois, et je ne sais naturellement pas encore ce que je ferai alors ni où j'irai ; mais ce ne sera pas bien loin pour le reste de l'hiver. Tu peux continuer à écrire à Péribonka, jusqu'à nouvel ordre ; je me ferai expédier les lettres là où je serai.

Ici, quand il ne pleut pas il gèle déjà pas mal dur : deux à trois centimètres de glace dans les cuvettes de tôle le matin. Mais j'ai suffisamment de bonnes bottes pour la savane, et tout va bien...

P.S. J'ai oublié d'accuser réception des journaux et revues, que j'ai reçus assez régulièrement...

Je crois aussi utile de vous recommander de mettre un frein à vos cadeaux, en espèces ou autres, qui ne me parviendraient probablement pas, car j'aurai déménagé avant cette époque [8] .

Un compagnon fils du pays

Pierre Simard est en mesure d'apporter un excellent témoignage sur Hémon et sur la vie au camp. Il jouit d'une mémoire sûre. Il n'avait que seize ans en 1912. L'œil noir et vif, de tempérament nerveux et actif, il a remarqué avec toute l'acuité de son âge. C'était sa vie d'homme qui commençait, tout était nouveau, tout était neuf pour lui. En outre, comme il avait à servir tout le monde, il était forcé d'avoir des contacts personnels avec chacun. Pierre Simard reste à Honfleur aujourd'hui. Nous avons causé ensemble presque toute une veillée à la lampe.

« J'ai commencé à travailler avec les ingénieurs le premier mardi de septembre [9]. Hémon travaillait quand j'ai rejoint le campement. Le premier ou le deuxième soir de mon arrivée, Lalancette a donné un grand coup avec une planche sur la toile de la tente où étaient Samuel et Hémon. C'est cette fois-là que Samuel a perdu connaissance et qu'il a fallu le ranimer avec de l'eau de la rivière. J'ai toujours couché sous la même tente que Hémon. J'étais *show-boy*. Je m'occupais de ravitailler la troupe. Je renouvelais les provisions, que je transportais en bacagnole, j'assurais le bois nécessaire au chauffage des poêles des tentes et des poêles de la cuisine. À part ça, je donnais la ligne aux ingénieurs en arrière. C'est Oscar Desjardins qui a amené des cochons

---

8. Lettre citée en entier, comme les deux précédentes, par Mlle Deschamps.
9. Le 3 septembre.

vivants au campement. ... Hémon a dû aller veiller chez des Fortin et chez des Larouche « à Mars ».

« Avec les ingénieurs, comme à Péribonka, il portait toujours sa casquette revirée sens devant derrière, la palette dans le cou. À part ça il mettait toujours ses bretelles par dessus sa froque. Il marchait un peu sur les quartiers de ses bottes. Il avait tendance à retourner ses bottes en dehors.

« C'est vrai que Hémon a pleuré plusieurs fois au campe, surtout quand les ingénieurs le disputaient. Je me rappelle qu'un dimanche, il a refait ses calculs. Ça a dû arriver, ça, à la chute de la Savane, près des Eaux-Mortes à Caron. On appelle cet endroit-là les Eaux-Mortes, parce que la rivière Grande-Péribonka coule à peu près cinq milles sans chute. C'est une rivière pas mal tumultueuse, en général. Oui, Hémon a pleuré, je l'ai vu. À ce moment-là, on s'expliquait mal qu'un homme pleure. Mais, lui, il était loin de tout son monde, loin de son pays, il ambitionnait d'écrire un livre et c'était probablement son projet de livre qui était la cause de ses erreurs de calcul. Mais, il ne pouvait pas le dire ; surtout il ne voulait pas le dire. Alors, incompris, venait un moment où la mesure était pleine. Ça renversait. Pauvre Hémon, c'était un homme sensible, délicat, d'une politesse extrême.

« Pour l'étriver devant les autres, Ernest Murray père racontait l'histoire des chevrons et de l'épaule en sang de Hémon. Puis, l'histoire finie, M. Murray se tournait vers Hémon et disait : « C'est-y vré ou c'est-y pas vré, ça curé Hémon ? » Hémon répondait sur un ton qu'il cherchait à rendre indifférent : « Oui, c'est vrai. M. Murray, vous m'avez bien fait souffrir. »

« Je me souviens aussi que Hémon avait peur de traverser la Grande-Péribonka en canot près des chutes avec les ingénieurs. Finalement, il a embarqué dans le canot de M. Murray, qui ne cessait de répéter au départ, de l'arrière où il ramait : « Grouillez pas, bâtard ! ou je vous rabats mon aviron sur la tête. »

« Des escousses, Hémon parlait en masse, puis tout d'un coup il se mettait à jongler, fermé dur.

« Sous la tente, j'ai vu Hémon écrire. Autant que je me rappelle, il avait des grandes tablettes... Un soir, au campement du Grand-Trécarré, Hémon écrivait, Lalancette aussi. Je me couche. Le poêle chauffait bien rouge. Je ne voulais pas m'endormir tout de suite, mais v'là-t-y pas que je m'endors. J'avais les pieds cachés sous mes couvertures, tout proche du poêle. Ça s'est mis à chauffer, à brûler même. Je me réveille en sursaut et je cours hors de la tente, nu-pieds sur la neige en criant : « Au feu ! au feu ! » Hémon et Lalancette ont bien ri de moi. Hémon prend sa tablette et rédige une sorte de requête comme quoi je demandais à regagner ma place dans mon lit et je promettais de ne plus crier au feu sans raison et de ne plus alarmer le campement pour rien. Il a fallu que tous les gars des autres tentes approuvent ça par écrit. Pendant tout ce temps-là Hémon et Lalancette m'empêchaient de rentrer dans la tente et me laissaient nu-pieds sur la neige et à moitié habillé. Mais je n'ai pas été malade. Hémon jouait pas souvent de tours aux autres, mais cette fois-là, il m'en avait joué un bon.

« J'allais oublier un autre petit fait qui concerne Hémon. En déménageant au Petit-Pari, il y avait plein un seau de confitures aux prunes près d'une *canisse* (canistre) d'huile de charbon dans la voiture. En route, il y a eu des revolins d'huile dans les confitures. Au campe, personne ne voulait manger de confitures parce qu'elles goûtaient trop le pétrole, sauf Hémon, qui en redemandait à chaque repas en me disant : « Cookie, avez-vous encore des pruneaux ? » Alors, je lui servais des pruneaux à l'huile de charbon. Les autres le regardaient et se disaient : « Il va être malade », puis ils le taquinaient. Hémon mangeait tranquillement ses pruneaux avec un air de défi. Il souffrait de la gorge et l'huile de charbon c'est bon pour la gorge. Alors, on comprend le jeu de Hémon : en même temps qu'il se nourrissait de pruneaux, il soignait sa gorge... »

On mouille le dernier piquet

Le campement à Mistassini n'a pas été un campement proprement dit. Finies les tentes ! Novembre était assez avancé quand les ingénieurs et leurs compagnons sont arrivés à proximité du Village des Pères, c'est-à-dire de la Trappe de Notre-Dame de Mistassini. Ces religieux venaient de se construire un nouveau monastère sur une hauteur dominant la rivière et les environs. L'ancien monastère, édifié vingt ans plus tôt, était encore debout, à quelques pas de la rivière. M. Tanner eut l'excellente idée de demander aux Pères d'en utiliser une pièce ou deux comme abri pour son parti de quinze à dix-huit hommes, faveur qui lui fut accordée avec empressement.

« Le Père Samuel et le Frère Jules se rappellent qu'avant de s'installer (i.e. de retourner) à Péribonka Hémon a fait partie d'une équipe d'arpenteurs et a logé ici même, dans le quartier des employés du Monastère — ce qui ne serait donc pas « un dîner, un souper et un coucher » seulement ; à moins que ce ne soit avant ou après ce stage de travail (qui a pu durer deux ou trois semaines).

(Lettre du Père M.-Simon Crépeau,
trappiste, 25 juillet 1969)

Le séjour à Mistassini a été l'un des plus agréables pour la troupe, sauf pour Hémon qui en a gardé de cuisants souvenirs. La clôture de l'expédition approchait pour cette année-là ; les hommes allaient pouvoir regagner leurs foyers et passer les Fêtes au sein de leurs familles. Un incident, demeuré fameux, en raison de la présence de Hémon dans l'équipe, allait marquer l'heure des adieux de ces messieurs. Laissons de nouveau la parole au chef de cette petite troupe réfugiée dans un monastère sans aucun esprit monastique.

« Je ne sais pas, dit M. Tanner avec hésitation, si je dois vous raconter les heures dernières de notre séjour à Mistassini. Au premier abord, ça peut ne pas paraître flatteur pour l'auteur de *Maria Chapdelaine,* mais comme il paraît sûr qu'il a été victime de son ignorance des boissons canadiennes, il sort de son aventure sans que son honneur en soit trop atteint.

J'avais obtenu la permission du prieur du monastère des Trappistes d'occuper une couple de pièces dans le vieux couvent d'en bas de la côte. Nous n'avions pas plus de meubles que sous les tentes, mais nous étions tout de même mieux protégés contre le froid et le vent. Moi, je me retirais dans une maison du village avec ma femme. La veille du démembrement de l'équipe, quelques hommes sont venus me demander, et leur demande était plutôt un avertissement : « Boss, on mouille le dernier piquet ? » J'avais été très sévère tout le temps de l'expédition sur la question de la boisson, alors j'ai pensé que je pouvais changer d'attitude le dernier jour. J'ai répondu : « C'est correct, je n'ai pas d'objection. » Nous avons terminé définitivement le travail vers deux heures de l'après-midi. Je suis entré avec le groupe au vieux monastère et j'ai mis une bouteille de cinq demiards de genièvre sur la table. Dans ce temps-là, le genièvre ne se vendait pas cher : 85 cents la grosse bouteille. Chacun a pris un coup. Tout le monde était de bonne humeur. Vers trois heures, je suis parti rejoindre ma femme, me proposant de revenir près des hommes le soir.

« Après souper, je suis redescendu au vieux monastère pour voir comment ça allait et pour procéder aux préparatifs du départ le lendemain matin, assigner à chacun sa voiture, etc. Beau spectacle ! Il y en avait déjà sans connaissance, endormis, étendus ça et là. Il s'était apparemment consommé plusieurs autres bouteilles de gin pendant mon absence. Je compte mon monde : il en manquait. Je ne voyais pas notre Français, je demande : « Où est Hémon ? — Venez voir, boss ». Et ils m'entraînent à la lueur d'une chandelle, dans la chapelle désaffectée, humide et glacée. Hémon était couché sur une civière qui servait aux religieux à transporter leurs morts au cimetière. Ils lui avaient croisé les mains sur la poitrine et disposé des chandeliers autour de lui. Il était blanc comme un drap. J'ai essayé de le réveiller, mais nenni, pas moyen, rien à faire. Alors, je l'ai fait mettre au chaud et j'ai demandé qu'on veille sur lui, qu'on n'abuse pas.

J'ai voulu savoir la raison de son état, alors ils m'ont raconté qu'il avait bu d'un trait la moitié d'un cinq-demiards. Jamais je n'avais eu connaissance que Hémon ait bu une goutte de boisson depuis qu'il était avec nous autres. Alors, je suppose qu'il a pris notre eau de feu pour du vin et qu'il en a bu comme un bon Français sait faire honneur au vin de France. En dehors de cette malheureuse expérience, Hémon avait toujours été absolument sobre...

« Pour moi, ces graves événements, ajoute M. Tanner en souriant, se sont déroulés en décembre, un peu avant la mi-décembre. La saison était pas mal avancée. »

« De la boisson avec nous, sous la tente ? dit Esdras Menier, Maltais et moi nous en avons toujours eu. Je n'ai pas eu connaissance que Hémon en ait bu. »

De leur côté M. Paquette et Mlle Gagnon m'avaient affirmé que pendant toute la durée de son premier séjour à Montréal, Hémon n'a jamais paru avoir pris la moindre goutte d'alcool.

Que s'est-il exactement passé pendant l'absence de M. Tanner du vieux monastère cet après-midi fatal ? Notre témoin à l'heureuse mémoire, Pierre Lessard, va rentrer en scène :

« Une fois Tanner parti, Oscar Desjardins a mis une bouteille pleine à côté de la bouteille déjà vidée en présence de M. Tanner. Et Desjardins a dit : « Maintenant que le boss est parti, on va prendre un bon coup. » Alors quelques-uns se versent un coup dans les vieilles tasses à thé des Pères. Tout d'un coup, Hémon se

lève, se dirige vers la table, prend la bouteille qui était presque à
moitié et, la tenant au bout de son bras, dit : « Une bouteille de
même en France, on boit ça en trois gorgées », puis il se met à
boire à même la bouteille. On le regardait faire et on pensait qu'il
nous mystifiait, que c'était la bouteille vide qu'il avait prise, il faisait pas bien clair ; mais non c'était la bouteille entamée. Alors,
comme il buvait toujours, les gars se sont mis à lui crier : « Arrête, maudit Français. Arrête ! Laisse-z-en aux autres ! C'est pas de
la soupe, ça ! » Et mon Hémon buvait toujours. Quand il a déposé la bouteille, vidée jusqu'à la dernière goutte, au grand étonnement de tous, il s'est mis à parler un peu et à marcher en suivant
bien les planches. Il a commencé par être de bonne humeur et
par taquiner celui-ci celui-là. Il passait le poing sous le nez des
plus forts en disant : « Je suis le boulé de la France », et il lançait
des défis. Il s'est même mis à engueuler les Canayens et à leur
dire ce qu'il avait sur le cœur et que s'ils allaient en France les
Français les recevraient autrement qu'ils reçoivent les Français,
eux. Les autres répliquaient : « T'en es un boulé, toi, tu pèses
même pas 125 livres ! T'es rien qu'une plume. » D'autres chan-
taient :

> Prendre un p'tit coup,
> C'est agréable,
> Prendre un p'tit coup
> C'est doux.
> Prendre un gros coup,
> Ça rend l'esprit malade,
> Prendre un p'tit coup,
> C'est agréable,
> Prendre un p'tit coup,
> C'est doux.

« Hémon avait pris un gros coup et il commençait à avoir
l'estomac et l'esprit malades. Les jambes ont faibli et il a perdu
peu à peu son équilibre sur les planches du parquet du monastère. Il s'est bientôt écroulé. C'est là que l'imagination échauffée de
ses compagnons les a poussés à le coucher sur la civière, dans la
chapelle, au frais, pour qu'il se conserve bien dans son alcool. À
terre, Hémon se lamentait, se tortillait. Ça lui faisait mal à l'estomac et au bloc, comme on dit. Il y en avait même qui voulaient le
ficeler sur la civière, mais Simon Martel est intervenu et a dit :
« C'est bien beau de s'amuser, mais faut toujours pas le faire
mourir. On sait jamais ce qui peut arriver. » Alors les gars l'ont

placé sur la civière, comme un mort, les mains croisées sur la poitrine, des chandeliers à côté de lui, puis, en se tenant par la main, ils ont dansé autour quelques minutes en chantant. Le père Murray était pas mal chaud et il chantait fort.

« C'est curieux, tout de même. Hémon avait fait le monsieur tout le temps de la *ronne* et là, à Mistassini, il s'est saoulé comme un cochon. Moi, je suis convaincu qu'il ne connaissait pas la force du gin, preuve qu'il n'en avait jamais bu tout seul avant ça. Pauvre Hémon, il est resté bien gêné de ça. Le lendemain matin, il est ressuscité pendant qu'on déjeûnait. Il était blême ; il n'a pas voulu manger. Il a dit adieu aux autres d'une main tremblante ; il n'avait pas de façon. Il est monté dans la voiture du postillon Jean Bouchard. Dans la voiture, il a relevé son collet de capot et il n'a pas dit deux mots entre Mistassini et Péribonka. On était quatre dans la voiture : Léon Brassard, Hémon, le postillon et moi. » De Mistassini à Péribonka, il y a une vingtaine de milles.

Interrogé à son tour sur ces événements, M. Léon Brassard m'a confirmé ce récit.

Telle est la véridique histoire de la brosse fameuse de Louis Hémon à Mistassini. Voilà comment il a non seulement mouillé mais noyé le dernier des centaines de piquets qu'il a plantés dans le sol du Lac Saint-Jean.

CHAPITRE ONZIÈME

RETOUR À LA « CIVILISATION »

A quelle date ?

On a vu que le chef de l'équipe, M. Tanner a dit — plusieurs autres m'ont dit la même chose — que la mi-décembre approchait quand l'équipe s'est dispersée à Mistassini. Au premier abord, je serais porté à leur donner tort, vu qu'il existe une lettre de Louis Hémon à sa famille datée du 30 novembre et portant l'adresse de Péribonka.

Mais, Hémon n'aurait-il pas continué à inscrire Péribonka au haut de ses lettres, tout en les écrivant du Grand-Trécarré ou de Mistassini, afin de ne pas embrouiller sa famille pour les réponses ? Vous me direz : il y a autre chose : Hémon parle du gel, du dégel et du regel de la rivière Péribonka ; ce doit être parce qu'il avait la rivière sous les yeux ; or, à Mistassini, il était loin de la rivière Péribonka ; il ne pouvait la voir... Je répondrai que Hémon pouvait parler de la rivière d'après d'autres, comme il pouvait en parler aussi d'après la rivière Mistassini, qu'il avait sous les yeux.

Au fond, tout cela n'est qu'une question de quelques jours à une période où ça change bien peu de chose. Les pages suivantes démontreront que Hémon n'a dû revenir à Péribonka qu'à la mi-décembre, vu que Samuel l'invite à passer les Fêtes avec lui. Si ça avait été à la fin de novembre, l'invitation aurait paru aller chercher le prétexte un peu loin.

À la date du 30 novembre, Hémon, où qu'il fût, a donc écrit à sa famille :

> Ici l'hiver est commencé et bien commencé : toutes les voitures d'été ont disparu depuis un mois déjà et l'on ne voit plus que des traîneaux, car il y a déjà un bon pied de neige partout et il en tombe encore tous les jours. La rivière Péribonka s'est gelée, dégelée et regelée deux ou trois fois, et la voilà définitivement prise pour l'hiver et jusqu'en mai. Pour aller à Roberval, la station de chemin de fer la plus proche, il faut maintenant faire le tour du lac, soit une centaine de kilomètres : mais d'ici deux ou trois semaines le lac St-Jean sera suffisamment pris pour qu'on le traverse en traîneau, ce qui raccourcira le trajet. Je ne suis pas fixé sur mon lieu de résidence pour le reste de l'hiver, mais tu peux continuer à écrire ici jusqu'à nouvel ordre. Inutile de parler de ma santé, qui continue à être parfaite ! [1]

Heures de dépression

Tout de même, Hémon n'est pas très fier de lui. Il est honteux ; il s'en prend à lui-même et aux autres. Il ne veut pas arriver à peine dégrisé chez M. et Mme Samuel Bédard. Il se sent plus en confiance chez les Fournier pour se remettre sur le piton.

Jean Bouchard arrête sa voiture d'hiver en face de la boulangerie et Hémon en descend. Immédiatement il frappe à la porte et attend dehors. Mme Fournier ouvre et paraît. Il la fait sortir pour lui dire à mi-voix :

« Je veux savoir si vous êtes seule, madame Fournier ?

— Oui, je suis seule dans la maison. Mon mari est en arrière. Mais pourquoi demandez-vous ça, M. Hémon ? Qu'est-ce qu'il y a ?

— Il n'y a pas d'étranger dans la salle ? Je ne veux pas que quelqu'un me voie.

— Il n'y a pas d'étranger dans la salle. Entrez.

— Donnez-moi ma chambre, puis vous viendrez me porter à manger dans ma chambre.

---

1. *Les détails et les expressions de cette lettre indiquent bien que Louis Hémon était à Péribonka le 30 novembre. Il pouvait n'y être qu'en visite : le 30 était un samedi.*

— Mais pourquoi toutes ces complications ? Vous allez rester en bas, près du poêle. Venez vous chauffer. Vous arrivez de loin ? Vous avez l'air tout débiffé... »

Hémon se rend aux instances de Mme Fournier et, après s'être assuré par lui-même, en regardant partout, qu'il n'y a aucun voyageur ou étranger dans la maison, il consent à s'asseoir près du poêle, puis au bout de la table pour manger.

« Hémon, dit la maîtresse de pension, était vêtu de gros vêtements d'hiver. Une fois à table, il a dit : « Faut que je vous conte ce qui m'est arrivé. J'ai bu, dit-il, je ne sais pas trop quoi. J'ai eu peur d'être malade. » Alors, il m'a fait le récit de la brosse de Mistassini, de sa nuit sans connaissance, étendu sur une civière... Il était tout confus, tout gêné, puis il a répété à plusieurs reprises : « Faut que personne ne sache ça. » Là-dessus, je disais : — Mais qui va le savoir ? Vous pouvez être sûr que ça va rester entre nous. D'ailleurs, c'est comme vous dites vous-même, vous ne saviez pas que ce que vous buviez allait vous faire cet effet-là. Vous ne connaissez pas nos boissons. C'est pas comme du vin de France. C'est du feu. Les Canayens aiment le fort. » Pauvre monsieur Hémon ! Il a mangé des rôties et bu du thé, sur le bout de la table, pas de nappe, sans cérémonie. Pendant qu'il était à table et que je lui préparais ses rôties, il se tenait la tête dans les mains et répétait : « C'est effrayant, c'est épouvantable ! » puis il bougonnait et murmurait. Il avait les traits tirés et l'estomac en feu probablement. Imaginez, prendre autant de gin à la fois, puis rester sans manger une journée. Des plans pour se faire éclater l'estomac. Après avoir mangé, M. Hémon est monté se reposer dans une chambre. C'était dans l'après-midi. Quand mon mari est entré, je lui ai raconté ça. Mon mari a passé presque toute la nuit à le surveiller. Il pensait comme moi : qu'il y avait danger que M. Hémon étouffe en dormant...

« M. Hémon a passé quelques jours chez nous ce mois de décembre, poursuit Mme Fournier, afin de se raplomber comme il faut avant de continuer sa route. C'était drôle encore de voir comme il était confus, confus, de cette aventure de Mistassini. Il avait donc peur que les gens viennent à le savoir. On avait beau le rassurer, il avait toujours des craintes. Il n'osait pas se montrer. Toujours que quand il est parti, il a vidé son porte-manteau dans le passage. Il a laissé des serviettes et des gros bas de laine. Il a dit : « Ce n'est pas à moi ce linge-là ! » Moi, j'ai lavé le linge. Quand il est revenu, j'ai voulu le lui remettre. « Où voulez-vous en venir ?

dit-il. — Je veux vous remettre votre linge, je l'ai lavé. — Ce n'est pas à moi. Voyez, ces bas sont en grosse laine brute et je n'ai jamais porté de laine. » Il n'a jamais voulu reprendre ce linge et me l'a tout laissé. Il a dû y avoir mélange de paquetons au moment où les hommes se sont séparés à Mistassini.

« La dernière fois que nous avons vu M. Hémon, ajoute Mme Fournier — et son mari confirme la chose — c'était dans le même mois de décembre. Il s'est trouvé à manger ici en même temps qu'un Français qui enseignait, je pense, en tout cas qui était de Sainte-Anne de la Pocatière, presque en face des Eboulements, au bord du fleuve. Ils ont beaucoup parlé. Ils ont paru bien s'adonner ensemble. Nous n'avons pas revu M. Hémon après ça. Il est disparu de Péribonka. »

Gérard Fournier dépasse légèrement la trentaine aujourd'hui. Il avait de 4 à 5 ans, lors du séjour de M. Hémon chez lui, à Péribonka.

« Je me rappelle, dit-il, que M. Hémon me faisait asseoir à côté de lui à table et me faisait manger. Il jouait avec moi. Quand le monsieur de Sainte-Anne est venu, Hémon et lui ont pas mal joué avec moi. Je m'en souviens bien. »

Retour chez Bédard

Muni de son petit bagage, Hémon reprend la route à pied dans la direction de Honfleur, longeant la rivière Péribonka, bien prise d'un bord à l'autre. Sa timidité a redoublé à la suite de son aventure de Mistassini et il est convaincu que les habitants de Péribonka se moquent de lui depuis plusieurs jours, qu'il est la fable du rang, la risée de tous. Aussi, ne se décide-t-il pas à arrêter de lui-même chez Samuel Bédard. De loin, il jette un œil du côté de la maison, mais file tout droit. L'engagé n'est plus à l'aise pour faire face à son patron et peut-être surtout... à sa patronne.

« Un bon jour du commencement de l'hiver, dit M. Bédard, Titon, qui allait souvent regarder par les carreaux de la porte, me crie soudain : « Mon oncle, M. Hémon qui passe ». M. Hémon ? dis-je. Il passe sans arrêter ? Alors je sors et je lui crie : « M. Hémon, M. Hémon, arrêtez, vous êtes chez vous, ici ». Alors, M. Hémon est entré. Je lui ai dit : « Vous allez passer les Fêtes avec nous autres, vous avez bien le temps ». Peu à peu, voyant que nous lui conservions la même sympathie qu'à l'été, il a repris confiance et peu à peu il nous a raconté l'histoire de Mistassini et nous a expliqué qu'il avait décidé de passer tout droit parce qu'il estimait avoir déchu dans notre estime. Pauvre M. Hémon ! À cause de cela, il repartait à l'aventure. Il n'était plus le même homme à son retour. Il ne nous est jamais apparu tout à fait sous le même jour que pendant les mois d'été. »

Réinstallé dans son rôle d'engagé, Hémon prend part aux travaux d'hiver de la ferme, travaux plus ou moins pressants, moins ardus, en général, que ceux de l'été. Il fait boucherie avec son patron et les voisins qui viennent l'aider, aide qui se rend ensuite à ces mêmes voisins. Il s'est amusé à aller à la chasse aux lièvres, à leur tendre des collets, à les rapporter, triomphant, à la maison. La capture de lièvres était tout profit : la table n'en était que plus variée. Les gras dindons, les porcs frais, les lièvres, autant de plats substantiels et succulents... En décembre et pendant la période des Fêtes et même jusqu'au carême, la chère est riche et abondante dans les familles de cultivateurs. Les boucheries de décembre garnissent les garde-manger. Rôtis, saucisses, boudins, fromage de tête, cretons, etc., tout revole. Le froid piquant du dehors exige d'ailleurs une grosse dépense de calories.

Peu après son retour chez son patron, Hémon écrit à sa famille. Le ton de sa lettre voile, pour les siens, toutes les misères qu'on lui a faites, pour nous il les fait deviner, après ce que nous savons.

Péribonka, le 16 décembre 1912

Ma chère Maman,

Je n'ai rien de nouveau à dire. Le froid n'est pas excessif : ma santé continue à être tout ce que l'on peut désirer, crois-moi, même les savanes et la vie sous la tente dans la neige conservent mieux que l'existence des pauvres citadins. Pas le plus petit rhumatisme, pas la plus petite crampe d'estomac, rien n'est encore venu me dire que j'atteins maintenant l'âge auquel les sous-chefs de bureau songent à se ranger pour sauver les débris de leur constitution [2].

Tu me diras que voilà bien des développements sur le sujet du « moi ». Mais je sais bien que vous pensez souvent à moi et je voudrais endormir au moins quelques-unes de vos craintes.

Pour le reste, ne crois nullement que me voilà dans les bois pour le reste de ma vie. D'ici très peu d'années, mais après quelques pérégrinations toutefois, je repasserai rue Vauquelin, même avant si j'ai l'occasion, et les moyens, de faire le voyage avant le vrai retour. Je n'aurai peut-être pas beaucoup

---

2. La *brosse* de Mistassini n'a donc pas laissé de traces fâcheuses.

l'habitude des salons quand je retournerai, mais cela n'enlèvera rien à notre contentement, au vôtre ni au mien.

Au pis, ma petite maman, il te faut donc te résigner à recevoir encore deux ou trois lettres du jour de l'an écrites en des recoins obscurs de cette planète. Les termes différeront peut-être, les timbres aussi, mais j'espère bien que je réussirai à vous faire sentir chaque fois que mon affection pour vous ne diminue en rien et que toutes les preuves de tendresse, et d'indulgence, et de générosité, que vous m'avez données, ne sont pas oubliées...

Au cours de décembre, Samuel Bédard a loué une scie ronde pour découper le roule de billots qu'il y avait près de sa maison. Ernest Bergeron, aujourd'hui âgé de 78 ans, participait à cette opération de sciage. Voici le souvenir que M. Bergeron a gardé de Louis Hémon.

« J'aidais à scier du bois à la scie ronde pour Samuel près de sa maison. Louis Hémon travaillait avec moi, mais il était maladroit et il m'a fait écraser les doigts pour tout de bon[3]. Je me suis fâché et je lui ai pas mâché mes mots : « Va-t'en, maudit Français, que je lui ai dit. T'es rien qu'un infirme. » Il s'est éloigné en bougonnant. Nil Bouchard et Ernest Murray étaient là, si je me rappelle bien. Ils ont eu connaissance de ça. »

Au sujet du cheval

Hémon va venir de nouveau à notre secours et nous décrire quelques aspects de la vie du colon canadien pendant la saison d'hiver : déblaiement des routes enneigées, transport du bois coupé dans la forêt, etc. Un nouveau tableau croqué sur le vif.

DRIVING [4]

Pourquoi, dira-t-on, exprimer par un mot anglais l'art de mener des chevaux attelés le long des chemins — lorsqu'il y a des chemins — dans un pays de langue française ? Je n'en sais trop rien. Peut-être parce que c'est plus court. Peut-être encore parce que, en France, on désigne généralement cet art sous le nom « Les Guides ». Or, dans nos districts reculés de la province de Québec, l'on ne dit pas « guides », mais « cordeaux », et l'on tient lesdits cordeaux un dans chaque poing bien serré, les bras écartés, un peu

---

3. Hémon avait appris son métier depuis le soir où Murray lui avait écrasé les siens au sang...

4. Cet article, paru le 26 août 1913 dans *L'Auto*, soit après la mort de son auteur, a été évidemment écrit en décembre ou inspiré par des observations faites en décembre à Péribonka.

dans la position qu'avaient jadis de Civry ou Fournier au guidon des premiers vélocipèdes.

Ce doit être indiciblement monotone pour un homme qui a été seulement une fois en automobile de suivre, en voiture attelée, une route quelconque de France, une insipide route dépourvue de souches et de monticules, où deux véhicules peuvent se croiser sans que l'un des deux entre dans le bois. Les chemins canadiens offrent heureusement plus d'imprévu, et puis les habitants du pays n'ont pas été rendus difficiles par l'usage d'automobiles ni même par leur vue fréquente puisque, sur le chemin qui fait le tour du lac Saint-Jean il n'en est encore passé que deux depuis le commencement des temps, malgré la proximité relative d'Américains assoiffés d'aventures et de conquêtes.

Tout le monde va en voiture au pays de Québec. Un homme qui marche le long des routes est, par définition, un « quêteux » et un suspect. Quant à celui qui, possédant un cheval, l'enfourche au lieu de l'atteler et se promène ainsi, il sème derrière lui la stupeur et des hochements de tête pareils à ceux que suscite la description de coutumes inouïes, incompréhensibles, et plus barbares mille fois que celles des Indiens Montagnais qui passent ici au printemps et à l'automne.

*   *   *

En octobre la neige vient et bientôt après tous les véhicules à roues reprennent dans la remise les places qu'ils avaient quittées cinq mois auparavant. Les voitures d'hiver les remplacent sur les chemins, sauf lorsqu'une tempête de neige a bloqué ces derniers.

Alors pendant deux ou trois jours aucun traînage ni voiture ne passe : les paysans, dont chacun doit entretenir le morceau de chemin qui longe sa terre, attellent leur plus fort cheval sur la « gratte » et creusent patiemment une route dans la neige qui leur monte à la ceinture et parfois aux épaules. Le cheval, enseveli, lui aussi, s'affole et se cabre dans la neige : l'homme s'accroche désespérément aux manches de la « gratte » et se laisse traîner, raidissant ses forts poignets, hurlant des ordres ou des injures sans malice.

« Hue ! Dia ! Harrié ! Hue donc, grand malvenant ! déshonneur de cheval ! »

La neige vole : le cheval et l'homme en émergent peu à peu, blanchis jusqu'au cou, tous deux arc-boutés et luttant en forcenés contre l'inertie terrible de la masse blanche : l'un soufflant de toutes ses forces à travers ses naseaux dilatés, l'autre criant tour à tour des insultes sanglantes et des reproches badins.

...Ce n'est rien, ô citadin ! Ce n'est qu'un paysan canadien qui gratte son chemin parce que le « Norouê » a soufflé hier un peu fort...

*   *   *

Mener sur une route de neige ferme un bon trotteur attelé à un traîneau léger est assurément un plaisir sans mélange : mais pour celui qui sait à l'occasion faire fi des joies de la vitesse, il est quelque chose de plus attirant encore : conduire à travers bois, le long d'un chemin de chantier, le grand traîneau chargé de billots d'épinette et de sapin.

C'est peut-être le commencement de l'hiver ; il est tombé juste assez de neige pour tapisser le sol d'une couche épaisse d'un pied sous laquelle saillent encore les grosses racines et les rondeurs des arbres tombés et à moitié enfoncés dans la terre. Naturellement l'on n'a cure ni des troncs d'arbres ni des racines, pourvu que le cheval soit fort et la neige assez glissante. On charge l'une après l'autre, raidissant l'échine et tendant les bras, les lourdes pièces de bois, on assujettit la chaîne autour d'elles et on la serre en halant à deux le tendeur flexible fait d'un jeune bouleau. Et l'on part.

Le vent froid brûle la peau comme une râpe ; dans le bois les haches des bûcherons sonnent sur les troncs secs ; la jument au large poitrail plante les pieds dans la neige et tire furieusement. Le grand traîneau semelé d'acier démarre, se heurte aux racines, se cabre par-dessus les troncs d'arbres abattus, puis retombe avec fracas, et l'homme, qui est campé sur la charge, s'arc-boute pour résister aux chocs et aux bonds subits du traîneau, et bien que retenant à pleins bras la grande jument ardente, à la bouche dure, il ne peut s'empêcher de lui crier des encouragements que les terribles cahots saccadent. Et il se grise du mouvement, du crissement de la neige écrasée, du vacarme du bois et du fer, de toute la force déployée, du vent froid qui vient lui mordre le palais quand il crie.

Oui ! Le cheval est la plus noble conquête de l'homme, ne vous en déplaise.

Et puis, lorsqu'il a offensé son conquérant, celui-ci a toujours la ressource de prendre les cordeaux et de lui fouailler les flancs, consolation que désirerait passionnément maint chauffeur arrêté au bord de la route et qui s'efforce vainement de pénétrer le mystère d'un carburateur espiègle.

L. Hémon

Samuel dit encore

Mais avant d'aller plus loin, épuisons les témoignages recueillis, retournons passagèrement en arrière pour revenir au départ de Louis Hémon de Péribonka. Celui de Samuel Bédard d'abord.

« M. Hémon a été mon engagé, mais je l'ai traité comme un membre de la famille. Je l'ai traité comme un parent parce qu'il avait un cœur d'or. Dans ses lettres, il faisait des éloges de ma femme. Avec moi, il était toujours très poli. Pour les enfants, il était très bon et s'amusait à les taquiner, surtout Titon, qui était le plus jeune et qu'il appelait petite fille, à cause de ses cheveux blonds bouclés. C'est lui que M. Hémon a personnifié dans le roman sous le nom d'*Alma-Rose*. Souvent M. Hémon lui disait : « Allons, allons, Titon, tu sais bien que tu n'es pas un petit garçon, mais une petite fille. » Titon se fâchait dur, mais ça revenait vite, car M. Hémon avait le tour de l'amadouer. Comme M.

Gouin l'a raconté, d'après le témoignage de ma femme[5], le dimanche au retour de l'église ou la semaine au retour de la fromagerie, M. Hémon lui faisait le même tour. En arrivant, il criait à Titon : « Eh ! la petite fille, veux-tu du chocolat ? — Oui, Oui ! » répondait l'enfant. Ils allaient alors ensemble au bord du puits, se penchaient sur l'eau miroitante. M. Hémon prononçait là quelques mots magiques dans une langue que je ne connais pas, mais qui rimait sur « Tauini-taquina, le chocolat sortira ». Il disait à Titon de tirer sur la corde et le chocolat sortait...de la manche de M. Hémon. Je n'ai pas besoin de vous dire que ça faisait le bonheur de Titon. Les autres jours, Titon rôdait autour du puits, tirait sur la corde, mais le chocolat, à son grand désespoir, ne venait pas. Les temps froids venus, M. Hémon faisait le miracle du chocolat à l'aide de la petite trappe du grenier de la maison. Aujourd'hui, Titon, Thomas-Louis Marcoux, est marchand à Amos. »

« Télesphore, c'est Roland Marcoux, domicilié à Roberval, marié et père de plusieurs enfants. Quand M. Hémon dit que c'est Télesphore qui a fait de la boucane pour chasser les maringouins pendant la veillée qui a précédé la fête de Sainte-Anne, il s'ôte son mérite. C'était généralement lui, M. Hémon, qui se chargeait de ce soin.

« Une fois, Titon pleurait à propos de je ne sais plus quoi. M. Hémon, cherchant à le consoler, lui avait dit : « Pleure pas, Titon, ton nom sera célèbre un jour ». On ne prêtait pas attention à de telles remarques dans le temps. On les a bien comprises ensuite. Plusieurs fois, M. Hémon a endormi Titon sur ses genoux. Je me rappelle qu'il avait laissé échapper une petite exclamation en apprenant que la mère de Titon et de Roland était irlandaise : « Ah ! irlandaise ! tiens, comme c'est drôle », avait-il remarqué. À ce moment-là nous ignorions qu'il avait quitté une femme irlandaise et une fillette de deux à trois ans à Londres...

« Tous les dimanches où on ne lui a pas confié la garde de la ferme M. Hémon est venu à la messe avec moi. Quand il ne se mettait pas dans mon banc, c'est parce qu'il préférait rester en arrière pour mieux observer.

Il n'avait pas l'habitude de mener les chevaux. Au lieu de raidir les cordeaux pour commander le cheval, il les poussait et les laissait pendre mollement et disait : « Allez, allez, Coquette ». Un

---

5. Cf. *Le Petit Canadien*, octobre 1918, p. 291-292.

dimanche, en revenant de l'église, Roland était avec nous. Comme j'étais un dormeur et qu'il me fallait chanter pour me réveiller, je ne demandais pas mieux que de passer les cordeaux à un autre. Hémon avait les cordeaux en mains cette fois-là et il commandait Coquette en disant : « Allez, allez, élégante ; allez, allez, élancée. — Non ! « Coquette, » que je lui disais ». Alors, il se reprenait et disait Coquette. Je pense bien qu'il voulait se payer notre tête en inventant des noms à la jument.

« À la maison, il faisait tous les soirs la prière en famille. Souvent, la veillée se prolongeait à parler. Lui qui était peu parlant en présence de plusieurs personnes, il parlait longuement parfois avec ma femme et moi, jusqu'à minuit même. Il nous avait raconté à l'avance comment ça se passerait si la guerre se déclarait. Il nous disait de ne pas trop prêter foi aux journaux, que le contraire de ce qu'ils disent arrive souvent. Il y avait des jours cependant où il devenait songeur et morose. C'était quand il était malade de la gorge. Il souffrait aussi du catarrhe. Dans ces escousses-là, il faisait un effort sur lui-même pour se montrer aimable et de bonne humeur. Il ne s'est jamais fâché devant nous autres ; il ne s'est jamais énervé pour rien. L'un de nos veilleux était précisément Eutrope Gaudrault, l'Eutrope Gagnon du roman. Arthur aussi venait. Arthur était bon pour chanter des chansons. Eutrope était fin, avait l'esprit présent. C'était un chouenneux, comme on dit [6]

« Souvent, je taquinais M. Hémon pour ses crocs. Il n'avait pas de dents en avant à la machoire supérieure entre les deux dents de l'œil. Souvent, je lui disais : « Pourquoi ne vous faites-vous pas enlever ça ? Ça vous réparerait la figure ? — Je tiens à mes vieilles reliques », disait-il. Et il fumait sa pipe, ayant de la misère à la tenir entre ses dents.

« Le samedi après-midi, Hémon s'asseyait sous le bouleau qui se dressait sur l'écorre en face de la maison ou bien il se mettait les pieds dans l'eau, s'attachait un mouchoir sur la tête pour se préserver des moustiques et écrivait...

« Il n'avait jamais mangé de sucre ni de sirop d'érable avant de venir ici. J'en ai reçu de Saint-Basile de Portneuf, où je suis né, et lui en ai fait manger. Il a trouvé cela excellent.

---

6. Chouenneux : blagueur, farceur, canadianisme particulier au Lac-Saint-Jean. (Cf. *Glossaire canadien-français*).

Maison où logea Louis Hémon à Montréal

Bureau de Louis Hémon
chez Lewis Brothers

...tre maison où il logea

Le chemin de fer, au lieu de l'accident

Épitaphe de Hémon

ici repose
LOUIS HÉMON
*homme de lettres
né à BREST (France)
le 12 Oct. 1880
décédé
à CHAPLEAU (Ont)
le 8 Juil. 1913*

LOUIS HÉMON
1880 - 1913

DANS LE CIMETIÈRE	IN THE NEIGHBOURING
VOISIN REPOSENT	CEMETERY LIE THE
LES RESTES MORTELS	MORTAL REMAINS
DE L'IMMORTEL	OF THE IMMORTAL
AUTEUR DE	AUTHOR OF
MARIA CHAPDELAINE	MARIA CHAPDELAINE
POÈME DE LA	EPIC STORY OF
VIE RURALE AU	RURAL HOME LIFE
CANADA FRANÇAIS	IN FRENCH CANADA
EN TÉMOIGNAGE	THIS MEMORIAL
DE NOTRE PROFOND	COMMEMORATES OUR
ATTACHEMENT	HEARTFELT DEVOTION
LA SOCIÉTÉ	DES AMIS DE
MARIA CHAPDELAINE	

Plaque de bronze
dans le parc de Chapleau

Tombe de Louis Hémon à Chapleau

« Hémon a parlé très rarement avec Eva. Aline, sa sœur plus jeune et morte peu après, n'était pas une personne avec qui causer. Elle était toute jeune et timide.

« Il recevait des chèques ou mandats de plusieurs journaux. Je suis sûr qu'il envoyait de l'argent en Europe, mais je ne sais pas à qui, peut-être pour les soins de son enfant.

« Il posait beaucoup de questions, sur toutes sortes de choses. Il était pire qu'un journaliste. Des fois, je lui disais : « Attendez une minute, banal ! laissez-moi le temps de souffler. » Ainsi, il m'a fait raconter à plusieurs reprises l'affaire Grasset-Lemieux [7] d'où il a apparemment tiré l'épisode de François Paradis s'écartant dans le bois à la fin de décembre. Quant à l'épisode des mille *Ave,* je pense bien que c'est Laura qui l'a renseigné là-dessus. Je me souviens qu'à la veille de Noël, il en a été question et que j'ai taquiné Eva sur les faveurs obtenues avec ses mille *Ave.* M. Hémon s'est alors penché vers Titon et lui a dit : « Toi, Titon, as-tu confiance à ça ? » Et Titon, en allongeant le bec, répondit : « Ma tante le dit. » La récitation des *Ave,* à Noël, ça se fait encore. »

Selon Eva Bouchard

Encore quelques mots de Mlle Eva Bouchard.

« Ma sœur Laura, comme ma mère d'ailleurs, faisait souvent l'éloge de la terre, des beaux grands champs planches comme la main, et vantait les vieilles paroisses où la vie est plus agréable. Quand M. Hémon rapporte les discours de Mme Chapdelaine, il n'invente rien. Quant aux récits de misère d'Edwidge Légaré, ils sont véridiques aussi. Mon père a travaillé au chemin de fer Québec au Lac Saint-Jean comme teneur de livres et il a raconté les mêmes choses qu'Ernest Murray. M. Murray avait coutume de dire : « Aujourd'hui les gars de *chanquier* sont ben nourris, ils portent des bottines jaunes et ont la cigarette au bec ».

« En décembre, peu de temps avant Noël, on a fait boucherie de dindes. Mme Murray était venue nous aider. Samuel et M. Hémon allaient chercher les dindes et les saignaient. Laura, Aline, Mme Murray et moi nous nous occupions de les dépouiller de leurs plumes. Comme Noël approchait, l'à-propos des mille *Ave*

---

7. Il en sera plus longuement question plus loin.

est venu sur le tapis. La personne qui récite ses mille *Ave* la veille de Noël, sur trois grâces qu'elle demande en obtient une. Samuel s'est mis à me taquiner. Dans son esprit, mariage, vocation égalaient grâces demandées. Laura a dit là-dessus que nous les disions depuis toujours dans la famille. Je me rappelle que les demoiselles Niquet et moi, nous les disions aussi depuis plusieurs années, même que nous nous remplacions aux exercices de chant pour réciter nos *Ave*. C'est en nous entendant raconter cela que Louis Hémon a sans doute eu l'idée de glisser cela dans son livre.

« Egalement dans ces jours-là, Hémon a fait boucherie de cochons avec Samuel et d'autres hommes. Il s'était soufflé une vessie de porc comme quelques autres pour servir de blague à tabac et c'est moi qui devais la lui ourler. Mais il s'est trouvé à partir avant que j'aie eu le temps de lui ourler sa blague. »

Cas du départ

Nous voici arrivés à un point important et délicat à la fois : aux Fêtes. Les versions sont contradictoires. Samuel Bédard soutient qu'il est allé conduire Hémon à Saint-Gédéon avant Noël, qu'il a couché à Saint-Gédéon et qu'il a ramené à Péribonka son beau-père Adolphe Bouchard.

Mlle Eva Bouchard affirme que c'est son frère Nil qui est allé conduire Hémon à La Pipe, où la voiture qui avait amené là son père a pris Hémon pour le mener à Saint-Gédéon et que son frère Nil a ramené son père. Cela se passait, à son dire, le 28 décembre, soit le samedi.

Voilà les deux principaux témoignages. Ceux des gens de Saint-Gédéon sont également contradictoires. Je demande à M. Bédard :

« Comment se fait-il que Hémon décide d'aller se fixer à Saint-Gédéon plutôt qu'ailleurs ?

— « Tout d'abord, je dois vous dire que Hémon est parti de Péribonka pour aller à Saint-Gédéon parce qu'il trouvait l'occasion de s'y rendre. On était sous l'impression que de Saint-Gédéon il allait faire immédiatement route vers Québec ou vers Montréal. Je m'en allais à Saint-Gédéon chercher mon beau-père. Comme Hémon se proposait de partir un peu plus tard, il a devancé de quelques jours son départ pour profiter de l'occasion.

Aller à Saint-Gédéon ou aller à Roberval, cela revenait pas mal au même. Peut-être avait-il pensé aller à Roberval, ville qu'il connaissait déjà et où il aurait été bien tranquille pour écrire. Mais Saint-Gédéon était à ce moment-là un centre aussi actif que Roberval. À part cela, peut-être des compagnons de travail de l'équipe des arpenteurs lui avaient-ils vanté la maison de Johnny Tremblay, petit hôtel situé près de la gare, où Hémon m'a demandé de le conduire. Je me rappelle qu'en passant devant l'église de Saint-Gédéon, j'ai demandé où était la maison de Johnny Tremblay. J'ai couché à l'hôtel pour ne pas forcer mon cheval ; on ne courait pas au docteur ; puis je suis reparti le lendemain pour Péribonka en ramenant le beau-père.

« À son départ de la maison, M. Hémon a dit à ma femme en lui serrant la main : « J'aurai toujours un souvenir inoubliable pour vous, madame Bédard », puis en se tournant vers tout le monde, il a ajouté, mi-sérieux : « Vous achevez de travailler fort comme ça et d'avoir de la misère. Dans deux ans, je reviendrai et on va avoir bien du plaisir ».

« M. Hémon, en quittant Péribonka, ne devait pas avoir beaucoup d'argent dans sa poche, une vingtaine de piastres peut-être. Comme il m'avait remis la différence entre son salaire chez les ingénieurs et son salaire comme mon engagé, je lui ai offert un peu d'argent. Il a refusé et il a dit : « Soyez sans inquiétude, M. Bédard. Avec une langue, je retournerai bien d'où je viens. »

« Il a laissé un peu de linge à la maison. Pendant deux ans et demi, j'ai porté un chapeau mou aux bords étroits qui lui avait appartenu. Les enfants aussi ont porté de son linge, refait par ma femme.

« M. Hémon parti, la maison était vide. Les enfants surtout prononçaient souvent son nom et s'ennuyaient de lui. »

« Et selon vous, Mlle Bouchard, quand est-ce que Louis Hémon est définitivement parti de Péribonka ?

— M. Hémon est parti le 28 décembre 1912 pour se diriger apparemment vers Montréal, en allant prendre son train à l'endroit le plus rapproché : Saint-Gédéon. C'est mon frère Nil qui est allé conduire M. Hémon à La Pipe. Il est facile pour moi de m'en souvenir : mon père travaillait cet hiver-là aux Ilets, entre Chicoutimi et Saint-Alphonse. Il avait l'habitude de venir passer Noël avec nous-autres, mais il n'a pu le faire cette année-là. Même mon frère Nil m'a raconté que M. Hémon est descendu de voiture sans le payer et qu'il paraissait vivement gêné de ne pouvoir rien lui offrir. À La Pipe, la voiture qui avait amené là mon père a repris M. Hémon vers Saint-Gédéon pendant que Nil revenait à Péribonka avec mon père. De La Pipe à Saint-Gédéon, le trajet se faisait sur la glace du lac. On allait en ligne droite vers le village. C'est par M. Ferdinand Larouche, fils de Mars, qui s'est trouvé à s'arrêter à l'hôtel de M. Johnny Tremblay, à Saint-Gédéon, et qui y a reconnu Hémon que nous avons appris que M. Hémon était encore dans la région du Lac Saint-Jean, à la fin de janvier 1913. »

Par malheur, Nil Bouchard n'est plus de ce monde. Il est décédé au cours de janvier 1938 avant notre premier voyage au Lac-Saint-Jean. Autrement, il eût été intéressant de recueillir sa version de son prétendu voyage à La Pipe avec Louis Hémon.

Réinterrogé à son tour sur les derniers jours de Louis Hémon à Péribonka, M. Joseph Boivin, constructeur de la grange de Samuel Bédard, exprime les opinions suivantes :

« M. Hémon a passé la fête de Noël à Péribonka. Je ne l'ai pas vu à la messe de minuit et je n'ai pas réveillonné avec lui mais dans la semaine de Noël, j'ai scié du bois chez M. Bédard avec lui. Je ne l'ai pas vu au Jour de l'An ; il n'était plus ici. » [8]

M. Boivin avait donné un autre renseignement de détail :

« À ma connaissance, M. Hémon n'a jamais causé avec Mlle Bouchard. » [9]

Témoignage de madame Bédard

Mais ne quittons pas définitivement Péribonka sans mettre en cause la femme exceptionnelle, la « créature dépareillée » que fu Mme Samuel Bédard. Décédée à l'hôpital en 1931, Mme Bédard est un témoin dont l'absence se fait vivement sentir dans une enquête sur Hémon. Cependant, Mlle Marie Le Franc a eu l'insigne privilège de passer quelques jours en sa compagnie et elle a appris d'elle plusieurs détails intéressants. L'auteur de *Pêcheurs d Gaspésie* est une enquêteuse remarquable. Elle a bien voulu m parler de ses visites à Péribonka, lors de son passage à Montréa dans l'automne de 1938.

---

8. Lettre du 4 décembre 1938.
9. Lettre du 27 novembre 1938.

« Mme Bédard, dit-elle, avait quelque chose de...souverain dans ses attitudes, dans ses mouvements, dans sa démarche. Elle était bien reine et maîtresse dans sa maison. Sûre d'elle, confiante en elle-même. Ce quelque chose de souverain se trahissait surtout dans un certain mouvement des épaules et dans le port altier de la tête. J'ai vu Mme Bédard pétrir le pain. J'étais assise dans la cuisine de sa maison du village. Je l'ai observée de dos et de côté. Hémon a été témoin de la même scène, dans la petite maison de la ferme. En plus, il l'a vue porter le pain au four. Il a décrit la scène.

« Mme Bédard m'a raconté que Louis Hémon l'a accompagnée aux bleuets avec les enfants. De là pour moi la scène du roman où François Paradis va aux bleuets avec Maria Chapdelaine. Remarquez qu'il s'agit toujours de Mme Bédard dans le rôle de Maria. En me racontant ce petit incident, Laurette a ajouté que ce soir-là, M. Hémon, qui habituellement mangeait peu, avait hâte de se mettre à table, qu'il était de bonne humeur. Il y avait un morceau de lard dans le puits. Il a servi à apaiser la faim du jeune écrivain français.

« J'ai demandé à Laura : « Hémon faisait-il sa religion ? » Elle a répondu : « M. Hémon (à remarquer que chez les Bédard on disait et on dit toujours : monsieur Hémon), quand il devait faire la prière avec nous autres était bien forcé d'ôter sa casquette. S'il avait manqué la messe, on l'aurait mis à la porte. »

« D'après Mme Bédard, M. Hémon couchait l'été dans le grenier, où il faisait chaud à mourir et où les maringouins devaient bourdonner toute la nuit sans répit. Il devait se faire manger ; il ne se plaignait pas. En décembre, il a couché à deux pas du poêle à trois ponts. Il devait faire encore chaud, du moins la première partie de la nuit.

« Au mois de décembre, c'est Titon qui est allé chercher Louis Hémon sur la route. Il passait tout droit...Titon l'a rejoint et l'a pris par la main. Samuel lui a dit : « Vous allez passer les Fêtes avec nous-autres, vous êtes chez vous ici. Où allez-vous comme ça ? — À l'aventure », aurait répondu Hémon. Puisque M. Bédard invite Hémon à passer les Fêtes chez lui, j'en conclus que c'était au moins la mi-décembre. Autrement, il me semble que Samuel n'aurait pas parlé comme ça.

« Dans le roman de Louis Hémon, reprend Mlle Le Franc, on retrouve le ton de Mme Bédard. Hémon n'avait qu'à la regarder et à l'écouter pour accumuler la matière de son livre. C'est Laura qui est pour moi à la fois la mère Chapdelaine et Maria Chapdelaine, si l'on peut dire que Hémon s'est inspiré d'une femme du Lac-Saint-Jean pour composer son héroïne. »

Souvenirs de Roland Marcoux

Au tour de M. Roland Marcoux maintenant. Le petit Télesphore du roman, celui qui donnait du tourment à Mme Chapdelaine, et qui était souvent aux prises avec toutes sortes de démons est aujourd'hui un homme qui dépasse la trentaine. Il confirme nombre de points des témoignages rapportés précédemment, puis il ajoute :

« La veille de Noël, je me rappelle très bien que Mme Bédard et sa jeune sœur Aline Bouchard se promenaient toute la journée à réciter les mille *Ave*.

« M. Hémon a laissé des vêtements et des chapeaux à son départ, entre autres, un habit brun. Trop petit pour Samuel, Mme Bédard l'a taillé et a trouvé suffisamment de drap pour nous fabriquer de petits habits à Titon et à moi. Mon oncle a porté longtemps un des chapeaux de M. Hémon.

« Quand M. Hémon a fait ses adieux, je me rappelle qu'il a dit qu'il reviendrait et, en plus, que nos noms seraient célèbres plus tard, en s'adressant à nous quatre. Nous avons pris cela pour une boutade à ce moment-là. »

CHAPITRE DOUZIÈME

À SAINT-GÉDÉON

Quelques mois avant d'aller au Lac-Saint-Jean mener mon enquête sur Louis Hémon, j'avais cherché à me renseigner par voie de correspondance sur son séjour à Saint-Gédéon. M. Samuel Bédard m'avait dit dans une lettre qu'il n'avait jamais revu Louis Hémon après l'avoir laissé chez M. Johnny Tremblay, à Saint-Gédéon. Par deux fois, j'ai écrit au maître de poste pour savoir si M. Johnny Tremblay ou quelque membre de sa famille vivait encore. Point de réponse. Voyant cela, je me suis adressé au curé de la paroisse. Quelques jours après, M. le chanoine Elzéar Lavoie, me faisait tenir une lettre sympathique dans laquelle il me disait entre autres choses : « Vous m'apprenez que Louis Hémon a fait un séjour d'une couple de mois à Saint-Gédéon en 1912-13. Je suis curé ici depuis plus de trente ans ; c'est vous dire que Hémon n'a pas fait grand bruit dans nos murs. Il ne reste qu'un membre de la famille de Johnny Tremblay dans la paroisse, c'est Mme Edouard Rainville. La pension Johnny Tremblay a changé de propriétaire depuis 20 ans et de plus Johnny Tremblay et son épouse sont décédés depuis ce temps ou à peu de chose près. . . »

J'ai fini par repérer, outre madame Rainville, ses sœurs, M. Joseph-Elie Maltais à Laterrière, Mme Edouard Drolet au Lac-Bouchette, Mme Arthur Lamontagne à Détroit, Michigan, Mlle

Hélène Tremblay à Québec, son frère M. Paul Tremblay à Hébertville-Station. Voilà une belle floraison de témoins et de témoins de première main. Il est regrettable cependant que Mme
Tremblay leur mère soit disparue. Que son témoignage eût été
précieux ! À part cela, plusieurs villageois nous fourniront également des renseignements sur Hémon.

Quelle déposition allons-nous entendre en premier lieu ? Celle de Mme Lamontagne semble tout indiqué. Alors âgée de 16
ans, Albertine Tremblay était la seule des filles à demeurer avec
sa mère. Les autres, dit-elle, étaient mariées et n'y faisaient que
passer [1].

Nous rapportons les témoignages tels que recueillis.

Madame Lamontagne

Selon madame Lamontagne (Albertine) : « Louis Hémon est
arrivé chez nous sur la fin de l'après-midi, amené par M. Samuel
Bédard. Le même jour, papa et un agent de machines aratoires, —
pour moi c'était entre le Jour de l'An et les Rois, car l'agent voulait à tout prix être de retour chez lui pour les Rois —, étaient partis par affaires du côté de La Pipe sur le lac. À leur arrivée, maman a demandé à MM. Bédard et Hémon s'ils avaient rencontré
mon père et son compagnon. Ils ont répondu : non. L'inquiétude
de ma mère n'a fait que croître vu que mon père, surtout pendant
la période des fêtes, aimait bien prendre un peu de gin. Et il faisait très très froid ce jour-là. À Noël et au Jour de l'An, nous
étions toujours seuls. Les voyageurs étaient dans leurs familles ces
jours-là. C'est pour cela que je vous dis que si Louis Hémon avait
été chez nous à Noël ou au Jour de l'An, je m'en souviendrais, il
me semble. M. Hémon est arrivé vers trois heures et demie ou
quatre heures. Pour l'heure, j'en suis certaine, certaine. J'étais seule à la maison avec ma mère et mon frère Paul. Ah! si ma mère
vivait ! . . . »

En se présentant à l'hôtel Tremblay — hôtel principalement
fréquenté par les voyageurs de commerce — Hémon s'installait à
deux pas du chemin de fer [2]. À un quart d'heure d'avis, il pouvait

---

1. Ce détail n'est pas à prendre à la lettre, comme on pourra le voir.
2. *L'hôtel est exactement en arrière de la gare, à moins de 100 pieds de dis-*
tance.

partir soit pour Québec, soit pour Roberval, soit pour Chicoutimi, etc.

« En arrivant chez nous, reprend Mme Lamontagne, M. Hémon a demandé à passer trois mois au prix le plus bas possible. Ma mère lui a fait des conditions de trois mois. Il s'est trouvé à n'y passer que six semaines en bénéficiant du bas tarif d'un séjour de trois mois... La pension ne coûtait pas cher alors. C'était avant la guerre.

— Comment employait-il son temps ?

— M. Hémon se levait à six heures le matin, mais ne descendait déjeuner que vers neuf heures. On ne pensait pas d'abord qu'il se levait si tôt : on ne l'entendait pas. Mais un bon matin, mon père l'a surpris se promenant nu-pieds sur la neige de la galerie du deuxième étage, petit stratagème qu'il répétait tous les matins. M. Hémon occupait la chambre de l'angle gauche sur la photo de la maison — photo que j'ai prise une semaine avant de me marier et peu d'années avant qu'on transforme la maison. L'hiver, la porte donnant sur la galerie supérieure était condamnée, à cause du froid et de la neige. M. Hémon, qui couchait sa fenêtre ouverte, se glissait sur la galerie par la fenêtre et allait se réchauffer les pieds sur la neige, habitude qu'il avait dû prendre avec les arpenteurs et ingénieurs pendant qu'il couchait sous la tente. Il y avait un petit poêle dans le passage sur lequel donnaient les six chambres réservées aux pensionnaires. M. Hémon nous disait souvent : « Ne faites pas de feu pour moi », ou bien : « Pas besoin de chauffer le poêle pour moi ». La famille couchait en arrière, au-dessus de la cuisine, où c'était plus chaud. Voilà pourquoi nous n'entendions pas les petites courses du jeune Breton sur la neige de la galerie le matin. Levé tôt, M. Hémon devait se mettre à écrire presque immédiatement. Il finissait son déjeuner par un bon café noir. Après le déjeuner, il remontait parfois quelques minutes à sa chambre, puis redescendait habillé pour sa promenade. Tous les jours, il partait au milieu de l'avant-midi faire une longue promenade, sur la voie ferrée, aux traverses remplies de neige, où ça marchait mieux que dans les routes peu fréquentées. Il n'avait pas l'air à avoir de vêtements chauds. Il était chaussé de petites bottes, s'enroulait des guêtres de soldat autour de la jambe, portait un pantalon bouffant gris foncé, une chemise de laine brune, un chandail noir, un court paletot gris foncé, un gros foulard de laine dans le cou et un passe-montagne de laine sur la tête. Tout cet ensemble ne paraissait pas très chaud cependant. Les Canadiens s'habillent généralement plus que cela. Il partait comme cela : un matin du côté de Saint-Jérôme, l'autre matin du côté d'Hébertville. Il marchait vite : à petits pas rapides. Il disparaissait le temps de le dire. Il courait presque, marchant surtout sur le bout des pieds... Le mauvais temps ne mettait pas obstacle à ses promenades. Au contraire, plus la poudrerie était forte, plus il paraissait pressé de sortir. Un matin de grosse tempête, je regardais par la fenêtre, près de la porte. On ne distinguait rien dehors, si ce n'est qu'une blancheur agitée. M. Hémon descend et allait sortir : « Vous sortez par un temps pareil, M. Hémon ? Vous allez avoir de la misère à ne pas étouffer ? — Qu'est-ce que vous pensez de moi, Mlle Mimi ! » a-t-il répondu, — il m'appelait toujours Mimi —, puis il s'est lancé dans le tourbillon de neige. Cet homme pouvait apparemment marcher à la journée, sans l'ombre de fatigue.

« Un jour de grosse tempête, il nous a causé bien de l'inquiétude. Il était parti comme les autres matins faire sa promenade. Comme il tardait à rentrer, ma mère a commencé à être inquiète de lui. Ma mère était bonne et charitable et ses pensionnaires devenaient un peu ses enfants. Elle a téléphoné à Saint-Jérôme, puis à Hébertville pour savoir si on n'avait pas vu M. Hémon, dont elle donnait le signalement. Aucun renseignement rassurant. Elle se demandait s'il n'avait pas été victime du froid, s'il n'avait pas été tué par les chars, etc. Quand elle le voyait partir sur la voie ferrée, elle disait souvent : « M. Hémon finira par se faire tuer par les chars ». Elle ne pensait pas être aussi bon prophète... Finalement il est arrivé à la maison à sept heures et demie du soir. Il est monté à sa chambre faire un brin de toilette. Redescendu dans la salle à manger, ma mère s'est empressée d'aller lui faire part de ses appréhensions de la journée et de lui dire qu'elle avait téléphoné, etc. Alors lui, sans même la regarder, a simplement répondu : « Madame, quand bien même j'aurais été trois jours absent, vous n'avez pas à vous préoccuper de moi. » Maman a trouvé la réponse glaciale. « Vous avez eu une belle réponse, dis-je à ma mère. — C'est inouï », a-t-elle répliqué. La réponse, en effet, était choquante. Maman est restée un peu blessé de cette rebuffade, mais a toujours continué à se montrer gentille.

« Sauf le dimanche, poursuit Mme Lamontagne, M. Hémon ne mangeait pas à la maison le midi. Il devait manger, s'il mangeait, à Hébertville ou à Saint-Jérôme, selon le bord qu'il avait pris le matin. Il rentrait de sa promenade vers trois heures et demie habituellement. Il montait à sa chambre déposer son paletot et son passe-montagne. S'il n'y avait pas d'étrangers dans la salle d'attente ou fumoir, il y redescendait pour jongler ou pour écrire. Quand il y avait des étrangers là, il ne se montrait pas ou se montrait très peu. En notre présence à nous, il se permettait d'écrire sur la table ronde du fumoir ; devant les étrangers, jamais. Parfois, aussi, il faisait les cent pas en bas, traversant le fumoir, la salle à manger, observant tout. Quand il s'asseyait à la table pour écrire, dans le fumoir, il s'arrangeait toujours pour nous voir aller et venir dans la cuisine ou dans la salle à manger. Il suivait tous nos mouvements, avait toujours les yeux sur nous. Si on allait lui parler et qu'il fût à écrire, il continuait à écrire, puis quand il avait fini, il nous répondait. Même, il est arrivé qu'en parlant avec nous dans la salle d'attente, il sortait soudainement un petit calepin, notait un mot, une phrase, puis venait reprendre la conversation. Ma mère et mes sœurs trouvaient cela curieux et ont commencé à se méfier. Ma mère nous a mises en garde contre nos paroles, de crainte qu'il ne les notât et ne les utilisât un jour...

« Jusqu'à l'heure du souper, ajoute Mme Lamontagne, M. Hémon jonglait ou écrivait. Après souper, il faisait de même, soit dans sa chambre, soit dans le fumoir. Avant le coucher, il passait par la cuisine et prenait un verre de lait. Remonté à sa chambre, continuait-il à écrire, à sa petite table ou dans son lit ? Possible, mais je n'en sais pas plus long.

« Voilà comment il employait généralement sa journée.

— Le dimanche, allait-il à la messe ?

— Ah ! oui. Il n'a pas manqué une fois de le faire, à ma connaissance. Jamais cependant, il n'a voulu prendre place dans le banc familial à l'église. Une fois ou deux, je suis arrivée en retard à la messe. Mon Louis Hémon était debout en arrière, droit comme un militaire. Il allait à la messe à pied, sauf une fois ou deux où il a accepté l'invitation de papa de monter en voiture avec nous. En outre, sur sa petite table, dans sa chambre, on pouvait voir son chapelet, un chapelet à grains ronds et noirs, montés sur argent. Là-dessus, j'avais dit à maman : « C'est toujours bien un catholique, il va à la messe et il a un chapelet.

— Qui le servait à table ? Qui faisait sa chambre ?

— J'étais la seule des filles à la maison à ce moment-là. Alors, c'est à moi qu'échut l'honneur de servir M. Hémon à table. J'avais 15 à 16 ans. Je commençais à faire la grande fille ; je commençais à m'en faire accroire un peu ; M. Hémon avait toujours

les yeux sur moi, tellement, qu'il m'en gênait. Il m'appelait Mimi.
Il ne parlait pas souvent, mais des fois quand je lui apportais un
plat, il disait : « Ah ! Mimi, que vous êtes jolie ! » Je rapportais
cela à maman et elle, qui était de principes sévères, plutôt scrupu-
leuse, me répliquait : « Tu sais bien qu'il dit cela pour rire de toi.
Marche, marche, va servir monsieur. » Mais je n'ai pas voulu continuer à le servir. Alors, ma mère m'a confié les chambres des
pensionnaires, y compris celle de M. Hémon.

— Qu'avez-vous remarqué dans sa chambre ?

— C'était une chambre bien simple. Sur sa petite table il y
avait un dictionnaire *Larousse* de poche, quelques volumes dont
j'ai oublié les titres et les noms des auteurs, des jumelles noires
dans un étui de cuir avec longue courroie, des petites jumelles de
théâtre recouvertes d'écailles. Il y avait aussi une valise ronde de
toile grise, une valise de cuir haute et étroite. Il tenait toujours ces
deux valises fermées à clé ; autrement, il est fort probable que
j'aurais regardé ce qu'elles contenaient. Le démon de la curiosité... Maman me recommandait souvent de ne rien déranger.

— Vous me faites languir... Et les papiers, les écrits ?

— Je n'ai jamais trouvé, moi, que des bouts de papiers frois-
sés, sur lesquels on pouvait à peine défricher quelques mots. Ces
papiers avaient été détachés de petits blocs larges comme deux
doigts. Hémon les jetait après les avoir utilisés sans doute pour rédiger des pages de son manuscrit. Des matins, j'en ramassais
vingt-cinq ou trente. Il les laissait sur sa table. Il n'y avait
d'ailleurs pas de panier. C'est pas souvent qu'on logeait un écrivain... Sur ce point-là, qui vous intéresse, je le regrette, mais moi
je ne peux pas vous en dire davantage...

— Il a dû se produire nombre de petits incidents qui méritent
d'être racontés ?...

— Un bon jour, en présence de M. Hémon mais loin de lui, je
demande à mi-voix 25 sous à papa pour m'acheter du chocolat en
allant au village. « Je n'ai pas de monnaie, dit mon père. Je n'ai
que de gros billets. » Mais M. Hémon avait compris. Sortant son
porte-monnaie à agrafe, il dit : « Venez ici, Mimi, j'ai quelques
sous pour vous. — Je vous les remettrai ce soir ou demain, dis-je.
— Non. Vous fermerez la porte de ma chambre pour cela. » Cette
dernière réflexion démontre encore qu'il ne voulait pas de chaleur
dans sa chambre. Il devait bien supporter le climat canadien, car
il paraissait l'ami du froid. Pour coucher la fenêtre ouverte l'hiver

au Lac Saint-Jean, il faut aimer le froid. Sa fenêtre ouvrait en deux par en-dedans ; la double fenêtre s'ouvrait en l'éloignant de la maison par le bas. Il pouvait facilement sortir sur la galerie.

« Une fois, je revenais de rendre visite à ma sœur, Mme Rainville, quand M. Hémon m'a rejointe sur la route. Il était allé au bureau de poste du village. Je me souviens qu'il m'avait demandé si j'aimerais cela aller en France. J'ai répondu : « Oui, si j'avais de l'argent, rien ne me ferait plus plaisir au monde. »

« Ma mère était fine et habile pour poser des questions aux voyageurs. M. Hémon, de son côté, ne jonglait pas longtemps pour répondre avec esprit. Ma mère a cherché à le faire parler un peu sur lui-même, sa famille, ses projets, etc., mais il n'a jamais dit grand'chose. Il a raconté qu'il venait de passer quelque temps à Péribonka chez M. Samuel Bédard. Comme maman connaissait nombre de colons français établis dans la région, elle lui a demandé : « Vous aussi, M. Hémon, vous voulez sans doute coloniser ? — Oh ! non, madame, jamais. Ce n'est pas mon intention de me faire colon. Je trouve que cette vie est trop dure, trop misérable. J'avais lu bien des choses sur le Canada, j'en avais entendu parler beaucoup, depuis longtemps j'avais l'intention de voir ce pays. J'y suis venu. Il y a les Etats-Unis qui m'intéresseraient. Je voudrais connaître les Américains, voir la vie américaine et les petites Américaines. — Que pensez-vous des Canadiennes ? — Les Canadiennes du Lac Saint-Jean sont des filles jolies et bien faites, mais il leur manque quelque chose : elles ne savent pas suffisamment tirer parti de leurs dons. Si elles le savaient, elles feraient des femmes supérieures. — M. Hémon, est-ce que vous êtes célibataire ou marié ? — Oh ! non, madame, je ne suis pas marié. Je crois que les filles ne m'aiment pas. — Vous avez laissé des parents en France ? — Il y a ma mère qui m'attend là-bas. »

« Voilà le genre de dialogue qui s'est échangé entre Hémon et ma mère, quand ils étaient seuls et quand elle cherchait à obtenir quelques confidences. À mon père, il n'a pas dit grand'chose non plus. Mon père était un fort joueur de cartes, mais M. Hémon n'aimait pas jouer aux cartes. Autrement, dans ces tête-à-tête, peut-être auraient-ils causé davantage.

« Un jour, j'entre dans la cuisine : M. Hémon était en train de causer avec maman. Mon arrivée a interrompu leur conversation. M. Hémon avait l'air plutôt grave et s'est retiré. Ma mère riait haut et de bon cœur, elle qui généralement n'avait qu'un petit rire de politesse, ne faisait qu'une risette forcée pour faire plaisir aux gens. J'ai demandé à maman, ce qu'elle avait à rire : « Oh ! ce n'est rien, dit-elle, ce n'est rien. — Mais quoi encore ? — Ah ! tu veux toujours tout savoir ». Plus tard, j'essayai de connaître la raison de ce franc rire de ma mère, mais impossible, elle n'a jamais voulu me raconter ce que Hémon lui avait dit de si drôle. Elle a prétexté qu'elle l'avait oublié.

« Un après-midi, je copiais des chansons dans la cuisine. En venant prendre un verre d'eau, M. Hémon a jeté un coup d'œil à mon travail. « Que faites-vous là ? dit-il. — Je transcris des chansons françaises. — Que vous me chanterez ? » Puis, comme il me voyait découper mon papier avec peine, il est allé chercher un coupe-papier à manche d'écaille qu'il m'a prêté et qu'il m'a finalement laissé. Il m'a d'ailleurs laissé deux autres objets : ses jumelles d'écaille et son onglier. J'ai encore au moins deux de ces objets.

« Pour chaussures il avait des bottes « à nez de bœuf » (c'est ainsi que les gens appelaient ça), lacées jusqu'en haut et bien ajustées sur la jambe. Il n'était pas accoutumé à ces bottes. Une fois il est venu à la cuisine se plaindre que ses bottes étaient dures et lui faisaient mal, demandant quelque chose pour les assouplir. Ne sachant pas quoi lui donner, je lui ai donné du suif de bœuf. Il a appliqué ça. Le lendemain ma sœur Rose-Olympe (Mme Drolet) le trouve les deux pieds de chaque côté de la fournaise dans le fumoir. Elle remarque ses bottes apparemment couvertes de frimas, les coutures chargées de blanc. Elle lui dit : « Vous êtes rentré bien tôt de votre promenade ce matin, monsieur Hémon ! — Je ne suis pas sorti encore. — Mais il y a du frimas sur vos bottes ? — Ce n'est pas du frimas, c'est de la graisse », dit-il.

« À plusieurs reprises, maman a offert à M. Hémon de lui laver son linge : il a chaque fois refusé. On se demandait s'il ne le faisait pas laver à Saint-Jérôme ou à Hébertville. Il nous avait également demandé de ne pas repasser ses draps ni ses oreillers.

« Voici un autre trait que vous goûterez : il me paraît caractéristique. Un soir, il faisait noir, un étranger entre dans le fumoir et demande la charité pour l'amour de Dieu. M. Hémon le regarde, se lève et l'apostrophe : « Comment, vous, vous demandez la charité ? Vous avez bon pied bon œil et vous avez l'audace de demander la charité ? Allez, faites comme moi, gagnez votre vie. Prenez la porte ! Allez vous-en, allez vous-en, vous m'énervez, vous m'énervez !   Le quêteux a tourné les talons, ahuri. Le vieux Breton orgueilleux et fier s'était éveillé en Hémon. Cette scène nous avait tous laissés bouche bée. Nous ne connaissions pas M. Hémon sous ce jour-là.

« Je vide mon panier. Voici un autre petit fait bien insignifiant. Nous avions un petit chien jaune, très jappeur et pas mal agaçant. Il devait l'être surtout pour un homme comme M. Hémon, qui aimait réfléchir et écrire. Quand le chien jappait à son passage, M. Hémon disait : « Oh ! tais-toi, je sais bien que tu ne m'aimes pas, » mais il y avait dans ce « tu ne m'aimes pas », quelque chose qui semblait ne pas s'adresser seulement au chien. Hémon a dû passer incompris partout au Canada, et il en a sans doute souffert. Mais le premier, il prenait les moyens de n'être pas compris en ne révélant pas son jeu, ses projets. »

Mme Lamontagne, inlasssable témoin, se rappelle le voyage de Louis Hémon à Kénogami vers la mi-février. M. Hémon est revenu de là étonné de l'ampleur de l'entreprise des Price.

On se souvient que Mgr Leventoux a trouvé que Louis Hémon avait en octobre 1911 les traits tirés, le visage tourmenté et ravagé, celui d'un homme qui a souffert.

Quelle mine a-t-il quinze mois plus tard ? Mme Lamontagne va nous le dire :

« Pendant son séjour chez nous, M. Hémon annonçait la santé. Toujours dehors au grand air, il avait un beau teint rose, des pommettes rouges. Il était bel homme. Ses photos le désavantagent. Chez nous, il était très bien portant, l'air reposé. Depuis des mois et des mois il vivait dehors presque continuellement. Il portait une moustache mince, d'un blond un peu plus pâle que ses cheveux. On ne lui a jamais demandé son âge. On lui donnait environ 28 ans. Jamais je ne me suis aperçu qu'il était sourd. Je ne me rappelle pas l'avoir vu fumer chez nous... Pour un homme qui marchait aussi longtemps dehors par les grands froids, M. Hémon ne mangeait pas beaucoup, en somme.

« Et puis, au cours de février, un bon matin qu'il faisait doux, M. Hémon est parti. Quand vous me dites qu'il est allé se fixer à Kénogami, en partant de Saint-Gédéon, je n'y comprends rien, car M. Hémon est parti le matin par le train qui s'en allait à Québec. Il passait seulement deux trains par jour : le train de 9 heures le matin allant à Québec et le train de 6 heures le soir allant à Chicoutimi. M. Hémon aurait-il voulu nous faire ignorer qu'il allait rester dans la région et qu'il serait allé à Saint-Jérôme, quitte à reprendre le train du soir pour aller à Kénogami ? Ou bien a-t-il été à Québec et est-il revenu quelques jours après à Kénogami ? Je n'en sais rien.

« En nous disant adieu, M. Hémon nous a remerciés. Il s'est dit content de son séjour à Saint-Gédéon, puis il a ajouté qu'il espérait bien avoir le plaisir de revenir au Lac Saint-Jean dans deux ans. Nous ne l'avons jamais revu et nous n'avons jamais su qu'il se trouvait le mois suivant à Kénogami. »

Selon Mme Lamontagne, c'est la petite photo de l'almanach Beauchemin de 1920, qui ressemble le plus à Louis Hémon. Par malheur il est impossible de reconstituer l'origine et l'histoire de cette petite photo. Il semble que ce soit un dessin fait d'après la photo de Péribonka. On aurait endimanché le personnage.

Madame Drolet

Mme Edouard Drolet (Rose-Olympe Tremblay) habite sur le bord du lac Bouchette, endroit de villégiature situé à quelque quinze milles au sud du lac Saint-Jean. Laissons-lui la parole.

« Un soir, j'étais à ma chambre. Maman est venue me dire : « J'ai deux pensionnaires d'arrivés : M. Samuel Bédard et un Français. Prépare-leur des chambres. » Je me rappelle que l'ordre manquait dans la maison. On faisait du ménage, du grand ménage. Alors, pour moi, c'est avant Noël que M. Hémon est arrivé chez nous.

« Un dimanche soir, toute la famille était réunie autour de la table. On venait de finir de jouer aux cartes. M. Hémon était avec nous autres. Il m'a demandé de le tirer aux cartes. « Faites un désir, lui dis-je. — Voici mon désir : Je veux savoir si je serai encore au Canada l'an prochain », dit-il. Alors, je mêle les cartes, je les dispose sur la table, et j'arrive au résultat : « Eh bien ! M. Hémon, vous serez encore au Canada l'an prochain. — « Fou que je suis, gémit-il en se frappant le front de la main, moi qui calculais être loin du Canada à ce moment-là. » Evidemment, il n'imaginait pas laisser ses os à Chapleau.

« À table, M. Hémon mangeait seul, et de bon appétit : il passait plusieurs heures dehors chaque jour. Il mangeait tout ce qu'on lui servait mais n'en redemandait jamais. Maman se demandait toujours s'il avait suffisamment mangé. Un jour, elle a voulu en avoir la conscience nette : comme il avait un faible pour le pain doré, elle lui en a servi une platée pour deux. Il a tout mangé.

« M. Hémon était un homme de tempérament délicat, la figure mince, les pommettes rouges. « Jeune, dit-il, c'est moi qui paraissais le plus chétif de la famille. Mais le médecin de famille a rassuré mes parents : il leur a dit que c'était moi qui avais la meilleure santé ».

« À table, en mangeant, M. Hémon écrivait parfois. Il mettait son carnet près de son assiette. Il écrivait aussi sur la table dans la salle à fumer, quand elle était libre. Il devait écrire couché dans son lit le soir, car on a trouvé des feuilles sous le matelas, signe qu'il devait les glisser là au lieu de se lever pour les déposer sur sa petite table. On en a trouvé aussi sous le napperon de sa petite table et dans le tiroir. On a découvert cela en faisant la chambre. Je me rappelle qu'on a lu le passage de la vente des petits cochons à la porte de l'église. Quand on a découvert des pages du futur manuscrit de *Maria Chapdelaine,* on savait à l'avance qu'il écrivait.

« Dans la salle à fumer, M. Hémon restait longtemps parfois un coude sur le bras de sa chaise et la joue appuyée sur sa main. Il jonglait. Il devait arranger dans sa tête le plan de ses chapitres. Quand on le nommait, il faisait toujours un air un peu surpris. Il paraissait toujours sortir d'une longue rêverie, d'une concentration absorbante. D'autres fois, il causait avec papa, puis soudain il s'asseyait à table et notait rapidement quelques mots. Qu'était-ce ? Des bribes de conversation ? des expressions locales ? Une idée pour son livre ? On ne savait trop que penser et cela nous paraissait quelque peu étrange. Papa nous a rapporté que M. Hémon lui a fait un soir quelques confidences et qu'il lui aurait dit entre autres choses que, plus jeune à Paris, il a dissipé de l'argent dans des parties de plaisir. C'était là son expression. Une fois cet argent dépensé, il s'est senti gêné, mal à l'aise avec sa famille, et il aurait alors décidé de quitter Paris. »

« Quand il reçut le thermomètre (mentionné plus loin dans la lettre du 9 février) il vint nous le montrer, à maman et à moi, qui étions dans la salle à manger. il dit : « Voici ce que j'ai reçu de France pour la température ». Et maman de reprendre aussi vite : « La température de France ». Elle souleva l'épaule et sourit. Et lui jeta un coup d'œil profond. Maman lui indiqua l'endroit où l'accrocher. »

Mme Drolet me raconte ensuite qu'elle a plus d'une fois parlé de Mme Samuel Bédard avec Louis Hémon.

« Les voyageurs nous faisaient de grands éloges de Laura Bouchard, qui demeurait à Péribonka avec son père. Ils disaient que c'était une belle blonde, une femme intelligente, une personne de bonne façon, bref une « créature dépareillée ». Même, M. Daniel Gagné, agent d'instruments aratoires Frost & Wood, disait chez nous à Saint-Gédéon : « Si je n'étais pas marié, j'irais voir Laura Bouchard. » Je lui disais, moi : « Vous avez des garçons, envoyez-les la voir. — Mes garçons, mes garçons, reprenait-il, c'est pas moi, ça ! » M. Hémon renchérissait à son tour sur les voyageurs à propos de Mme Bédard. Cependant, il n'a jamais prononcé le nom de Mlle Eva Bouchard. »

Mme Drolet m'a ensuite fait voir une couverture de laine grise, qu'elle a raccommodée, en m'affirmant qu'elle provenait de Louis Hémon, et ajoutant que Mme Rainville en possédait une autre. Elle explique que Louis Hémon, à court d'argent à son départ, aurait payé ses deux dernières semaines au moyen de ces couvertures. Selon Mme Drolet également, Hémon payait $15. par mois de pension, soit une moyenne de 50 cents par jour.

Sur l'assistance à la messe de Louis Hémon, elle confirme en tous points le témoignage de sa sœur de Détroit.

Enfin, la photo qui, à mon avis, donne la meilleure idée des traits de Louis Hémon à Saint-Gédéon est celle de 1900, étudiant.

Au moment où je prends congé d'elle, Mme Drolet s'exclame :

« Ah ! avoir su que M. Hémon serait devenu célèbre comme cela, nous en aurions pris des notes et tenu un journal de ses allées et venues, de tous les menus faits survenus pendant son séjour à Saint-Gédéon ! »

Madame Rainville

Mme Rainville a été la compagne d'Eva Bouchard au couvent de Roberval. En 1912, elle était mariée et demeurait au village de Saint-Gédéon, à quelques pas de l'église.

« M. Hémon est venu deux fois chez moi, dit-elle. La première fois, papa s'en venait en voiture réparer le tuyau de mon poêle. Il a dépassé M. Hémon qui s'en allait au bureau de poste. Il l'a fait monter dans sa voiture et l'a amené ici avec lui. Ça n'a été qu'une affaire de dix minutes. M. Hémon n'a même pas voulu s'asseoir. Il n'a presque pas parlé, mais il a promené les yeux sur les murs, les meubles, les cadres, etc. La deuxième fois, c'était un dimanche de la fin de janvier et il faisait grand froid. Il a accepté de monter en voiture avec la famille pour venir à la grand'messe. Le cheval était dételé ici. Avec mes parents, il est entré une dizaine de minutes en attendant l'heure de la messe. Cette fois-là, il s'est assis. Je me rappelle qu'il a fait quelques réflexions sur le froid. Pour un Français, sa prononciation n'avait rien d'affecté et rien de bien différent de la nôtre.

« Une fois que je me trouvais à la maison paternelle ; après avoir croisé M. Hémon dans la porte à mon arrivée, j'ai jeté les yeux sur quelques pages manuscrites de lui. Il me semble que c'était un cahier d'écolier, écriture au plomb. Mes sœurs me l'avaient fait voir.

« M. Hémon ne paraissait pas riche. Je possède l'une des deux couvertures qu'il a laissées à la maison en compensation de deux semaines de pension qu'il ne pouvait acquitter en argent. Elles étaient neuves. »

Madame Maltais

Allons maintenant rendre visite à Madame Joseph Elie Maltais, née Tremblay (Célestine), autre fille de M. Johnny Tremblay.

« M. Hémon est arrivé chez nous avec un petit porte-manteau et un paqueton contenant deux couvertures de laine et un petit tapis de voiture. Il a laissé ses couvertures de laine pour acquitter ses deux dernières semaines de séjour chez nous. Ma mère lui a demandé de laisser aussi son tapis de voiture pour que la compensation en linge soit raisonnable, mais il a refusé de se départir de son tapis, disant : « Je le traîne depuis longtemps avec moi ; je ne veux pas m'en séparer ». Dans son porte-manteau, il y avait des broches rentrant l'une dans l'autre qui servaient à faire disparaître les faux plis de ses pantalons. Son pantalon broché était suspendu dans sa chambre, je m'en souviens bien et, en faisant le ménage, je frappais le mannequin avec mon balai. Ça m'agaçait cette histoire de broches et de pantalon suspendu...

« Dans sa chambre, j'ai trouvé en faisant le ménage le manuscrit de son futur roman. Quand je l'ai trouvé, il en était apparemment à son début, car j'y ai lu la scène de la vente des petits cochons à la porte de l'église de Péribonka. Je vous avoue que ça me paraissait une scène mal choisie à mettre dans un livre. Mais à ce moment-là, on ne pouvait prévoir que M. Hémon, qui me semblait, excusez le mot, un insignifiant, publierait un volume qui aurait tant de succès. Encore aujourd'hui, je suis étonnée de voir comme on s'intéresse à lui. Il annonçait si peu comme quelqu'un de génie. Son manuscrit, du moins celui que j'ai vu chez nous, était un simple cahier d'écolier de cinq sous, pages rayées, dans lequel il écrivait au crayon de plomb.

« Ce jeune Français, peu parlant, poursuit Mme Maltais, ne nous a pas donné grande chance de le connaître. Il disait peu de chose de lui-même. Une fois seulement à ma souvenance, il a parlé pas mal : il avait décrit une noce bretonne. Le détail qui m'avait le plus frappée est le bris des verres à la fin de la noce. On se demandait ce que M. Hémon avait ce soir-là pour parler autant. Mais, ça été une exception. Généralement, il avait l'air songeur. Parfois même, on se demandait s'il ne troublait pas. Il demeurait campé au milieu de la salle, il passait des heures la tête dans ses mains, absorbé, comme en extase. Les voyageurs causaient, riaient à deux pas de lui, il n'entendait rien, il restait là perdu dans une profonde rêverie, la tête dans les mains. Souvent, entre nous, nous nous posions cette question : « Que peut-il bien être venu faire ici ? » Pour nous, écrire semblait une raison insuffisamment sérieuse. Sa présence à Saint-Gédéon nous paraissait étrange. Son mince bagage indiquait aussi qu'il pouvait s'éloigner du jour au lendemain. Je suis plutôt d'avis que M. Hémon est arrivé chez nous après Noël [3].

« Tout le temps que Louis Hémon a été chez nous, il a mené une petite vie tranquille, faisant de longues marches chaque jour sur la voie ferrée. Il prenait de bons repas de viande. Il avait bon appétit. Il est parti un matin que la neige avait l'air de fondre, par le train allant du côté de Québec. Nous n'avons jamais eu de ses nouvelles après son départ. »

---

3. *Je ne sais pas comment M. Ayotte fait dire ici à Mme Maltais que Hémon est arrivé « après » Noël à l'hôtel Tremblay. J'ai moi-même consulté cette dame le 3 août 1969 et elle m'a dit textuellement : « Hémon est arrivé chez nous exactement le 23 décembre ». Et sa sœur Hélène a écrit : « Je suis arrivée le 27 décembre et M. Hémon était là ». Dans les brouillons de notes de M. Ayotte relatives à la consultation de Mme Maltais il n'est pas fait mention de la date de son arrivée. Il y a vraisemblablement une distraction de l'auteur.*

V.T.

Mademoiselle Hélène

Dans un décor de chapeaux de formes les plus variées, Mlle Hélène Tremblay, chapelière, rue Saint-Joseph, à Québec, rapporte à son tour quelques souvenirs sur Louis Hémon.

« Quand je suis arrivée du couvent chez moi pour les vacances des Fêtes, il me semble me rappeler que c'était cette année-là le 27 décembre et il me semble également me rappeler que Louis Hémon venait d'arriver chez nous. M. Hémon ne paraissait pas aimer qu'on lui manifeste de la sympathie ou qu'on s'occupe de lui. Il aimait vivre seul, à l'écart, ne racontant rien de ce qui le concernait. Je me rappelle l'avoir vu écrire debout appuyé sur le mur, et aussi assis à la table ronde du fumoir. Il faisait de longues marches en plein air et faisait, en outre, les cent pas dans la maison. Sa mort sur une voie ferrée ne nous a pas étonnés ; à Saint-Gédéon, chaque fois que ma mère entendait siffler les locomotives, elle disait : « J'espère que M. Hémon n'est pas en danger. »

Monsieur Paul

M. Paul Tremblay, que nous interviouons à Hébertville-Station, « M. Hémon ne vivait qu'à moitié avec nous autres. Il était pris, absorbé par son roman. Je l'ai vu écrire souvent. Ma sœur Mme Maltais m'a montré elle-même des pages de son manuscrit. On a vu suffisamment de ses feuilles et lu assez de pages pour savoir qu'il écrivait un livre. Nous autres, nous savions qu'il écrivait un livre. J'avais 22 ans dans le temps et je m'en souviens bien.

« Excepté le dimanche, et encore, M. Hémon était toujours habillé en bûcheron. Avec deux couvertures, il a laissé une paire de bottes pour payer la dernière quinzaine de son séjour chez nous. »

Des témoignages qui précèdent se dégage la certitude que c'est bien à Saint-Gédéon que le texte de Maria Chapdelaine *a été composé et rédigé.*

Après les dépositions des plus proches témoins de sa présence à Saint-Gédéon, cédons la parole à l'écrivain lui-même. C'est même lui qui va trancher le débat de la date de son arrivée à Saint-Gédéon : *fin décembre. (Voir la note 3, p. 308.)*

St-Gédéon Station
Lac-St-Jean, Qué. Canada.

7 janvier 1912 [4]

Ma chère maman,

Prière de noter ma nouvelle adresse, ci-dessus. Je suis ici pour deux ou trois mois. St-Gédéon est au sud du lac, et par conséquent deux jours plus près de la civilisation que Péribonka. J'ai quitté cette dernière localité fin Décembre ; il doit y avoir quelques lettres et journaux arrivés là et qui ne me parviendront ici que dans deux ou trois jours.

Le temps est beau. N'ayant pas de thermomètre, je ne sais pas exactement quel degré de froid il peut faire ; mais je sais que c'est la température à laquelle il faut se cacher soigneusement la figure quand on sort. Je suis en effet dans les environs du 49e degré, et il fait pas mal plus froid qu'à Montréal ; mais cela n'a rien de pénible.

Je vous disais dans une dernière lettre que je n'avais aucun besoin d'étrennes d'aucune sorte. Je rectifie. Veux-tu avoir la bonté de m'envoyer le bouquin sur Ouessant : « Les Filles de la Pluie », Librairie B. Grasset. Inutile de dire que je continuerai à recevoir avec reconnaissance tous les imprimés quelconques que tu auras le loisir de m'envoyer...

Les *Filles de la Pluie* ont cependant mis beaucoup de temps à traverser l'océan. Hémon s'inquiétera de leur voyage. On en trouvera des échos dans de prochaines lettres.

Quelques autres témoins

Voici maintenant quelques autres témoignages de villageois de Saint-Gédéon.

M. Charles Huot, marchand, a vu et connu l'auteur de *Maria Chapdelaine*.

« Louis Hémon est arrêté au magasin plusieurs fois, pour acheter du tabac, il me semble. Il mettait du temps à faire son petit achat et aiguillait la conversation sur l'histoire de la colonisation de Saint-Gédéon et de tout le tour du lac. Je l'ai vu aussi à l'hôtel de Johnny Tremblay. Il me semble qu'il allait des fois chez Etienne Coulombe. À part ça, je me rappelle l'avoir vu chez le député Girard. »

Allons voir M. Amédée Coulombe, fils d'Etienne.

---

4.   Hémon a écrit, par entraînement, 1912 ; c'est évidemment 1913 qu'il aurait dû mettre. C'est aussi ce qu'admet Mlle Marie Hémon (Lettre du 27 février 1938).

« En 1912, dit-il, j'avais 30 ans. M. Hémon est venu deux ou trois fois à la maison. Je me souviens qu'une fois, il est arrivé plutôt tard dans l'après-midi. La conversation allait bon train ; l'heure du souper est arrivée ; alors mon père à invité son visiteur â rester à souper et il a accepté. Ils ont continué à causer ensemble une partie de la veillée. Quand ils se voyaient, les entrevues étaient prolongées. M. Hémon demandait des renseignements sur le défrichement, la colonisation, les coutumes des gens. Mon père était instruit, il lisait beaucoup. Il avait, en plus, l'expérience de la vie de colon. En tombant sur mon père, M. Hémon était tombé sur une bonne source de renseignements. Je restais ici, dans le rang de Belle-Rivière, mais j'allais à la vieille maison tous les jours. »

Mme Lamontagne confirme que M. Coulombe était un homme instruit, renseigné, dont le jugement faisait autorité.

Quels renseignements Louis Hémon va-t-il chercher auprès d'Etienne Coulombe dans les longs tête-à-tête ?

Son fils Amédée l'a dit : ils parlaient des commencements du Lac Saint-Jean, de la colonisation.

M. Coulombe, après d'autres peut-être, lui brosse les grandes lignes du tableau des colons des régions de Charlevoix, de Québec, des paroisses de la rive sud faisant l'assaut des terres boisées du Saguenay spécialement du plateau qui entoure le lac Saint-Jean. Peut-être remonte-t-il plus loin même ? Pas toutefois jusqu'aux lointaines origines dont on doit la connaissance à la Société Historique du Saguenay [5].

Voici M. Damase Potvin. — « Un soir, j'étais à l'hôtel Johnny Tremblay occupé à jouer aux cartes avec des compagnons. Un pensionnaire, rentrant d'une promenade, est passé près de notre groupe et est monté directement à sa chambre. J'ai levé la vue, mais c'est à peine si je lui ai distingué un morceau de visage. Il était emmitouflé de son foulard de laine et de son passe-montagne. Sans que je le demande, on m'a soufflé à l'oreille : « C'est Louis Hémon, un Français. On ne sait pas ce qu'il fait par ici. Il n'y a pas moyen de lui tirer un mot. Il se renferme dans sa chambre et il écrit. Drôle de type ! » Moi qui devais tant m'intéresser plus tard à son roman sur le lac Saint-Jean, quand on pense que j'avais son auteur sous la main, là, pendant tout le temps qu'il a

---

5.   À ce sujet voir l'*Histoire du Saguenay* 1968, pages 57-224.

passé à Saint-Gédéon ! Avoir su, il y a longtemps que l'énigme de Louis Hémon aurait été résolue et par lui-même probablement... Mais il a su s'entourer de mystère pour pouvoir travailler plus à son aise. Qui le lui reprochera ? ... »

Le maître de poste de Saint-Gédéon-Station, dans l'hiver de 1912-1913, était M. Arthur Couture, qui demeure aujourd'hui à Jonquière. Mme Couture a été la compagne de classe de Mlle Eva Bouchard. C'est principalement elle qui accomplissait le travail du bureau. Aussi prend-elle la parole :

« Je me rappelle que M. Louis Hémon venait à notre bureau de poste. Les sacs de malle arrivaient tous chez nous. C'est moi, généralement, qui démêlais le courrier destiné aux gens de Saint-Gédéon-Station et le courrier destiné au bureau de poste du Village, que je mettais dans des sacs et que le postillon du Village venait prendre chez nous. Le plus souvent, des membres de la famille Johnny Tremblay venaient chercher le courrier pour leurs pensionnaires. Quand M. Hémon venait au bureau de poste, il portait un passe-montagne. Il s'est trouvé à Saint-Gédéon pendant la construction du monte-billots. Pas mal de temps après son départ, nous avons lu des journaux de France et la revue *Je Sais Tout,* que la famille Tremblay nous prêtait. Tiens, je me souviens aussi d'avoir recommandé une grosse lettre que Louis Hémon est venu porter un bon jour. Que contenait-elle ? Je ne le sais pas. Nous demeurions à Saint-Méthode quand nous avons lu le roman *Maria Chapdelaine.* »

Le chef de gare de Saint-Gédéon est, en 1939, le même qu'au début de l'année 1912 : M.J.-Victor Hamel, homme de plus de soixante-dix ans.

« Après que le livre a été sorti, dit-il, on a répété devant moi ici que son auteur, Louis Hémon, avait demeuré à Saint-Gédéon à l'hôtel Tremblay. Alors je me suis souvenu de cet homme, je me suis souvenu d'avoir vu un bon matin ce jeune Français attendre le train sur le quai de la gare. Il s'en allait donc du côté de Québec. Il avait l'air un peu original ; ça paraissait qu'il était étranger par ses manières d'agir, par son accent. Il n'y avait pas de luxe dans ses vêtements. »

Mon frère Raoul Tremblay, qui avait alors 18 ans, a rencontré Hémon au cours d'une visite chez notre oncle Johnny Tremblay, à l'hôtel. Il me dit : « Dans la cuisine, d'où mon oncle s'est absenté quelque temps pour aller faire son ménage (à l'écurie), et aussi dans la salle commune, nous avons causé de diverses choses. Hémon pre-

nait part à la conversation à peu près comme tout le monde. Il était de belle tenue. »

V.T.

Il faut partir

Mais si les pages du manuscrit s'ajoutent les unes aux autres, si les chapitres se multiplient, les jours passent et la maigre provision d'argent de Louis Hémon fond, même par le froid de quelque vingt degrés au-dessous du zéro Farenheit. Il ne veut pas du métier de quêteux. La bourse est plate, il faut la regonfler. Le 9 février, il adresse à sa famille sa dernière lettre de Saint-Gédéon Station. Il saura bientôt où il devra transporter ses pénates et à quelle date précise.

Saint-Gédéon Station
9 février 1912 (lire 1913)

Ma chère maman,

Bien reçu ta lettre, m'annonçant l'envoi des *Filles de la Pluie* et aussi d'un thermomètre ! Je souhaite qu'il arrive en bon état.

À partir de la réception de cette lettre, tu feras bien de suspendre tout envoi de lettres ou journaux jusqu'à ce que je t'aie donné ma prochaine adresse. Je dois en effet quitter St-Gédéon vers le début de Mars, pour une destination encore inconnue.

Le mois de Janvier a été très doux ici ; il y a bien eu quelques froids, mais c'est toujours resté dans les environs de 15 à 20° au-dessous. Mais Février a l'air de vouloir se venger et depuis une semaine il fait froid pour de bon.

À part ça tout va parfaitement, si parfaitement que je n'ai guère de nouvelles à donner.

J'ai suivi dans les journaux canadiens, que j'ai entre les mains de temps en temps, l'élection présidentielle, avant d'en avoir des comptes rendus plus détaillés dans les journaux que tu m'envoies et qui ont continué à me parvenir très régulièrement, dont merci en passant. Ta dernière lettre envoyée à Péribonka et celle d'Alain [6] me sont bien parvenues.

Je suis également les nouvelles de la guerre [7] mais les plus grands efforts d'imagination n'arrivent pas à me faire prévoir une guerre prochaine. Il me semble me souvenir que trois ou quatre fois depuis que j'ai quitté Paris tu m'as annoncé que « ton entourage » prédisait la guerre à brève échéance... Ton entourage a perdu ma confiance comme agence de prophéties.

Si l'inattendu se produisait pourtant — ce qui arrive — je suis en bien belle condition pour faire campagne, après mon séjour dans les bois, et j'imagine que les rigueurs de l'hiver français — ou allemand — ne m'incommoderaient pas trop.

Louis Hémon

---

6. Alain Hémon, son cousin.
7. *Il s'agit ici de la guerre des Balkans, déclenchée en 1912.*

CHAPITRE TREIZIÈME

À KÉNOGAMI

Par Charles Senouillet, Français de Valence à la langue « longue comme ça », Louis Hémon avait entendu parler de la grande entreprise de Kénogami. À Saint-Gédéon, on lui a rebattu les oreilles. La construction de la grosse fabrique de papier avait duré tout le printemps et tout l'été précédents ; la première machine avait commencé à transformer la pulpe sur la toile en une mince feuille de papier comme il en faut pour imprimer un roman. La ville de Kénogami surgissait des champs glaiseux de Trefflé Bergeron.

Kénogami déjà commençait pour sa part à déraciner des fils de colons, désireux de gagner un salaire fixe chaque semaine. Depuis une quinzaine d'années, la grande industrie envahissait le Saguenay ; elle inaugurait en même temps le dépeuplement des campagnes au profit des villes.

C'est un autre aspect de ce phénomène qui mobilisa Louis Hémon. Le Breton à bon pied et à bon œil fait une tentative du côté de Kénogami pour trouver du travail.

Amorce d'emploi

Premier mouvement : une lettre, mais une lettre révélatrice. Louis Hémon s'adresse, comme c'est naturel, en anglais à ces messieurs de Price Brothers & Co.

La découverte de cette lettre tient presque du prodige. Par trois fois, les hauts fonctionnaires de la maison Price de Kénogami m'avaient dit verbalement ou par écrit qu'il n'y avait aucune trace de Louis Hémon dans leurs bureaux de Kénogami, ni document signé ou initialé par lui, ni liste de paye portant son nom ; enfin rien du tout. Finalement, lors de ma troisième visite aux bureaux de cette compagnie, au moment d'abandonner toute recherche et de renoncer à découvrir quoi que ce soit, M.S.-D. MacGowan, que j'avais suivi dans les voûtes, a mis la main sur un paquet d'enveloppes portant comme titre général : *Staff agreements.* Nous repasssons fébrilement les enveloppes : rien, rien. Finalement, cri de stupeur et de joie, bouffée de sang aux pommettes pâles de M. MacGowan, la dernière enveloppe porte : Agreement with L. Hemon, stenographer. Un employé de bureau du temps, dans l'accomplissement régulier de sa besogne, n'avait pas négligé de réunir quelques documents ayant trait à Hémon. L'enveloppe contenait en effet, la lettre anglaise que voici, deux télégrammes et une lettre de recommandation de la *Sécurité du Canada*. Enveloppe précieuse, qui nous a apporté d'autant plus de joie qu'elle avait exigé de recherches.

Voici comment se lit la lettre à messieurs de la Compagnie Price :

> *St. Gédéon Station, Qué.*
> *Lake St. John*
> *4th February 1913*

The Commercial Manager
Messrs. Price Bros. Ltd.
   Jonquières [1].

Dear Sir,
   I shall be looking for a situation at the end of the present month, and would feel much obliged if you could let me know whether you see a chance of employing me either in your office or at the works.

   I am an expert stenographer and typist in both English and French, with a considerable experience of correspondence in both languages. I also understand book-keeping. Among references, I could give you the name of an Insurance Company in Montreal, in the office of which I worked last winter.

   Failing such a situation, I would be glad to take up any suitable work at the works of your firm : timekeeper, etc., etc., provided the salary is reasona-

---

1.   *Vers 1895 on prit la manière d'écrire Jonquières (avec « s ») ; une réaction déclenchée par le protonotaire F.-X. Gosselin en 1912 aboutit à rétablir l'emploi de l'orthographe légitime : Jonquière.*

ble. As mentioned before, I am used to figures and am equally at home in both languages.

If you will be good enough to let me know whether you see any chance of employement for me at the end of February, I shall be glad to call on you either at that time, or now.

Awaiting the favour of a reply,
Yours faithfully,
(signé) L. Hémon

P.S. Sex : male — Age : 30 — Very good health.

Louis Hémon nous révèle lui-même enfin tous les métiers qu'il est en état d'exercer : dans les deux langues, sténographie, dactylotypie, correspondance, tenue des livres, et aussi pointage du temps des hommes, peut-être même le maniement du pic et de la pelle. Les deux « etc. » peuvent dissimuler bien des métiers. Quand on a été garçon d'écurie à Péribonka, on peut bien préparer du béton à Kénogami au milieu de quelque cinq ou six cents hommes de toutes les nationalités d'Europe et d'Amérique.

Hémon ne s'imagine pas que son offre de service va bouleverser les bureaux Price à la réception de sa lettre. Aussi attend-il patiemment une réponse. On a vu qu'il n'a rien dit de sa démarche à Kénogami dans sa lettre du 9 février à sa famille. Il annonçait tout simplement qu'il quitterait Saint-Gédéon vers le début de mars pour une destination inconnue. Cela indique qu'il ne fonde pas de grands espoirs sur Kénogami. C'est prudent.

Mais les événements se précipitent. Une semaine après sa lettre aux messieurs de Price, ceux-ci lui adressent le télégramme suivant :

From Kenogami
to L. Hémon
    St-Gédéon,
    Your application received have position vacant now come and see us ; reply.

Price Bros. Co.

Immédiatement, Louis Hémon répond par télégramme aussi :

Feb. 11 th 1913

From St. Gédéon Que
to Price Bros. Co. Ltd
    Jonquiere.
    Shall call on you tomorrow wednesday next. [2] .

Simon (Hémon)

En effet, une autre lettre à sa famille, en date du 12 février, écrite de Kénogami même, nous apprend que l'« original » de Saint-Gédéon rend visite par un froid de Sibérie aux messieurs de Price et que bientôt il va briller de son éclat ordinaire dans les bureaux de leur grosse manufacture.

Kénogami,
Province de Québec,
12 Fév. 1913

Comme suite à ma dernière lettre, annonçant que je comptais quitter St-Gédéon vers la fin du mois, je puis maintenant dire que ma prochaine adresse sera comme ci-dessus. Ce n'est qu'à une heure et demie de St-Gédéon par le chemin de fer et par conséquent toujours dans le district du Lac-St-Jean. Je retourne à St-Gédéon demain, mais serai de retour ici vers le 25 pour y rester tout au moins jusqu'au printemps. Toute correspondance peut donc être adressée à Kénogami dès la réception de cette lettre.

Kénogami n'est pas aussi sauvage que son nom indien pourrait le faire croire ; il y a là principalement une très grosse manufacture de pulpe et de papier, dans les bureaux de laquelle je vais briller de mon éclat ordinaire jusqu'au printemps... Car l'insupportable vie de bureau devient tolérable lorsque le thermomètre reste dans les environs de 40° au-dessous, comme aujourd'hui.

Ton ravissant thermomètre m'est bien parvenu : je l'ai laissé à St-Gédéon, mais je crains un peu pour son existence par ces froids. Le livre n'a pas encore fait son apparition.

Un thermomètre est d'ailleurs une chose décourageante. Le matin où le tien m'est parvenu, tout le monde s'accordait à dire que le temps était délicieusement doux, un vrai temps de printemps, etc. Lorsqu'il a été accroché au mur de la maison, il est promptement descendu à 25° au-dessous et naturellement j'ai commencé à sentir le froid beaucoup plus...

Protégez-vous bien contre votre horrible climat, car j'imagine qu'il doit faire humide et sale à Paris.

Il n'était pas difficile, en général, dans la province de Québec de trouver du travail il y a trente ou vingt-cinq ans. Mais quand on est rendu au bout de ses sous, il est bon de n'avoir pas à chercher longtemps. On imagine que Hémon retourne à Saint-Gédéon

---

2.   *Le 12 février 1913 était un mercredi.*

le cœur léger, assuré de remplir son gousset dans un avenir très rapproché, de reconquérir sa chère indépendance et de poursuivre sa vie nomade à la première occasion.

Il nous parlera dans des lettres subséquentes de sa ville d'élection. Mais le témoignage de M. le chanoine Lapointe, aujourd'hui curé de Jonquière, apportera quelques autres éclaircissements :

« J'ai été curé vingt ans à Kénogami, dit-il. J'y ai été nommé au commencement de janvier 1913. Il y avait à ce moment-là 65 familles catholiques. Mais la population était beaucoup plus considérable, en raison de la présence là de quelque six cents ouvriers de toutes les nationalités imaginables. C'était l'époque de la construction des moulins à papier et de l'inauguration des machines. La future ville était une fourmilière. Il y avait un hôtel de luxe, le *Staff House,* où logeaient la plupart des officiers de la compagnie et certains employés. Deux autres hôtels, qui n'étaient en somme que de vastes hangars, le *King George* et le *Saguenay,* recevaient le gros des bâtisseurs des moulins et de la ville. D'autres enfin allaient se loger à Jonquière, petite ville plus ancienne construite elle aussi sur le bord de la rivière au Sable. La ligne qui sépare ces deux villes aujourd'hui est purement imaginaire. On dirait une même ville qui aurait la forme d'un « S » immense. En 1913, le bureau de poste de Kénogami n'était qu'un hangar. Mon ami, Henri Loudin, aujourd'hui à Québec, était alors maître de poste. Tiens, voyez-le donc : il a dû connaître Louis Hémon, de même que son compatriote Labade, tous deux Français comme Hémon.

La boue de Kénogami ? Ce n'est pas une légende. C'était plus que de la boue, c'était de la bouette...

Départ pour Kénogami

Entre son voyage à Kénogami et son départ définitif de Saint-Gédéon, on peut conjecturer que Louis Hémon a travaillé avec plus d'assiduité encore que les semaines précédentes à la rédaction de son roman sur Péribonka. Ses pleines journées libres allaient prendre fin. Après neuf heures passées dans un bureau, le travail littéraire est plus dur à reprendre le soir chez soi, dans le secret de sa chambre. Aussi quand il dit adieu à la famille Tremblay, chez qui il a passé près de deux mois, la plupart des chapitres du livre sont-ils brouillonnés. Le gros de l'œuvre est fait.

Comment expliquer ce départ vers Québec, quand Hémon s'en va travailler à Kénogami et qu'il eût dû prendre le train allant dans la direction opposée ? Ce peut être un subterfuge ; ce peut être aussi une raison d'affaires. Hémon a sans doute besoin de renouveler certains vêtements. Il s'en va travailler dans un burea et non plus chez un habitant. Les gens de Saint-Gédéon eux-mêmes, aujourd'hui encore, vont magasiner à Saint-Jérôme. Il y a là plusieurs magasins ; le choix de la marchandise est varié. Hémon a peut-être suivi le courant. Si la chose est exacte, il a payé à dessein sa dernière quinzaine de pension avec des couvertures et des bottes afin de conserver quelques dollars pour renouveler sa lingerie.

Son séjour

Mais retournons à Kénogami et restons-y. Là est Hémon pour quelques semaines.

À qui a-t-il eu affaire aux bureaux Price lors de sa visite du 12 février ?

M. Oswald Porritt, de Montréal maintenant, occupait alors un très haut poste à Kénogami. En 1910, il a acheté à son nom personnel de vastes terrains de Trefflé Bergeron, qu'il a remis immédiatement à la compagnie Price. Il a acheté trois terres complètes et d'autres morceaux de terrain. Quand il est reparti de Kénogami au cours de 1913, une ville était née.

« Louis Hémon, l'auteur de *Maria Chapdelaine ?* répond-il, mais oui, je me souviens de lui. Il travaillait dans le bureau et logeait au *Staff House.* C'était un garçon très tranquille, qui ne faisait pas de bruit, un employé très consciencieux. Mais oui, je me rappelle, il portait une petite moustache. Cependant, non, ce n'est pas moi qui l'ai engagé, ce n'est pas moi qui l'ai convoqué par télégramme. Ce doit être ou M. Smith ou M. Ryan ou M. Bradley... Voyez donc ces messieurs. »

En revenant de Détroit, où j'avais vu Mme Lamontagne, j'ai fait une halte à Toronto. M. W.-H. Smith, ancien comptable des Price à Kénogami, est aujourd'hui le secrétaire-trésorier de la puissante compagnie *Abitibi Paper Corporation.* C'est un homme de haute taille et de grande complaisance. Dans son grand bureau frais — un autre ami du froid — il examine les documents. À son

Médaille du prix littéraire, en 1913

Projet de monument par Alfred Laliberté

Foyer Maria-Chapdelaine à Péribonka

Stèle érigée à Péribonka en 1919

*Musée et maison habitée
par Louis Hémon à Péribonka*

grand regret, il ne se rappelle pas avoir vu ou connu Louis Hémon. Les notes marginales sur les documents ne sont pas de lui, mais il lui vient une idée :

« C'est l'écriture de Ryan ! J'ai précisément ici une lettre de mon ami Ryan de Montréal. Tenez, regardez, comparez ! »

Il n'y a pas de doute, c'est l'écriture de M. Ryan. M. Smith me fournit son adresse à Montréal. Avant de prendre congé, je lui fais voir les photos. Celles-ci ne l'aident pas à se rappeler les traits de l'auteur de *Maria Chapdelaine*. Il ajoute qu'il a logé au *Staff House*, mais seulement à partir de juin 1913, qu'avant cela il logeait à l'hôtel *Commercial* de Jonquière. M. Ryan l'a imité, et s'est déplacé à la même date que lui pour adopter le *Staff House*.

Le lendemain de ma visite à M. Smith à Toronto, j'ai vu M. Ryan à Montréal. Sous mes yeux, il a écrit les mêmes mots que sur les documents et il a identifié lui-même son écriture de 1913. Il est donc désormais hors de doute que c'est M. Ryan qui a écrit *Staff Agreeements* au haut de la lettre du 4 février de Louis Hémon pour raison de classification ; qu'il a écrit les mots « Security Life Ins. », etc., au bas de la même lettre, et quelques autres mots relatifs au salaire au bas du télégramme du 11 février ainsi que le parafe sur la lettre du 14 février provenant de la *Security Life*. Cependant, M. Ryan a eu beau examiner les photos, il n'a pu se rappeler l'image de Louis Hémon.

« Je dois confesser, dit-il, que j'ai mauvaise mémoire des figures. Je retiendrai mieux les noms, mais dans ce cas, je ne me rappelle même pas avoir eu un employé de bureau du nom de Louis Hémon. Tout de même, je peux affirmer que les notes marginales sur les documents que vous m'avez fait voir ont bel et bien été tracées par moi.

« Cependant, je suis très heureux d'apprendre que j'ai été le patron de l'auteur de *Maria Chapdelaine*, que je lui ai parlé, que j'ai échangé des télégrammes avec lui. Je ne m'en serais pas douté ; il fallait vous pour me l'apprendre. »

La présence de la lettre de recommandation de la *Security Life*, dans les archives de la compagnie Price, indique que le 12 février, M. Ryan, recevant LouisHémon et fixant les conditions de son emploi, a désiré obtenir une lettre de ses anciens patrons. Hémon a répondu qu'on pouvait avoir des renseignements sur lui en s'adressant à la *Security* [3]. Puis, sur le télégramme de Hémon, il a inscrit : $60 par mois, ensuite $70 si le travail est satisfaisant. La lettre de recommandation n'a pas mis de temps à parvenir à Kénogami. M. W. Crossbee Baber, qui malheureusement ne se rappelle pas Hémon, lui a cependant rendu un excellent témoignage. M. Ryan l'a reçue le 17 et l'a parafée avec une certaine fantaisie.

Voici la teneur de la recommandation :

The Security Life Insurance Company of Canada
    286 St. James St. Montréal

February 14 th

Messrs. Price Bros. Co. Ltd.,
    Jonquière,
    Que.

Dear Sirs : —
    I have your letter with regard to Mr. L. Hemon.

Mr. Hemon worked for this Company from the middle of November 1911 to June 15 th. 1912, as a French and English stenographer, and gave us every satisfaction ; his work being carefully and conscientiously done.

Mr. Hemon left our employ on his own accord.

Yours very truly
(Signé) Baber

On remarquera que ceux qui rendent témoignage à Hémon sur son travail recourent au mot *consciencieux* pour le qualifier. C'est une excellente note.

Le 27 février, Hémon donne de ses nouvelles à sa famille, très brièvement :

Kénogami, 27 février 1913

Me voilà installé depuis quelques jours déjà à Kénogami dans le confortable et le luxe : mais... il se pourrait que je m'en aille bientôt tout de même.

Jusqu'à nouvel ordre pourtant toute correspondance devra être adressée ici.

Le temps est beau. Ton thermomètre pend dans ma chambre, car, après expérience, j'en ai fait un instrument d'intérieur : comme thermomètre d'extérieur, il était un peu insuffisant, parce qu'il se trouve que ce mois de février est le plus froid de tout l'hiver et que le mercure du thermo se pelotonnait chastement dans la boule du bas et refusait de monter sous aucun prétexte dans le tube gradué...

---

3.   La lettre de M. Ryan aurait été détruite en même temps que l'hypothétique lettre de Louis Hémon à la Security de novembre 1911 par la Confederation Life Association, qui a absorbé la Security.

Si Hémon est installé dans « le confortable et le luxe », il travaille donc et reçoit un salaire.

M. MacGowan, le patient et heureux chercheur, encouragé par la première découverte, a poursuivi ses recherches. Il pouvait bientôt m'annoncer de bonnes nouvelles : « We did locate a monthly salary payroll for the month of February, 1913, in which Mr. Hemon's name shows. The rate of salary paid was marked at sixty dollars per month, but as the salary paid was only eleven dollars, it indicates that he worked here less than a week. Deducted from this eleven dollars is an amount of six dollars for *Staff House* board which confirms the fact that he stayed at the *Staff House,* and as six dollars is just about the amount he would pay for one week's board, it appears that he was there for probably one week. » Dans cette même lettre, il ajoutait cette chose d'apparence invraisemblable : « Mr. Hemon's name does not appear on our March payroll in the year 1913. »

Tout cela confirme bien que Louis Hémon a quitté Saint-Gédéon le lundi matin 24 février, que dès le lendemain matin il travaillait. Comme le 28, dernier jour du mois, tombait un vendredi, Hémon n'a touché, pour cette courte fin de mois à $60 par mois de salaire, que la modique somme de $11. Les renseignements fournis par M. MacGowan établissent aussi hors de tout doute un fait que j'ai essayé de vérifier auprès de plusieurs dizaines de personnes, à savoir que Louis Hémon logeait au *Staff House,* comme il dit lui-même « dans le confortable et le luxe ». Cela peut paraître contre ses habitudes, mais pour peu de temps il peut toujours s'accorder un peu de luxe, pour faire contraste avec Péribonka. D'ailleurs, peut-être sait-il à ce moment-là qu'il gagnera assez cher le temps qu'il sera à Kénogami ? Il peut bien consacrer le quart de ses revenus à son logement et à sa pension.

En effet, Louis Hémon allait récolter en mars une somme assez rondelette, même recevoir le plus gros salaire probablement de toute sa vie. Sur réception de la lettre susmentionnée de M. MacGowan, disant qu'on ne retraçait pas le nom de Louis Hémon sur la liste de paye de mars, je me suis mis à relire les lettres qui suivent pour essayer de percer le mystère.

Moins de quinze jours après son arrivée à Kénogami, une autre lettre (11 mars).

Ma chère maman,

Quelques lignes pour vous faire savoir que je suis toujours dans la plus radieuse des santés et aussi que, m'étant maintenant habitué au tourbillon de Kénogami, je suis bien installé pour jusqu'à juin.

Entre parenthèses. Tu m'avais bien dit que les *Filles de la pluie* étaient de mœurs légères. Elles se sont fait enlever quelque part entre Paris et St-Gédéon. Te l'ai-je déjà dit ? Car elles ne me sont jamais parvenues.

Le printemps approche de vous. Ici, nous en parlerons dans deux mois. On n'est d'ailleurs pas pressé, vu que la température actuelle est assez plaisante et que la venue du printemps, paraît-il, se manifeste, à Kénogami surtout, par l'apparition d'une boue prodigieuse, dont nulle autre localité au monde n'a l'équivalent. Les indigènes en sont un peu fiers.

Je ne suis plus au Canada français que géographiquement, étant entouré d'Anglais et de *Yanks*. Car j'habite à l'hôtel que la Cie a fait édifier pour son personnel, hôtel somptueux d'ailleurs et infiniment confortable : chauffage central, naturellement, électricité, bains partout. Aux repas, du dindon et poulet rôtis, des oranges importées directement de la Jamaïque. Cela me change de Péribonka : mais j'étais tout de même plus heureux sous la tente...

Onze jours plus tard une deuxième :

Kénogami 22 mars 1913

Ma chère maman,

J'ai bien reçu tes cartes, lettres et journaux, aussi bien ceux qui ont été à Saint-Gédéon que ceux qui sont venus directement ici. Merci pour le tout.

Merci également de ton offre de souscription pour des fourrures. Des fourrures ! Seigneur, qu'en ferais-je ? D'abord le printemps arrive ; ensuite j'ai fait deux hivers canadiens avec un bon vieux pardessus qui avait déjà deux ou trois ans de service, et je ne m'en porte pas plus mal. Enfin des fourrures seraient terriblement encombrantes pour moi dont c'est l'ambition principale de pouvoir promener toutes mes possessions terrestres dans un sac de voyage, sinon dans mes poches. J'y suis arrivé à peu près maintenant et ce ne serait guère le moment d'augmenter ma garde-robe d'objets aussi peu indispensables.

Cela dit, je peux bien t'avouer que le bureau de poste de Kénogami est assez civilisé pour connaître l'usage des mandats. (Celui de Péribonka aussi, d'ailleurs — ce n'était qu'une ruse habile pour me défendre contre des largesses intempestives). Mais je n'ai besoin de rien.

Nous avons eu quelques jours de temps doux et de la pluie, la première pluie. La neige a commencé à fondre : mais cela n'a duré que deux jours ; le vent du nord-ouest a repris et aujourd'hui il fait de nouveau un temps confortable, du soleil et 15° au-dessous.

Une lettre du 26 mars 1913 à madame Félix Hémon demande l'envoi d'un « manuscrit dactylographié portant le titre *M(onsieur) Ripois et la Némésis,* de 230 à 250 pages », lequel se trouve parmi les papiers contenus dans «la malle qu'en quittant

Londres je t'avais envoyée ». Il précise : « Tu n'as qu'à me l'envoyer ici. »

Une quatrième lettre donne une indication importante.

Kénogami 28 mars 1913

Changement de domicile — À *Montréal* à partir du 1er Avril. Je prendrai les mesures nécessaires pour que la correspondance déjà en route y soit expédiée. Mais à partir de la réception de ce mot, écrivez à Montréal, Poste restante.

Après lecture de ces lettres, aucun doute : Hémon a passé le mois de mars à Kénogami. Il faut qu'il l'ait passé à gagner bon salaire puisqu'il fait bombance à l'hôtel somptueux et infiniment confortable. Où peut-il travailler ailleurs qu'aux moulins Price ?

J'ai mis M. MacGowan au courant du contenu des lettres de mars de Louis Hémon. Pendant des semaines, il a multiplié ses recherches : papiers jaunis, livres de comptabilité âgés de plus de vingt-cinq ans. Puis le 3 janvier 1939, il pouvait m'écrire : « The statements you make in your letter of October 15 th (1938) are apparently substantially correct because I have now made a new discovery ; that, whereas Mr. Hemon was not shown on our salary Payroll of March, 1913, yet between the 28 th and the 31 st of March that year, he was paid an amount of ninety-five dollars ($95.00) from our *Petty Cash Fund* [4] , which amount was charged to office salaries account. It is difficult to reconcile how this amount was calculated because it apparently covered more than the month's salary. We have no further details in connection with this amount. There were no *Staff House* deductions made from this payment and probably he paid his board in cash at the *Staff House*. Our cash receipt records are not clear on this point. »

Et voilà le secret de l'affaire : Louis Hémon, apparemment assigné à un travail spécial, se fait verser à l'avance sa redevance du mois pour pouvoir filer à Montréal au plus tard le dernier jour de mars et il paye lui-même le Staff House au lieu que des déductions soient faites sur son salaire [5] .

---

4. Le *Petty Cash Fund* est un fonds qui permet à un chef de bureau ou au comptable de faire des avances à un employé dans des circonstances exceptionnelles.

5. *Pourrait-on supposer que, après quelques jours au Staff House, Hémon aurait pris pension ailleurs, soit pour payer moins cher, soit pour échapper davantage à l'attention ?*

À Kénogami et ailleurs, j'ai peut-être interrogé cent cinquante personnes en leur posant comme première question : « Avez-vous connu Loius Hémon à Kénogami ? » À part, celles que j'ai nommées plus haut, aucune n'a pu me répondre affirmativement.

M. Charles Louthood, de Kénogami, employé des Price, a connu Hémon, mais pas à Kénogami : à Péribonka, en passant chez Samuel Bédard. Il achetait alors du bois pour la compagnie. Il a simplement échangé quelques mots avec le futur romancier à Péribonka. Il ne s'est pas trouvé à le revoir à Kénogami.

Ni Moïse de la Sablonnière, ni Henri Loudin, ni le douanier Labade, ni l'ingénieur Harry Bennett, ni Jos Martel, ni le Jerseyais Philippe Heller qui mangeait au Staff House en 1913 et avait sa chambre au-dessus de son magasin, tous Français, ne se rappellent Hémon.

Mme W. G. Reid (Mlle Couture en 1913) travaillait au bureau de poste de Kénogami. Elle se souvient bien que des lettres au nom de Louis Hémon, venant de France, lui sont passées par les mains, mais elle ne l'a pas connu.

CHAPITRE QUATORZIÈME

CHEZ LEWIS BROTHERS

Louis Hémon retombe dans Montréal moins de dix mois après en être parti. Il se sent désormais un peu chez lui dans cette grande ville, qu'il n'aime pas beaucoup mais qui lui est tout de même hospitalière et l'assure de son pain. Sa lettre du 7 avril va nous renseigner sur l'endroit où il niche et nous fournir d'autres informations :

Poste restante

Montréal 7 avril 1913

Me voici à Montréal depuis quelques jours déjà. Mon adresse ici est, pour le moment, 201, rue St-Christophe, mais continue à tout m'adresser *Poste Restante*.

J'ai laissé Kénogami encore enterré sous la neige, naturellement, et voici qu'à Montréal je trouve les trottoirs et les rues déjà déblayés, comme en été. Il fait pas mal froid et il neige encore un peu tous les jours ; mais c'est le printemps tout de même comparé à ce que c'était là-haut ; j'ai les impressions de quelqu'un qui fait un voyage dans le Midi — tout est relatif.

Rien de changé à Montréal ; j'ai retrouvé des connaissances de l'hiver dernier. Je serais bien resté un ou deux mois de plus à Kénogami ; mais j'étais arrivé au mauvais moment ; on a commencé à réorganiser les choses peu à mon goût ; alors j'ai pris le train.

Rien dans cette lettre qui n'indique que Louis Hémon revient du Lac Saint-Jean porteur d'un trésor inestimable. Pendant le laps de temps qu'il a passé à Péribonka, à Saint-Gédéon, la vie paraît avoir été extrêmement calme, régulière, normale. Pourtant, dans sa vie à lui, Hémon, il s'est produit un grand événement : il a vu un spectacle incomparable ; il a assisté à l'épopée de la colonisation en action ; il l'a croquée sur le vif. Ceux qui l'ont connu n'en soupçonnent rien. Une seule personne fera allusion à ses écrits : son futur patron immédiat, M. Ralph-H. Dawson, à la quincaillerie en gros Lewis Bros., où il commence à travailler le mercredi 9 avril. Un jour, M. Dawson a commis une petite indiscrétion et il a taquiné Hémon. Mais n'anticipons pas.

Lewis Brothers

La quincaillerie Lewis Bros est une des plus anciennes maisons de ce genre à Montréal. Elle occupe un vaste immeuble de sept ou huit étages rue Bleury, près de la rue Craig, dans le quartier des affaires.

Ayant gagné environ $106 à Kénogami en cinq semaines, Louis Hémon pouvait avoir encore en poche une cinquantaine de dollars lors de son retour à Montréal. Une semaine s'était à peine écoulée qu'il gagnait déjà quinze belles piastres par semaine dans les bureaux de la quincaillerie Lewis Bros.

Au cours d'un entretien, j'ai mis sous les yeux de M. Dawson cette annonce classée retracée dans *la Patrie* du 8 avril 1913 : « Sténographe demandé. Un de premier ordre, français et anglais. Doit être stable et bon traducteur. S'adresser à Boîte Postale 1450 ».

« Mais, s'est exclamé M. Dawson, 1450, c'est encore le numéro de la case de la maison Lewis à l'hôtel des Postes ! Vous avez là la clef de l'entrée de Louis Hémon au service de notre maison. Cette annonce a paru le 8 avril ; il est entré le 9. Comme il n'est pas fait mention d'adresse dans l'annonce, il n'a pu venir offrir ses services en personne. Il lui a fallu écrire à la case postale 1450. Conséquemment, il y a une lettre là-dessous. Existe-elle encore ?

M. Dawson me fait voir sur-le-champ une feuille de papier à lettre portant l'en-tête de la maison. Le numéro 1450 y est bien mentionné. Toujours est-il que le 9 avril Louis Hémon entrait au service de la Quincaillerie Lewis, sous la juridiction de M. Dawson.

« M. Hémon posa une condition à son engagement, dit M. Dawson. Désireux d'éviter la dépense de location d'une machine à écrire, il me demanda la faveur d'utiliser celle de mon bureau une heure avant l'ouverture et une heure après la fermeture des bureaux, ce qui lui fut accordé sans difficulté. De sorte que c'est dans cette maison, dans l'angle nord-est du troisième étage, que Louis Hémon a tapé à la machine, une machine de 1905, en double copie, le manuscrit de son célèbre roman *Maria Chapdelaine*, qu'il devait expédier au *Temps* à la veille de son départ pour l'Ouest et quinze jours seulement avant sa mort.

— Avez-vous cherché à savoir ce qu'il écrivait, ou vous a-t-il mis de lui-même au courant ?

— Au début, il me disait qu'il écrivait des nouvelles, des *short stories* sur le pays de Québec et sur les Canadiens français. Plus tard, j'en ai su plus long, et voici comment. Il avait laissé, un jour, sur son pupitre, pendant son déjeuner, un carbone qui n'avait servi qu'une fois. La curiosité m'a emporté. Il était facile de lire à l'envers ce que Louis Hémon venait de transcrire. C'est ce jour-là que j'ai lu pour la première fois le nom de Maria Chapdelaine. J'ai dû lire tout un paragraphe...

« Quand Hémon est rentré, je lui ai dit : « Vous avez laissé un carbone qui vous a trahi, M. Hémon. Vous que je pensais le dernier homme à parler des femmes, je vois que vous écrivez des nouvelles où les femmes interviennent. Maria Chapdelaine ? C'est le nom de l'une de vos héroïnes ? — Oh ! répondit-il en réprimant sa surprise de mon indiscrétion et son malaise, les gens aiment ça. »

« Les jours suivants, je le taquinais parfois en entrant au bureau le matin, le trouvant à taper son manuscrit. Je disais : « Et comment va Maria, ce matin ? — Elle a gagné quelques lignes... » disait-il. [1] C'est le matin que Louis Hémon écrivait le plus pour lui-même. Les portes étaient ouvertes à 7 heures et à 7 heures précises, avant de déjeuner, il montait au bureau du troisième étage pour transcrire quelques nouvelles pages de son manuscrit. Un peu avant neuf heures, il allait prendre une tasse de café. Il lui est peut-être arrivé quelquefois de luncher d'un sandwich le midi au bureau et de taper aussi son manuscrit pendant l'heure allouée au repas. Mais il sortait presque toujours le midi, rentrait

---

1. Je crois que Hémon achevait son roman à cette date. car il commençait à parler sérieusement de l'Ouest.

bientôt et, s'il en avait le temps, tapait quelques paragraphes avant de se remettre à la correspondance d'affaire et à la traduction technique. Le soir, il est arrivé souvent qu'après le dîner il revint travailler toute la veillée pour lui-même avec le consentement du gardien de nuit. On peut dire que *Maria Chapdelaine* a accaparé tous ses loisirs pendant quelques mois. On peut dire, en somme, que Louis Hémon a passé environ six mois à imaginer son roman, puis qu'il a passé six autres mois à l'écrire. Ici, il paraissait travailler sur un brouillon de manuscrit, mais il avait aussi des notes sur toutes sortes de bouts de papier, y compris du papier hygiénique. . .

« Louis Hémon était très honnête, poursuit M. Dawson. Il apportait son propre papier à copie et son propre carbone. J'appelle cela de l'honnêteté selon l'éducation européenne, car l'éducation américaine n'a jamais enseigné pareille honnêteté. Et pourtant, nous n'aurions rien dit si Hémon s'était servi de papier blanc et de papier carbone à même les tiroirs de son pupitre, qui en étaient remplis.

« Son pupitre était adossé au mur nord du bureau. En levant les yeux, il pouvait voir en face et à droite deux scènes de pêche, bien propres à lui inspirer une certaine nostalgie de la vie au grand air, en pleine nature, comme il l'aimait. Moi aussi, j'aimais et j'aime encore, malgré mes soixante ans sonnés, l'espace, la nature sauvage. Combien de fois nous avons parlé voyage, randonnées, courses, excursions de chasse et de pêche ! Il m'a raconté que pendant son séjour à Londres, il s'est acheté une bicyclette — véhicule très en vogue alors chez les adultes — et qu'il a fait son tour d'Angleterre et d'Irlande. Il devait être bon pédaleur, car il était bon marcheur. »

M. Dawson parle de Louis Hémon avec une sorte d'attendrissement. Il a compris plus que d'autres l'original écrivain. Fervent des voyages, liseur, collectionneur, il fut l'un des seuls Canadiens qui aient pénétré quelque peu l'âme, étrange et incomprise de la plupart, de Louis Hémon, romancier. Il est visible qu'il a gardé de ce jeune Français une très forte impression que le temps aurait pu effacer, mais que la célébrité qui s'est attachée au roman de Péribonka et au nom de son auteur n'a fait qu'aviver davantage. D'autres souvenirs lui remontent à la mémoire :

« Si j'ai toujours ignoré son domicile, dit-il, je crois savoir qu'il allait souvent à une bibliothèque publique le soir. Sur les larges tables, il pouvait étaler ses papiers, retoucher son brouillon et préparer ainsi la copie définitive du lendemain. À mesure que les beaux jours venaient, il allait s'asseoir dans les parcs et dans la montagne. Il regardait, il observait, surtout les enfants. Son imagination entrait tout de suite en mouvement. Il y avait beaucoup d'immigrants alors, qui faisaient connaissance en famille avec les coins de fraîcheur de la ville. Ainsi, s'il voyait s'ébattre de petits Tchécoslovaques — je tiens ces détails de lui-même — il cherchait à se faire une image de leurs parents, des raisons qui les avaient poussés à immigrer au Canada, de l'avenir qui leur était réservé ici, etc. Il bâtissait de cette façon des *short stories.* »

Séjour et problèmes

Que raconte Hémon à sa famille pendant son deuxième séjour à Montréal ? Les lettres paraissent avoir été plus rares. Dans celle du 20 avril il laisse entendre que l'idée de l'Ouest le reprend pour de bon, puisqu'il songe à quitter Montréal au début de juin. L'idée de l'Ouest ? C'est donc que son projet d'aller faire la moisson dans les Prairies n'a été qu'ajourné par le périple du Lac Saint-Jean ?

> Montréal, 201 St-Christophe
> 20 avril (sans année)

Ma chère maman,

Quelques lignes pour te faire savoir que tout continue à aller pour le mieux dans le meilleur des mondes (réels) possible. Ah ! Ha !

... Je ne quitterai pas Montréal avant le commencement de Juin, quand la belle saison chaude sera venue pour de bon.

J'ai bien reçu une lettre et un paquet de journaux transmis de Kénogami ; également une carte m'avertissant qu'un paquet m'attendait à la douane. Etait-ce « Les Filles de la Pluie » ? Toujours est-il que, de plus en plus volages et incertaines, elles n'ont pas encore fait leur apparition à Montréal. Je poursuis des recherches, tant ici qu'à Kénogami, Chicoutimi et autres lieux, et je ne désespère pas de les trouver enfin.

Avec les descentes de Zeppelin et les « incidents » de Nancy vous avez l'air pas mal agités, de votre côté de l'eau ; sans compter les grèves Belges et les facéties des suffragettes en Angleterre ! Il faut venir sur le nouveau continent pour goûter la paix des existences heureuses.

Quelques jours plus tard, Hémon s'empresse d'annoncer que les « volages et incertaines » *Filles de la Pluie* lui sont arrivées et en double !

À ma sœur, Marie Hémon, le 26 avril 1913 (primeur) :

Tu ne manques pas d'une certaine impudence, de prendre connaissance de manuscrits strictement privés...

Au reçu de cette lettre, tu vas remettre dans ma malle tous les papiers que tu as pu y prendre. Tu refermeras ladite malle et tu écriras sur le couvercle « Tabou ». Ceci te servira de mot d'ordre. Si j'envoie d'autres papiers à Paris, tu les mettras dans la malle sans seulement glisser le plus petit coup d'œil sous la couverture. J'ai dit.

Une bonne histoire ? J'ai trouvé hier soir sur ma table en entrant chez moi, les *deux* exemplaires des *Filles de la Pluie*. Parfaitement. Arrivées ensemble de quelque cachette mystérieuse à Chicoutimi ou ailleurs. Deux exemplaires du même livre, ça me donne la sensation de la vie à grandes guides !

Le manuscrit que tu m'as envoyé[2] m'est bien parvenu, et en parfait état. Merci. Non ! il ne paraîtra pas ici ! Si tu connaissais le Canada français, tu n'émettrais pas de supposition aussi comique.

... Tout continue à aller fort bien : santé et le reste. J'en ai encore pour cinq à six semaines à Montréal, probablement.

Malgré le peu de temps libre dont il dispose, étant donné que ses loisirs vont d'abord à *Maria Chapdelaine,* on peut conjecturer que Louis Hémon entame la lecture des *Filles de la Pluie,* livre simple, narratif, de style dépouillé. Somme toute, un livre écrit dans le style hémoniste. Si l'idée du prix Goncourt est jamais passé par la tête de Louis Hémon, il a dû se dire après avoir lu un certain nombre de pages : « Je peux courir ma chance moi aussi et essayer de décrocher le prix Goncourt avec mon roman sur les colons de Péribonka. »

Où il loge

Dans sa deuxième et sa troisième lettre du mois d'avril 1913, Louis Hémon donne pour adresse : 201, rue Saint-Christophe. À ce moment-là cette rue avait encore un cachet de bourgeoisie. Toutes les familles se connaissaient et se rendaient visite. La maison portant le numéro 201 — aujourd'hui elle porte le numéro 1213 — est située plus près de la rue Dorchester que de la rue Sainte-Catherine. Une dame s'y faisait surtout remarquer : « la

---

2 En mars 1913, Hémon avait demandé à sa sœur de lui envoyer un des deux manuscrits du roman *Monsieur Ripois et la Némésis.* Ce manuscrit que Hémon a par suite renvoyé à sa famille, ne lui est jamais parvenu. Par bonheur il en restait une copie à Paris (McAndrew, p. 50).

Comtesse. » C'était une Française qu'on considérait comme un peu excentrique. Elle s'habillait toujours en jeune et affichait une coquetterie qui était peu de son âge. Tous les matins, elle se payait la fantaisie d'envoyer une rose au capitaine Taschereau Beaudoin, chez qui logeait Louis Hémon.

M. Joseph-H. Beaudoin, employé des postes, fils du capitaine, a gardé de vagues souvenirs d'un jeune homme qui a logé au 201 de Saint-Christophe.

« Je sais que c'était un jeune Français. Il a d'abord demeuré dans une chambre assez grande donnant sur la rue. Puis, il est parti. Il est revenu ensuite. Comme la chambre d'en avant était occupée, il a pris une petite chambre en arrière, qui était la mienne. Je travaillais jusqu'à onze heures et minuit au bureau des postes. C'est à peine si je pouvais entrevoir de temps en temps les chambreurs. Je me souviens d'une recommandation que m'avait faite Mlle Lachance à propos de ce jeune Français : « Fais pas de bruit quand tu rentres la nuit parce que j'ai un bon chambreur qui écrit le soir et je ne veux pas le perdre. »

Si ce jeune Français est Louis Hémon, le récit de M. Beaudoin fils laisse à entendre que Louis Hémon avait commencé à occuper une chambre au 201 de la rue Saint-Christophe pendant la dernière partie de son premier séjour à Montréal, ce qui est tout à fait possible.

Quelques-uns qui l'ont vu

Mme Ephrem Prairie, parente de Mme Grenier et de Mlle Lachance, porte allègrement ses 80 ans.

« Je me rappelle, dit-elle, avoir parcouru le logement de mes nièces, rue Saint-Christophe, au printemps de 1913 et d'avoir entrevu Louis Hémon passant dans la maison. Mes nièces m'ont dit que leur chambreur passait son temps à écrire dans sa chambre et qu'il y soupait le plus souvent de quelques sandwichs qu'il s'apportait en revenant de son travail. Je me souviens d'avoir eu la méchanceté de faire la remarque suivante en passant devant sa petite chambre sombre : « Pour un écrivain, il n'est pas difficile. » La chambre était située en arrière et les maisons ou autres constructions voisines empêchaient la lumière d'y entrer. Quand Hémon est passé sous ma vue dans la maison, mes nièces m'ont dit : « Tiens, c'est lui, ça, c'est notre petit vieux ; c'est lui qui écrit. » Et

Mme Grenier d'ajouter : « Je trouve ça fou, moi, passer son temps à écrire. »

Mme Prairie regarde les photos de Louis Hémon et dit :

« Je me rappelle cette figure, surtout le regard, le bas du visage... »

Un autre témoin octogénaire, M. Alcidas Archambault. Au printemps de 1913, il demeurait porte voisine de M. Taschereau Beaudoin. Il se souvient d'avoir vu Louis Hémon, jeune homme pas bien gros, pas très grand non plus.

« Je l'ai vu, dit-il, des fois assis avec mon neveu Arthur Benoît... Moi, je n'ai jamais eu affaire à lui. »

Hémon a-t-il passé les trois mois de son séjour de 1913 à Montréal rue Saint-Christophe ? À la fin d'avril ou au commencement de mai, n'a-t-il pas émigré un peu plus à l'Ouest pour se rapprocher de son travail rue Bleury ? M. Dawson, qui n'a jamais connu l'adresse de Louis Hémon à Montréal, opine cependant que son secrétaire a habité au moins quelques semaines dans une famille de langue anglaise, irlandaise, croit-il, peu éloignée de l'immeuble Lewis Bros. Mes recherches ne m'ont pas permis d'éclaircir ce point. En outre, du 26 avril au 24 juin, les lettres de Louis Hémon se sont faites plus rares et on ne m'en a pas communiquées qui contiennent quelque renseignement à ce sujet. Hémon jugeait peu important de répéter son adresse ancienne ou nouvelle, étant donné qu'il faisait adresser son courrier poste restante.

Un autre témoin de Louis Hémon, dont il faut regretter la disparition, est M. James-Thurston Smith, secrétaire-trésorier de la maison Lewis pendant une vingtaine d'années. Sa fille, mariée à un artiste de talent, dessinateur de mobiliers du terroir, Mme Jean Palardy, n'a pas connu Louis Hémon ; elle n'était alors qu'une fillette ; elle se souvient cependant de quelques remarques de son père, faites à la maison.

« Mon père parlait bien peu à la maison des affaires du bureau ; rares sont les fois qu'il a nommé un employé. Eh bien, il a parlé à plusieurs reprises de Louis Hémon au printemps de 1913 et à la fin de juin principalement, pour dire qu'il ne comprenait pas que ce jeune Français préférât abandonner un bon emploi pour s'en aller mener une vie d'aventure dans l'Ouest canadien. Mon père ne craignait pas de dire qu'il avait en Louis Hémon le meilleur traducteur qui soit jamais passé par le bureau.

« Enfin, mon père nous avait cité aussi ce trait de Louis Hémon, à savoir son travail personnel supplémentaire en dehors des heures de bureau. Il disait que Hémon était très frugal. Il dépensait peu. On a toujours pensé qu'il envoyait de l'argent à sa famille. »

Parmi les autres meilleurs témoins de Louis Hémon chez Lewis, déjà disparus, il faut citer : les Dansereau, les Gagné, les Pilon, les Bourré, les Lespérance, les Desfossés, les Méthot ; plusieurs autres que nous avons consultés l'ont vu circuler et ne peuvent qu'attester sa présence chez Lewis Brothers.

Témoins de son travail

Mais voici quelques autres témoins qui valent la peine d'être entendus. Tout d'abord M. Ernest Bouchard, ancien employé de Lewis. En 1913, il était à la tête du service des réclamations. Sa correspondance était considérable et il avait souvent affaire à Louis Hémon. De son côté, Hémon consultait fréquemment M. Bouchard pour la traduction de certains termes.

« La maison Lewis, dit M. Bouchard, avait adopté des méthodes de travail tracassières pour le personnel de langue française. Que vous fussiez de langue française ou de langue anglaise, vous deviez dicter vos lettres en anglais. Les lettres destinées aux clients de langue française étaient là et alors traduites par Louis Hémon ou par d'autres. Il y avait toute une armée de sténographes, hommes et femmes. S'il était interdit de dicter en français, il faut dire qu'il se jouait bien quelques tours de même. C'est dans la traduction de ces lettres que M. Hémon me demandait des renseignements. La désignation anglaise de certains articles d'origine canadienne ou américaine inexistants en France posait de véritables problèmes de traduction. Il était difficile de leur trouver un équivalent français. On allait jusqu'à forger des mots. M. Hémon, il faut le reconnaître, nous a donné une leçon de souci de la correction de la langue pendant son séjour chez Lewis. À moitié satisfait des renseignements obtenus parfois des employés, il fouillait dans le catalogue de la Manufacture française d'armes et cycles de Saint-Etienne (Loire) pour déterrer un équivalent français de bonne marque. Quand j'ai connu M. Hémon, il avait moins épais de cheveux que sur la photo de Péribonka et la moustache plus mince. »

Le témoignage de M. Dawson est pareil : « Hémon mettait beaucoup de conscience à désigner les articles en français par leur véritable nom. Il demandait parfois aux vendeurs la traduction habituelle de tel mot anglais, mais souvent il n'était pas satisfait. Alors, il exigeait de voir l'article ou tout au moins l'illustration, puis il trouvait le mot exact, soit parce qu'il le connaissait à l'avance, soit parce qu'il faisait les recherches nécessaires. »

Il paraît que les premières fois que Louis Hémon a feuilleté le catalogue de Saint-Étienne, on s'est simplement moqué de lui, mais qu'ensuite, devant les résultats qu'il obtenait, on regardait ce geste comme un enseignement.

M. J.-Albert Paré, aujourd'hui à l'emploi d'une autre grosse quincaillerie, a légèrement connu Louis Hémon. Il confirme ce que vient de dire M. Bouchard sur l'obligation de la dictée anglaise des lettres.

M. Hector Bouchard, frère de M. Ernest, fonctionnaire municipal en l'an de grâce 1939, était chez Lewis en 1913. Il se rappelle avoir vu Hémon le dos tourné avec nombre de feuilles de papier autour de lui. Il ne se souvient pas de lui avoir parlé, mais cette image de Hémon noyé dans le papier à lettre lui est restée gravée dans la tête...

Au tour maintenant de M. Charles Gobeil, gérant des ventes chez Lewis Bros., lui qui n'était que chasseur en 1913 :

« Ce qui m'étonnait le plus en Louis Hémon, c'était son accent d'abord et sa connaissance de l'anglais. Un Canadien français qui sait l'anglais pour le parler et l'écrire, il n'y a rien d'étonnant là-dedans. Il y en a des milliers. Mais jusqu'alors je n'avais pas encore connu un Français sachant bien l'anglais. Et Hémon pouvait non seulement le parler, mais l'écrire correctement, littérairement même. Ça, ça me renversait... »

M. Raoul Laberge, l'un des plus anciens employés de la maison Lewis, conserve quelques images de Louis Hémon :

« Je me souviens qu'il travaillait au troisième étage, dans le bureau de M. Dawson. Un jour, je l'ai vu assis au pupitre de M. Dawson, en train de prendre une lettre à la dictée. Une autre fois, je l'ai vu en train de causer avec le vendeur Dufresne. Je ne me rappelle pas avoir eu affaire à lui parler. Sa mort et son livre ont gravé ces deux images dans mon esprit. »

Que nous raconte de son côté M. Daniel Charron, homme demeuré dans le commerce de la quincaillerie ?

« Louis Hémon, dit-il, paraissait rivé à son pupitre. Le matin, il était toujours là avant nous autres. C'était un assidu. Il était toujours concentré. Les fois que je lui ai parlé, j'ai eu l'impression de le tirer d'un autre monde. Je travaillais dans un bureau voisin du sien. J'ai été à même de l'observer pas mal. M. Hémon travaillait à la fois pour M. Dawson et pour M. Bourré. Ce dernier est mort. M. Hémon était plutôt lent à écrire à la machine, si je me rappelle bien. »

Mme Boileau, veuve du gardien de nuit de l'immeuble Lewis au printemps de 1913, fournit, à défaut de son mari lui-même, quelques souvenirs intéressants.

« Pour que mon mari me parle de Louis Hémon, dit-elle, lui qui était si peu parlant, surtout des choses de son travail, c'est que ce jeune Français l'avait frappé. Ils étaient deux gardiens. L'un gardait une semaine le jour, l'autre la nuit. C'est sûrement le soir que mon mari a vu Louis Hémon pendant ses heures de travail personnel et lui a parlé. Le jour, il y avait trop de brouhaha. Plusieurs fois, mon mari a dit à table, par exemple : « Je ne sais pas s'il cherche à s'instruire ce M. Hémon-là, mais il travaille toujours. Il a toujours ses feuilles et son crayon, et il écrit et écrit. » Mon mari et lui ont parlé à plusieurs reprises, mais brièvement. Ils n'étaient pas parlants ni l'un ni l'autre, alors. . .les entretiens ne s'éternisaient pas. Quand M. Hémon est mort, mon mari a appris de M. Dawson que son jeune Français travaillait le soir à écrire un livre. Il trouvait ça bien de valeur qu'il soit mort, lui si capable, et il se demandait si Hémon avait eu le temps de finir son livre. »

J'ai vu nombre d'autres témoins de Louis Hémon au travail chez Lewis Bros, mais ils l'avaient vu ou entrevu, tels MM. Linnes, Roussin, Paradis, Lambert, Loranger et autres.

M. Ellis Fletcher Booth, qui estime qu'il n'est jamais trop tard pour apprendre le français et qui suit des cours avec son fils, a eu l'obligeance de laisser photographier deux bas de page d'un livre ancien de comptabilité dans lequel apparaît le nom de Louis Hémon, avec la date de son arrivée d'abord, ensuite avec la date de son départ. Dans la colonne des chiffres, il y avait celui du salaire, soit $15 par semaine. À cause des chiffres voisins, M. Booth s'est opposé à la photographie de la page entière. Scrupules de comptable ! Ces documents font voir que Louis Hémon a commencé à travailler chez Lewis le mercredi 9 avril 1913 et qu'il a cessé le jeudi 26 juin suivant.

Oui et non au restaurant

Louis Hémon a écrit en avril qu'il avait retrouvé des connaissances à Montréal. Lesquelles ? Marcel Bernard, entre autres.

« J'ai connu Louis Hémon, m'a dit M. Arthur Beauchesne, greffier de la Chambre des Communes à Ottawa. Marcel Bernard me l'a présenté au printemps de 1913. Dans ce temps-là j'allais souvent d'Ottawa à Montréal revoir les confrères journalistes. Par deux fois j'ai pris, en la compagnie de Louis Hémon et de Marcel Bernard, qui nous y invitait, un verre de bière dans la taverne située en face du palais de justice, rue Notre-Dame. Marcel Bernard était assis entre Hémon et moi. Hémon tenait son verre levé, coude sur la table et écoutait, souriant, l'air amusé, les blagues du futur billettiste des Hameaux. »

La hantise de l'Ouest

Cependant, la pensée de l'Ouest ne quitte pas Hémon. Elle le harcèle. Sitôt son roman terminé, il abandonnera son travail pour s'engager vers les lointaines prairies. Comment se renseigner sur l'Ouest ? Sans doute, interroge-t-il indirectement celui-ci et celui-là sur cette région encore mystérieuse. On a vu que sa première question au Père Leventoux sur le bateau, c'est : « Connaissez-vous l'Ouest ? ». Des compatriotes le renseigneraient peut-être avec plus d'ampleur et de véracité. Il en cherche qui ont séjourné dans les provinces du Manitoba, de la Saskatchewan et de l'Alberta. Il se rend à l'Union Nationale française, fondée à Montréal vingt-cinq ans plus tôt, ainsi qu'au consulat. On lui fournit le nom de M. Alfred Tarut. M. Tarut est l'un des membres les plus influents de la colonie française à Montréal. Il fait partie du Comité France-Amérique et du bureau de plusieurs sociétés françaises. Il possède plusieurs éditions de *Maria Chapdelaine*, entre autres celle qu'a illustrée Clarence Gagnon, et il s'intéresse vivement à tout ce qui touche à Louis Hémon et à son roman. Les deux visites que lui a rendues Louis Hémon au bureau de courtage O'Brien & Williams, rue Notre-Dame, ont contribué à en faire un hémoniste de la première heure.

« À la suite d'une visite à l'Union Nationale française, société de bienfaisance pour les Français de Montréal, raconte M. Tarut, Louis Hémon est venu me voir dans ce bureau. Il voulait se renseigner sur l'Ouest canadien, où j'avais passé un certain temps. Deux fois, il m'a rendu visite et m'a entretenu de son projet de marcher sur les traces de La Vérendrye. Hémon n'était pas allé au siège de l'Union Nationale française pour avoir du secours : il n'avait besoin de rien. Il cherchait des Français qui avaient vécu dans l'Ouest. On l'a dirigé vers moi.

— Quelle image avez-vous gardé de votre compatriote ? Vous a-t-il fait l'impression d'un bohème, d'un aventurier ?

— C'était un jeune homme à l'air sérieux, paraissant plus jeune que son âge. Mais je vous avoue qu'à ce moment-là je ne me serais jamais douté qu'il portait en lui un chef-d'œuvre et que j'avais devant moi en chair et en os l'auteur de *Maria Chapdelaine*. On a dit qu'il était sourd ? Je ne m'en suis jamais aperçu au cours de mes conversations avec lui.

« Je puis dire, reprend le distingué Français, que je suis l'un de ceux qui ont acheté *Maria Chapdelaine* dès sa publication à Montréal en 1916. Je possède l'édition canadienne avec la double préface de Boutroux et de de Montigny, avec dessins de Suzor-Côté.

— Et celle de Mornay à $75 l'exemplaire avec les eaux-fortes de Clarence Gagnon ?

— Tiens ! une indiscrétion de libraire...

— Alors, c'est vous, M. Tarut, le grand responsable de la mort foudroyante de Louis Hémon en route vers l'Ouest canadien.

— Comment cela ?

— Parce que c'est vous qui lui avez conseillé, je suppose, de gagner l'Ouest ?

— Je m'en défends bien, car je ne l'ai pas encouragé du tout à y aller.

— C'est votre faute quand même, car vous ne l'avez pas suffisamment dissuadé ? »

M. Tarut entend rire et ajoute simplement que tout en laissant Hémon libre de se diriger vers l'Ouest il ne lui avait pas fait un tableau très rose de la prairie immense de là-bas.

« Mais, dit-il, Hémon voulait aller dans l'Ouest pour écrire un autre livre probablement. Ses motifs étaient bien différents des miens quand j'y suis allé moi-même... »

Un bon jour, en compagnie d'un ami, Hémon entre chez le marchand de tableaux Morency, rue Sainte-Catherine, pas loin de la rue Saint-Denis.

« Le souvenir que j'ai gardé de Louis Hémon est un mauvais souvenir : il m'a fait perdre une vente ! »

Voilà ce que répond M. Morency à ma question sur l'auteur de *Maria Chapdelaine*. Dans un décor de gravures, de cadres et de peintures, M. Morency raconte l'incident dont il a été témoin touchant Louis Hémon, sans savoir que c'était lui.

« Au mois de juin 1913, dit-il, deux jeunes gens entrent dans mon magasin. Tous deux ont l'air un peu bohème. Le plus petit des deux était apparemment Irlandais, les cheveux roux, mais parlant bien le français. C'est lui qui faisait les frais de la conversation. Après avoir fait le tour du magasin, il choisit un tableau qu'il voulait acheter. L'achat allait se consommer quand son compagnon, qui n'était autre que le jeune Breton Hémon et qui n'avait pas ouvert la bouche jusque-là, dit assez sèchement : « Non, attendons, laissons faire aujourd'hui, ne nous encombrons pas inutilement. » Quelque temps après, poursuit M. Morency, le jeune homme aux cheveux roux est revenu au magasin et m'a dit : « Vous savez, le type qui m'accompagnait quand je suis venu marchander un tableau, eh bien ! il est mort. C'était Louis Hémon. »

Voici quelques autres détails que m'a donnée M. Dawson sur les derniers temps de Louis Hémon rue Bleury.

« Hémon avait à plusieurs reprises fait allusion à son départ mais je n'avais jamais pris la chose bien au sérieux. Un matin, cependant, mon secrétaire me l'annonça sur un ton qui ne laissait plus de doute. J'allai en informer immédiatement le chef de la maison, M. Lewis. « M. Hémon vous donne-t-il pleine satisfaction ? dit-il. — Jamais je n'ai eu meilleur traducteur, répondis-je. — Essayez de le retenir, alors, en lui offrant un salaire plus élevé. Doublez s'il le faut. » Je revins à Hémon en lui disant que M. Lewis était prêt à doubler son salaire, soit à lui donner $30 par semaine s'il décidait de rester. Hémon n'était pas homme à se laisser gagner par l'argent :

« C'est drôle, dit-il, comme M. Lewis ne comprend pas la vie... La vie, ce n'est pas l'argent [3]. Ce n'est pas travailler tous les jours du matin au soir. La vie, c'est aller ici et là, c'est voyager, c'est observer, c'est respirer un peu de liberté, c'est pénétrer l'âme d'autrui sous différents climats. Je ne comprends pas M. Lewis. » Quelques jours plus tard, Hémon était parti.

---

3. Cf. *La Presse* du 5 décembre 1928. Interview de M. Dawson.

« Immédiatement avant son départ, reprend M. Dawson, nous avons troqué des cadeaux. Il m'offrit son sac de voyage en cuir ; je lui donnai en retour une canne à pêche en télescope qui se dissimule dans une poche. Il s'était acheté, pour porter sur lui les articles essentiels, un gilet de chasseur à poches multiples. Son intention était de gagner l'Ouest par étapes et de marcher le plus possible pour épargner de l'argent et connaître la physionomie du pays...

« Hémon m'a laissé autre chose que sa mallette, ajoute M. Dawson. Il m'a donné la carte géographique de la province de Québec (Rand McNally) qui l'accompagna au Lac-Saint-Jean. Il avait dû l'acheter à Londres ou à Québec ou à Montréal. Elle se vendait dans les kiosques de journaux. Je me souviens qu'il avait fait des croix au crayon aux endroits suivants : Roberval, Mistassini, Péribonka, Jonquière — il ne pouvait indiquer Kénogami, voisin de Jonquière, qui n'existait pas au moment de l'impression de la carte — et quelques autres noms. Par malheur, je ne retrouve plus cette carte, qui serait précieuse et que je donnerais volontiers au musée de Péribonka, comme j'ai donné la mallette et la machine à écrire. »

Après avoir averti ses patrons de son départ, Hémon l'apprend à sa famille. Dans les trois paquets de papiers, il y aura la précieuse copie de *Maria Chapdelaine*.

Montréal. 24 juin 1913 [4]

Chère maman,

Je pars ce soir pour l'Ouest. Mon adresse sera « Poste restante » *Fort William (Ontario)* pour les lettres partant de Paris pas plus tard que le 15 juillet. Ensuite : « Poste restante » *Winnipeg (Man.)* pour les lettres partant de Paris pas plus tard que le 1er août. Après cela je vous aviserai. Marquer toutes ces lettres dans le coin : « To await arrival ». Amitiés à tous. L. Hémon.

P.S. J'ai envoyé à votre adresse (mais à mon nom) trois paquets de papiers, comme papiers d'affaires recommandés. Mettez-les dans la malle, avec mes autres papiers, s.v.p.

En envoyant son manuscrit au TEMPS, Hémon ajoute la note suivante :

« *Attendre que M. Hémon dise à quelle adresse il faut lui retourner le manuscrit en cas de refus . . .* »

---

4. Le timbre du bureau de poste, sur l'enveloppe, se lit : « Montréal. Qué.. June 26. 6 p.m. 1913. »

CHAPITRE QUINZIÈME

À CHAPLEAU ET LES SUITES

« Je pars ce soir pour l'Ouest », a écrit Louis Hémon à sa mère le 24 juin 1913. Un peu plus et il eût pu écrire : Je pars ce soir vers le fatal Chapleau. En partant vers les autres provinces, Louis Hémon courait, en effet, au-devant de la mort. Il fixe comme principales étapes : Fort-William et Winnipeg. S'il s'en va vers la Prairie pour trouver la matière d'un nouveau roman, il songe peut-être à récolter des matériaux dans ces deux villes, dont l'existence dépend en bonne partie du commerce des céréales. Fort-William, c'est la tête des Grands-Lacs, c'est la gueule immense où s'engouffre le blé venu de l'ouest par chemin de fer. Là, on le charge dans des navires construits spécialement pour le transport de cette denrée. Les élévateurs de Fort-William sont célèbres. Hémon se propose peut-être d'y travailler une semaine ou deux afin de se familiariser avec le rouage énorme que le grain de froment a fait surgir sur les bords du lac Supérieur. Fort-William a d'ailleurs pour ville-sœur Port-Arthur, vivant également du commerce des céréales. Mais à Fort-William et à Port-Arthur, le voyageur est déjà à 1,000 milles de Montréal, soit à 1.600 kilomètres environ, et il rencontre toutes sortes de noms : français, anglais, indiens, tels : Deux-Rivières, Cartier, North-Bay, Sudbury, Metagama, Kinogama, etc.

De cette première étape à Winnipeg, il reste encore 400 milles ou 660 kilomètres. Winnipeg, c'est la métropole de l'Ouest, la capitale du blé, le pendant canadien du Chicago américain. On commence à s'y sentir loin du Lac Saint-Jean. Le paysage en diffère, mais la différence est encore plus grande avec le Saguenay lui-même. Car au Lac-Saint-Jean il y a de grandes terres plates, comme dans l'Ouest, mais l'atmosphère n'est plus la même du tout. Dans la région du Lac-Saint-Jean, c'est le colon qui ne pense qu'à faire un règne heureux, à acquérir une certaine aisance, mais qui n'ambitionne pas la richesse. Dans l'Ouest, c'est l'agriculteur qui exploite son sol sur une base d'affaires et qui veut avant tout faire de l'argent à la façon de l'industriel. Après de longs printemps et étés de travail, il partira, de l'argent plein ses poches, pour passer ses hivers en Floride. À Winnipeg, on peut fort bien conjecturer que Louis Hémon eût pénétré à la Bourse des Grains, eut longuement réfléchi devant les tableaux couverts de chiffres et eut prêté une oreille indiscrète, en faisant mine de lire un journal ou d'être dans la lune, aux conversations de ses voisins. Quel est donc ce romancier qui donnait le conseil suivant : « Pour être dans la note et capter les dialogues que vous voulez prêter à vos personnages, asseyez-vous à une terrasse, ouvrez *Le Temps*, oui *Le Temps*, et écoutez en faisant semblant de lire, la tête cachée par les pages démesurément grandes de ce journal. »

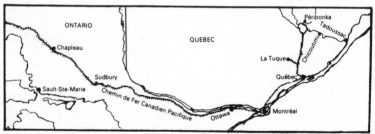

Carte indiquant les trajets et lieux de séjour de Louis Hémon.

1re étape : Sudbury

Hémon est-il parti le 24 ou le 26 juin de Montréal. À sa famille il dit qu'il part le soir même et sa lettre est datée du 24. D'autre part, chez Lewis, Hémon, d'après les livres de comptabilité conservés, aurait travaillé jusqu'au 26 inclusivement. On sait qu'il était distrait : il a pu écrire 24 au lieu de 26. Sa lettre écrite le 24, il a pu différer aussi son départ au 26. Mais dans une lettre de M. Dunlop, de la Compagnie Canadien Pacifique, adressée de Montréal le 11 juillet 1913 à la famille Hémon, à Paris, on lit : « J'ai trouvé votre adresse sur un récépissé de lettre recommandée qu'il (Louis Hémon) vous a évidemment envoyée de Montréal le 26 juin 1913. » Il ne semble donc pas faire de doute que Louis Hémon quitte Montréal le soir du 26 juin 1913. Et dès le 27, il est à Sudbury ; nous en avons la preuve. Le Canadien Pacifique, dont un convoi a tué Hémon à Chapleau, a constitué un dossier de grand intérêt, qui aide à préciser bien des points. Grâce à l'obligeance de M.H.J. Humphrey, vice-président et gérant général de cette grande compagnie, grâce aussi à l'avocat de cette organisation de voyage, M. Prévost, et au publiciste de langue française, M. Raoul Clouthier, j'ai pu avoir libre accès à ce dossier.

Or, dans la même lettre indiquée plus haut, M. Dunlop dit encore à M. Félix Hémon : « He (Louis Hémon) had expressed a grip from Sudbury on June 27th, addressed to L. Hémon, Winnipeg, and likely he was forwarding this so that he would have it when he got to Winnipeg. » Parti de Montréal par le train du Canadien Pacifique le soir du 26 juin, Hémon, après une nuit plus ou moins visitée par le sommeil (car on n'imagine pas qu'il se payait le luxe d'une couchette), arrivait le lendemain matin à Sudbury, ville minière ontarienne. Comme il entend poursuivre sa route à sa fantaisie, soit à pied, soit pendu à un wagon de marchandises ; comme il veut s'attarder ici et là, il décide de ne s'embringuer de rien d'inutile. Alors, il fait expédier de Sudbury à Winnipeg le superflu de son bagage, quitte à l'y retrouver quand il y arrivera...

Le compagnon Jackson

Une autre question se pose ici. Hémon est-il parti seul de Montréal ou avec un compagnon ? Le dénommé Harold Jackson, qui se fait tuer avec lui et comme lui le soir du 8 juillet à deux milles de Chapleau, a-t-il pris le train avec Hémon à Montréal ? Hémon et Jackson se sont-ils trouvés ensemble par hasard dans le train de Montréal à Sudbury ? Se sont-ils rejoints à pied sur la voie ferrée entre Sudbury et Chapleau ? Ont-ils fait connaissance à Sudbury même ou se connaissaient-ils depuis quelque temps auparavant ? Voilà un point difficile à éclaircir. Le dossier du Canadien Pacifique reste muet ou presque sur Jackson. On dit simplement que les quelques papiers trouvés sur lui laisseraient entendre qu'il venait d'Australie.

Louis Hémon a-t-il cherché du travail à Sudbury ? Possible. Mais lui, le fervent du grand air et de la vie en pleine nature, ne pouvait s'attarder longtemps dans cette ville où la vie se gagne sous terre. Il reprend la route de l'Ouest, mais à la mode des *hobos,* des gars sans le sou venus de différents pays.

2e étape : Chapleau

À petites journées, Hémon se met en route vers Fort-William. Le caprice et le hasard le feront s'arrêter ici et là, soit pour manger, soit pour dormir, peut-être pour pêcher aussi en longeant les lacs et les rivières. M. Dawson l'a muni d'une excellente canne à pêche. N'est-ce pas le moment de l'étrenner ?

Hémon a franchi en une seule nuit de chemin de fer 440 milles, soit environ 730 kilomètres. Pour atteindre Fort-William il a encore plus de cinq cents milles à parcourir. Il compte bien les franchir autrement qu'à pied. Les convois de marchandises se succèdent les uns aux autres. Il suffit de savoir se faufiler aux stations entre les wagons et de se bien dissimuler au départ.

Au hasard de la route, il apprend peut-être que s'il peut atteindre Chapleau, il y trouvera certainement du travail, car Chapleau c'est une petite ville que le Canadien Pacifique a fait surgir avec son usine de réparation de locomotives et sa construction d'une double voie ferroviaire. Plus ils approchent de Chapleau, en effet, plus on est sûr que Hémon voyage en compagnie de Jackson. Nous allons bientôt en savoir quelque chose.

Les faussetés

Ceux qui ont écrit de Louis Hémon ont toujours laissé entendre que le jeune écrivain n'avait fait que passer à Chapleau, sans s'y arrêter.

Bazin a écrit : « Comme il suivait à pied, avec un de ses amis, la voie du chemin de fer du Pacifique, il n'entendit pas, il ne vit pas un train qui arrivait à toute vitesse. Le vent et la pluie faisaient rage. Les deux jeunes gens furent écrasés... »

Mrs. Edith O'Shaughnessy a repris cela en anglais dans *Columbia.*

Il n'y a pas lieu de relever toutes les inexactitudes et même les détails fantaisistes qu'on peut relever chez ceux qui, mal informés, ont raconté la mort de Louis Hémon, entre autre Edmond Jaloux, Louis-Janvier Dalbis, Rebecca West, Louvigny de Montigny et même l'abbé Samuel Gascon, curé de Chapleau. Tenons-nous-en aux faits vérifiés.

Ce qui s'est passé

Le hasard, qui a toujours de la tendresse pour moi, selon le mot d'Alexandre Arnoux que je reprends volontiers à mon compte, a mis sur ma route un témoin exceptionnel à qui je garde une reconnaissance éternelle.

En mars 1938, je suis allé à Chapleau expressément pour enquêter sur les circonstances de la mort violente de Louis Hémon. Je reprenais le train de retour le soir, satisfait des renseignements obtenus. Mais dans le train, un employé m'avait dit quelques mots à l'aller et connaissait le motif de ce voyage de 1,200 milles. Soudain, il s'arrête et me dit : « Je ne sais pas si cela peut vous intéresser, mais le chauffeur du train, Allemand du nom de Schroeder, prétend que c'est lui qui a creusé la fosse de Louis Hémon dans le cimetière de Chapleau. » Un Allemand qui creuse la fosse d'un Français, à la veille de la Grande Guerre ! me dis-je. Tiens, c'est curieux.

« Puis-je le voir, ce monsieur Schroeder ?

Ce n'est pas facile, excepté à Cartier, où se fait la relève de l'équipe du train, si vous voulez aller à la locomotive par dehors... »

Par dehors... Il faisait cinquante degrés sous zéro et il n'était pas loin de minuit. À la guerre comme à la guerre, me dis-je, ne négligeons pas le hasard ! Au milieu de l'épaisse fumée rougeâtre de la locomotive, je découvre le fossoyeur allemand. J'avais à peine dit un mot :

« Oui, oui, c'est moi qui ai creusé la fosse de Louis Hémon, mais je ne sais pas grand'chose sur lui. Voyez plutôt le mécanicien du train ; lui, il est en état de vous renseigner. Le voici qui nous suit... »

Le temps de me détourner et d'aborder le mécanicien. Je n'ai que le temps de lui apercevoir un coin de figure couvert de glaçons et d'attraper son nom: il me faut courir à mon wagon pour ne pas manquer mon train. Je ne sais même pas son prénom, mais je pourrai lui écrire à la station de Chapleau. Dans le wagon cependant, je devais bientôt en savoir davantage. Plusieurs employés du C.P. se sont réunis et m'ont appris que ce mécanicien était Adélard Parent et que sa famille demeurait à Montréal, que je pourrais communiquer avec Mme Parent, etc. En effet, Mme Parent, s'est fait un plaisir de m'avertir de la visite subséquente de son mari à Montréal. Nos entretiens se sont renouvelés à chacune de ses visites.

M. Parent est à la veille de prendre sa retraite comme mécanicien du Canadien Pacifique après 50 années de service.

« Un matin du commencement de juillet 1913, dit M. Parent, deux jeunes gens, descendus d'un convoi de marchandises passé à Chapleau quelques minutes plus tôt, montent tranquillement la côte, vers sept heures, en devisant de leurs moyens de subsistance de la journée. Ils se regardaient le creux de la main où ils avaient quelques sous. Je travaillais de nuit : de six heures du soir à sept heures du matin. Je venais de finir mon ouvrage et je me dirigeais vers la maison. Tout d'abord, j'ai pris ces deux hommes pour des immigrés. Mais en les entendant parler français, j'ai dressé l'oreille. Ils me devenaient plus sympathiques.

— Quel jour de juillet était-ce ? Hémon s'est fait tuer le 8 juillet, qui était un mardi, en 1913...

— C'était quelques jours avant, pas le dimanche, parce que je me souviens que les magasins et restaurants étaient fermés *solide* — vous connaissez l'Ontario — et pas moyen de se procurer même une cigarette. Ce n'était pas le samedi non plus, à ma souvenance. Ce devait être le vendredi matin, parce que je les ai revus plusieurs fois par la suite.

— Le vendredi matin, c'était alors le 4 juillet.

— Ah ! oui, ce devait être le vendredi matin que j'ai aperçu mes deux voyageurs, qui n'étaient autres que Louis Hémon et Harold Jackson, comme je devais l'apprendre ensuite.

— Comme ça, Hémon et Jackson n'ont pas fait que suivre la ligne des chars, passant devant Chapleau et poursuivant immédiatement leur route ?

— Ils se sont arrêtés plusieurs jours à Chapleau. Chapleau, c'est un poste important du point de vue chemin de fer. Toujours qu'en entendant parler Hémon, qui ne parlait pas seulement français, mais parlait à la française, ça m'a intrigué. En passant devant eux, au moment où ils se regardaient encore dans les mains, j'ai entendu : « On n'en aura pas assez pour nous deux... » Alors, j'ai glissé un mot : « Comment ça va les gars ?, dis-je — Tiens, vous parlez français ? Ah! ça fait bien notre affaire, monsieur ». Là-dessus, je m'approche et je me mets à rire : « Qu'est-ce que vous avez à vous gratter dans les mains ? — On est en train de compter nos sous pour voir si on en a assez pour déjeuner. Moi, j'ai treize sous, dit Hémon, et mon compagnon est encore moins riche que moi ». En effet, Hémon avait la main ouverte et j'y voyais une pièce de dix cents et trois autres pièces d'une cent. J'ai dit : «Vous pourrez pas manger à votre faim avec ça. » Alors je mets la main dans ma poche : « Voici cinquante cents. Vous pouvez avoir un bon déjeuner pour vingt-cinq cents chacun à l'hôtel », dis-je, en leur désignant l'hôtel Algoma. Inutile de vous dire que je leur ai fait un gros plaisir et qu'ils m'ont dit bien des mercis. Ils sont partis d'un bon pas et de bonne humeur.

— Ils avaient bien droit de se trouver chanceux d'avoir rencontré un bon Canayen.

— Moi, j'étais garçon dans le temps ; je gagnais un bon salaire depuis l'âge de 14 ans. Après avoir dit quelques mots avec eux, j'ai vu que j'avais affaire à de gentils garçons ; ça me faisait plus plaisir de leur donner ma plus grosse pièce blanche qu'à eux de la recevoir probablement... On pouvait pas faire la charité à tous les *hobos* qui passaient à Chapleau dans ce temps-là, car il en passait des dizaines et des dizaines par jour. Pensez, il y avait en moyenne sept ou huit trains de *freight* par jour à ce moment-là. De chaque train il se détachait le plus souvent au moins une dizaine de ces resquilleurs...

« En retournant à mon travail sur la fin de l'après-midi, je me trouvais à passer par un chemin de raccourci, le long de la clôture en arrière de l'hôtel. Mes deux hommes étaient assis sur des boîtes. « Comment vous arrangez-vous ? dis-je. — Ça va, ça va, répondit Hémon. On est correct pour nos repas ». Il est probable que Jos. Chartrand, le propriétaire de l'hôtel, avait décidé de leur donner du travail. En effet, le lendemain, je les ai vus scier du bois de chauffage dans la cour de l'hôtel.

— Scier du bois ?

— Oui, scier du bois, à la petite scie.

— Je parie qu'il y en a beaucoup qui auraient voulu voir Hémon scier du bois à la petite scie...

— Mais personne ne se doutait qu'il deviendrait célèbre à ce moment-là, moi le premier, car j'aurais noté tout ce qu'il m'a raconté alors. Je l'aurais même photographié avec son compagnon...

— Alors Hémon a gagné ses repas à Chapleau à scier du bois...

— Plus que ses repas probablement. Celui qui voulait travailler, il pouvait toujours se trouver de l'ouvrage. Hémon a dû toucher $1.50 la corde et ses repas par-dessus le marché. Un homme habitué à l'ouvrage pouvait scier et fendre quatre à cinq cordes dans sa journée. De sorte que Hémon, même sans faire de zèle, a pu partir de Chapleau avec quelques piastres dans sa poche.

— Et qu'est-ce que Hémon et son compagnon vous ont raconté pendant vos premiers entretiens ?

— Hémon a dit qu'il avait voyagé par chemin de fer de Montréal à Sudbury comme un voyageur régulier. Il voulait travailler à Sudbury avant d'aller plus loin. Il y a beaucoup de Canadiens français à Sudbury et peut-être que cette ville l'attirait pour cela. Mais c'est aussi une ville minière et je pense que le travail qu'on lui a offert l'a rebuté. Sous terre, ce n'était pas sa place. Pour le reste du voyage, il avait *jumpé* les trains comme les autres immigrants qui étaient presque tous des Anglais ou des Polocks. On s'occupait peu d'eux. C'est pour ça qu'en entendant parler Hémon et Jackson en français, ça me les rendait plus sympathiques que la plupart des autres passants. Pour moi, à Sudbury, on a dû dire à Hémon de se rendre à Chapleau où se faisait alors la construction d'une double voie ferrée. Il y avait de l'ouvrage là pour toutes sortes de classes d'hommes. Il m'a dit aussi que son but était de se rendre dans l'Ouest pour y faire la moisson du mois d'août.

— Si je comprends bien, Hémon et Jackson avaient besoin de travailler et de gagner un peu d'argent pour payer leur passage jusque dans l'Ouest ?

— Jusqu'à Winnipeg, parce que de Winnipeg, le passage n'était que de $10 pour n'importe quelle destination des prairies et les moissonneurs pouvaient voyager à crédit.

— La construction de la double voie se faisait-elle bien près de Chapleau ?

— Au moment où Hémon et Jackson étaient à Chapleau, elle pouvait se faire à environ six milles. Une couple de cents hommes y travaillent. La cuisine se faisait dans des wagons ; les hommes couchaient dans des wagons aussi, placés sur des bouts de voie d'évitement. Les gages étaient *bonnes :* $5 ou $6 par jour pour ceux qui faisaient le travail le plus dur. Hémon et Jackson m'ont dit qu'ils avaient fait des démarches pour travailler avec la *gang* d'hommes et qu'on leur avait dit de rester dans les alentours et qu'on le leur ferait savoir quand on aurait besoin d'eux.

— En attendant, ils sciaient du bois dans la cour de l'hôtel Algoma...

« Passons à la journée de samedi, si vous le voulez. bien. Vous rappelez-vous quelque chose à propos de Hémon ?

— Ah! oui, je me souviens bien que c'est mon frère Ernest, mort depuis une vingtaine d'années, qui a passé l'après-midi assis sur une grosse roche, où se trouve aujourd'hui le viaduc, en compagnie de Hémon et de Jackson. En m'en allant reprendre mon travail sur le soir, j'ai dit à mon frère : « Va-t'en. Ta femme te fait dire d'aller souper... » Mon frère n'est arrivé à la maison qu'une heure plus tard. Le lendemain, il m'a dit : « Sais-tu que ton p'tit Français, il jase bien. C'est un vrai plaisir de parler avec lui. Il en conte des affaires et il conte bien ça. » Toute la journée (suivante) mon frère m'a répété les histoires de Louis Hémon. Des fois je disais: «Où as-tu pris ça ? — C'est le petit Français qui m'a raconté ça ». Hémon était volontiers blagueur, il aimait à taquiner. Il dit : « Je pensais qu'ici c'était tous des sauvages, mais il y a pas mal de blancs. Chapleau est comme le Lac-St-Jean, pas mal de blancs. Dans l'Ouest aussi il y a pas mal de blancs, à ce qu'il paraît ». Louis Hémon, en effet, savait parler aussi bien qu'il savait écrire. Son discours se suivait bien. Pas d'hésitation. Il ne se mêlait pas dans son affaire. Il a raconté des histoires du Lac-Saint-Jean, des incidents de son voyage à travers la province de Québec. Il disait qu'il voulait aller dans l'Ouest pour comparer les gens de là-bas avec ceux qu'il avait connus depuis son arrivée au Canada. Il voulait voir en quoi différaient les méthodes de culture, les façons de penser, et le reste...

— A-t-il dit qu'il voulait aller au milieu de fermes canadiennes-françaises ?

— Il ne l'a pas spécifié, mais cela en avait tout l'air...

— Vous avez revu Hémon le dimanche, le lundi, le mardi ?

— Pas le dimanche, que je me rappelle, mais je l'ai revu les autres jours. Nous avons parlé de la France, de la Bretagne d'où il venait, longuement du Lac Saint-Jean.

— Et Jackson ? Qu'en dites-vous ? Parlait-il bien français ?

— Jackson, pour moi, était venu de Montréal avec Louis Hémon. Il parlait curieusement l'anglais.

— On l'a dit Australien ?

— Oui, il avait le physique d'un Australien ou d'un Hollandais. Jackson était blond foncé comme Hémon mais plus grand que lui. Il parlait français assez pour dire son mot et pour suivre la conversation, mais un français appris au Canada, aux environs de Montréal ou de Québec. Il connaissait Québec, Montréal et le Lac Saint-Jean. C'étaient deux types du même calibre, faits pour s'entendre. Hémon disait à Jackson : «Tu te rappelles Simard, Paradis, Menier, le *Guiable*,» et d'autres noms qu'il lui indiquait. Mon frère et moi ainsi que Hémon et Jackson, nous nous sommes trouvés ensemble. Je me rappelle bien que les noms Simard, Paradis, Menier soient venus dans la conversation, parce qu'il y avait des gens de ces mêmes noms au Bic, et cela m'avait frappé. Ils ont nommé bien du monde. Nous autres, ça nous intéressait de les entendre et on les faisait parler. Un lançait un nom, alors ils racontaient tous les deux ce qu'ils en savaient. Voyant que nous trouvions cela de notre goût, ils s'animaient et repartaient sur un autre nom. Les noms Rouillard (Douillard ?), Hébert, Bouchard ou Brassard qui était fort comme quatre, Tremblay, tous ces noms jaillissaient. Hémon a dit qu'il avait fait le tour du lac à pied. Il a parlé de la Pointe-Bleue, de Mistassini, de La Tuque. Il a nommé le docteur Doyon qu'il a connu, je crois, à Mistassini. Il a dit qu'il était resté quelque temps dans une famille où il y avait une infirme. Il a dit qu'il avait fait une excursion en auto, mais je ne sais plus où. Il me semble aussi me rappeler qu'il a fait un voyage à cheval. Quand il est arrivé chez les Fournier : « J'étais plein de poussière, dit-il, dans les oreilles, le nez, les yeux, plein de poussière partout.

— Apparemment, Hémon a parlé plus avec vous autres à Chapleau que partout ailleurs ?

— Ici, il a pas mal parlé ; on entendait beaucoup d'anglais, ça nous reposait agréablement les oreilles d'entendre du beau français. Et puis, c'était drôle de voir sur quel ton Hémon racontait ses affaires.

— Le fait d'être loin du Lac-Saint-Jean, celui d'être aussi délivré du fardeau de son livre, celui aussi de rencontrer de braves Canadiens, tout cela contribuait peut-être à le rendre plus loquace ?

LOUIS HÉMON

MARIA CHAPDELAINE

Récit du Canada français

*Précédé de deux préfaces: par M. Emile
BOUTROUX, de l'Académie française, et par
M. Louvigny de MONTIGNY, de la Société
royale du Canada.*

Illustrations originales de Suzor-Côté

*Ouvrage honoré d'une souscription du Secrétaire
d'Etat du Canada et du Secrétaire de la
province de Québec*

MONTRÉAL

J.-A. LeFebvre, éditeur,

LA COMPAGNIE D'IMPRIMERIE GODIN-MENARD, LIMITÉE

41, RUE BONSECOURS, 41

1916

Frontispice de la première édition, en 1916

« *Maria récite les mille avés* »,
par Suzor-Côté pour
la première édition

*Médaille du cinquantenaire
que la Société Historique du
Saguenay a fait frapper en
1963*

« *Après le décès de la mère* »,
par Clarence Gagnon pour
l'édition de luxe, en 1933

Lydia Hémon en 1912

*Lydia Hémon
en costume breton*

*Visite des demoiselles Hémon à Chapleau, en 1938,
avec M. et Mme Adélard Parent*

Bénédiction de la tombe de Louis Hémon par Mgr Olivier Maurault, en 1938

*Les demoiselles Hémon déposent de
la terre de Bretagne sur la tombe*

*Les demoiselles Hémon à Péri[b
avec Samuel Bédard*

— Il nous appelait « Les Français », mon frère et moi. À Chapleau, quelques-uns seulement savaient son nom à Hémon ; ceux qui voulaient le désigner l'appelaient le *p'tit Français*. Mais faut dire que Hémon retombait facilement dans ses jongleries. Il paraissait tout de même s'embêter. Jackson parlait assez bien français pour faire la conversation. Quand il disait à Hémon : « Tu te souviens, un Tel... » alors Hémon sortait de sa torpeur et se mettait à son tour à parler et à rire un peu...

— Nous arrivons, M. Parent, au nœud du séjour du p'tit Français et de Jackson à Chapleau...

— Le soir de l'accident, Hémon et Jackson ont soupé de bonne heure et sont partis immédiatement avec leur petit bagage pour se rendre de clarté rejoindre la *gang* d'hommes qui travaillaient à la construction de la double voie. Une marche de six milles environ.

— Quel temps faisait-il ? On a écrit qu'il pleuvait et qu'il ventait, qu'il y avait eu déraillement, etc.

— Jamais de la vie ! Il faisait un beau temps clair. Pas de vent. Beaucoup d'écho. Enfin, un beau soir de juillet. Je travaillais depuis peu longtemps quand Charlie Gagnon arrive en courant à la station en me disant : « Un accident, deux hommes viennent de se faire tuer par le train à deux milles. Il paraît que c'est ton p'tit Français et son compagnon ». Vitement, j'accroche une vanne à ma locomotive 6244 et je pars chercher les blessés ou les tués. On avait jeté une toile sur les deux cadavres en attendant que nous les ramassions. Nous les avons ramenés à Chapleau où le docteur Sheahan, coroner, après avoir fait un rapide examen des cadavres, dit de les mettre dans la glacière pour la nuit, ajoutant qu'il ferait l'enquête le lendemain matin.

— Quelles blessures ont-ils reçues ?

— Personnellement, je n'ai pas examiné beaucoup les deux cadavres, ce n'était pas mon rôle. L'accident est survenu un peu plus de deux milles à l'ouest de Chapleau, où il y a une double courbe, un S. S'ils avaient été frappés un peu plus loin, les deux chemineaux auraient été réduits en bouillie sur le tas de roches qu'il y avait là. Il y avait un léger talus où ils ont été projetés. Il y avait du linge déchiré, arraché, près de l'endroit de l'accident. Entre les roches et la voie ferrée, il y avait une distance d'environ six pieds. »

Seconde consultation

Il nous paraît opportun de citer ici le compte-rendu d'une autre entrevue avec le même M. Parent le 4 janvier 1940. En dépit de quelques répétitions de détail il vaut mieux le donner tel quel pour lui conserver son caractère.

« Hémon et Jackson avaient chacun un sac sur le dos, accroché avec courroies dans les épaules quand ils sont arrivés à Chapleau le matin. Ils les ôtaient et les jetaient à terre, ce qui me fait dire qu'ils ne devaient pas posséder de poêle ni de pot de confitures.

« Quand je les ai vus le matin de leur arrivée, Hémon et Jackson étaient assis tous les deux près du petit hangar et étaient en train de parler. En les entendant parler français, je les ai observés plus, parce qu'il était rare de voir cette catégorie de voyageurs parler français et du beau français... En passant à côté d'eux-autres, je leur ai parlé à mon tour. Je leur ai dit : « Vous pouvez aller manger là ou là » ; je leur indiquais soit la pension de Mme Lafrance, soit l'hôtel Algoma.

« On n'ira pas chez Mme Lafrance, a dit Hémon. On n'aura pas de chance d'avoir de l'ouvrage là. On va plutôt aller à l'hôtel, peut-être qu'ils pourront nous faire travailler et gagner notre pension. »

« En 1913, il n'y avait pas de viaduc ; il y avait des grosses pierres rondes où se trouve aujourd'hui le viaduc.

« J'avais congé du dimanche au lundi. Il faut faire observer tout d'abord que Hémon et Jackson ne sont pas arrivés le matin de leur mort ni la veille, parce que je ne les aurais pas vus en revenant de mon travail, vu que je ne travaillais pas la nuit du dimanche au lundi, ni le dimanche matin, car les magasins étaient ouverts, ni enfin le samedi, car ce n'est pas l'après-midi de leur arrivée qu'ils ont jasé avec mon frère sur la grosse roche. Il faut donc que ce soit le vendredi matin... [1] C'est en m'en allant prendre mon ouvrage le samedi soir que j'ai dit à mon frère ; « Va-t'en souper, ta femme t'attend ». Et c'est le lendemain, dimanche, que mon frère m'a raconté les histoires du p'tit Français. « Ils en ont vu du pays », disait-il... « Hémon et Jackson ont pu passer deux ou trois jours à Cartier, c'est un poste assez important...

---

1.   *Vendredi était le 4 juillet.*

— L'argent trouvé dans la jambe de botte ... ?

— C'est le père Serré qui a déshabillé Hémon. En le déchaussant, il a senti une bosse dans l'empeigne de sa chaussure. Il a regardé, il a vu que la doublure était décousue du haut, alors il a entrouvert les cuirs et a aperçu les piastres pliées en petits carrés. Ça faisait un tapon. Ensuite, l'argent a dû être mis dans le livret qu'avait Hémon. C'est pour ça que l'officier du Canadien Pacifique parlera d'argent dans le livret... Rodolphe Serré a fait par deux fois l'examen des papiers renfermés dans le coffre de son père, Télesphore, trop malade pour parler ou se lever. Il n'a rien trouvé. Il s'est repris deux fois. Le livret que les Serré pensaient avoir conservé, ce doit être le livret militaire.

« Charlie Gagnon, qui nous a vus partir pour Hémon et Jackson, est arrivé à la course à la station le soir du 8 juillet et m'a crié que le train venait de tuer mon p'tit Français. On a pris la locomotive de la cour, on a ajouté la vanne ; Gagnon, le docteur Sheahan et plusieurs autres personnes sont venus à l'endroit de l'accident. L'organisation du petit train, tout cela avait pris un peu de temps. Il commençait à faire brun quand nous sommes arrivés près des cadavres qu'on avait recouverts d'une toile. Il devait être près de 9 heures du soir...

« La voie où est survenu l'accident est restée la même. L'autre a été enlevée, c'est tout. C'est le même tracé...

« Si Hémon et Jackson se sont fait à manger en route vers la gagne, je n'en sais rien. Je sais qu'ils sont partis sur la fin de l'après-midi. Ils ont dû acheter leurs ustensiles de cuisine à Chapleau et les étrenner sous les yeux du Père Ayotte.

Les hommes du train

Quels témoignages rendent les autres personnes qui ont assisté à l'accident ?

Tout d'abord, le mécanicien du train, M. John Stokes, prédécesseur de M. Parent sur ces trains, a fait dans le temps la déclaration suivante : « J'étais le mécanicien de la locomotive 1226 tirant le convoi 1/1 parti de Chapleau à 7 h.15 du soir le 8 juillet 1913 en route vers l'ouest et roulant sur la voie de l'Ouest. A environ deux milles et quart à l'ouest de Chapleau, le train filant à une vitesse d'environ 25 milles à l'heure, j'ai aperçu deux hommes qui s'en allaient vers l'ouest marchant sur la voie de l'Est. J'ai

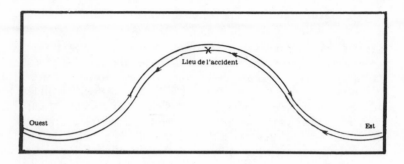

fait siffler la locomotive en raison du virage. À ce moment, les deux hommes, sans regarder en arrière, ont traversé sur la voie de l'Ouest, se plaçant juste sur le passage du train. J'ai donné sans arrêt des petits coups de sifflet saccadés. Ils n'ont pas fait mine de s'en occuper, mais je pensais toujours qu'ils viendraient sûrement à entendre le sifflet. À environ 20 pieds d'eux, j'ai appliqué le frein d'urgence, mais ils furent frappés avant l'arrêt du train. Après les avoir frappés, le train a parcouru encore quatre longueurs de wagons environ. Les hommes furent projetés du côté nord de la voie. Je marchai la distance de quelques longueurs de wagons et rencontrant le serre-frein je l'ai informé que nous avions frappé deux hommes. Ensuite, je suis retourné à la locomotive. Je ne connais pas les hommes qui furent tués. Le train est demeuré environ vingt minutes arrêté sur la voie pendant qu'on s'occupait des deux hommes et qu'on branchait sur les fils le téléphone pour en aviser le surintendant à Chapleau. Nous avons ensuite poursuivi notre route vers l'Ouest. Si j'avais appliqué le frein d'urgence dès le moment que j'aperçus les marcheurs, il est possible que le train eût pu stopper avant de les frapper, mais il y a continuellement des hommes sur la voie en raison de la double voie, et comme j'ai agité continuellement le sifflet après avoir vu les hommes, j'ai pensé qu'ils ne pouvaient qu'entendre et se placer à côté de la voie. Je me suis aperçu trop tard pour arrêter le train qu'ils ne se jetaient pas à côté de la voie. L'accident est arrivé vers 7 h.20 du soir ».

Deux autres témoins

Revu à Ottawa, M. Stokes a ajouté à la déclaration ci-dessus les détails suivants : « C'était un soir d'été beau et chaud. On construisait à l'ouest de Chapleau une double voie. Hémon et Jackson — puisque c'étaient eux — marchaient sur la voie neuve. J'ai fait siffler la locomotive à cause du virage. Hémon et Jackson étaient sur une voie où les trains ne passaient pas encore. Il n'y avait donc pas de danger pour eux en y restant. Mais, en les voyant quitter la voie neuve et se diriger vers la voie où roulait mon convoi, je sifflai souvent pour leur faire comprendre de rebrousser chemin, de retourner à la voie sur laquelle ils étaient. Mais, nenni, ils n'ont pas regardé en arrière ; ils étaient sûrs de leur affaire. Le train les a frappés et tués tous les deux. Ils pensaient peut-être que le train viendrait en face d'eux. L'écho des coups de sifflet et du bruit de la locomotive les ont peut-être trompés... Tous les deux avaient un peu de bagage sur le dos. À cet endroit, la voie était légèrement élevée et il y avait de petits talus de chaque côté. L'équipe de cour de Chapleau est venue recueillir les victimes, laissées sous la surveillance d'un étudiant en médecine du nom de Tucker et d'autres personnes accourues. »

Du Nouveau-Brunswick, où il est à sa retraite, lui aussi, M.W.C. Guthrie m'a adressé une lettre confirmant en tous points les déclarations de M. Stokes.

Le chauffeur du train, M. H. Merrick, a fait de son côté la déclaration suivante au lendemain de l'accident : « J'étais chauffeur de la locomotive 1226 qui a quitté Chapleau à 7 h. 15 le 8 juillet. À environ deux milles et quart de Chapleau, j'ai entendu le mécanicien donner de petits coups de sifflets répétés. Je me suis penché à l'extérieur pour regarder, mais le virage m'empêchait de voir. Alors, j'allai voir du même côté que le mécanicien et je vis deux hommes projetés au nord de la voie sur laquelle roulait le train. Nous allions à une vitesse de 25 milles à l'heure. Le mécanicien avait appliqué le frein d'urgence. J'étais en train de faire du feu quand j'ai entendu le premier coup de sifflet. Le train arrêté, j'ai marché environ quatre longueurs de wagon pour voir les deux hommes que le train avait frappés et qui gisaient à côté de la voie. Le docteur Tucker et un voyageur du train s'occupaient d'eux. »

Un témoin exceptionnel

M. Joseph Ayotte, vieillard de quatre-vingt-deux ans aujourd'hui, passé de Central Falls, États-Unis, à Chapleau il y a de longues années, m'a déclaré au hasard de notre rencontre à la station de Chapleau, lors du dévoilement du monument à Hémon en juin 1938, qu'il avait recueilli le dernier souffle de Louis Hémon.

M. Ayotte avait parcouru près de trois milles à pied dans son habit de drap noir sous un soleil ardent pour assister à la cérémonie.

Cet homonyme vénérable et inattendu m'a dit :

« Je ne pouvais pas me dispenser de venir assister à cette cérémonie. Pensez donc, Hémon est mort dans mes bras, dans mes bras ! Quand le train s'est mis à siffler j'étais chez moi, j'ai mis le nez dehors tout de suite. Puis, j'ai vu le train frapper les hommes et s'arrêter. C'était à deux arpents de chez moi, alors j'ai dit ni un ni deux et j'ai couru à l'endroit de l'accident. Hémon vivait encore quand je suis arrivé près des victimes. Le jeune médecin qui était là ne voulait pas leur toucher. Moi, j'ai soulevé Hémon, sans savoir alors que c'était Louis Hémon, l'écrivain, et je lui tenais la tête sur mon bras. Il n'a pas prononcé un mot. Il avait les pieds dans l'eau. Il est mort quelques instants après. C'est moi qui ai recueilli son dernier souffle... »

Les rapports officiels

M.F.W. Osborne, professeur de langue et de littérature française à l'Université de Manitoba, à Winnipeg, a publié en octobre 1939 un article en anglais dans la *Winnipeg Free Press*, sous le titre « How Hémon Died ». M. Osborne s'intéresse depuis longtemps aux Canadiens français, à leur littérature, au roman *Maria Chapdelaine* et à son auteur Louis Hémon. Il était à Péribonka en août 1939 et il a déjeuné sous la tente avec la Mission Maria Chapdelaine. Lui aussi, il a fait enquête à Chapleau sur le lamentable accident qui a coûté la vie à Louis Hémon. Conduit par un monsieur Ross à Joseph Ayotte, il a surpris ce vieillard, « erect and powerful figure », en train de prendre son souper. Il a passé une partie de la veillée chez lui. Et voici le témoignage (la traduction française) du vieillard tel que recueilli et rapporté par M. Osborne :

« En juillet 1913, j'avais charge d'une équipe d'hommes pour la construction de l'hôtel de ville. Ma femme étant à l'hôpital au loin, je me débrouillais tout seul ici (*I was "batching it" here*). J'avais demandé à l'un de mes hommes de se joindre à moi ; et le soir du 8 nous nous sommes mis en route vers la maison vers 5 heures. À un demi-mille de la ville, la route rejoint la voie ferrée.

En arrivant à cet endroit-là, je vis deux hommes en train de se faire à manger sur un petit feu. Ils faisaient cuire de la viande dans une poêle. J'ai dit à mon compagnon : « Ça sent bon ; je voudrais bien en avoir pour notre souper. » L'un des deux hommes a relevé la tête et dit en très bon français : « Bienvenue, messieurs ». (La poêle et plusieurs morceaux de viande fraîche furent plus tard retrouvés dans le havresac de Hémon).

« Nous continuâmes notre chemin à la maison. Nous étions en train de manger du réchauffé quand nous entendîmes plusieurs coups de sifflet. J'ai dit : « Ce sont des signaux d'alarme. » Mon compagnon a essayé de me rassurer, mais j'ai dit : « Non, je sors voir. » À ce moment, ajoute entre parenthèses M. Osborne, Ayotte me fit suivre un sentier, me fit passer une clôture, me fit contourner un petit étang au pied du talus, puis, à un certain endroit, il s'arrêta et dit :

« Il gisait là. L'autre homme était déjà mort, mais Hémon respirait encore. Sa jambe droite croisait la gauche et était cassée ; les pieds étaient dans l'eau ; le sang coulait d'une blessure en arrière de l'oreille. Je savais que je ne devais pas changer le corps de position, mais cette position était si peu confortable. À quelques pieds plus loin, la pente était plus douce. J'ai décidé de le transporter quelques pieds plus loin. Je lui ai passé un bras sous les épaules et l'autre sous les jambes, avec le plus de précautions possibles. » (Les yeux du vieillard se mouillent de larmes : Je ne suis qu'un paysan, dit-il, mais j'ai le cœur tendre). « Quand je le pris dans mes bras, il a simplement poussé deux profonds soupirs, puis son corps a été secoué d'une sorte de frisson et il est mort. »

À propos de ce témoignage, qui ne manque ni de vraisemblance ni d'émotion, M. Osborne m'a écrit moins d'un mois après [2] ce qui suit : « J'ai été favorablement impressionné de la bonne foi du vieillard Ayotte. Le nommé Ross, qui avait l'air d'être un homme sincère et responsable, m'a dirigé vers Ayotte. Le lendemain, je me suis entretenu avec le docteur Sheahan à l'hôpital : il n'a rien dit qui eût pu d'une façon ou d'une autre infirmer le témoignage d'Ayotte. Ces circonstances, ajoutées à l'impression favorable laissée sur mon esprit par le vieillard, m'ont porté à reproduire son compte-rendu du triste accident. » (En passant, félicitons M. Osborne de posséder aussi bien le français. Non seulement, il le parle bien, mais il l'écrit également bien.)

---

2. Lettre du 20 novembre 1939 à l'auteur.

Accident inexplicable

La double mort violente de Louis Hémon et de Harold Jackson, telle qu'expliquée par les témoins Stokes, Parent et les autres, reste presque incompréhensible. M. Osborne rappelle que Louis Hémon avait passé huit années en Angleterre et que les règlements de la circulation sur routes ou sur les lignes de chemins de fer ne sont pas les mêmes qu'au Canada. M. Labade, de Québec, Marseillais, fait également observer qu'en France, le train se met en mouvement après avoir sifflé. L'ordre est transmis secrètement. Ces différences de règlementation ont pu induire nos marcheurs en erreur. Si l'on ajoute à cela qu'il y avait double virage, qu'il y avait de l'écho, que les deux hommes étaient absorbés dans leurs pensées, qu'ils étaient convaincus qu'ils gagnaient la voie sauve, etc., là et alors l'accident devient un peu plus explicable.

Mais voici l'exemple d'un accident du même genre qui ne s'explique pas mieux. À la date du 17 juillet 1939, on lit dans le *Nouvelliste*, quotidien des Trois-Rivières, la nouvelle de la mort de Bernard Lamy, survenue sur une voie ferrée dans les limites de la ville. Voici comment se lisent les trois paragraphes principaux :

« Bernard Lamy a été victime d'une distraction inexplicable, puisque le train de Montréal (celui de 9 heures 10) venait à sa rencontre, le phare de la locomotive étant rallumé et la sonnette n'ayant cessé de retentir depuis la gare Jean-Talon.

« Le chauffeur Joseph Perron a vu l'accident comme suit : À deux cents pieds de la locomotive, deux hommes s'en venaient, se tenant par la main. C'étaient Bernard Lamy et Ubald Gagnon, son copain. Le premier tendait à se maintenir au milieu des rails tandis que l'autre le tirait par la main. C'est alors que la locomotive a happé le malheureux au passage.

« Au moment de l'accident, Bernard Lamy accompagnait Ubald Gagnon qui se rendait à la commune pour traire sa vache. Gagnon a expliqué au jury que tous deux marchaient la tête basse en parlant. Ils ne croyaient pas que le train était aussi proche. Un moment donc, il a crié à son copain : Tu vas te faire tuer ! mais il était trop tard. »

Selon les détails donnés plus haut on peut conclure que les deux piétons s'en allaient sur la voie de droite (par rapport à eux) de la double ligne. En entendant le sifflement de la locomotive derrière eux, oubliant qu'au contraire de la circulation sur les routes les trains de chemins de fer suivent celle de gauche, ils se sont rangés

Plaque historique érigée à Péribonka, en 1939

À l'entrée de la maison habitée par Louis Hémon

À la célébration du cinquantenaire, 1963

Monument érigé à Péribonka par la Société des Amis de Maria Chapdelaine et la Société Historique du Saguenay, en 1963

Tremblay et M. le juge Louis-René Lagacé, avec le consul de France, M. Longuet

Les jumelles Ouellet qui ont sculpté les médaillons du monument

Le Foyer Maria-Chapdelaine en 1963

sur celle-ci et, se croyant dès lors en sécurité, ils ont continué leur marche sans même regarder en arrière.

V.T.

Nous tenons à citer tous les rapports concernant la mort de Louis Hémon ; les répétitions inévitables augmentent la valeur des témoignages, ce qui est particulièrement opportun ici.

Cet accident « inexplicable » est peut-être ce qui explique le mieux l'accident dont furent victimes Hémon et Jackson.

Enquêtes

Le soir du 8 juillet, le corps mis à la glacière, M.W.-C. Guthrie adresse à son chef M.N.-S. Dunlop, chef du service des réclamations à Montréal, un laconique rapport qui dit que le train conduit par Stokes a tué deux hommes : H. Leamon (sic) et Harold Jackson. Le coup leur a fracturé le crâne et fracturé la jambe gauche. Ils ont voulu traverser la voie en avant de la locomotive et ont été happés. Le mécanicien a sifflé « violemment ». L'accident est arrivé à un arpent à l'ouest du virage. Les deux hommes ont expiré en l'espace de quelques minutes. C'étaient des étrangers ici. » Le lendemain matin, M. Dunlop envoie un télégramme à son assistant de North-Bay, M.W. J. Rankin, et lui demande de faire enquête immédiatement.

Mais le même jour, 9 juillet, se déroule à Chapleau l'enquête du coroner, que préside M.J.-E. Depew, ancien employé du Canadien Pacifique. Malheureusement, les témoignages n'ont pas été sténographiés. Entre autres témoins, il y a le docteur Sheahan, qui a examiné les cadavres ramenés à Chapleau par M. Adélard Parent ; il y a M. Joseph Ayotte et plusieurs autres. Le verdict, comme on peut s'en douter après les faits rapportés plus haut, a été entièrement à la décharge du mécanicien Stokes et du Canadien Pacifique. Voici le verdict :

« Les dits Harold Jackson et L. Hémon ont été frappés par la locomotive portant le numéro 1226, attachée au convoi numéro un de la ligne de l'Ouest de la Compagnie de chemin de fer Canadien Pacifique, à environ 2 milles et ¼ à l'ouest de Chapleau dans le secteur du Sudbury, vers 7 h. 20 du soir le 8 juillet 1913, alors qu'ils marchaient dans la direction de l'Ouest sur la dite ligne. Ils ont reçu là des blessures, des meurtrissures et des contusions, desquelles dites blessures meurtrissures et contusions le dit

Harold Jackson et le dit L. Hémon sont morts vers 7 h. 40 le
même soir. La preuve démontre que le mécanicien de la locomotive 1226 a usé de la précaution qui convenait en faisant retentir
le sifflet en signe d'avertissement et qu'aucun blâme n'est imputa-
ble à lui ou à la Compagnie de chemin de fer Canadien Pacifique.

« Conséquemment, moi, au titre de coroner, déclare que la
mort du dit Harold Jackson et du dit L. Hémon est due, selon
qu'il a été rapporté plus haut, à un accident, à un malheur et à
une malchance, et non à une autre cause. »

L'enquête finie, il fallait disposer des corps. Le nom français
de Louis Hémon fait présumer qu'il est catholique et on décide
de l'enterrer dans le cimetière de Chapleau. Le nom anglais de
Jackson laisse à penser qu'il est protestant et on l'enterrera dans
le cimetière protestant.

L'inhumation

Laissons de nouveau la parole à notre excellent témoin cha-
pelois, M. Adélard Parent :

« L'enterrement a eu lieu le matin du 10 juillet, dit-il. J'y ai
assisté, parce que j'avais connu Louis Hémon et son compagnon
plus que d'autres à Chapleau et aussi parce que j'ai fait avec mon
cousin la tombe de l'auteur de *Maria Chapdelaine*. Oui, j'ai fait la
tombe de Louis Hémon. Fred Marcoux et mon cousin John Parent étaient menuisiers pour le Canadien Pacifique et c'est le service de menuiserie qui a reçu mission de fabriquer la tombe des
deux victimes. John restait en face de chez moi. Sur la fin de l'a-
près-midi, il me dit : « Viens avec moi, il faut que je fasse une
tombe pour ton p'tit Français. » Je l'ai accompagné et après avoir
fait le gros de mon ouvrage je l'ai aidé dans ce travail. Nous
avons fait une tombe assez grossière : des planches de pin, sciées,
à moitié et courbées vis-à-vis des épaules. Mon cousin m'a envoyé, la soirée avancée, chez le patron au magasin Bennish &
Smith (aujourd'hui Smith & Chapple), patron qui, lui, m'a renvoyé chez le vieux père Télesphore Serré, commis, pour qu'il
rouvre le magasin et nous vende des clous, de la batiste noire et
des poignées noires, communes. La batiste, c'était pour l'intérieur
de la tombe ; l'extérieur, on l'a peinturé avec du noir de fumée.
C'est moi qui ai doublé la tombe avec la batiste. La tombe de

Jackson était une tombe semblable à celle de Hémon, mais je n'y ai pas travaillé.

« Le même M. Serré, poursuit M. Parent, avait été chargé d'ensevelir le corps de Louis, vu que le magasin Bennish & Chapple s'occupait de funérailles. Il avait fait de même pour Jackson. Sur Jackson, il avait trouvé la grosse somme de 29 cents. Mais dans la jambe de botte de Louis Hémon, ô surprise, il avait découvert la somme de huit piastres, pliées. C'était une petite réserve cachée. Depuis quand avait-il cet argent dans sa jambe de chaussure ? Il a pu arriver à Chapleau avec cette réserve, la gardant pour les mauvais jours ; il a pu aussi gagner assez d'argent à scier et à fendre du bois à l'hôtel de Jos. Chartrand pour mettre cette somme de côté. Toujours est-il qu'exposé à coucher à la belle étoile ou au milieu d'autres hobos ou travaillants, il avait placé ses économies de Montréal ou de Chapleau en lieu sûr.

« Enfin, ajoute M. Parent, le matin du 10 juillet, a eu lieu l'enterrement. Télesphore Serré a transporté Louis Hémon reposant dans sa petite tombe fruste au cimetière catholique dans une simple voiture de livraison de marchandises, pas même le plus modeste corbillard. M. le curé Gascon a récité des prières au bord de la fosse, en présence de quelques dizaines de personnes pieuses ou curieuses, et ce fut tout. Louis Hémon était mort et enterré. Une petite croix bien simple : deux planches croisées avec le nom a d'abord marqué la fosse. L'épitaphe d'aujourd'hui est bien à l'endroit des restes de Louis Hémon. »

Mon grand regret est de n'avoir pu causer avec M. Télesphore Serré, trop malade pour me recevoir quand je suis allé à Chapleau. Cependant, son fils Rodolphe Serré, greffier de la ville de Chapleau, m'a raconté les choses suivantes :

« Moi, j'ai vu Hémon après l'enquête et quand mon père a mis le corps dans la tombe. Mon père a transporté la dépouille du jeune écrivain au cimetière dans une voiture du magasin. Mon père a trouvé sur Hémon l'adresse de sa famille à Paris inscrite sur un bout de papier qui était un reçu postal. Hémon avait sur lui aussi un petit journal dans lequel il avait inscrit au jour le jour les événements depuis son départ de Montréal. Je ne sais pas exactement ce qu'il en est advenu. Au cimetière, mon père a planté en terre au-dessus du corps de Louis Hémon une petite croix, ornée d'une plaque. Sur le croisillon, mon père a marqué : *Louis Hémon.* »

Deux autres rapports

Pendant le trajet de retour de Chapleau, le 12 juin 1938, après le dévoilement du monument par les demoiselles Marie et Lydia Hémon, le vice-président et gérant général du Canadien Pacifique a eu l'extrême obligeance de me faire taper dans le train même une lettre accompagnée de deux pièces intéressantes relatives à Louis Hémon. Toutes deux sont des rapports préparés par un des hauts fonctionnaires de cette compagnie ferroviaire.

Voici la traduction de la première pièce :

« L. Hémon, d'environ 5 pieds et 7 pouces, rasé de frais, avait $8.38 dans un livret de poche. Il avait envoyé une lettre recommandée de Montréal le 26 juin 1913, adressée à Louis Hémon, 26, rue Vanquelen (sic), Paris, France. Il avait aussi expédié une valise par la Dominion Express de Sudbury le 27 juin 1913 à l'adresse de L . Hémon, à Winnipeg, censée contenir des vêtements ; il n'avait que des ustensiles de cuisine tels qu'une petite poêle, un pot de gelée, etc., ce qui démontre qu'ils (Hémon et Jackson) se faisaient à manger en cours de route. Ils marchaient vers l'Ouest sur la seconde voie ferrée à environ trois milles à l'ouest de Chapleau quand le train no 1, allant vers l'ouest et roulant sur la voie de l'Ouest, s'engagea dans un virage à une distance de trois ou quatre poteaux des deux marcheurs. Le mécanicien les vit et fit siffler sa locomotive et appliqua le frein d'urgence, mais les hommes ne regardèrent pas autour d'eux et tous deux furent frappés et projetés en dehors de la voie du côté nord. »

On aura remarqué que ce haut fonctionnaire place les $8 dans un livret de poche, quand en réalité ils reposaient plus vraisemblablement dans la doublure de bottine de Hémon. Autrement, on aurait trouvé cet argent plus tôt... En second lieu, l'auteur du rapport ci-dessus parle lui aussi de batterie de cuisine rudimentaire. D'où lui viennent ces renseignements ? ...

De la seconde pièce, il suffira de détacher la première partie, la seule qui nous intéresse en ce chapitre. Celle-ci, nous savons qu'elle est de M. Hercule C. Nelson :

« Le soir du 8 juillet 1913, deux jeunes gens partirent à pied de Chapleau sur la voie de l'Est, mais en route vers l'Ouest. Après avoir franchi la distance de deux milles et quart environ, ils furent tués par le train no 1. Le mécanicien a déclaré que les jeunes gens paraissaient absorbés dans une profonde conversation lorsqu'il les aperçut. Par mesure de précaution, il lança un coup de sifflet. Parce que, j'imagine, il y avait un virage juste à l'est de l'endroit où ils étaient ; ils ont malheureusement quitté la voie où ils étaient en sécurité pour aller se placer sur la voie de l'Ouest. Le mécanicien a appliqué le frein de secours, mais il était trop tard : les deux jeunes gens furent frappés et tués presque instantanément. Les corps furent ramenés à Chapleau et des employés de la Compagnie fabriquèrent de frustes cercueils. Sur l'un des deux corps, on trouva une carte démontrant qu'il s'appelait Harold Jackson et qu'il était Anglais de naissance. Il y avait suffisamment d'argent sur les deux victimes pour couvrir les frais des funérailles nécessaires : Hémon fut enterré dans le cimetière catholique et Jackson dans le cimetière protestant. Tandis que la famille de Hémon câbla de France de faire à Louis des obsèques convenables et qu'elle en paierait les frais, aucune enquête ne fut faite à propos de Jackson et son nom a été entièrement enseveli dans l'oubli. »

Le 21 juillet, M. Rankin transmet les déclarations de Stokes et de Merrick à M. Dunlop et dit :

« I was at Chapleau when this happened and assisted in searching the bodies for evidence as to who these men were, and sent you a report same night.

« These men were simply walking the tracks west, and moved off the safe track in front of engine without looking around to see what track the train was on. »

Relations avec la famille

À propos de Louis Hémon, en effet, M. Dunlop, en possession dès le 10 juillet, jour de l'enterrement, du rapport demandé à M. Randin, écrit le lendemain à la famille Hémon dont il vient d'avoir l'adresse :

« Je regrette de vous informer que cet homme (Louis Hémon), âgé d'environ 25 ans, cheveux châtains, yeux bleus, taille d'environ 5 pieds et 7 pouces, rasé de frais, les quatre dents incisives supérieures absentes, a été tué accidentellement près de White River, province d'Ontario, au Canada, le 8 juillet dernier au moment où il cherchait à traverser la voie ferrée en avant de l'un de nos trains.

« Lui et un compagnon du nom de Harold Jackson marchaient apparemment vers Winnipeg. Tous deux furent tués de la même façon.

« J'ai obtenu votre adresse d'un reçu d'une lettre recommandée qu'il vous avait évidemment envoyée de Montréal le 26 juin 1913.

« Il avait expédié une valise par messageries de Sudbury le 27 juin à l'adresse de L. Hémon, à Winnipeg. Apparemment, il l'expédiait ainsi afin de la reprendre à Winnipeg une fois rendu là-bas.

« On a trouvé sur lui la somme de $8.38, mais elle ne suffirait pas, je crois, à payer ses obsèques.

« Si vous aimez à avoir des renseignements supplémentaires, il vous faudra communiquer avec le coroner chargé de l'enquête sur sa mort. Son adresse est soit Chapleau, province d'Ontario, soit White River, province d'Ontario, je n'en suis pas sûr.

« Si vous savez quelque chose du compagnon Harold Jackson, je serai content que vous ayez la bonté de m'en informer, mais jusqu'à date nous n'avons pas été capables de repérer de ses amis. Certains papiers trouvés sur lui laisseraient croire qu'il est venu d'Australie.

« Je regrette de vous donner ces nouvelles, mais une enquête soigneuse démontre que les deux hommes traversaient notre voie et qu'ils n'avaient pas le droit de le faire. »

Le 23 juillet, la lettre de M. Dunlop arrive à Paris. On imagine le bouleversement, le chagrin que cause une nouvelle aussi inattendue. M. Félix Hémon envoie immédiatement le câble suivant : « Reçu lettre. Prière faire tout nécessaire obsèques convenables. » Le lendemain, M. Hémon dicte à sa fille Marie la lettre suivante dont certains mots, comme celui-ci : « A-t-on enterré mon fils ? » sont un cri déchirant. Voici cette lettre :

Monsieur.

Nous avons reçu hier votre lettre, et le signalement que vous nous donnez de mon pauvre fils n'est malheureusement que trop exact. Cependant M. Louis Hémon avait 32 ans et non 25. Il était né à Brest (Finistère) le 12 octobre 1880.

Avant de quitter Montréal, il nous avait avisés qu'il se rendait à Fort-William et que de là il se dirigerait vers Winnipeg.

Nous ne savons rien de son compagnon et nous ignorions qu'il voyageât avec quelqu'un.

A-t-on enterré mon fils ? et où ? Un acte de décès a-t-il été dressé et où faut-il m'adresser pour qu'on nous l'envoie ? À qui faut-il envoyer la somme nécessaire aux obsèques ?

Nous avons fait télégraphier par le Ministère des Affaires étrangères au consulat de France à Montréal afin qu'on mette de côté ce qui a été trouvé sur Monsieur Louis Hémon lors de l'accident et tout ce qui pouvait lui appartenir tant à Winnipeg qu'ailleurs. Nous désirons que cela nous soit expédié.

Je vous remercie, Monsieur, de votre obligeance et vous prie de croire à mes sentiments distingués.

(signé) Félix Hémon.

Monsieur Félix Hémon,
Inspecteur général de l'Instruction publique,
26, rue Vauquelin, Paris.

Sitôt ces messages reçus de Paris, sitôt connue la qualité de la famille Félix Hémon, M. Dunlop se met de nouveau en branle. Il télégraphie à M. Rankin et lui demande de bien s'assurer, sans que cela paraisse trop, de l'endroit précis où Hémon a été enterré, du montant des frais des obsèques. Il lui enjoint en plus de marquer la fosse de telle façon que les amis ou la famille puissent la trouver plus tard si c'est nécessaire. Dans une autre lettre à M. Guthrie, le 25 juillet, M. Dunlop demande encore : « L'endroit de l'inhumation a-t-il été marqué de telle façon qu'on puisse l'identifier ? Veuillez me donner tous les détails ».

Le 30 juillet, M. Rankin écrit de North-Bay à M. Dunlop :

Comme l'un des hommes avait $8 sur lui, j'ai dit à M. Guthrie de faire faire des cercueils par les menuisiers et les hommes furent enterrés à Chapleau après la tenue de l'enquête. J'ai dit à M. Guthrie de faire mettre une marque sur les fosses de telle façon qu'il n'y ait pas de mélange si jamais l'on voulait transporter leurs restes. Il m'a dit qu'il suivrait mes instructions. Conséquemment, je présume qu'il en a été ainsi.

Les objets de la victime

Le 2 août, M. Dunlop écrit de nouveau à Paris, à la famille Hémon, en s'adressant à son chef, M. Félix Hémon :

Votre lettre du 24 juillet m'est parvenue aujourd'hui. En me rapportant la mort de votre fils, les chefs de service du Canadien Pacifique étaient probablement dans l'embarras pour déterminer son âge et ils ont fait erreur sur ce point. Il ne semble pas y avoir de doute que c'est bien votre fils qui a été malheureusement tué.

Je suis en possession de la valise qui fut envoyée à Winnipeg et qui a été retournée à Montréal et je vous envoie les seuls papiers qu'elle contenait. ce qui vous permettra de mieux identifier votre fils.

Les seuls effets renfermés dans cette valise de gros carton à bon marché sont les suivants :

un vieux complet. un bout de courroie (?) un petit miroir rond. un chandail brun. un sac de buanderie. des sous-vêtements. des brosses à cheveux. treize faux-cols. deux casquettes. une paire de mocassins. des pince-pantalons (*pants hangers*). une boîte contenant du fil. des aiguilles et des boutons. un trousseau de clés avec chaîne.

Je ne pense réellement pas qu'il vaille la peine de vous envoyer des effets en France vu que le coût de l'envoi dépasserait leur valeur.

Il y avait $8 sur votre fils et cet argent a servi au coroner à l'enterrement. Il a été enterré à Chapleau. dans le cimetière catholique...

J'ai fait venir de Winnipeg à Montréal la valise sans frais : je la garderai à vue ici jusqu'à ce que j'aie des nouvelles de vous. ou je la remettrai à toute personne que vous aurez autorisée à la réclamer...

Le 4 août 1913, le consul de France, M. Bonin, écrit au service des réclamations du Canadien Pacifique pour demander, selon les désirs exprimés par la famille du disparu, qu'on « prenne toutes les mesures nécessaires en vue de la conservation des effets, papiers, valeurs et bagages qui se trouveraient en possession du défunt »...

Le 8 août, le service des réclamations fait savoir à M. Bonin que la Dominion Express Company a envoyé un compte de $1.60 pour le transport de la valise de Hémon de Winnipeg à Montréal.

Le même jour, M. Dunlop remet la valise à M. Alcide Barbier, dont la femme vit encore à Montréal et soutient qu'elle a connu Hémon à une réunion de l'Union Nationale française, avenue Viger, à la veille de son départ pour le Lac Saint-Jean ou au lendemain de son retour ; M. Barbier était à l'emploi du consulat général de France à Montréal. Il en fut le délégué auprès de M. Dunlop. Cette valise, dit une note du dossier hémoniste du C.P.R., a été livrée sans avoir été ouverte et a été ficelée en présence de M. Barbier, qui y a apposé le sceau du consulat général de France. M. Barbier paye de la part du consulat $1.60. Le même jour aussi, par lettre, M. Dunlop avertit la famille Hémon qu'il a remis la valise au consulat.

Le 8 août encore, le surintendant Guthrie écrivait à M. Dunlop :

> Votre lettre du 25 juillet... Hémon et Jackson furent enterrés dans le cimetière catholique (? ? ?). Il y avait une somme de $8.38 sur la personne de Louis Hémon. dont $2 furent données à l'abbé Gascon pour la cérémonie au cimetière. $1.50 à celui qui a conduit le corps au cimetière. et le solde $4.88 fut remis à l'agent de Chapleau.
>
> J'avais fait faire un cercueil par le département des ponts et de la construction qui a coûté $10. Ce sont là les seuls dépenses encourues. Les fosses ont été marquées. de sorte qu'elles peuvent être identifiées à n'importe quel moment.

Le 11 août, M. Dunlop avertit la famille de l'emploi de l'argent et ajoute : « so there is a balance due for burial of $5.12 which I will be glad to receive » [3].

Le 20 août, M. Hémon, qui a reçu la lettre du 8 août de M. Dunlop, mais non la lettre du 2, prépare une réponse dans laquelle, il dit entre autres choses : « En même temps, vous voudrez bien me faire savoir de quelle somme je vous suis redevable... » Puis, le soir du 20, il reçoit enfin la lettre du 2, qui contient le *livret militaire* [4] de Louis. « Il ne me reste, écrit M. Hémon, qu'à vous remercier et qu'à vous demander de quelle somme je vous suis redevable ».

Le 23 août, autre lettre de M. Hémon à M. Dunlop :

> Monsieur. nous recevons votre lettre du 11 août où sont indiquées les dépenses qui ont été effectuées pour les obsèques de mon fils. J'ai l'honneur de vous envoyer la somme de 140 francs dont je crois vous être redevable. si j'interprète bien les chiffres de votre lettre. Je vous serais reconnaissant de m'en accuser réception en précisant si telle est bien la somme qui vous est due. D'autre part. je vous serais obligé de vouloir bien nous donner l'adresse exacte du « Père Gascon » dont vous nous parlez et avec lequel nous désirons vivement entrer en relations directes.

On comprend ce désir. La famille Hémon souhaitait avoir de plus amples renseignements sur les obsèques mêmes ; elle pouvait vouloir aussi un acte de décès pour faciliter le règlement d'affaires en France : succession, assurance, etc.

Surpris de recevoir 140 francs, soit près de $30, au lieu de 25 à 30 francs, M. Dunlop avertit M. Hémon le 10 septembre qu'il a

---

3. « Pretty small for the C.P.R. de réclamer $5 à la famille Hémon. On voit bien que les sous sont les sous... » (Stokes).

4. Voilà le livret qu'on a pris pour un Journal intime, un livret de banque, un carnet de poche, etc.

dû calculer en livres et lui renvoie la somme de 110 francs et 40 centimes. Il lui donne, en outre, l'adresse de l'abbé Gascon. Puis, il ajoute, pour clore sa correspondance avec la famille Hémon :

> Je comprends maintenant que vous avez reçu toutes mes lettres. Je puis vous assurer que cette correspondance ne m'a causé aucun dérangement. La seule chose que je regrette est que j'aie eu à remplir un aussi pénible devoir envers vous. Si à l'avenir, je puis faire de nouveau quelque chose pour vous, veuillez me le faire savoir et obliger...

En septembre 1913, la Dominion Express Company rembourse le consulat français de la somme de $1.60 tout d'abord réclamée pour le transport de la valise de Hémon de Winnipeg à Montréal.

À la date du 5 octobre, M. Hémon accuse réception des 110 francs, explique qu'il avait calculé en livres au lieu de dollars et annonce qu'il écrit au curé Gascon.

Ce que dit le curé de Chapleau

Eh bien, que raconte cet abbé Gascon ? Je l'ai vu au mois de mars.

« Le soir du 8 juillet 1913, un beau soir d'été, raconte-t-il, j'ai appris que deux inconnus s'étaient fait tuer par le train à peu de distance de Chapleau. C'étaient Louis Hémon et un nommé Jackson. Il y a eu enquête, verdict de mort accidentelle, etc. Deux jours après l'accident, j'ai récité les prières liturgiques au cimetière sur la tombe de Louis Hémon, chemineau inconnu. Dans ces cas-là, on jugeait de la religion par le nom.

— Avez-vous conservé la correspondance que vous avez échangée avec la famille Hémon et avec d'autres à propos de l'auteur de *Maria Chapdelaine* ?

— Non, je ne l'ai pas conservée parce qu'à ce moment-là je ne savais pas qu'il deviendrait célèbre. Je me souviens cependant que le consul général de France m'a écrit à propos de Louis Hémon. Sur un ton cavalier, il me donnait des ordres sans me dire qui était Louis Hémon. J'ai répondu sur le même ton. Plus tard, il m'a dit que ce jeune homme était un romancier, etc. J'ai alors fait les démarches désirées. Madame Hémon m'a écrit, elle aussi, pour avoir des détails sur son fils et sur sa sépulture. Je lui ai répondu que j'avais peu de chose à en dire. Dans une autre lettre, elle me demandait de faire ériger un monument. Je lui ai demandé de bien vouloir m'envoyer de l'argent à l'avance. Je n'ai plus eu de nouvelles d'elle. J'ai pris pour principe de me faire payer à l'avance, car il m'est arrivé de n'avoir jamais été remboursé pour les dépenses que j'avais faites.

— Un missionnaire oblat n'a-t-il pas été chargé par la famille Hémon de prendre des renseignements à Chapleau sur Louis Hémon ?

— Je n'ai reçu aucune visite ni aucune lettre d'un missionnaire à propos de Louis Hémon. »

Sur la tombe

L'abbé Gascon continue : « Hémon devenu célèbre, la Société Saint-Jean-Baptiste de Montréal m'a prié de veiller à la pose d'une pierre tombale au cimetière sur la fosse de Louis Hémon, ce que j'ai fait avec plaisir. Pendant plusieurs années, le *Canadian Club* de Chapleau, section française et section anglaise, — j'étais membre de ce club moi-même — a pris soin d'entretenir la tombe de Louis Hémon. À l'anniversaire de sa mort, nous sommes, à plusieurs reprises, allés en groupe nous recueillir sur la tombe du romancier. Puis le club est tombé. Plusieurs étés aussi, l'Université de Montréal a organisé des excursions à Vancouver. Les voyageurs faisaient toujours un arrêt à Chapleau, où ils entendaient la messe et rendaient visite au cimetière à la tombe de Louis Hémon. Enfin, dès 1936, en vue de la commémoration du vingt-cinquième anniversaire de la mort de l'auteur de *Maria Chapdelaine,* j'ai suggéré aux officiers du Canadien Pacifique, qui ont approuvé le projet de tout cœur, d'ériger sur la pelouse, près de la station de Chapleau, un monument avec plaque de bronze à la mémoire de Louis Hémon [5]. Aux voyageurs de l'Université et à d'autres groupes de touristes, j'ai remis 150 photos de la tombe de Louis Hémon et de Chapleau, que j'ai payées de ma poche... En outre, comme preuve que le nom de Hémon ne m'est pas indifférent, j'ai fait trois fois le tour du lac Saint-Jean avec arrêt à Péribonka, en compagnie de quelques-uns de mes paroissiens, entre autres D.-O.

---

5. Avec la constitution de la Société des Amis de Maria Chapdelaine de Montréal, en 1937, la réalisation du projet n'en a été que plus facile... Nous, Canadiens français, nous sommes contents que cette Société ait fait quelque chose et que la fête du 12 juin 1938, qui s'est déroulée en présence des demoiselles Hémon elles-mêmes, ait été aussi bien réussie.

Payette, du magasin Smith & Chapple, de Chapleau, et j'ai conversé longuement avec la gardienne du Foyer Maria Chapdelaine, Mlle Eva Bouchard. Hémon est mort à Chapleau, inconnu et méconnu, voilà pourquoi on n'a pas davantage fait attention à lui les premières années. »

Mme Tommy Delaney, fille du mécanicien du train qui tua Louis Hémon, confirme le témoignage de l'abbé Gascon sur la « graveyard » du Canadien Pacifique.

M. Victor Perpêtre dit : « C'est nous, les Chevaliers de Colomb, dit-il, qui avons fait édifier la petite clôture qui entoure la tombe de Hémon. Nous continuons à fleurir sa tombe. Nous avons un comité qui s'occupe du cimetière. » M. Perpêtre est allé à Paris en 1922 au moment « où *Maria Chapdelaine* se vendait comme des petits pains chauds ».

Le docteur John-Joseph Sheahan, médecin du Canadien Pacifique à Chapleau, fut aussi autrefois le médecin des chantiers de Nicholson. Le soir du 8 juillet, il est parti dans le petit train de secours de M. Adélard Parent vers l'endroit de l'accident. Il a recueilli les corps et les a ramenés à Chapleau où il a fait un premier examen pour repérer les blessures.

Ici finit brusquement le texte rédigé par M. Alfred Ayotte. Avait-il à citer des paroles ou des écrits du docteur Sheahan ? Dans ses dossiers je n'ai trouvé de celui-ci rien d'autre que ce qui est relaté plus haut.

Il y a cependant quelques notes qui sont évidemment destinées à compléter comme épilogue la relation des démarches subséquentes de la famille Hémon. D'abord une lettre de M. Félix Hémon au Consul général de la France à Montréal.

Paris. 4 février 1916

Monsieur le Consul général,

Notre ami, M. Foucher, nous dit que vous voulez bien consentir à nous aider dans de pénibles démarches. Voici ce dont il s'agit : mon fils Monsieur Louis Hémon est mort victime d'un accident de chemin de fer le 8 juillet 1913 près de Chapleau (Ontario), comté de Sudbury. Il a péri en même temps qu'un jeunehomme nommé Harold Jackson.

Le Ministère des Affaires Etrangères nous a remis copie de l'acte de décès de mon fils, et M. Sheahan, coroner à Chapleau, nous a envoyé également un certificat de son décès.

En nous l'adressant, M. Sheahan se mettait à notre disposition pour faire ériger une tombe au cimetière de Chapleau. Nous lui avons écrit plusieurs fois à ce sujet sans obtenir de réponse. Nous nous sommes adressés plusieurs fois aussi au Père Gascon, curé de Chapleau, qui avait procédé aux funérailles de mon fils. Le Père Gascon nous répond en septembre dernier qu'on ne retrouve pas l'acte de décès de mon fils sur les registres de l'état civil de Chapleau, et qu'il lui est par conséquent impossible de connaître l'emplacement exact de la tombe.

Nous ne pouvons comprendre cela, puisque les copies de l'acte de décès que nous avons en mains indiquent Chapleau comme lieu de sépulture. Peut-être la difficulté provient-elle de ce qu'on aurait enterré mon fils en même temps que Harold Jackson.

Tout cela nous est extrêmement pénible : nous voudrions qu'une pierre tombale portant cette inscription

LOUIS HÉMON
Brest (France)   12 octobre 1880
Chapleau   8 juillet 1913

fût posée à l'endroit où notre fils repose. Nous vous serions profondément reconnaissants de tout ce que vous pourriez faire pour hâter la solution de cette affaire si douloureuse et si importante pour nous.

Veuillez...

(signé) Félix Hémon
26, rue Vauquelin, Paris.

Le silence du médecin est pour le moins étrange ; quant à l'absence de l'acte d'inhumation dans le registre d'état civil de Chapleau, elle est bien vraie, comme écrit le curé Gascon et comme nous l'avons constaté, mais elle est due à une négligence de la part de celui-ci ; car dès qu'il faisait enterrer le défunt dans son cimetière à titre de catholique il avait le devoir d'inscrire le fait dans le registre. La famille a raison d'en être étonnée, de ne pas « comprendre cela ».

Les notes de M. Ayotte continuent :

Le 15 février 1916, le consul général de France écrit à l'abbé Gascon à Chapleau et lui propose d'aller interroger le docteur Sheahan, coroner, sur l'endroit exact où reposent les restes de Louis Hémon. (Textuellement : l'endroit exact de la « tombe de Hémon »).

Le 23 février, le consul annonce à la famille Hémon qu'il lui transmettra le résultat des démarches faites à Chapleau.

Le 3 mars, le consul écrit à la famille Hémon qu'il n'a pas encore reçu de réponse de l'abbé Gascon.

Le 16 mars 1916, l'abbé Gascon écrit au consul de France à Montréal :

En réponse à votre lettre du 15 février, j'ai vu le docteur Sheahan.

M. Louis Hémon, en effet, a été tué avec un autre jeune homme en juillet 1913. Après l'enquête, il fut enterré dans le cimetière. Cependant nous ne pouvons trouver l'endroit exact de la fosse. Cela dû au grand nombre d'inconnus qui sont tués par accident et qui sont enterrés.

Regrettant de ne pouvoir vous donner de meilleures nouvelles, je suis votre dévoué,

(signé) Roméo Gascon, ptre.

Il avait fallu identifier la victime de l'accident. Pour compléter de façon sûre les renseignements reçus du Canada, on procéda en France au confrontement des écrits trouvés sur la personne de Hémon et dans ses bagages. Une note de M. Ayotte se lit comme suit (traduction) :

« Et un jour, un inspecteur général de l'Instruction publique entra dans leurs bureaux (ceux du journal *Le Temps*) et après s'être fait montrer le manuscrit (de *Maria Chapdelaine*), la lettre qui l'accompagnait et la fatale enveloppe, constata que son fils perdu et l'auteur du roman (M.C.) étaient une seule et même personne (Rivoallan). » [6]

Dernier document

Le 21 août 1916, M. Félix Hémon écrit de Quimper, rue Rosmadec, au consul de France à Montréal :

Je vous remercie de m'avoir communiqué l'article inconnu de moi qui annonce la publication de *Maria Chapdelaine*.

Cette publication se fera en effet en septembre grâce à l'extrême obligeance de M. de Montigny qui s'est occupé de faire éditer le roman à Montréal.

Veuillez...
(signé) Félix Hémon

Ce que nous avons appelé « L'aventure Louis Hémon » est ainsi terminée. Il y en aurait une autre qui y fait suite : ce serait l'aventure de l'œuvre elle-même qui a motivé et conditionné la première : la

---

6.   And one day, an inspector general of Public Education entered their offices (*Le Temps*), and after being shown the manuscript, the letter which accompanied it and the fatal envelope, knew that his lost son Louis and the author of the novel (M.C.) were one and the same person (Rivoallan).

singulière destinée du roman lui-même, Maria Chapdelaine, *et du problème de son auteur. Elle ferait la matière d'un autre volume.*

Pour nous conformer à l'intention de M. Ayotte, exprimée dans une note à la suite de la dernière lettre citée plus haut, nous ajoutons en appendice l'un des deux premiers articles de journaux qui ont signalé la publication de l'ouvrage de Louis Hémon.

V.T.

APPENDICE

Sur un livre canadien écrit par un Français
Maria Chapdelaine, *par Louis Hémon*

Du Nationaliste, 7 janvier 1917

C'est une fort agréable surprise qu'ont réservée au public canadien les éditeurs de cette œuvre jusqu'ici à peu près inconnue chez nous. Depuis quelques mois, diverses allusions dans les journaux avaient éveillé une curiosité à l'endroit de ce roman, qu'avait publié en feuilleton *le Temps,* de Paris, et que l'on disait décrire des scènes canadiennes inédites et authentiques, situées par l'auteur au Lac-Saint-Jean, où il avait séjourné pendant deux ou trois ans. Mais comment ne pas être sceptiques à l'endroit de scènes canadiennes racontées par un Parisien ? On doutait et on attendait.

Puis le livre vint, tout récemment, et ses premiers lecteurs viennent de le parcourir tout d'une traite peut-on assurer sans crainte de se tromper. Car le bref et simple roman est une manière de chef-d'œuvre, quant à la forme et sous le rapport de la précision et de la vérité de l'observation. Pour mieux dire, nous qui connaissons de vieille date la région du Lac-Saint-Jean, nous ne saurions mieux complimenter l'auteur de ce livre qu'en disant qu'il a su « comprendre » le pays et ses honnêtes et pittoresques populations. Il a vécu de leur vie et l'on voit qu'il l'a fait avec délices, s'attachant de plus en plus aux bonnes gens du Lac, ou pour être plus précis, de Péribonka, de Roberval, de Saint-Gédéon, de toutes les paroisses dont il a voulu humer, pour ainsi dire, le parfum de vieille vie française qui est au fond de l'âme rurale canadienne et qui se manifeste à chaque instant, et de savoureuse façon, pour l'observateur attentif. Et il faut avouer que le flair patriotique et professionnel de Louis Hémon l'avait bien servi en lui indiquant le Lac-Saint-Jean comme une région propice aux observations qu'il voulait faire, car nulle région, dans notre pays n'a si bien conservé, peut-être, les bonnes vieilles coutumes du temps passé et la fraîcheur d'âme qui est l'apanage des peuples qui vivent de la terre, à bonne distance des grandes agglomérations.

Et il se trouve, au surplus, qu'en se dirigeant vers les régions du nord de Québec, Hémon obéissait, probablement sans le savoir, à l'attraction qu'ont toujours eue ces régions pour ses compatriotes les Français de France, dont un grand nombre, et pas des moindres, ont connu comme lui la vie du Lac Saint-Jean et comme lui l'ont aimée et comprise au point de ne pouvoir plus s'en passer ensuite. Qu'il nous suffise d'évoquer les noms, bien connus là-bas, des de la Bigne, des Hüe, des de Virgile, des de la Boissière, des Labeaume, des LeMaistre, des Broët... de vingt autres encore qui ont laissé dans la mémoire des populations locales des souvenirs variés selon leur tempérament ou l'époque à laquelle ils ont passé.

Ce jeune Français, donc, est arrivé au Lac Saint-Jean, vers 1912, et s'est mis discrètement à la recherche de l'âme du pays, qui vit surtout dans la poitrine de ses rudes défricheurs, ainsi qu'il ne fut pas long à la trouver. Il avait sans doute lui-même des manières simples et cordiales ; c'était, en un mot, un homme « pas fier », ce qui est là-bas la qualité principale que l'on puisse reconnaître à un étranger, à un « monsieur ». Il fut donc admis d'emblée au foyer des braves colons, et comme il avait le cœur droit, il comprit la beauté des vies simples qui se déroulaient devant lui, et de la somme de ses observations il fit un roman, qu'il envoya à sa famille en France, se réservant sans doute de le publier plus tard quand il aurait pu faire des retouches : on ne voit guère, cependant, en quoi il eût pu améliorer son œuvre. Et pour en venir maintenant à un résumé de celle-ci nous nous contenterons de rappeler, avec un profond regret, que l'auteur n'a pas vécu pour jouir de son succès, et que dans une tournée qui l'amenait vers le nord-Ontario, il fut victime d'un accident de chemin de fer et mourut ainsi sur la terre canadienne, qui n'aime pas, dirait-on à laisser repartir au loin ceux qui se sont à ce point imprégnés de son charme fait de grandiose et d'un peu d'âpreté.

Pour qui connaît le Lac-Saint-Jean, les premières lignes de ce livre réservent une surprise joyeuse et quasi violente. Tout de suite, en effet, et sans la moindre explication préliminaire, on tombe au beau milieu du sujet et des personnages qui s'agiteront ensuite au cours du récit. « Ite missa est », chante le curé de Péribonka, et les premiers hommes sortent de la petite église pour commencer à causer, selon la coutume antique et solennelle. Et de ce moment-là, vous ne vous appartenez plus, vous écoutez les « jeunesses » interpeller le père Larouche, personnage authentique comme bien d'autres en ce récit, et vous écoutez la criée pour les âmes et les annonces relatives au passage prochain de l'arpenteur de Roberval et de l'acheteur de pelleteries qui paiera *cash,* puis vous regardez avec intérêt les Chapdelaine sortir de l'église : le père et sa fille Maria, qui est revenue hier d'un prestigieux voyage... à Saint-Prime, l'une des « vieilles» paroisses de la région, qui fut fondée, en fait, il n'y a pas quarante ans. Mais pour les pauvres « colons de bonne foi » des paroisses nouvelles, quelle attraction et quel prestige que les richesses relatives d'une paroisse où l'église est finie, « avec des peintures en dedans et des châssis de couleur » !

Les habitués du « perron de la messe » ne connaissent pas beaucoup les Chapdelaine, qui sont quelque peu nouveaux arrivés, n'étant établis que depuis peu de mois sur leurs « lots » de Honfleur, à une douzaine de milles de l'église de Péribonka, «du grand Péri », comme aurait pu dire l'auteur. Le père est un de ces colons un peu nomades, qui ne sont bons qu'à précéder les autres dans la forêt, quitte à s'éloigner de nouveau, emportés par leur instinct de défricheurs, dès que leur travail aura réussi, qu'ils auront « ouvert » une paroisse et que les voisins commenceront à arriver. Alors, le père Chapdelaine s'en va toujours, suivi avec résignation par sa courageuse femme, qui voudrait bien s'arrêter un jour « à demeure » et vivre, dans une vieille paroisse, avec des beaux champs tout autour de la maison, au lieu de la rude forêt. Mais c'est plus fort que lui, il faut que Chapdelaine *mouve* dès qu'il a commencé de réussir. Il pleurera sur des misères qui en seront résultées pour sa femme, après la mort de celle-ci, mais en attendant qu'il n'y peut rien, il lui fait « faire de la terre ».

La deuxième scène du roman est au moins aussi jolie que la première : le colon et sa fille Maria, qu'il a ramenée hier de Saint-Prime, à quarante milles environ de distance, sont entrés chez une parente pour dîner avant de partir pour la maison. Ils y trouvent le vieux Larouche, qui partage leur repas. Tout de suite, on constate avec satisfaction que l'auteur a respecté les tournures de phrase pittoresques des gens du pays. Le printemps approche et la traversée de la rivière, sur la glace, n'est pas très sûre. Le père Larouche exprime son opinion.

— Vous devez être bons pour traverser à soir, dit-il, mais ce sera juste et je calcule que vous serez les derniers...

— Tout le monde dit que la glace durera encore longtemps, réplique sa belle-sœur. Vous avez beau coucher encore icitte à soir tous les deux, et après souper les jeunes gens du village viendront veiller. C'est bien juste que Maria ait encore un peu de plaisir avant que vous l'emmeniez là-haut dans le bois.

Tout au long du livre, l'auteur a ainsi respecté la saveur du bon langage canadien et c'est pure délice, pour quiconque a vécu parmi les Larouche ou les Eutrope Gagnon ou les Boily ou les Simard comme l'a fait l'auteur, de retrouver sur leurs lèvres cette phraséologie toujours un peu naïve mais qui n'a rien d'étranger au fond essentiel de la bonne langue française, chargée, plutôt, d'effluves anciens venus du parler de nos pères, tel un fleuve charriant les humus arrachés aux montagnes lointaines où il a pris sa source.

L'une des scènes qui ont le plus retenu l'approbation des premiers lecteurs, c'est celle de la traversée de la rivière, sur la glace à moitié fondue. On tremble pour les deux voyageurs, jusqu'au moment où le cheval « Charles-Eugène » les enlève à vigoureux coups de collier le long de la berge sur laquelle est située la maison de Charles Lindsay : encore un nom authentique, comme plusieurs autres, du reste [1].

Maria revient donc à la maison, qu'entoure la forêt, et sa mère et les enfants lui font un accueil chaleureux. Dans la soirée arrivent les veilleux : Eutrope Gagnon, le jeune et vaillant colon voisin, qui aime Maria mais qui n'ose encore se déclarer : puis Lorenzo Surprenant, qui arrive des « États » dont il vante les splendeurs, sans cependant mépriser pour cela les gens plus simples qui l'entourent ; et puis François Paradis, sorte de coureur des bois nomade et infatigable, « bon du bois », comme on dit par là, et dont la franche allure et le prestige de voyageur feront sur l'âme de la jeune fille une impression qui ne s'effacera plus. Et voilà les données principales du roman : qui épousera Maria ? Car ils lui font tous les trois « la grand'demande » chacun à sa manière et dans des circonstances différentes. Voyez, par exemple, la déclaration d'amour de François Paradis, en forêt, au cours d'une promenade de toute la famille pour cueillir des bleuets, le jour de la Sainte-Anne. Les deux jeunes gens se sont insensiblement écartés des autres et se trouvent assis sur un arbre mort.

« Au milieu de la clameur des mouches, des sauterelles pondeuses passaient avec un crépitement sec ; un souffle de vent apporta à travers les aunes le grondement lointain des chutes. François Paradis regarda Maria à la dérobée, puis détourna de nouveau les yeux en serrant très fort ses mains l'une contre l'autre. Qu'elle était donc plaisante à contempler ! ...

— Je vais descendre à Grand'Mère la semaine prochaine, dit-il à mi-voix, pour travailler sur l'écluse à bois. Mais je ne prendrai pas un coup, Maria, pas un seul !

Il hésita un peu et demanda abruptement les yeux à terre :

— Peut-être... vous a-t-on dit quelque chose contre moi ?

— Non.

— C'est vrai que j'avais coutume de prendre un coup pas mal, quand je revenais des chantiers et de la drave : mais c'est fini. Voyez-vous, quand un garçon a passé six mois dans le bois à travailler fort à avoir de la misère et jamais de plaisir, et qu'il arrive à la Tuque ou à Jonquière avec toute la paye de l'hiver dans sa poche, c'est quasiment toujours que la tête lui tourne un peu : il fait de la dépense, et il se met

---

1. Mon propre frère, Antoine Tremblay, a fait à cet endroit une pareille traversée, emporté comme un éclair par un cheval qui sentait la glace partir sous lui, et se retournant en touchant la rive vit la rivière à l'eau claire.

temps

chaud, des fois... Mais c'est fini... je vais travailler tout l'été à deux piastres et demie par jour et je mettrai de l'argent de côté, certain. Au printemps prochain, j'aurai plus de cinq cents piastres de sauvées, claires, et je reviendrai.

Il hésita encore, et la question qu'il allait poser changea sur ses lèvres.

— Vous serez encore icitte... au printemps prochain ?

— Oui.

Et après cette simple question et sa plus simple réponse, ils se turent et restèrent longtemps ainsi, muets et solennels, parce qu'ils avaient échangé leurs serments. »

Pourrait-on avoir mieux observé les manifestations touchantes et simples de l'âme du bon peuple ?

Il serait trop long d'analyser ou de souligner ainsi les chapitres divers de ce livre bien conçu et bien fait. N'indiquons que d'un trait de plume la suite de l'aventure : François Paradis partit comme il l'avait dit, et tout l'automne la jeune fille fut à la fois songeuse et heureuse, l'âme tout entière conquise par la pensée de l'amoureux brillant et tendre. Mais un malheur l'attendait. Comptant trop sur ses forces, Paradis voulut faire à la raquette la longue distance qui sépare la Tuque du Lac Saint-Jean, et il mourut dans la neige, dans la semaine de Noël. «Il s'est écarté, » dit simplement et tristement Eutrope Gagnon son loyal rival. Et ce mot « écarté » résumait toute la tragique aventure dont on ne revient pas. Maria n'en reviendra jamais complètement non plus, même après que son père l'aura conduite, deux mois après, au curé de la Pipe, qui lui donne des conseils que l'auteur, croyons-nous, eût pu nous rapporter comme moins rudes et d'une moins fruste psychologie. C'est bien le seul reproche, à peu près, que nous ayons à lui faire ; nous craignons qu'il ait veillé moins souvent au presbytère qu'à la porte du poète dans les maisons des « rangs » et il nous paraît avoir moins connu le curé que le ramancheur Tit-Zèbe, par exemple, ou ce bon garçon d'Eutrope Gagnon. C'est peut-être là l'une des pages que l'auteur eût modifiées.

La maladie subite de la mère Chapdelaine, puis sa fin au milieu des difficultés tragiques que son mari éprouve à se procurer un médecin, forment des pages dont on a déjà relevé la sobre beauté et qui resteront certainement parmi les mieux « faites » et les plus véridiques, qui aient été écrites sur la vie canadienne. Il faut les lire lentement et les relire encore. On n'oubliera plus jamais l'angoisse qui étreint le cœur collectif de la famille, lorsqu'il est reconnu que le remède apporté par un voisin ne guérira pas la maladie, d'où la nécessité d'aller chercher le médecin à Saint-Henri, par un temps et des chemins meurtriers, l'incompétence du dit médecin, qu'il faut espérer avoir été inventée de toute pièce par l'auteur, puis la décision charitable et courageuse d'Eutrope, qui fera dix milles à pied et trente en voiture pour aller chercher « Tit-Zèbe », le *ra-*

bouteux célèbre, mort aujourd'hui, mais dont le fils a recueilli le « don » et la renommée. Un joli trait d'observation discrète est le regard reconnaissant adressé par la jeune fille à Eutrope, au moment où il se dévoue ainsi. On ne peut s'empêcher d'éprouver un soulagement pour le pauvre garçon « qui avait risqué sa chance et qui avait perdu », Maria étant trop attristée pour lui promettre sa main. Mais on pressent que le temps et les solides qualités d'Eutrope travaillent en sa faveur. Il finira par être « bon avec » et l'épouser.

En résumé, voilà l'un des plus beaux livres qui aient été écrits sur les défricheurs du Canada français. À peine pourrait-on faire quelques réserves sur la façon un peu sommaire dont est peint le curé de Saint-Henri et sur certaines observations qu'a faites l'auteur de la religion un peu simpliste de ses personnages. Il faut deviner qu'il ne partage pas entièrement leur foi robuste, mais encore a-t-il le soin de ne pas se montrer moqueur ou raisonneur. Il a respecté ces sentiments, même s'il ne les partageait pas toujours, et de cela il faut lui savoir gré. Son œuvre vivra dans la littérature canadienne, en même temps que son souvenir sera pieusement conservé, tant par les braves gens qui l'ont connu de son vivant que par les lecteurs innombrables que ne manquera pas d'avoir son livre honnête et véridique.

Et l'on ne peut s'empêcher de déplorer le sort malheureux qui l'a enlevé si vite à une carrière qui promettait d'ajouter encore de si beaux fruits à l'arbre de notre littérature. *

M. Émile Boutroux, de l'Académie française, et M. Louvigny de Montigny, de notre Société Royale, ont écrit chacun une préface diserte au livre de Louis Hémon. Nous croyons comprendre que c'est en grande partie à M. De Montigny que nous sommes redevables de l'édition canadienne de « Maria Chapdelaine » ; il convient de l'en remercier sans réserve. Et les dessins de M. Suzor-Côté sont presque aussi imprégnés de couleur locale que s'il s'était rendu sur place, comme a fait l'auteur, pour étudier les types locaux et la géographie du pays ; ce qui est tout à l'honneur de son talent.

Pourquoi faut-il déplorer, avant de terminer cette étude trop rapide, que le côté matériel de ce livre n'ait pas été aussi soigné que le texte et les dessins ? Car il est imprimé d'une façon qui est loin d'être élégante, pour parler charitablement. Pour ne pas aller plus loin que le couvert, en effet, on aimerait que le mot « dimprimerie », par exemple, fût complété d'une apostrophe. Il faut espérer qu'une réimpression saura mieux faire valoir les rares beautés du roman de Hémon ; il méritait un meilleur sort pour sa première apparition au pays canadien.

Ernest Bilodeau

---

* Ouvrages de Louis Hémon publiés en volume :
Colin-Maillard — *Battling Malone* — *La Belle que voilà* — *Monsieur Ripois et la Némésis* — *Au pays de Québec* — *Maria Chapdelaine* — *Journal : Liverpool-Québec* (traduit par W.A. Bradley).

TABLE DES MATIÈRES